湖北
U0515086

XIANGCUN ZHENXING BEIJINGXIA
CUNZHUANG ZUZHI DE XIANGCUN ZHILI GONGNENG
YU LUJING YANJIU

乡村振兴背景下村庄组织的乡村治理功能与路径研究

涂 丽 ◎ 著

中国财经出版传媒集团

经济科学出版社

Economic Science Press

图书在版编目（CIP）数据

乡村振兴背景下村庄组织的乡村治理功能与路径研究/涂丽著.
—北京：经济科学出版社，2022.6
ISBN 978－7－5218－3751－3

Ⅰ.①乡…　Ⅱ.①涂…　Ⅲ.①农村-群众自治-研究-中国
Ⅳ.①D638

中国版本图书馆 CIP 数据核字（2022）第 103917 号

责任编辑：顾瑞兰
责任校对：刘　娅
责任印制：邱　天

乡村振兴背景下村庄组织的乡村治理功能与路径研究
涂　丽　著
经济科学出版社出版、发行　新华书店经销
社址：北京市海淀区阜成路甲 28 号　邮编：100142
总编部电话：010-88191217　发行部电话：010-88191522
网址：www. esp. com. cn
电子邮箱：esp@ esp. com. cn
天猫网店：经济科学出版社旗舰店
网址：http：//jjkxcbs. tmall. com
北京时捷印刷有限公司印装
880×1230　32 开　6.75 印张　180 000 字
2022 年 6 月第 1 版　2022 年 6 月第 1 次印刷
ISBN 978－7－5218－3751－3　定价：39.00 元
（图书出现印装问题，本社负责调换。电话：010－88191510）
（版权所有　侵权必究　打击盗版　举报热线：010－88191661
QQ：2242791300　营销中心电话：010－88191537
电子邮箱：dbts@ esp. com. cn）

前　　言

　　进入 21 世纪以来，中央一号文件多次颁布关于农业、农村和农民等"三农"问题的相关政策文件。党的十九大报告提出要实施乡村振兴战略，其中，治理有效是实现乡村振兴的主要维度。这些政策体现了党和国家对乡村社会发展的高度重视。乡村治理是社会治理的一个经典领域，也是当前社会治理的难点和重点问题之一。经过多年的理论与实践探索，乡村社会已经形成了以村民基层自治为主要制度框架的治理模式。但该模式并未实现乡村社会的有效治理，特别是在城镇化迅速发展的社会背景下，广大乡村地区普遍呈现秩序紊乱与经济相对衰败的双重治理困境。村庄组织作为乡村治理的重要社会资源而引起诸多关注，成为乡村治理研究和实践的主要治理途径。在此背景下，本书以近年来广受关注的村庄组织治理为切入点，系统分析村庄组织与乡村治理的相互关系，以及村庄组织的治理效应与治理路径问题。本书试图解答三个核心问题：（1）乡村治理中的组织因素及其角色定位是什么？（2）村庄组织对乡村社区的治理效应如何？（3）村庄组织参与乡村治理的具体路径是怎样的？通过对以上三个核心问题的分析与解答，能够充分了解乡村的内部治理结构及其治理机制，助推乡村治理有效和乡村振兴的早日实现。

　　从以上三个基本问题出发，本书的研究内容主要分为四个部分。第一部分为导论，提出全书的研究问题和界定核心概念，并就研究方法和数据等进行相关介绍。第二部分为理论分析框架构建，主要回答研究问题（1），通过对村庄组织与乡村治理的相关文献综述，以及结合交易成本、自组织治理等理论基础对村庄组织参与乡村治理的逻辑进行理论分析，形成村庄组织与乡村治理的理论分析框架，是全书的理论支撑。第三部分为实证分析，主要包含三个具体内容：其一是对村庄组织的基本概念进行操作化处理和描述统计，根据乡村治理的主要内容对乡村治理效果进行客观评价，是整个实证研究的开端和基础；其二主要回答研究问题（2），通过构建基于混合最小二乘法的计量模型分析不同村庄组织的乡村治理效应，是全书的核心内容之一；其三主要对应研究问题（3），采用中介效应和结构方程模型等方式分析村庄组织产生乡村治理效应的主要路径，是全书的又一核心内容。第四部分为结论与讨论，根据理论与实证分析结果，系统归纳与总结全书的研究结论，并根据研究发现和结合现有研究状况对有关问题进行进一步的讨论和研究的展望等。

基于乡村治理中交易成本极小化的基本立足点，本书研究分析了乡村治理中的交易类型，构建了以村庄自组织治理为基础、基层政府和外部市场为补充的乡村多元治理模型。在此基础上，进一步深入村庄内部，构建了基于村庄自治组织、村民经济组织和村庄社会组织等村庄组织类型的村庄内部治理模型。以上村庄内外部的治理模型共同构成以交易成本极小化为基本目标的乡村多元治理模式。由于以政府、市场和村庄为中心的三元治理框架已经成为当前社会治理的基本共识，本书重点探讨的是村庄内部组织的治理效应及其治理逻辑问题。根据文献归纳，村庄内部主要存在着自治组织、经济组织和社会组织三种组织类型。以村民自治为主要治理过程的村庄自治组织代表村庄内部的科层治理机制，村庄经济组织代表村庄中依靠经济利益交换为基础的市场化治理机制，村庄社会组织则主要代表了村庄中以社会网络关系为依托的自组织治理机制。以上三种治理机制共同作用，形成乡村治理的基本模式，产生乡村治理的最终结果。

为进一步检验村庄组织的乡村治理效应，本书基于乡村治理的主要内容对乡村的治理效果进行了客观分析与评价。根据乡村建设理论和乡村振兴战略的基本要求，乡村治理的基本内容主要包括经济发展、公共服务、社会秩序和宜居环境四个方面。以上述四个维度为基本框架，本书构建了乡村治理效果评价的指标体系，运用熵值法对各指标进行赋权，并计算出乡村治理的综合总分以及乡村在经济发展、公共服务、社会秩序和宜居环境四个维度的各自得分。其结果显示，当前乡村治理中公共服务的差异性及权重值相对较高，乡村社会秩序得分普遍偏低且差异不大，乡村经济发展得分相对较高但内部差异较大。乡村整体上呈现重经济治理而轻社会与环境治理的内部非均衡性以及从东至西逐渐降低的地区非均衡性特征。

根据以上乡村治理效果的得分情况，本书通过构建村庄组织与乡村治理效果得分的计量回归模型分析村庄中不同组织类型的乡村治理效应。研究结果显示：以村民自治为主要途径的乡村自治组织通过村庄的民主选举、民主管理和民主监督等科层治理机制对乡村治理产生了显著的公共服务供给效应和综合治理效应；以企业组织和专业合作社等组织形式为代表的村庄经济组织通过利益互惠机制对乡村治理产生了显在的经济发展效应，以及潜在的公共服务供给效应和宜居环境改善效应，最终提升了乡村的综合治理水平；以文化娱乐团体等为代表的村庄社会文化组织基于社会信任机制对乡村治理具有明显的经济发展效应和公共服务效应，显著提升了乡村的

乡村振兴背景下村庄组织的乡村治理功能与路径研究

综合治理效果。村庄组织的乡村治理效应还呈现一定的地区差异，其中，东部地区的村庄主要依靠以企业组织为主的市场化治理机制产生乡村治理效应，中部地区主要通过互助性社会组织实现乡村治理效果，西部乡村则重点依托传统的文化组织资源参与乡村治理实践。

村庄组织参与乡村治理的路径之一在于村庄中的经济组织和社会组织等非正式治理的组织类型可能通过影响和干预正式的村民自治的制度设计产生不同方向和不同程度的乡村治理效应。根据村庄经济组织（或者村庄社会组织）、村民自治与乡村治理效果的中介效应和路径分析结果，村民自治对村庄经济组织和社会组织产生的乡村治理效应主要存在两种作用路径：一是村民自治过程中的民主管理与民主监督对两类组织的乡村治理效应具有部分中介效应，具体体现为村庄的经济组织和社会组织促进了村庄管理和监督的民主化，从而进一步对乡村治理产生了正向的功能效应；二是村庄的民主选举对村庄组织尤其是村庄社会组织的乡村治理效应产生一定程度的遮掩效应，即村庄组织阻碍了村庄的民主选举，最终产生了乡村治理的反功能效应。综合比较上述两种间接效应的绝对值，村民自治对村庄经济组织和社会组织的整体间接效应体现为间接促进效应。

本书基于交易成本极小化的基本视角分析了村庄组织与乡村治理问题，将乡村治理解读为实现交易成本极小化而形成的乡村在科层治理机制（自治组织）、利益互惠治理机制（经济组织）和社会信任治理机制（社会组织）之间相互选择和相互结合而最终形成的综合治理模型。通过运用 CLDS 村庄数据进行实证分析，检验了不同村庄组织类型的乡村治理效应和乡村治理路径，探讨了在一个多方共治的乡村治理框架下村庄组织类型对乡村治理的功能效应和作用机制。这一研究内容和研究结论不仅揭示了单个村庄组织对乡村社会的治理效应和治理路径，还进一步对不同组织类型的治理效应和治理机制进行了横向比较。本书关于乡村治理效果的客观评价为乡村治理甚至社会治理水平的评价研究提供了可供探讨的研究方向，也在一定程度上弥补了现有研究中偶然性和对抗性结论较多的研究现实，进一步补充和丰富了相关领域的研究成果。

目　　录

第一章 导 论

第一节 研究背景

社会治理主要包含社会资源的供给与分配、社会活动的组织与实施以及社会秩序的协调与维序等核心内容，这些问题被一些经典理论广为讨论，也是当今管理学、社会学和政治学等学科高度关注的重大问题。乡村治理一直是社会治理中的一个重要领域，多年来无论在理论研究层面还是政策制定层面，关于乡村治理与乡村建设的关注都从不少见。早在20世纪，费孝通先生就开始了对中国基层乡村社会特征与性质的分析与研究。而以梁漱溟和晏阳初等人为代表的经典乡村建设理论学派则从文化和教育等角度开展了关于中国乡村建设的理论与实践探索。改革开放以来，对乡村治理的研究和探讨更是层出不穷，涌现出一批如徐勇、贺雪峰等扎根于中国本土乡村社会的乡村治理研究专家。在众多研究中，对村庄组织的讨论不断涌现，并逐渐发展成为乡村治理场域的一个重要主体。尽管如此，学术界关于乡村治理的应有模式与优化路径的说法依然众说纷纭。在城镇化快速扩张的社会形势下，乡村社会一度走向治理困境。本书首先根据文献整合与政策回顾，分别对乡村社会的主要困境、政策背景和村庄组织发展等方面进行一个系统说明，以充分了解当前乡村治理的理论与现实背景。

在后集体经济时代，源于小农生产的经济基础与中央集权政治架构的相互冲突，中国农村和农民长期处于高度"碎片化"的状态，农民一度走向分散化甚至原子化，成为乡村社会无序和发展缓慢的主要原因，乡村社会治理呈现多元化与无序化并存的局面。[①]特别是在城镇化和市场化迅速发展的当前社会环境下，乡村原有的社会秩序不断被打破，而新的秩序还未建立起来，乡村社会面临严重的无序和解组困境。"中国的乡村治理也因城镇化发展和农民外出打工而变得复杂，'乡村性'正在削弱，转而呈现出更多的'城镇性'"（吴业苗，2017）。广大乡村正处在一个内源发展动力不足、外生行政力量渐退的双重压力阶段，农村公共产品供给等社区建设事务势必将走向无序（刘祖云和韩鹏云，2012）。乡村社会的无序化尤其以村民社会关联弱化、乡村约束规则失力、村庄公共品供给短缺和村民集体活动减少等为主要特征。村庄距离理想状态中的和谐美好的生活共同体愿望更加遥远，反而呈现一种社会紊乱的混乱状态。

伴随着乡村社会秩序紊乱状态的是乡村的经济衰败与人口空心化问题，随着城镇化的快速发展，村落数量与乡村人口持续减少。数据显示，1978~2012年，我国行政村总数从69万个减少到58.8万个，自然村总数从1984年的420万个减少到2012年的267万个，年均减少5.5万个。[②] 与此同时，乡村人口不断向城市迁移，造成乡村人口总量的下降趋势更加明显。我国从2011年开始，城镇人口多于乡村且差额逐年增加。2017年底，中国乡村人口总数为

---

① 乐章. 农村社会管理的组织基础研究 [M]. 武汉：湖北人民出版社，2015：91.

② 调查显示：传统村落3天消失1个 [EB/OL]. 人民网，http：//culture. people. com. cn/n/2014/1103/c172318 – 25963521. html. 2014 – 11 – 03.

57661 万人，比城镇人口少了 23686 万人。^① 在人口城镇化的过程中，尤其以青壮年人口的对外迁出最为明显，留守乡村的多为老人和小孩，乡村的老龄化、兼业化和空心化等现象愈加严重。^② 第六次全国人口普查数据结果表明，我国 60 岁及以上的老年人口在城镇人口中的占比为 11.69%，而在乡村人口中的占比为 14.98%，高出城镇 3.29 个百分点。^③ 乡村人口尤其是青壮年人口的大量外流，严重消减了乡村的社会生产和发展活力，引发更加明显的城乡差距并使之呈现扩大趋势，使乡村的经济社会发展受到极大限制。

　　在逐渐拉大的城乡差距和不断衰落的乡村社会等现实情境下，"三农"问题开始引起国家和社会的高度关注。我国从 2004 年开始连续 14 年发布中央一号文件指导"三农"发展，内容涉及农民增收、乡村建设和农业现代化等多个维度。减免农业税、种粮直补、良种补贴、农机购置补贴等一系列惠农政策相继施行，开启了"工业反哺农业"的城乡关系时代。如 2017 年初的第 14 份中央一号文件主题是"推进农业农村供给侧改革"和"培育农业农村发展新动能"。^④ 党的十九大报告更是明确指出，农业农村农民问题是关系国计民生的根本性问题，提出要实施乡村振兴战略以重振乡村活力。^⑤ 农业农村农民问题成为关系国计民生的根本问题，社会主义新农村、美丽乡村建设和党的十九大提出的乡村振兴战略等一系列

---

① 2017 年中国人口总量、城镇农村人口数量及城镇化率统计分析［EB/OL］. 中国产业信息网，http://www.chyxx.com/industry/201801/605524.html. 2018-01-19.

② 张俊飚，张露. 乡村振兴战略：怎么看，怎么办［N/OL］. 湖北日报，http://www.gmw.cn/xueshu/2017-11/14/content_26781265.htm. 2017-11-12（007）.

③ 数据来源于全国第六次人口普查［DB/OL］. 国家统计局，http://www.stats.gov.cn/tjsj/pcsj/rkpc/6rp/indexch.htm. 2011-01-01.

④ 中共中央国务院关于深入推进农业供给侧结构性改革加快培育农业农村发展新动能的若干意见［EB/OL］. 中华人民共和国中央人民政府网，http://www.gov.cn/zhengce/2017-02/05/content_5165626.htm. 2017-02-05.

⑤ 习近平在中国共产党第十九次全国代表大会上的报告［EB/OL］. 中国共产党新闻网，http://cpc.people.com.cn/n1/2017/1028/c64094-29613660.html. 2017-10-28.

举措都在表明，乡村的建设与发展问题已经成为中国当前经济与社会发展过程中的重点和难点问题，也同时突出了政策层面对乡村社会和农民生活的高度关注。

乡村的发展问题是与乡村的社会秩序问题同时出现并且高度相关的一个重要话题，二者共同构成了乡村的治理危机，使乡村社会面临严重的治理困境。一方面，经济状况是村庄社会和谐稳定的物质基础，只有积极发展乡村经济、增强农民在乡村的就业机会和收入水平，才能保证乡村人口的稳定性，在此基础上才能形成和谐稳定的乡村社会关系与生活共同体。另一方面，乡村社会秩序为村庄的经济发展提供了良好的社会环境保障，使村庄经济能够良性有序的发展，避免因经济利益分配不公而引发社会矛盾，维持良好的社会秩序是乡村经济发展的前提与保障。中国的乡村社会发展史上既出现过因经济短缺而引致的乡村社会紊乱和治理困境，也有过因规则缺失而引致的乡村经济利益分配矛盾，如改革开放以来因征地拆迁和集体资产分配等利益纠纷而带来的乡村社会冲突等问题。因此，乡村的经济发展与社会秩序构建是当前乡村治理过程中的两个同时并存且高度相关的重要问题。乡村社会面临着经济滞后与社会紊乱的双重治理困境。

在乡村经济与乡村秩序的双重治理困境下，村庄组织成为一些研究和实践中破解乡村治理困境的重要出路。在舒尔茨（Theodore Schultz, 1987）与波普金（SPopkin, 1979）的"形式主义"小农传统，恰亚诺夫（Chayanov, 1996）、博兰尼（Karl Polanyi, 1978）与斯科特（James C Scott, 1985）所代表的"实体主义"小农倾向，梁漱溟（1937）的乡村建设理论学派，以及黄宗智（2000）的综合性小农范式等一些经典理论中，都将村庄组织发展视为乡村社会治理的重要出路。在实践层面，近年来欧洲国家"赋予农业新价值"的乡村治理途径、韩国的"新村运动"、日本的"造村运动"，以及我国台湾地区的"社区总体营造"方案等国家和地区的乡村社会治理实践，都尤其重视不同组织在乡村治理中的功能和作用，并积极致力于培育乡村本土的组织力量。以上理论和实践经验均表明，村庄组织已经成为乡村治理中的一股重要力量，是乡村打破治理困境和实现有效治理的重要路径之一。

在乡村治理的组织研究中，以村庄自治组织为主要组织形式的村民自治制度是当前乡村治理的主要组织模式，成为当前乡村社会最主要的权力组织。除此以外，农民合作经济组织是较为常见的一类村庄组织形式，这种致力于解决"小农户—大市场"矛盾的组织形式通过组织农民形成规模效应，强化农产品的市场竞争力，从而有效推进乡村经济发展。农民合作经济组织从经济发展层面逐步拓展至乡村治理的其他维度，进一步渗透到乡村社会秩序的重构和集体决策等乡村治理的其他层面。与此同时，村民的组织与合作逐渐从经济领域扩展至社会领域，乡村社会中的一些民间组织逐渐复兴和活跃，形成了村民在村庄公共事务处理和社会交往等方面的合作化。其中，最早且最为常见的一类村庄组织就是宗族组织，宗族中依托家族网络形成的社会规则是传统小农时期乡村治理模式中最为重要的治理规范，形成了传统年代独具特色的乡村治理模式。一些社会学大家诸如费孝通、黄宗智和秦晖等均对宗族组织的乡村治理功能和治理路径展开过系统论述。近年来，乡村宗族组织在各地呈现复兴趋势，村民基于宗亲姓氏形成的合作化对乡村治理产生了一些不同程度的影响效应（孙秀林等，2011）。村民在社会领域中的合作还体现为一些诸如老年协会、文体娱乐和志愿活动等特定的乡村社会组织，这些组织能够引导村民在日常活动和社会交往过程中形成行为规则，为乡村社会秩序构建和乡村社会治理提供合作基础。

快速城镇化背景下的乡村社会面临经济衰败和秩序紊乱的双重

治理困境，国家层面虽然给予了乡村发展足够的政策支持，但在乡村碎片化和内生性动源不足的现实情境下，乡村依旧难以突破治理困境并实现乡村振兴。基于一些经典理论中的乡村治理范式和世界各国、各地区相对成功的乡村治理经验，村庄组织或许能够为乡村治理提供不同层面的合作基础，帮助乡村社会走出治理困境。

第二节　问题与概念

一、研究问题

在乡村社会的多重治理困境和相关的乡村治理理论与实践等背景下，本书以村庄中的组织结构为切入点，着重分析村庄组织与乡村治理的关系问题，探讨村庄组织参与乡村治理的治理效应与治理路径。该问题可以进一步分解为三个具体的研究问题。具体来看，全书研究主要就以下三个问题展开分析与讨论。

问题 1：在乡村治理过程中，存在哪些可能影响治理结果的组织因素？这些村庄组织在乡村治理中的基本角色和功能定位是什么？

乡村社会中一直广泛存在着各类组织因素，仔细观察不同时期的乡村治理模式可以发现，乡村社会在不同的历史时期分别活跃着不同类型的组织形式。这些组织为什么在特定时期登上乡村治理的舞台，又因何退出乡村治理场域？众多学者将其归纳为现代性背景下乡村社会环境与社会性质的变化。那么进一步的问题是，在当前的社会背景下，乡村社会中存在哪些可能影响乡村治理的组织因素？这些组织因素的产生来源又是什么？

随着学界对乡村社会性质问题的关注，近年来很大一部分研究都将村庄的社会基础置于乡村治理的优先地位，认为寻找和建立村民之间的合作基础是实现乡村有效治理的首要环节（吴毅，2002；仝志辉，2004；等等）。在此理论的指导下，一些致力于挖掘当代乡村社会中村民合作基础的研究不断涌现。一种观点从传统的乡土社会入手，认为生发于中国民间的传统组织能够为乡村治理提供合作基础，是乡村治理的主要组织资源（肖唐镖，2010）。另一种观点则主要从现代社会的组织结构入手，主张以经济契约关系建立乡村治理的合作基础（冯小双，2002）。无论哪一种观点，都高度认同村庄中的组织因素对于乡村治理的积极贡献，并且积极致力于将这种组织置于乡村治理的重要地位，试图通过村庄组织规范村民行为，形成新的乡村社会秩序。

在学者们试图从村庄组织资源中寻找乡村治理的合作基础的同时，还有一些研究一直致力于通过改进和优化村庄民主制度以实现乡村的有效治理。多年来，部分学者一直在探索村民自治的有效形式，研究成果主要集中于通过建制村以下的自然村等内生联合机制实现更小单位内的村庄民主与自治（徐勇和赵德建，2014；郝亚光和徐勇，2015；汤玉权和徐勇，2015；等等）。这种关于乡村治理模式的探索将村庄的民主实践置于首要位置，试图通过调整和制定更加符合乡村环境的民主机制，形成新的村庄组织机构，实现乡村的有效治理。关于村庄民主的研究与探讨主要集中于通过民主单位下沉和缩小自治单元等方式实现村民之间的合作，并未过分强调村庄组织的决定作用。

如果存在村民自治的更好形式，即村民可以通过民主制度实践的途径实现有效治理，那么其他村庄组织在乡村治理中的存在是否是不可或缺的？或者说村庄在自治过程中是否一定需要其他村庄组织提供的合作基础？这些组织在村民自治和乡村治理过程中处于怎样的地位？在研究之前对村庄组织角色定位的回答是非常必要的。

问题 2：村庄组织对乡村治理产生了怎样的治理效应？以及如何客观评价乡村的治理效果？

对村庄组织参与乡村治理的治理效应问题的解答需要首先明确乡村治理的主要内容和治理目标，因此该问题可以进一步细分为两个子问题：一是乡村的治理内容和主要目标是什么，当前针对该目标达到了怎样的乡村治理效果？二是在以上乡村整体的治理效果中，村庄组织发挥了怎样的治理效应？

在任何时期，人们都希望经济水平不断上升以及社会和谐安定，社会治理的目标也是如此，即通过治理实现经济、政治和社会各方面的协调与稳定。而如何对以上治理目标进行考察评价，则是当前提升治理水平需要首先回答的问题。在治理理论兴起之后，一些重要的国际组织纷纷根据各自的价值取向发展了不同的治理评价指标体系。在治理评估指标中，比较具有代表性的包括世界银行开发的"世界治理指标"（worldwide governance indicators，WGI）、联合国人类发展中心制定的"人文治理指标"（humane governance indicators，HGI）、联合国奥斯陆治理研究中心提出的"民主治理测评体系"（measuring democratic governance）和经合组织（OECD）推出的"人权与民主治理测评指标体系"（measuring human rights and democratic governance）等指标评价体系（俞可平，2008；曹堂哲等，2013）。在《治理与善治》一书中，俞可平根据治理的基本理念提出了"善治"的概念，认为善治就是使公共利益最大化的合作管理过程，其本质在于政府与公民对公共生活的合作管理，其基本要素包括：（1）合法性，即社会秩序和权威被自觉认可和服从的性质和状态；（2）透明性，即信息的公开性；（3）责任性，强调人们对自己的行为负责；（4）法治，将法律作为公共管理的最高原则，任何个人和组织的行为都必须服从法律；（5）回应，即公共管理人员和机构必须对公民的要求作出及时的和负责的反应；（6）有效，主要指管理的机构设置合理，管理成本得到做大限度降低，管理效率提升。① 根据以上关于善治的基本要素和内涵，俞可平（2008）进一步提出了中国的治理评价框架体系，主要从公民参与、人权与公民权、党内民主、法治、合法性、社会公正、社会稳定、政务公开、行政效益、公共服务和廉洁等维度制定了中国的治理评价框架。

　　乡村治理是社会治理的一个重要领域，在乡村治理的绩效评价方面，吴新叶（2016）从公共性、社会性和有效性三个维度分别选取指标，构建了乡村社会治理绩效的评价指标体系，其中主要涉及村庄公共政策、社会参与与制度保障等具体内容。上述关于社会治理和乡村社会治理的指标和原则体现了治理的价值导向和基本目标，即通过治理实现政治、经济、社会和环境的和谐有序发展，使人民享受基本公共服务，实现公共利益的最大化。根据以上分析，乡村治理的内容复杂繁多，治理的目标既宏观又具体，由此给我们提出了一个非常值得探讨的难题：我们需要以及可以从哪些方面去考察和评价乡村治理的治理效果？相信对这一问题的解答与分析能够帮助我们形成对乡村治理的一些更加系统和具体的认知，为乡村治理甚至社会治理的评价研究提供一些可供参考的价值。运用可操作的方式对乡村治理效果展开的综合评价结果，将有助于更加清楚地了解当前的乡村治理现状，为乡村治理的优化提供一些可供发展的方向。

　　在乡村治理的组织制度方面，目前乡村中普遍实行的是以建制村为主的基层群众自治制度，由村民选举产生乡村基层自治组织，对村庄事务进行综合治理。那么该组织产生了怎样的治理效应？另一个问题是，既然乡村已经存在专门管理村庄事务的村民组织，那

---

　　① 俞可平. 治理与善治 [M]. 北京：社会科学文献出版社，2000：8 – 11.

么村庄中的其他组织存在的作用是什么？关于这一问题，目前多数学者倾向于针对特定组织形式的乡村治理效应展开深入讨论，讨论较多的村庄组织包括宗族组织、合作经济组织和一些极具特殊性个案的乡村民间组织等具体的组织形式，试图通过针对性的个案研究探讨村庄组织对于乡村治理的影响与功能。关于村庄的各项组织在乡村治理中所发挥的具体功能定位，各研究众说纷纭。以宗族组织为例，有些研究认为宗族组织能够强化村庄的公共服务供给能力（Tsai，2007；孙秀林，2011），另一些研究则认宗族组织的主要功能在于通过影响村民日常行为协调村庄秩序等（肖唐镖，2010）。对农民合作经济组织的功能界定同样存在部分争议，虽然大部分研究者都认同农民合作经济组织制度的主要功能在于帮助村民和村庄实现经济增长，但对于该组织在乡村治理中的社会功能即农民合作经济组织是否应该以及是否已经承担村庄的公共服务供给和乡村秩序协调等功能存在较大争议。关于村庄组织与乡村治理二者的质疑不仅存在于组织的功能定位层面，还广泛存在于组织的实际影响效应层面。同样以宗族组织为例，一些研究就认为，宗族的合作基础往往只存在于宗族组织内部，如果村庄中存在几个以上的宗族，则可能出现派系斗争，这将严重影响乡村的社会秩序，对乡村治理产生负面影响（贺雪峰，2003）。对村庄组织负面效应的另一种解释来自组织对村庄基层民主特别是村民选举的干预，过于强大的村庄组织可能阻碍村庄的民主选举和日常管理，使村民自治受到影响，从而影响村庄的日常治理。

　　以上关于村庄组织参与乡村治理的功能和效应的差异或许与研究者选取的个案有关，那么进一步的问题在于，村庄组织的乡村治理效应在不同特征的村庄之间为什么会存在如此完全相悖的差别？一个组织在某些地方和村庄发挥特定治理效应的深层次原因又是什么？本书将通过对上述问题的回答对村庄组织发挥乡村治理效应的原因进行探讨，相信该研究能够为乡村治理过程中的组织建设与治理优化带来一些更深层次的思考和解释。

问题3：如果村庄组织能够影响乡村治理，那么这种影响是如何产生的？即村庄组织对乡村治理的影响路径和作用机制是怎样的？

无论是基于村庄组织对乡村治理不同方面所产生的治理效应，还是基于村庄组织之于乡村治理效果的一些质疑与反对，乡村社会中一直或多或少地存在着不同类型和不同数量的组织形式。那么，村庄中的这些组织究竟是如何作用于乡村治理的？已有研究大多通过村庄组织对村庄民主选举的干预展开研究，更多的观点集中于村庄组织能够通过干预和干扰村庄民主选举而达成本组织的利益和组织目标。大部分研究几乎一致地将这种对村庄民主选举的干预行为视为村庄组织对乡村治理影响的终点，即认为由于村庄组织会阻碍村庄民主，因此对乡村治理也是不利的。当然，也有一些研究认为村庄组织能够促进村庄民主，因此认同组织对乡村治理的积极作用。上述观点的潜在前提在于，认为村庄民主一定是有利于乡村治理的，但几乎很少有研究论及村庄民主的治理效果和治理效率问题。事实上，公共性与效率的矛盾一直是公共行政领域的一个难解之题（唐兴霖和马亭亭，2014），村庄民主是否一定具有乡村治理效应是一个值得探讨的话题。更进一步地，村庄民主不应等同于乡村治理的终点，而更应该是乡村治理的一个重要过程和方式。

现有研究中的另一个重要问题是，几乎千篇一律地将村庄民主等同于村庄的民主选举，而忽略了村庄民主的其他程序和民主的实质内涵。根据村民自治制度的基本规定，村庄民主包含民主选举、民主决策、民主管理和民主监督"四个民主"进程。虽然民主选举是推动村庄民主进程的前提与基础，但其他民主进程也是村庄民主的重要内容，在村民自治过程中占据重要地位。回到村庄组织与乡村治理的问题上，如果将村庄民主视为村庄组织影响乡村治理的重要过程，那么村庄组织除影响村庄的民主选举外，还会对村庄民主进程的其他方面产生怎样的影响？更进一步地，这种影响又是如何最终作用于乡村治理的？对这一系列问题的回答，将给我们带来关于村庄组织、村庄民主和乡村治理等相关问题的一些更深层次的思考与解释。

根据以上论述，本书将基于村庄组织对乡村治理的影响路径这一问题引申出以下几个主要问题：其一是村庄民主的乡村治理效应问题，这里的村庄民主包括村庄的民主选举、民主决策、民主管理和民主监督四个村庄民主进程，将分别讨论四个民主进程的乡村治理效应以及各民主进程之间的关系；其二是村庄组织对村庄民主产生了怎样的影响效应，这种影响多大程度上能够作用于乡村治理的最终结果，即村庄组织通过村庄民主对乡村治理产生了何种以及多大程度的影响效应。

二、核心概念

对研究中核心概念的界定可以避免因同一和相近概念的不同内涵和外延产生的理解偏差，以及不同概念指向交叉带来的争议，有助于帮助厘清本书的逻辑起点和基本思路。根据本书的基本问题，本书需要清楚界定的核心概念包括村庄组织、乡村治理和村民自治三组基本概念。

（一）村庄组织

组织指由若干个人或群体组成，拥有共同目标和一定边界的社会实体。任何组织的存在都要满足三个必要条件：首先，必须以人为中心，实现人、财、物的有机配合，并保持相对稳定和形成一个社会实体；其次，必须具有为本组织全体成员所认可并为之奋斗的共同目标；最后，必须保持一个明确的边界，以区别于其他组织和外部环境。① 综合而言，组织即两个或两个以上的人为实现共同目标而按照一定结构和规律结合起来的，具备特定功能和严格边界的活动系统。

村庄组织，主要指在村庄中以农民为核心主体，为实现农民利益而组合起来的各种组织形式。对村庄组织的界定可以借鉴目前学术界较为公认的关于农民组织的相关定义，其具体含义为由农民自发组织或在政府的推动和支持下组织起来，且自愿参与的自我管理和自我服务的各类组织形式（俞可平，2002；周彩虹，2010；郭彩云，2012；等等）。在农民组织的分类方面，诸多学者根据不同标准产生了较丰富的农民组织类型。其中较具代表性的有：以组织合法性问题进行划分，如谢菊将农民组织分为体制内农村民间组织和体制外农村民间组织两类（谢菊，2006）；以组织性质进行划分，如黄方将农民组织划分为传统组织和新型组织两类（黄方，2015）；以组织领域将农民组织划分为经济类组织、社会文化类组织和维权类组织（林忠生和杨清，2007；王正兴，2011；叶敏和曹芳，2015；等等）；以组织职能为分类标准进行的组织划分，如俞可平将农民组织划分为权力组织、服务组织和附属组织三类（俞可平，2002），程同顺等将农民组织划分为政治性组织、经济性组织、基层自治性组织和社会性组织（程同顺，2005）；以供给的公共产品类型将农民组织划分为官方性民间组织、准民间组织、纯民间组织和俱乐部民间组织四类（李竞莹，2008）。根据上述关于农民组织的界定和分类，可以将本书中的村庄组织界定为在村庄范围内组织活动，且以本村村民为主要组织成员的农民组织。具体来说，村庄

---

① 萧浩辉. 决策科学辞典［M］. 北京：人民出版社，1995.

组织主要包含权力性组织、经济性组织和社会性组织三种组织类型。

从某种意义上来说，村庄也是一个社会组织。① 在传统的乡村社会中，农民生产、生活和社会交往均在村庄内部完成，村庄因此也成为新中国成立后国家治理的基本单元，即"行政村"，构成了独立的组织结构（徐勇，2002）。随着市场经济的发展和乡村社会性质的演变，村庄作为社会组织的边界有所模糊，但以行政村为主要单元的治理模式和组织边界依然存在。行政村内部还包含着各种权力性组织、经济性组织和社会性组织三种主要的组织类型。就当前行政村的内涵上看，村庄更多意义上是一个涵盖了各类具体村庄组织形式的综合性组织体系。

（二）乡村治理

治理问题一直是国家和社会各界关注的焦点，自 1998 年世界银行首次使用"治理危机"一词之后，"治理"便被广泛应用于各类政治发展和社会经济领域中。全球治理委员会认为，治理是各种公共的或私人的个人和机构管理其共同事务的诸多方式的总和，通过有效治理能够使相互冲突或不同的利益得以调和并进一步采取联合的行动。治理既包括迫使人们服从的正式的制度和规则，也包括各种促使人们统一行动或符合其利益行为的非正式制度安排。② 俞可平进一步概括指出，治理的基本含义是指在"一个既定范围内运用权威维持社会秩序，以满足公众的公共需要"③。根据俞可平的观点，治理的基本目的在于通过在不同的制度安排中运用权力去引导和规范行动者的行为，从而实现最大限度地增进公共利益的基本

---

① 在社会学研究中，这种传统的村落组织通常称之为社群。
② 全球治理委员会 . 我们的全球伙伴关系［M］. 伦敦：牛津大学出版社，1995：23.
③ 俞可平 . 治理与善治［M］. 北京：社会科学文献出版社，2000：4.

目标。

乡村治理的概念最早于 1998 年由华中师范大学中国农村研究中心提出。在乡村治理的内涵界定上，有的学者将其等同于村民自治，认为乡村治理就是村级内部的群众自治（王长安，2007）；有的学者将其视为一种政治活动，认为乡村治理主要是对村庄内部的社会组织和村民个人的公共权力的配置和运作过程（徐勇，2007）；还有学者注重从经济资源的供给与分配角度出发研究乡村治理问题，认为乡村治理的重点在于乡村公共产品的供给问题（党国英，2008）。以上关于乡村治理的内涵界定显示出乡村治理的主体多样性和内容复杂性等特征。总体而言，乡村治理是社会治理中的一个重要分支，是社会治理在特定的乡村范围内的实行和发展。

通过对已有关于乡村治理概念的基本理解和对村庄组织的基本认知，本书对乡村治理的概念可以理解为以下两个方面：一是广义范围内的乡村治理，即将村庄视为一个组织整体而言的乡村社会综合治理过程。以村庄为自组织整体，通过基层政府和外部市场共同形成的对乡村公共事务和社会规则等制度的供给和执行问题；二是村庄内部的组织治理，即在乡村社区范围内，管理村庄公共事务，促进农村公共利益和集体目标实现，构建村庄秩序和推动村庄发展，最终达到满足村民公共利益最大化的过程和状态。从第一个维度来看，乡村治理的主体包括政府、市场和村庄自组织三方主体，第二个维度的乡村治理则重点讨论基层政府和外部市场干预下的村庄内部治理，其治理的主体不仅包括村庄的正式治理主体——村庄自治组织，还包含村庄中的其他权威力量，如其他村庄组织和精英个体等。本书中主要关注的是第二个层面的乡村治理，即村庄作为自组织整体的内部治理状况。

（三）村民自治

村民自治是我国经过多年实践探索，逐渐形成的以村庄自治组织为主要组织形式的基层群众自主治理模式。所谓村民自治，即由广大农民群众直接行使民主权利，依法办理农民自己的事务，实行自我管理、自我教育、自我服务的一项基本社会政治制度。村民自治的提法最早出现于 1982 年修订颁布的《宪法》第一百一十一条，其中具体规定了由村民的基层自治性组织即村民委员会（以下简称"村委会"）在村党委的领导下对村庄事务进行自我管理，并制定和监督执行村规民约，以协助党和政府贯彻落实国家的法律政策，以及组织村办经济，维护乡村治安，发展乡村公共福利，开展人民调解和发展乡村社会文化事业等。因此，作为一项全国广泛推行的制度模式，由村民自治产生的村民委员会在广大乡村中是普遍存在的，其主要功能在于对内民主管理村庄公共事务，对外贯彻落实国家政策法规及计划方针，通过二者结合共同实现和维护农民群体的利益。

村民自治同时也是一个不断探索和发展的过程。自 20 世纪 80 年代以来，村民自治的实现形式经历了三个阶段：第一阶段是以自然村为基础自生自发的村民自治，主要贡献是"三个自我"；第二阶段是以建制村为基础规范规制的村民自治，主要贡献是"四个民主"；第三阶段是建制村以下内生外动的村民自治，主要贡献是有效实现形式。① 结合我国实际情况，当前我国正处于从第二阶段向第三阶段过渡的探索实践中，寻找村民自治的有效方式是当前村民自治的主要方向，我国广大村庄依然实行的是以建制村为基础规范的村民自治制度。

以建制村为基础的村民自治制度是目前我国大部分乡村的主要治理方式，其基本内涵包括四个方面，即村庄的民主选举、民主决策、民主管理和民主监督。其中，村级民主选举主要指村民拥有本

---

① 徐勇，赵德健. 找回自治：对村民自治有效实现形式的探索 [J]. 华中师范大学学报（人文社会科学版），2014，53（04）：1-8.

村村委会干部的选任权，村民可以按照相关法律法规，由村民直接选举或罢免村委会干部，实现村庄的基层民主选举。村级民主决策指村民对村庄的重大事务具有直接决策权，村庄中与村民利益相关的重大事项，例如村办学校、村集体经济收入的使用与分配、宅基地的使用等事项，都必须经过村民大会讨论，按照多数村民的意见作出最终决定。村级民主管理强调村民对村庄日常事务管理的相关权利，即村庄可以在国家法律法规的基础上，集合当地的实际情况，由全体村民共同制定本村的自治管理规范或村规民约，进一步明确村民的权利义务，以及村组织的各项职责要求等。村民自治章程或村规民约是当地村民行动的主要标准，是村民参与村庄管理的重要体现。村级民主监督保障了村民对村干部的评议权和对村务的知情权，主要通过村务公开、民主评议村干部和村委会定期报告工作等形式实现，由村民对村中重大事务、村委会工作和村干部行为进行监督，村务公开是村级民主监督的主要途径之一。

根据以上论述，本书中涉及的村民自治主要指以建制村为单位、在村党支部领导下以村委会为主体的乡村基层群众自治制度。村民自治的主要内容包括村级民主选举、民主决策、民主管理和民主监督四个方面。

第三节 方法与数据

一、研究方法

本书主要探讨的是村庄组织及其对乡村社会的治理效应和治理机制问题。基于前面已经提到的一些基本争议，采用个案研究方法去观察和追踪某项村庄组织参与乡村治理的效应和过程已经无法回答研究需要解决的主要问题，因此需要充分借鉴相关的统计计量工具，通过多样本的数据定量分析对研究问题予以解答。村庄组织与乡村治理的问题在本质上属于一个公共管理问题，对相关管理学理论基础的把握必不可少；关于乡村治理问题的研究不可避免地要对乡村社会性质具有充分的了解和把握，目前针对这方面的研究大多集中于乡村社会学领域，故本书的展开离不开相关社会学理论知识的储备；关于村民自治尤其是村庄民主的研究也离不开相关的政治学理论与研究；村庄组织的形成、整合及其参与乡村治理的内在机理还涉及经济学尤其是新制度经济学的相关理论知识。因此，本书需要综合不同学科的理论工具，采用更加灵活的研究方法以达成研究目标。

基于研究选题的基本属性以及更有效地回答好研究提出的三个基本问题，本书灵活运用多种研究方法。从整体上看，主要采取的是理论分析与实证分析相结合的研究方法。在具体安排上，通过梳理文献资料和相关理论知识，构建村庄组织与乡村治理的理论分析框架。在分析框架的指导下，重点运用统计计量方法对二手调查数据进行实证分析，实现理论研究与实证研究的充分结合。全书既包含规范研究的理论分析，又有实证研究的统计计量分析，力求在研究方法上达到规范与创新。

对于研究提出的第一个问题（即乡村治理中可能存在的组织因素和村庄组织的角色定位）。主要采用文献分析和规范分析的方法，通过对我国各历史时期的乡村治理模式的分析总结，以及对当前关于村庄组织与乡村治理的针对性研究文献，系统梳理出乡村治理中可能存在和发挥作用的村庄组织类型。在文献分析的基础上，重点从交易成本极小化的理论角度出发，结合自组织治理理论和多元治理理论等理论基础，梳理社会治理中的科层制治理、市场化治理和自组织治理三种治理机制，并进一步将以上理论框架运用到乡村治理领域，形成乡村内外部的多重治理模型。同时，从乡村建设理论和乡村振兴战略等政策角度系统论述乡村治理的主要内容和基本目标，构成乡村治理效果评价的基本维度和框架。在基于默顿的中层结构功能理论和相关研究文献基础上，分析村庄组织与乡村治理的逻辑关系。在以上文献和规范分析的基础上，形成村庄组织与乡村治理的全书理论框架，系统说明村庄组织在乡村治理中的功能定位和主要角色。理论分析框架能够清晰地展现研究的基本思路，为研究问题的分析与解答提供坚实的理论支撑。

　　对于本书第二个研究问题中的第一项子问题（即乡村综合治理效果的评价）。对于该问题的回答，需要力求达到评价结果的客观性和可操作性，因此本书主要以乡村建设理论为基础，结合乡村振兴等相关的政策文件精神，根据理论分析中乡村治理的目标内容及乡村治理效果评价的基本维度，同时以二手数据资料为基本依据，基于指标选取的基本原则选取和构建乡村治理效果评价的指标体系。在此基础上，采用熵权法计算乡村治理在不同维度的治理效果得分和综合治理效果得分。根据以上分析，进一步运用相关性分析和均值 T 检验等统计方式，分别对不同村庄组织类型条件下的乡村治理效果得分进行基本描述。

　　对于本书第二个研究问题的第二项子问题（即村庄组织对乡村治理的功能效应是怎样的）。研究主要采用最小二乘回归法进行实证分析，通过假设检验的方式验证村庄组织影响乡村治理效果的相关假设。具体步骤为：首先根据理论框架和相关文献资料提出不同村庄组织类型的乡村治理效应假设；然后根据研究假设，通过效果分解将乡村治理效果得分进一步划分为具体维度，并分别构建不同的村庄组织和不同乡村治理效果以及乡村综合治理效果的多元线性回归模型；最后对各模型进行假设检验，验证研究假设中各村庄组织的功能效应，并进一步对研究结论进行解释与说明，诠释村庄组织影响乡村治理效果的具体效应和内在机理。

对于本书第三个研究问题（即村庄组织通过何种途径和路径对乡村治理产生功能效应）。本书主要采用路径分析和中介效应分析等方法重点分析村庄组织、村民自治与乡村治理效果各变量之间的内在关系。具体操作上主要根据理论框架和相关文献，首先建立村庄组织、村民自治和乡村治理效果之间的经验模型，提出研究假说。根据经验模型和研究假设建立村庄组织、村民自治和乡村治理效果诸变量之间的中介效应模型，并采用逐步检验和 Bootstrap 检验相结合的检验方法检验中介效应。在此基础上，进一步运用结构方程模型对上述中介效应分析结果进行再次验证与检验，通过构建和检验村庄组织、村民自治与乡村治理效果之间的结构方程模型，再次检验村庄组织通过村民自治产生乡村治理效果的作用路径。

二、数据介绍

研究选题决定了本书需要以村庄作为主要的研究单位，而以村庄为单位的样本属性导致研究极难通过实地调查获取关于村庄的第一手实证调查数据。所幸的是，当前公开共享的数据资料中包含诸多社区数据库，其中包含不少村庄样本，这成为本书最为重要的数据来源。在众多可供公开使用的数据资料库中，本书主要使用了中山大学社会学调查中心设计并实施的中国劳动力动态调查（China labor-force dynamics survey，CLDS）的社区数据库。采用该数据是因为数据中的社区数据库涉及大量与村庄组织、村庄民主和乡村建设发展相关的题项，且具备一定的乡村社区样本量，能够为本书提供强有力的数据支撑。

CLDS 数据采用多阶段、多层次与劳动力规模成比例的概率抽样方法（multistage cluster，stratified，PPS sampling），样本覆盖了除西藏自治区和海南省和港澳台地区外的我国 29 个省、区、市，具备较好的全国及地区代表性。该数据于 2012 年在全国范围内进行了第一次正式调查，并在 2014 年和 2016 年分别进行了两次动态调查。其内容涉及村/居社区的社会结构和家庭、劳动力个体的变化与相互影响。本书的研究对象主要为乡村社区，故本书主要使用了 CLDS 的社区数据库。其中包含对社区人口与结构、社区选举、社区参与、社区安全、社区关系、社区组织、社区经济、农村集体经济、土地流转与征收、社区环境与设施等问题的具体题项，基本涵盖了社区治理的各个方面，是极为充分和珍贵的关于社区建设与发展的数据资料。

在数据的处理过程中，2012 年数据中城镇社区和乡村社区是两个单独的数据库，因此可以直接使用村庄数据库。2012 年之后的社区数据合并为统一的社区数据库，为得到有效的村庄样本数据，研究以社区类型为标准，剔除了城镇居委会样本，保留了乡村村委会样本。三个年度经过整理之后的有效样本量分别为 173 份、190 份和 193 份。由于 2012 年之后的两次调查调整了部分题项，且这些题项是本书必须使用的指标，故在具体分析过程中，本书主要使用的是 2014 年和 2016 年两期的村庄数据，使用两期数据一方面能够增加研究的样本量，使研究结果更具可靠性；另一方面也能够反映出村庄组织结构的乡村治理效果效应在时间维度上的变化，进一步丰富研究内容。在研究过程中，对样本中的部分随机缺失样本采用同类均值替代法进行了填补以保证样本总量的完整性，具体做法为根据样本村庄所在地区的平均水平替代样本中的缺失值。在具体处理过程中，研究将两期数据进行纵向合并处理，形成了一个混合截面数据库。本书第四章和第五章分析中的实证模型估计所使用的数据都是根据 2014 年和 2016 年的 CLDS 村庄社区数据合并形成的村庄混合截面数据库。经过合并之后的样本容量为 383

个村庄，其中包含 2014 年的 190 个样本村庄和 2016 年的 193 个样本村庄。

第四节　创新与不足

一、可能的创新点

本书基于交易成本极小化的基本理论视角分析乡村治理问题，重点剖析了村庄内部组织结构的乡村治理效应和作用机制，研究选题本身具有一定的创新价值。具体而言，本书可能达到的创新性主要体现在以下几个方面。

其一，采用交易成本极小化的理论视角分析乡村治理问题。与以往多运用"国家—社会"的分析框架不同，本书在认可村庄自主治理和村庄组织治理等乡村治理的基本方式的基础上，以乡村治理过程中的交易成本极小化为基本出发点，系统分析了以村庄作为自组织整体的村庄、政府和市场多元化治理模式，并进一步运用该模式分析村庄的内部治理。从村庄内部治理中交易成本极小化的基本目标出发，将不同类型的村庄组织视为不同关系和规则基础上的治理机制，探讨了村庄内部的科层治理、市场化治理和自主治理等不同的治理机制及其各自的治理主体，从理论上分析了乡村治理的基本模式及治理逻辑。

其二，综合梳理了村庄经济组织、村庄社会组织和村庄自治组织三种组织类型的乡村治理逻辑、治理效应和治理路径。与以往单纯考察单一组织形式的乡村治理效应及其参与机制不同，本书探讨的是在一个多方共治的结构框架下，村庄中不同的组织类型对乡村治理的功能效应和作用机制。即本书同时考察了村庄中的自治组织、经济组织和社会组织等多种组织形式，并将这些组织置于统一的乡村多元治理模式框架下进行分析。根据乡村治理内容就不同组织的乡村治理效应进行了更加细致的检验，系统分析了村庄中各项组织结构的功能效应以及治理路径。这一研究内容和研究结论不仅揭示了村庄中单个组织形式对乡村社会的治理效应，还能在一定程度上对不同的村庄组织类型的治理效果和治理机制进行横向比较，有助于村庄组织的进一步发展与优化。

其三，采用熵权法客观评价了乡村治理效果。现有关于乡村治理和社会治理效果的研究尚不多见，已有的个别研究主要就治理的基本原则和价值导向等进行说明，不具备可操作性。本书从乡村治理的基本内容出发，以乡村建设理论为理论基础，结合当前政策文件精神，从乡村经济发展、公共服务、社会秩序和宜居环境四个维度分别选取可操作化的具体指标，建立乡村治理效果评价的指标体系，运用熵权法对乡村治理效果进行实证评价，从客观上显示了当前乡村治理的基本水平，为治理水平的评价研究提供了可供探讨的研究方向与方法。

其四，结合大数据定量分析了村庄基层组织治理问题，在乡村治理的研究方法上有一定创新。现有关于村庄组织与乡村治理问题的研究多采用个案研究法，缺乏大样本的乡村社区定量分析。本书根据二手的村庄调查数据资料，通过构建计量模型和路径模型，对村庄组织与乡村治理效果的影响效应和作用机制进行定量分析，在该问题的研究方法方面有所创新和突破，也在一定程度上弥补了现有研究中偶然性和对抗性结论较多的研究现实，使研究结论更具客观性和可靠性。

二、不足之处

首先，本书所使用的均为二手数据资料，这可能导致研究存在一定的偏误，主要体现在四个方面：一是缺乏一手的直接调查数据，可能导致在研究中对乡村实地资料的认识有所不足；二是受限于已有的数据指标，在实现概念指标的操作化时可能存在一定的偏差；三是由于关于乡村社区的定量数据较为少见，且调查的成本极高，这造成了本书的样本量整体相对偏少；四是数据指标有限，第四章存在反向因果导致的内生性问题尚未找到合适的工具变量，二手数据的样本量及其原始问卷中的指标限制，造成本书在研究中的主要不足。

其次，为了便于分析以及数据中关于村党支部数据题项的限制，本书在理论分析中将村党委组织及其领导下的村民委员会组织统一视为村庄内部的科层治理机制，在实证操作中也主要以村民自治过程作为主要操作指标。虽然这一做法在当前现实情境下具有一定可行性，但也导致了研究中忽视了村"两委"组织关系的考量，从而进一步造成对二者相互作用带来的乡村治理效应的忽视。这成为本书在理论上的一个主要不足之处，有待在今后的研究中进一步优化改进。

第二章 文献回顾与理论基础

乡村治理是社会治理领域的一个重要议题，众多学者通过研究不同时期的乡村治理模式，试图对我国当前形势下的乡村治理实践提供相关借鉴。在诸多研究成果的推进下，已经形成了关于乡村治理的一些经典理论框架和治理经验。本章重点对不同历史时期乡村治理模式的发展情况和影响乡村治理的诸多组织因素进行系统梳理和探讨，在此基础上归纳总结村庄组织与乡村治理的相关理论，奠定本书的理论基础。

第一节 乡村治理的变迁与发展

目前关于乡村治理的研究成果相对丰富，通过梳理文献发现当前关于乡村治理模式的研究大多集中于对不同时期乡村治理的权力主体及其所代表的治理规则和治理效应等方面。其中，大部分研究是在"国家—社会"的分析框架下讨论乡村治理主体的合法性及其治理效果问题。本部分主要根据现有研究中的关注焦点，从纵向的时间分布上分别选取典型时期关于乡村治理模式的研究成果进行分析梳理，重点探讨不同治理模式下的乡村治理主体及其所达成的治理效果，以对乡村社会性质和乡村治理模式形成系统认知，为本书后续研究提供参考和奠定理论基础。

一、传统时期的乡村治理

中国传统的乡村治理模式体现了在相对分散的封建小农经济形势下农民如何形成生活共同体，从而达到相对稳定的社会生活状态的治理智慧。基于传统乡村治理模式中农民相对有序的社会秩序和良好的乡村治理效果，乡村的传统治理模式一度成为学者研究与关注的焦点。费孝通先生在《乡土重建》一书中将传统中国社会的政治体制概括为两条平行的轨道：一条是自上而下的中央集权专制体制的轨道；另一条是自下而上的地方自治民主体制的轨道。二者的实践逻辑分别为：中央集权轨道依靠的是以皇帝（君主）为中心建立起的一整套官僚组织，主要由官员与知识分子实施具体管理，遵循的是皇权法则；地方自治轨道则主要依靠地方宗族组织，通过乡绅和乡村精英实现乡村自治和自我管理，所遵循的是乡规民约（费孝通，1948）。

在乡村社会的双重治理逻辑下，关于中国传统乡村治理模式的研究一度进入了"自治"与"官治"的争论当中。韦伯（2003）①和古德（1986）等一致认为，中国古代社会的行政机构管理并未渗透到乡村一级，乡村宗族势力是乡村治理的主要权力主体。温铁军（2001）将传统乡村的治理模式概括为"皇（国）权不下县，县下惟宗族，宗族皆自治，自治靠伦理，伦理造乡绅"的治理方式，认为以宗族乡绅为主的地方自治才是乡村治理的主要模式。这些关于传统乡村治理的观点一致认为中国传统的乡村治理模式是以乡村宗族势力为主要力量的乡村自主治理模式，乡村治理的主体为村庄内的宗族乡绅等地方自治力量。关于传统乡村地方自治的观点随后受

---

① 韦伯称之为"有限官僚"制度。

到一些学者的质疑和反对。秦晖（2003）通过对走马楼吴简的历史资料考证和分析，发现乡村社会并未呈现完全的宗族聚居与宗族自治景象，而是更多体现为一种中央集权控制下的"编户齐民"特征。根据以上发现，他认为中国乡村社会实质上是一种"国权归大族，宗族不下县，县下惟编户，户失则国危"的社会治理状态。秦晖等的研究将国家及其官僚机构作为乡村治理的重要主体，认为官僚在传统乡村治理中发挥了主要作用。

随后的研究逐渐从"国家—社会"的对立研究转入二者的融合研究，将国家官僚力量与地方宗族势力共同纳入乡村治理的主体框架中。例如，从翰香（1995）认为传统乡村治理是一种"官督绅办"或"官督绅治"的体制，乡绅作为官府和村社的联结者，担任着"承上启下"的过渡角色，其中，官府通过乡绅管理和控制村庄活动，乡绅则配合官府进行治理以维护中央集权统治。黄宗智（2008）通过对清代社会纠纷中有关土地、债务、继承和婚姻以及老人赡养等"细事"纠纷的分析研究，创造性地提出了"第三领域"的概念，指涉及在国家和社会之间的一个中间领域，该领域主要由地方准官员和社区宗族等协调解决，除非发生刑事纠纷，否则国家不会介入"第三领域"，证实了乡村治理过程中国家官僚与地方宗族的共同涉入。封建帝国在高度集权的情况下尽可能精简正式官僚人员，通过广泛使用社区准官员等半正式的行政方法实现县级以下的治理，黄宗智（2008）形象地将其概括为"简约治理"模式，并认为该模式是中央集权制度对人口扩张所做出的适应和调整策略。李怀印（2008）在《华北村治——晚清和民国时期的国家与乡村》一书中提出了传统乡村治理的"实体治理"框架，用以凸显乡村治理中国家和乡村之间界限的模糊。以晚清及民国时期河北省获鹿县的乡地制度等档案资料为证据，李怀印认为国家和乡村在地方治理中是相互依赖的，只要当地村规能够有利于行政目标的实现，则可以被视为是合乎国家法律的，而不管其在实际操作上是否与法律措施一致。因此，用村规代替国家法令，成为地方治理中非正式手段的象征。"实体治理"因此成为国家与社区共同治理、官僚制度与村规民约交互交织的一个特定场域。以上研究通过历史资料分析对封建时期的乡村治理模式进行了深刻剖析，将传统乡村治理模式中的两条轨道相互交错融合，认为传统的乡村治理是国家力量与社会自治力量在乡村场域中的相互依赖和相互妥协中逐渐形成的一种相对稳定的社会治理模式。①

通过分析传统的乡村治理模式可以发现，我国封建传统时期的乡村治理模式主要以地方宗族势力和国家官僚体制为主要力量。宗族组织作为重要的乡村治理主体，无论宗族是否受到国家官僚的控制和影响，都是传统乡村治理模式中的重要主体之一，在传统乡村治理中发挥了重要的作用。在血缘和文化的不断延续下，以宗族等社会文化组织为代表的组织类型作为一种重要的传统文化组织资源成为乡村治理研究和实践中不可忽视的重要主体之一，也是现时期乡村治理中不可忽视的组织力量之一。

二、计划时期的乡村治理

如果说在传统的乡村治理模式中国家权力还需一定程度上让渡和依赖于地方宗族势力，那么新中国成立之后至改革开放之前的乡村治理实践则主要体现为国家直接管理的一元化管理模式。由于其体现出的管理强权性和经济低效性等特征，该时期的乡村管理模式一度遭到学术界的诟病甚至批判，成为社会治理的典型失败案例。

---

① 关于传统乡村治理模式中"自治"与"官治"的文献回顾内容部分转引自狄金华的博士学位论文中的文献综述部分，具体参见狄金华. 被困的治理 [D]. 武汉：华中科技大学，2011：3-8.

但计划时期高效的公共服务供给效率、丰富的农民文化生活以及在此过程中诞生的诸如农民专业合作社、农民合作医疗制度、农民组织协会等组织制度仍然体现出强大的生命力，对组织基础严重缺乏背景下的当代乡村治理模式优化具有较强的现实意义。

新中国成立初期，为了进一步巩固人民政权、恢复乡村生产生活和维持乡村社会稳定，党和国家开始对乡村社会进行管理改革。经过土地改革、农业合作社和人民公社等一系列改革运动，乡村社会最终形成了"公社—生产大队—生产队"三级管理制度，即人民公社制度。以生产队为基础，上级为公社，实行政治、经济和社会为一体的层层控制的"政社合一"管理模式。公社既是国家政权组织，同时又是农业生产组织和管理农民日常生活的社会组织（冯石岗和杨赛，2014）。在这种体制系统中，国家政权渗透到了乡村社会的最基层，直接管理乡村的公共事务，国家意志成为村民行为的主要约束。农民以公社为单位，一切生产资料和公共财产为公社所有，集中劳动，由公社统一核算、统一分配，实现了全方位高程度的农民组织化。但由于以组织为单位的核算方式以及监督不力等原因，农民缺乏生产积极性，"磨洋工""搭便车"等行为在乡村生产中随处可见，乡村的整体生产力水平并未实现较大提升，导致乡村的物质产出水平整体较低。

尽管计划时期的乡村治理模式并未从整体上实现乡村治理目标的最优化，但治理过程中涌现出的诸如农民专业合作社和农民组织协会等创新性组织制度在乡村社会中被记录和保存下来，成为分散化和碎片化背景下农民重新组织化的重要路径，是当前乡村社会治理的重要组织基础来源之一。

三、改革开放以来的乡村治理

随着家庭联产承包责任制在农村中的广泛推行以及社会市场经

济的高速发展，乡村社会开始进入市场经济形势下的分散化和碎片
化阶段。改革开放以来，我国乡村治理逐渐向地方自治模式转变，
于 20 世纪 80 年代末期开始的村民自治制度逐渐在全国推广，并发
展成为现阶段乡村治理的主要模式。以村民自治为依托，诸多学者
对村民自治框架下的乡村治理内涵与治理效果展开了深入分析。尽
管关于村民自治的实质内涵与治理效果依然受到较多质疑和批判，
但我国政府坚持基层村民自治的基本导向是不变的，探讨更有效的
自治模式成为改革开放以来我国乡村治理的重点研究领域。随着城
镇化发展带来的乡村社会的巨大转变和诸多社会问题，乡村原有的
宗族和乡绅等组织基础遭受了较大冲击，自治力量相当薄弱。在此
状态下，一些乡村研究者开始对现代性冲击下的乡村社会性质展开
研究，将乡村治理的组织基础问题置于乡村治理实践的首要位置。
改革开放以来的乡村治理研究集合了当前形势下众多学者对乡村社
会治理问题的最新观点和研究成果，对优化乡村治理效果具有重要
借鉴意义，是乡村治理研究中不可忽略的重要文献储备。

　　村民自治制度是改革开放以来我国乡村基层治理最主要的制度
创新。村民自治最先源自 1980 年广西壮族自治区宜山县和罗城县
的农民自发组成的一种协助政府维护社会治安的准政权性质的村民
委员会（徐勇，2000），后来河北省、四川省等地农村也相继出现
了类似的群众性组织，并且其功能越来越向经济、政治、文化和社
会秩序等方面扩展。我国于 1988 年颁布《村民委员会组织法》，将
一项由地方发展起来的乡村治理模式上升为国家基层制度，村民自
治模式开始在全国范围内推广实施。中国村民自治的背景是后人民
公社时代中国建立起的国家权力纵向集中和向乡村社会渗透的治理
体制（徐勇，2006），通过构建农民的乡村主体性地位和政治主体
意识，增进农民对国家的政治认同、扩大农民的政治参与。一些在
政治能力、经济能力和文化水平方面具有优势的乡村能人，通过选

举方式被赋予了乡村治理权力并积极参与乡村治理实践。随着乡村社会性质由传统封闭式的人情社会转变为一种混合着人情关系与经济利益关系的复杂社会，村民自治伴随着乡村社会特定的社会关系形成特定的乡村社会实践后果，构成了后小农时期乡村社会治理的特定逻辑（贺雪峰，2009）。

关于村民自治与乡村治理的讨论在 20 世纪末期至 21 世纪初期以来最为集中，众多学者对村民自治中的权力关系、运行逻辑和乡村治理的优化路径等展开了丰富的分析与讨论。综合近年来关于村民自治与乡村治理的研究，主要包括以下三个主要的研究视角：一是从政治学角度讨论乡村治理中的权力运作与基层民主情况。如徐勇等（2014）将村民自治视为基层民主的重要过程，村民自治通过建立一系列民主规则和程序，以及对民众的形式化民主训练等方式，使民众运用民主方式争取和维护自身权益，从而不断赋予民主以真实内容，实现实质性民主。徐勇（2006）对我国村民自治的成长极为关注，将其视为农民政治参与的主要途径，认同其对于国家治理和国家建构的重要作用，并致力于积极探索更加有效的村民自治方式。二是从社会学角度分析村民自治模式下村庄的社会关系及其内在逻辑。贺雪峰（2003）通过大量经验研究认为市场经济形势下中国乡村社会关系已经不再是传统的人情社会为主的乡土社会，经济利益关系逐步进入乡村场域，成为村民的主要行动逻辑之一，在此背景下的乡村治理实践必然受到影响。三是从经济学角度对村庄公共事务尤其是村内公共品供给和集体产权等问题进行研究。如周生春和汪杰规（2012）认为农村公共服务的自主供给是一种典型的农民集体行动，村庄社会资本是公共品供给效率提升的重要基础和保障等。

从总体上来看，改革开放以来乡村虽然在经济收入和基础设施等方面获得较大提升，但乡村在生态环境、文化教育、社会秩序和人口稳定性等方面逐渐遭到破坏，表现出新的治理危机。农民和乡村在社会中的弱势群体和利益受损方的角色与地位始终未曾改变（肖唐镖，2014）。改革开放以来的乡村治理效果整体上呈现非均衡性的特点，以村民自治制度为基础和依托的乡村治理问题依旧是当前以及今后相当一段时期内急需探讨的重要话题。

第二节　影响乡村治理的组织因素

在村民自治的基本制度框架下，村庄自治组织作为乡村社会的正式治理组织形式，由村民自主选举产生并对乡村社会治理各方面产生直接的治理效应。但村民自治是一种自上而下的村级管理制度，自治组织并不能代表农民的组织化路径与程度，故乡村治理需要依托于乡村社会特定的组织基础和组织资源。我国在乡村社会治理的不同历史过程中均呈现特有的村庄组织资源，这些组织结合起来构成了当前乡村治理的重要组织基础，成为乡村治理过程中不可忽视的农民组织因素。不同的组织资源分别执行着不同的组织规则，代表着乡村社会的权威话语，表现出不同的乡村治理效果。20世纪90年代以来，关于农村基层民主组织与这些村庄组织资源之间的互动研究，已成为乡村治理研究中不可回避的重要话题（吴重庆，2000；肖唐镖，2003；贺振华，2006）。以下将分别从村民自治框架下村庄组织资源的不同角度及其对乡村治理的影响效应和影响路径等方面展开关于乡村治理的组织因素的相关文献梳理。

一、经济组织对乡村治理的影响

现代乡村社会中普遍存在着两种不同性质的经济组织形式，即以企业组织为代表的营利性经济组织和以农村专业合作社为代表的合作性经济组织。二者的区别在于，企业是所有者和使用者相分离的营利性经济组织，而合作社是劳动群众自愿联合起来进行合作生产、合作经营所建立的一种合作组织形式，其所有者与使用者具有同一性，成员加入合作社是为了利用组织提供服务以获取经济收入。在城镇化和市场化背景下，乡村社会性质正从传统的乡土社会向现代乡村社会转变，建立在利益和契约基础上的现代社会关系正在乡村社会中逐渐形成（贺雪峰，2003）。在 2001 年 7 月 14 日~16 日由中国社会科学杂志社和荆门职业技术学院农村发展研究所在湖北荆门联合主办的"转型期乡村社会性质研究"研讨会上，朱茂力认为在市场经济形势下，乡村治理的组织基础并不一定来源于传统的宗族制度等组织资源，而应该从市场经济本身去寻找和创造，市场经济拥有新的更大范围的组织资源（冯小双，2002）。随着乡村社会性质的转变，以经济利益和社会契约为代表的现代社会秩序逐渐渗透乡村社会，一些掌握经济资源的经济组织在乡村社会中树立了较大权威，对乡村治理产生一定程度的影响。以龙头企业和农业合作社为代表的乡村经济组织通过不同途径影响乡村治理实践，构成了现代乡村社会秩序的新型组织基础。

在市场经济不断完善和国家以工促农、以城带乡的战略政策布局不断落地的现实背景下，企业组织作为日益显露巨大作用的乡村治理参与力量，逐渐成为现代乡村治理的组织资源之一（兰沅佳，2015）。特别是在一些拥有资源和区位优势的村庄中，广泛活跃着不同性质和规模的企业组织。在企业参与乡村治理的主要方式和具体路径上，马洪伟（2014）认为企业主要通过货币资本进入乡村社会治理场域，从而对乡村原有的权力运行及结构形成影响。兰沅佳（2015）将其具体化为企业由初级的作为公关手法的捐赠到致力于建设企业社区关系再到资本下乡的逐渐渗透过程。罗菲（2015）具体分析了驻村龙头企业对乡村治理的作用机制，认为企业能够通过控制优质资源、建立与村民之间的劳资关系、寻找企业逐利与村庄发展的共同利益点等具体机制对乡村治理进行影响。

关于企业对乡村治理产生的具体效果，李景园（2012）通过个案研究重点分析了村企共建对乡村治理的影响效应，认为村企共建模式能够有效促进乡村经济发展、推动乡村政治民主和公共服务建设、加速农业产业化进程，但同时也引发了乡村内部矛盾，不利于乡村可持续发展。马洪伟（2014）基于"资本—场域"实践理论对进入乡村治理场域的行动者进行了理论分析，认为企业组织进入乡村将打破原有的场域资本平衡，导致乡村场域中存量资本向增量资本的转化、农户资本向企业资本转化以及乡村经济资本和政治资本的相互转化，最终提高企业自身在乡村治理中的行动者地位，并在一定程度上控制村委会，把自身的经济资本转换成社会资本，从而参与到乡村治理之中，相对缩减农民资本，降低农民在乡村治理中的主体资格。罗菲（2015）从正反两面分析了城镇化进程中驻村龙头企业对乡村治理的影响，将企业对乡村治理的积极影响归纳为促进农民增收、推动乡村基础设施建设、更新农民思想观念、完善乡村政治民主建设和村民自治制度四个方面，同时企业进驻乡村也将造成乡村治理主体失衡、乡村市场化倾向过度、乡村本土文化瓦解和村民过分依附企业而主体地位缺失等消极效应。

企业以及"企业＋农户"的组织形式虽然能够实现农产品在加工和销售方面的规模化，但仍然存在企业与农户之间的利益冲突和交易成本问题，导致组织结构的不稳定和规模经济效应的无法实现。合作社正是为解决以上问题而存在的一种组织形式，其本质是通过所有者和使用者统一的形式将生产环节相互独立的农户在流通环节组织起来以适应市场经济环境，农户既作为所有者共享产权，又作为"农户"个体使用组织提供的流通渠道，即"投资者与惠顾者同一"的组织模式（邓衡山和王文灿，2014）。这种组织形式降低了农产品的市场交易成本，能够有效提升农产品的市场竞争力。西方国家通过大量推行合作社制度取得了较成功的经验，我国于 2007 年颁布了《中华人民共和国农民专业合作社法》，开始正式推行农村新型合作社，合作社制度在乡村社会普遍推广运行。制度实施以来，诸多学者对农村合作社的性质及其效果展开了大量研究。一些研究对合作社的发展持质疑态度，认为当前的合作社实践已经偏离了本质属性，异化为各类下乡资本和强势主体的牟利工具和包装载体，合作社制度"名实分离"（熊万胜，2009；冯小，2014；邓衡山和王文灿，2014；黄祖辉等，2014；赵晓峰和付少平，2015；等等）。另一些研究则持相反观点，将当前存在的大农办合作社、企业办合作社等异质现象视为合作社发展的逻辑起点和必经过程，呼吁不能因为合作社发展存在的问题而否定强势主体在推动乡村发展和促进农民增收方面的积极作用，认为应该通过深化发展和规范制度等途径解决合作社存在的名实分离等问题（张晓山，2009，2012；仝志辉和楼栋，2010；等等）。

农村专业合作社作为乡村社会的重要主体之一，通过各种途径渗透至乡村治理过程和影响乡村治理绩效。农村合作社与乡村治理问题是近年来乡村研究中的一个重点话题，关于合作社在乡村治理中的定位，多数学者基于多中心治理理论对合作社作为新的治理主体参与乡村治理提供了合法性支持，认为合作社能够基于自身发展需要，为所在乡村提供多样化的公共设施和服务（阎占定，2011；李东泽，2011；赵泉民，2015；等等）。在合作社参与乡村治理的参与路径和参与程度方面，多数学者从合作社与乡村自治组织的关系入手进行了深入分析，对合作社在村庄民主选举过程中的利益博弈过程进行了深刻剖析，认为合作社对村委会选举具有十分重要的影响效应，是乡村治理的主要主体之一（桂河等，2009；潘劲，

2014；韩国明和张恒铭，2015；等等）。杨蔚（2017）综合了已有的研究成果，根据合作社与村委会的关系划分为"村社合一型""有限主导型""村社分离型"三类。在合作社对乡村治理的影响机制方面，杨磊和刘建平（2011）构建了一个农民合作组织参与村庄治理的分析框架，认为农民合作社可以通过改善乡村治理的社会基础、提升乡村利用外界资源的能力、形成乡村治理新主体的方式作用于乡村治理效果。阎占定（2011）认为合作社不仅控制着乡村的经济资源，对促进乡村经济发展和提高农民收入和消费水平产生直接影响，还由经济控制力渐进性渗透到农村的政治和社会生活中，影响甚至左右乡村民主政治和社会公共事业的发展方向和态势，成为乡村社会的"第三种力量"或"影子村组织"，从而对乡村治理的各个方面产生影响。王进和赵秋倩（2017）也认为合作社凭借经济实力获得社会基础和权威认可，在村级治理中获得合法性认同，内嵌于乡村社会治理过程中。

乡村经济组织凭借自身掌握的经济资源在乡村社会中产生权威效应，并通过各种途径参与乡村治理实践，成为乡村社会的组织资源和治理主体之一，是当前乡村治理实践中最为重要的组织因素之一。

二、社会文化组织对乡村治理的影响

乡村社会中普遍存在着各类社会文化组织，这些组织产生于农民为应对不断产生的各项经济和社会交往需求而自发成立或响应政府倡导而成立的各类文化、体育类的农民团体组织，是丰富农民精神文化生活的重要途径。除了法定的农村自治权威组织外，各类农民社会组织也在乡村治理中起着重要的作用（俞可平和徐秀丽，2004）。这些社会组织通过定期组织活动等方式连接村民的社会交往和共同文化，形成新的乡村社会资本，成为乡村治理的重要社会基础。

宗族组织是典型的传统乡村社会文化组织，在现代乡村治理中依然发挥着重要作用。一些学者通过个案研究观察到，在村民自治的制度框架下，生发于中国乡土社会的宗族组织作为乡村重要的组织资源重新兴起，并通过各种途径影响着乡村治理实践及治理绩效。关于宗族组织对乡村治理的影响效应，一些学者对宗族组织的乡村治理效果持肯定态度，认为宗族组织在提供公共物品和维持社会秩序（王培暄和毛维准，2004）、构建乡村社会基础（王毅杰和袁亚愚，2001；赖阳恩，2004）以及促进乡村民主（Tsai，2007a，2007b；肖唐镖，2010）等方面发挥着积极作用。还有一部分学者对宗族组织的村治功能持中立和否定态度，如瞿州莲（2002）通过对湖南省湘西瞿家寨的个案分析表明，虽然宗族组织对乡村现有秩序的积极维护和主动参与具有一定的正面效应，但一些宗族之间的抢坟山、闹人命等事件也给当地社会秩序造成了很大威胁，成为危害社会发展的不稳定因素。对宗族组织功能的批判更多地集中于宗族对基层民主和村民选举的干预以及由此带来的权利分配不均和派系斗争方面（Amy & Anne，2001；赵麟斌和洪建设，2005；秦勃，2015；等等）。综上所述，在传统的乡村治理模式中发挥重要作用的宗族组织依然活跃在现代乡村社会舞台，但其治理功能正在随着时代变迁而变化，宗族组织对乡村治理的功能效应在不同研究中呈现不同的表现形式。

在宗族与乡村治理的研究视角与具体功能方面，以弗里德曼为代表的结构功能主义学者根据对华人宗族组织的研究，认为宗族存在于稳定的公共财产基础之上，发挥着为共同体提供公共服务的功能，并且在与异质性群体的冲突中得到强化（Freedman，1966；Harrell，1982；等等）。一些学者因此从功能主义的角度对后税费时期宗族组织的重新兴起进行了解释，认为在集体功能弱化的背景下，宗族组织的兴起承担起了供给乡村公共服务和维持乡村社会秩序等社区功能（张厚安等，2000；肖唐镖，2001；孙秀林，2011；等等）。关于宗族组织对乡村治理的具体影响路径，肖唐镖（2008）认为1949年以前宗族组织治理乡村的方式与机制主要包括三种方式：一是宗族组织与基层治理单位相重合，族务的治理等同于社区公共事务的治理；二是通过选任基层管理精英即"代理人"来实施治理；三是通过影响基层管理精英的治理行为来实施治理。在现代乡村治理的宗族参与方面，王阳和刘炳辉（2017）认为在现代国家改造过程中，国家治理的组织体系与意识形态嵌入村落传统治理结构的不同程度，是产生宗族型村落不同治理后果的重要原因。根据国家权力与宗族组织在治理结构上的"组织互嵌度"与"意识形态耦合度"，他们将现代宗族型村落概括为"博弈型宗族""对抗型宗族""边缘型宗族""治理型宗族"四种类型。

除宗族组织外，乡村中其他类型的社会文化组织也对乡村治理效果具有十分重要的影响效应。在已有研究中，谭新雨（2014）以老年协会为例，分析了边疆民族地区的乡村社会团体对乡村治理的作用，认为该民间组织能够拓宽村民利益表达和权益维护渠道、增强村民民主意识和参政能力、维护乡村社会稳定和推动乡村政治文明建设。叶敏和曹芳（2015）以湖南省桃源县九溪乡农民文化艺术协会为个案，分析了农村民间文化组织对乡村治理的影响效应，认为该组织在上传下达政府政策、加强村民交流、推动乡村文化建设和维持乡村社会秩序等方面发挥了积极作用。乔运鸿等（2015；2016）介绍了一种通过营利版块的业务支持非营利版块事务，以营利和资金互助来提升和扩大公共服务，以公共服务的供给来扩大市场和赢得声誉的经济内循环自助的综合类农村民间组织，该民间组织对实现乡村公共服务的合作和有效供给具有极大的正面效应。综合相关研究结果，农村民间组织对乡村治理的积极效应主要可以概括为促进乡村民主（王正兴，2011；郭彩云，2012；谭新雨，2014；等等）、供给乡村公共产品和服务（乔运鸿等，2015；2016）、整合乡村资源（郭道久和陈冕，2014）和维持乡村秩序（陆野，2012）等几个方面，乡村中的各类社会文化组织从不同层面对乡村治理产生了积极的治理功能。

在乡村社会文化组织参与乡村治理的具体路径方面，周彩虹（2010）认为民间组织能够激发民主选举的有效性、增强民主决策的科学性、提高村民民主管理的能力和加强民主监督力度，因而农村民间组织是村民自治的有效载体。张春华（2010）基于社会资本的理论视角，认为社会资本是农村民间组织参与乡村治理的纽带，农村民间组织能够强化村民之间的社会资本，而社会资本促进农民合作，达成一致行动。郭彩云（2012）进一步归纳了农村民间组织参与乡村治理的多种路径，将其总结为四种形式，即主动—非正式制度化参与，代表自发地、以社会资本为纽带的参与方式，其中又分为以传统社会资本为纽带和以现代社会资本为纽带两个子类别；主动—正式制度化参与，代表自发地、遵循强制性制度的参与方式；被动—正式制度化参与，代表无动力但正式制度安排和要求的参与方式；被动—非正式制度化参与，代表利用非正式制度被动员或被迫参加的参与方式。上述分析可见，乡村社会文化组织主要通过增强村民社会交往、强化乡村社会资本的方式为乡村治理提供合作基础，对乡村治理产生积极的影响效应。

根据以上分析，乡村社会中的各类社会文化组织能够依托传统的血缘关系和宗亲情结，以及定期的社会文化活动等方式强化村民之间的社会联结，对乡村治理产生不同程度的影响效应，成为乡村治理的重要组织资源之一。

第三节　村庄组织与乡村治理的理论基础

　　理论是科学研究的前提和基础，充分梳理和掌握研究的相关理论能够有效指导实证研究，为实证研究提供理论支撑。导论中已经说明，关于村庄组织与乡村治理问题的研究是一项涉及多个学科的交叉研究，因此需要掌握和运用不同学科的相关理论知识和理论工具。结合已有关于村庄组织与乡村治理的相关研究，本书主要采用的理论分析工具为交易成本理论、镶嵌理论和自组织理论，以上理论主要为乡村治理的理论模型提供了理论解答工具。同时，运用近代中国本土发展形成的乡村建设理论为乡村的治理内容和治理效果评价提供了理论框架。研究还借鉴了部分结构功能主义理论，主要用于分析村庄组织对乡村治理的功能效应。上述理论帮助本书形成了研究的分析框架，也奠定了全书分析的理论基础。

一、乡村治理内涵：交易成本极小化

　　所谓交易成本，指的是在一定的社会关系中，人们通过自愿交往、彼此合作达成交易所必须支付的成本，也即人与人之间的关系成本。它与一般的生产成本（即人与自然之间的成本）不同，从本质上来看，只要有人类交往和互换活动，就会产生交易成本，交易的次数越多，交易成本就越大。

　　交易成本理论最早由罗纳德·哈里·科斯（Ronald H Coase）在其《企业的性质》一文中发现并提出，主要围绕交易费用节约这一中心，把交易作为分析单位，找出区分不同交易的特征因素，分析什么样的交易应该适用什么样的组织体制。围绕交易成本的这一

分析思路，科斯对市场中的交易行为进行了深刻剖析，认为企业是在个体进入市场的交易成本过高时，出于节省交易成本的目的而成立的经济组织，是人类追求经济效率所形成的替代现有市场组织形式的一种组织体。在科斯看来，交易成本是获得准确市场信息所需要的费用，以及谈判和经常性契约的费用。奥利弗·威廉姆森（Oliver Williamson）发展了科斯的交易成本概念，在《资本主义的经济制度》一书中系统论述了交易成本理论，并形成了交易成本的理论框架。他将交易成本分为搜寻成本、信息成本、议价成本、决策成本和监督约束成本等几种类型，并进一步从交易商品或资产的专属性、交易的复杂性和不确定以及交易的频率等几个角度系统分析了交易成本产生的原因。

　　在农业生产领域，随着农业生产越来越专业化和商品化，农业的生产、加工和销售环节均由不同部门完成。农户作为农业生产的初级单位，生产相对分散，单个农户往往需要多次重复地与其他市场组织进行交易和谈判，带来较多的交易成本。农民经济合作组织通过将分散的小农户组织起来从而有效减少农户与市场的交易成本。随着农户数量的增加和市场的多样化，农民合作组织的经济效率要明显高于小农户个体与市场的交易效率，特别是在当前小农户众多以及市场交易日趋复杂的现实情境下，农民合作经济组织的优势更加明显。①

　　交易成本可以泛指所有为促成交易而发生的成本，不同的交易

---

　　① 阮成、胡润华和杨超构建了一个农民通过经济组织化降低交易成本的理论分析模型：假设未形成组织化之前有 M 个农户，他们均需要到 N 个市场去购买生产资料或销售农产品一次，则交易次数为 $Y1 = f1（M，N）= M \times N$。如果农户与市场之间存在一个农民组织（以合作社为例），则首先是合作社与 M 个农户进行 M 次交易，然后由合作社再到 N 个市场进行 N 次交易，交易次数为 $Y2 = f2（M，N）= M + N$。设合作社的相对效率为 $F（M，N）$，则 $F（M，N）= Y2/Y1 = f2（M，N）/f1（M，N）=（M + N）/（M \times N）$，当 $M > 2$ 且 $N > 1$ 时，$F（M，N）< 1$，即农民组织化的相对效率高于未组织化的农户个体。参见阮成、胡润华、杨超. 农民组织化：理论分析与现实困境［J］. 乡镇经济，2007（10）：47 - 49.

活动涉及不同的交易成本。村民自治和乡村治理领域同样存在交易成本，在个体理性与集体非理性的矛盾下①，村民自治的关键在于如何以较低的交易成本在村民之间达成一致行动，以实现制度的有效供给和成员的共同利益，乡村实现有效治理的关键在于降低村民交易过程中的交易成本，实现集体制度供给。在村庄中没有形成农民组织时，达成集体一致意见需要和每个村民进行协调和沟通，交易成本较高。当村民之间存在不同组织时，在小规模的组织内部的农民群体往往具有共同的利益诉求、兴趣爱好或家族记忆，更易首先形成一致意见，此时乡村治理只需在各组织之间达成一致行动，乡村治理的交易成本大大降低。如何以更小的交易成本实现村民合作因此成为乡村治理的基本内涵，基于交易成本最小化的基本目标，与分散化的乡土社会相比，村庄组织能够通过降低交易成本实现乡村治理的最优化。

二、乡村治理模式：以自组织为中心的多元治理

（一）镶嵌：社会网与人类行为

"镶嵌"理论是由美国社会学家马克·格兰诺维特（Mark Granovetter）总结和提出的，主要分析了社会关系以及关系结构（或称"社会网络"）对经济行为和制度的影响，并认为社会关系网络能够产生信任关系，防止欺诈，从而极大地减少交易成本。该理论补充和完善了交易成本的理论框架，把人际互动关系带入经济

---

① 奥尔森在《集体行动的逻辑》一书中系统论证了个体理性将最终导致集体非理性的具体过程，除非集团很小或存在强制手段，否则有理性的、寻求自我利益的个人不会采取任何行动以实现集团利益，因此集体的一致行动永远难以达成。参见曼瑟尔·奥尔森. 集体行动的逻辑 [M]. 陈郁、郭宇锋、李崇新，译. 上海：格致出版社，2014：2.

分析中，从而使得对人类经济行为的解释更加完善。[①]

格兰诺维特于 1985 年发表于《美国社会学评论》上的一篇文章《经济行动与社会结构：镶嵌问题》系统论述了镶嵌的基本思想。他指出，目前的经济学与社会学研究在分析时普遍存在两种极端化的趋势：一种是以古典经济学和新古典经济学等为代表的低度社会化观点，将经济交易取决于个人基于自利目标的详细计算，忽略了社会关系的作用，主张社会性孤立、低度社会化的人类行动；另一种是以帕森斯为代表的过渡社会化观点，即人完全屈服于共有的价值观念和规范系统，并不断由社会化过程成功地内化为个人思维和行为，因此人们总能屈从于某种共有规范且毫无反抗。[②] 进一步地，他分析了经济活动中的镶嵌、信任与欺诈行为，认为信任并非来源于新制度经济学所强调的制度设计和所谓的普遍道德，而是来自人们之间的社会关系和关系网络。因此，社会关系能够产生信任，而信任进一步作用于市场交易和经济行动。

镶嵌理论给我们提供了一个运用社会关系网络分析人类行为的理论框架。中国乡村社会是一个人情社会，基于血缘、宗亲和日常交往等形成的社会关系网络镶嵌在村民的日常行动当中。于乡村治理而言，最为重要的难题就在于如何协调村民行为以达成一致的集体意见，并形成行之有效的社会规则与和谐稳定的社会秩序。根据镶嵌理论的基本观点，以社会组织及其活动而逐渐形成的信任关系可以影响村民的经济行为，可能成为乡村实现有效治理的一个重要

---

① 事实上，格兰诺维特本人与威廉姆森有过多次交流与对话，如威廉姆森在《市场与科层》一文中曾提到了商业活动中的诚信行为和声誉资产，格兰诺维特在《社会网络与经济行动：镶嵌问题》中更明确对威廉姆森的理论展开批判性分析。参见马克·格兰诺维特. 镶嵌——社会网与经济行动 [M]. 罗家德，译. 北京：社会科学文献出版社，2007：15 - 28.

② 罗恩（Dennis Ron）直接指出了现代社会学研究中人被过度社会化的观点。转引自马克·格兰诺维特. 镶嵌——社会网与经济行动 [M]. 罗家德，译. 北京：社会科学文献出版社，2007：3.

因素。

（二）从自组织自治到多元治理

自组织治理（self-governance）理论是由以埃莉诺·奥斯特罗姆（Elinor Ostrom）为核心的研究者在研究发展中国家农村社区的公共池塘资源问题时系统提出的一项社群内部的治理机制，在国内经由清华大学社会学院罗家德教授根据其思想进一步总结而形成。[①] 自组织的概念与他组织相对应，主要指一群人基于信任关系主动自愿地结合在一起，基于该群体产生集体行动的需要，并且能够为了管理集体行动而自定规则和自我管理（罗家德，2017）。[②] 该理论的主要贡献在于：揭示了在公共管理中存在着除政府与市场之外的第三部门，表明政府与市场之外的治理公共事务的新的可能性方式，为公共治理提供了一种新的治理路径。自组织治理理论的基本立足点在于改变政府对乡村社会的行政管控，让村庄内部的自主性力量形成监督和约束机制，进而发挥乡村公共事务治理的基础作用。通过这一方式，能够有效降低政府直接管理的成本，也能使乡村社区内部充满活动，其治理的基本目标在于使乡村问题尽可能地内部化和社会化。

在自组织治理理论的基础上，奥斯特罗姆夫妇（Vincent Ostrom and Elinor Ostrom）进一步提出了以社群自组织治理为基础的多元中心治理理论，并逐渐发展为近年来新公共管理领域的一个重要理论流派。该理论将"多中心"视为自组织治理的根本前提和核心，即强调通过多个而非单一的权力中心治理公共事务，通过参与者的互动和能动机制制定治理规则，形成自发秩序与自主治理。

---

① 国内其他翻译还包括自治理和自主治理等提法。
② 根据罗家德等的观点，与自组织相对应的他组织主要指代一个权力主体指定一群人组织起来以完成被赋予的相关任务。参见罗家德，梁肖月. 社区营造的理论、流程与案例 [M]. 北京：社会科学文献出版社，2017：16 – 17.

在法律范围内，所有公共治理的主体地位都是相互独立的。"人们无须要求一个唯一的权力中心来控制其余部分。相反，在没有一个唯一的权力中心控制下，在潜在的否决位置范围内可以存在一种平衡，而在权力系统内也能保持一种法律秩序。只要将所有权力中心限制在一个可实施的宪法范围内操作，那么就能保持一个多中心的秩序。"① 多中心治理理论的核心内容在于倡导通过除政府外的其他治理主体的协作行为提供公共物品，通过各种治理主体和治理方式的优势互补，实现公共治理目标的最大化。多中心治理理论的基本内涵包括：（1）治理主体的多元化。除政府机构外，各类组织和公民个人都是治理的主体，其中尤其强调社会组织的治理主体地位。（2）权力流动的双向性。即多元化的治理主体之间存在着权力互动关系，最终形成各中心相互结合的公共管理体系。（3）治理过程的互动性。治理意味着多元治理主体之间的互动过程，即通过治理主体之间的互动、协商与合作等方式实现对公共事务的管理。

在多元治理理论指导下，乡村治理可以由除基层政府以外的其他主体参与治理过程。在村民自治的制度框架下，乡村实现自治的基本前提在于通过多个治理中心的互动与协作行为实现村庄公共事务的管理。村庄组织是乡村社会中重要的组织资源，应当成为乡村社区的主要治理主体，通过组织互动实现乡村社区的多中心自主治理。

三、乡村治理效应：结构功能视角

结构功能主义理论将社会视为一个有机体，其中的每一个部分都需要协调地对总体产生作用，满足整体的某种功能性需求，由此

---

① ［美］迈克尔·麦金尼斯. 多中心治道与发展［M］. 王文章，等译. 上海：三联书店，2000：496.

维持整个社会的良性运行，均衡是结构功能主义的核心。① 塔尔克特·帕森斯（Talcott Parsons）是结构功能主义理论的系统论述者，他认为人类单位行动具有目的性导向，主要包括行动者、目标、情境以及规范四种要素。行动者通过与他人的互动实现个人的预期目标，并不断重复行动和期待其他行动者的互动反应，形成社会规范和公认的价值观。帕森斯认为单个行动者的这一互动模式构成了"制度化"的行动系统，从而把个别行动单位整合到一个社会行动的系统中。帕森斯最重要的理论贡献在于他的"结构—功能"的分析范式，其中，结构代表行动系统的分布状态，功能则表示结构在系统中发挥的作用。

在帕森斯的"结构—功能"分析框架中，一个行动体系要存在下去，必须在各系统之间保持某种最低限度的一致性，要做到这一点，则必须满足适应、目标实现、整合和模式维持四种基本的功能性需要，这些需要是行动体系存在和运行的功能性前提条件。其中，适应功能代表系统对环境的适应功能，行动体系为了生存下去，必须从环境中获取某种需要的资源，并在系统中加以分配，以达到从环境中获取某种需要的资源的目的，由经济制度执行。目标达成功能主要指任何行动体系都有其目标，系统必须具备制定系统目标和确定各目标的主次关系，并能调动资源和引导社会成员去实现目标的基本功能，主要由政治制度完成。系统整合功能则主要指行动体系能够使自身内部的各个子系统协调合作，减少矛盾，在各个部分之间达成基本的一致和团结，将系统整合为一个起作用的整体的功能，主要对应社会共同体制度。模式维持功能指行动体系中各行动者之间的互动功能，体系各组成部分之间的关系都是按照一定的模式进行的，因此体系必须有能力保持这种规范和模式，对越

① ［美］戴维·波普诺. 社会学［M］. 李强，等译. 北京：中国人民大学出版社，1999：108 - 109.

轨行为具有控制能力，使其在系统内保持制度化的能力，不至于在体系运行中断后重新开始时无法继续，主要由家庭制度实现。帕森斯的"结构—功能"框架将社会系统中的制度结构与其在系统中的功能一一对应，为深入社会系统分析提供了很好的分析范式。

罗伯特·金·默顿（Robert K Merton）修正了帕森斯的观点，提出了结构功能研究的"中层理论"，即注重对社会结构中特定结构单位的经验分析，并强调"主观动机"不等同于"客观结果"，通过将功能视为客观中性的效应而有效地避免了帕森斯理论中结构与功能的相互混淆。默顿通过研究提出"正功能"和"反功能"的概念，认为并非所有的社会系统组成部分都对社会协调产生促进作用。当社会结构中的某一单位阻碍了整个社会功能需要的满足，不利于社会协调和稳定时，它便是反功能的。默顿还进一步提出了"显功能"和"潜功能"的概念，分别指代行动体系的参与者明确意识期望的行动后果和行动者未期望到的行动后果。同时，默顿还表示社会结构并非只产生某一种功能，可能存在多种结构产生同一种功能的"多功能替代物"，因此不可或缺的是系统的功能需要，而非实现功能的单位（即结构）。[①] 默顿的结构功能理论极大地弥补了传统结构功能理论的不足，为本书的展开提供了有效的理论支撑。

乡村社会一直是社会学家异常关注的一个领域，从结构功能主义的理论视角来看，村庄组织作为乡村重要的组织结构，能够产生不同维度和不同方向的功能效应。由于村庄组织中可能存在满足多重乡村系统功能的"功能替代组织"，因此并非每个村庄组织都是乡村系统中不可或缺的组织形式，这有待进一步经验研究的验证与发现。

---

① 蔡禾. 现代社会学理论述评 [M]. 合肥：安徽人民出版社，1991：77 - 83.

第四节　简要述评

乡村治理一直是社会治理领域的重点和难点问题之一，村庄组织被众多理论研究视为市场经济时期实现乡村治理和乡村发展的重要途径。已有研究主要针对村庄中特定的组织形式参与乡村治理的效应与途径展开。总体来看，现有研究在研究深度和规范性方面均不断提升，研究内容从对村庄组织形式参与乡村治理的简单描述和归纳，发展为多采用深度个案研究，以及尝试对特定组织参与乡村治理的机制和过程进行细致深入的探讨以及理论框架的提炼等方面，取得了丰富的研究成果。

综合已有研究结果，目前关于村庄组织与乡村治理的研究已经达成的基本共识包括以下几点：第一，乡村的有效治理需要以地方自治为主要形式，同时借助社区多方力量实现多中心的乡村治理模式。第二，在村民自治的制度框架下，寻找村民自主治理的合作基础是乡村治理首先需要解决的重要问题，村庄组织能够为乡村群众自治提供一定的合作基础，对乡村治理活动产生不同程度的影响，是乡村社会的治理主体之一。第三，目前乡村社会中影响乡村治理的组织因素主要包括村庄经济组织和村庄社会文化组织两种主要类型。这些组织的来源虽然各不相同，但都对乡村治理产生不同程度和不同方向的功能效应，作用于乡村治理的相同或不同领域，是乡村治理不可忽视的重要因素。现有研究进一步丰富了关于村庄组织与乡村治理的研究成果，对扩宽乡村治理的组织基础来源和优化乡村治理结构、提升乡村治理水平等方面具有重要的理论和现实意义。

但现有关于村庄组织与乡村治理的研究中，对乡村治理的合作基础来源以及村庄组织参与乡村治理的价值判断等方面存在较大差异，特别是在关于传统宗族组织和新兴经济组织两种不同合作形式的组织路径选择及其所产生的乡村治理效应方面，学者们众说纷纭，缺乏系统的机制归纳和理论总结。其原因既存在于学者们的理论认知和实践判断不同，也与现有研究在研究角度和研究方法方面的不足有关。具体来看，现有研究还存在以下不足之处：一是研究的逻辑起点和基本视角集中于单个类型的村庄组织参与乡村治理问题的层面，多注重于研究特定的组织形式参与乡村治理的途径和效应，缺乏各种村庄组织之间的横向比较，忽视了不同类型的村庄组织之间的相互渗透和交互影响。同时，对村庄组织与村民自治二者关系的分析尚不够深入，对由村庄组织与村民自治交互影响下的乡村治理效果更缺乏深入分析。二是对乡村的治理内容和治理效果缺乏客观的评价标准和指标体系或评价指标过于单一。个别研究虽然制定了中国社会治理效果的评价框架，但指标操作性不强，难以进行实证评价，更无法反映当前的乡村治理现状。三是虽然现有研究在研究方法上逐渐注重实证研究，多采用个案研究方法展开细致分析，但缺乏大样本的定量分析，这样将使研究结果存在明显的个案差异，也是导致众多研究在村庄组织参与乡村治理的效应方面存在差别的重要原因所在。

第三章　乡村治理的组织、逻辑与效果：
一个分析框架

根据第一章中关于村庄组织与乡村治理的研究文献和相关理论，本章将在此基础上提出本书的理论分析框架，进一步厘清全书的分析逻辑和具体步骤。基于交易成本极小化的基本目标，乡村形成了以自组织为基础的多层次的多元中心治理模式。同时，村庄作为自组织整体需要达成一定的治理效果，村内各组织对乡村的治理效果具有不同方向和不同程度的功能效应。本章将对全书的分析逻辑进行详细说明，从理论上系统论述村庄组织与乡村治理之间的理论逻辑，构建本书的理论分析框架。

第一节　村庄组织构成及其乡村治理逻辑

乡村治理是社会治理领域的一个经典话题，本节主要通过理论梳理对社会治理的理论内涵及其发展过程进行理论推导，引出市场治理、科层治理和自组织治理三种主要的治理机制。在此基础上，从理论上分析乡村治理的基本内涵，以及当前乡村治理的主要逻辑，进一步对乡村整体和村庄内部两个层面的乡村治理行为进行深入剖析，将村庄组织视为村庄内部治理的主要治理机制，对村庄内部的治理逻辑展开更进一步的分析，形成村庄组织参与乡村治理的基本分析框架。

一、市场还是科层

　　社会秩序是社会发展过程中的一个古老话题，早在 17 世纪，霍布斯（Thomas Hobbes）就对自然状态下人类行为的漫无秩序进行了分析，并提出了众所周知的"利维坦"威权统治方案。尽管霍布斯的结论已经不值一驳，但他提出的诸如公共资源治理等系列问题依然困扰着众多学者。自从亚当·斯密（Adam Smith）提出"看不见的手"以来，完全竞争和信息公开环境下理性自利的个人通过追求私利的行为自发形成的经济秩序一直是传统经济学研究的基本出发点。古典经济学理论认为在市场竞争的背景下，理性的"经济人"能够自发形成良好秩序，因此不需要科层组织的强制干预。但市场秩序仍然无法解释霍布斯所提出的公共资源乱用和社会秩序混乱等治理问题。在公共治理领域，市场方案一度失灵。在此情境下，一些研究者重新回到霍布斯方案寻找方向，将科层组织为代表的政府统一管理视为公共治理的唯一方案（Hardin，1978；Michael，1987；等等）。

　　选择市场方案还是组织方案？科斯首先对这一问题进行了分析与回答，他认为市场与组织是两种不同的治理机制，二者可以因交易成本的大小而相互替代。在《企业的性质》一文中，科斯指出传统的经济分析都将企业视为追求利润最大化的一个黑匣子参与市场竞争，对企业组织的产生和界定缺少深入分析。他认为市场中的交易需要成本，企业因其可以通过降低交易成本的方式实现比市场交易更大化的利益而产生和存在（Coase，1937）。威廉姆森发展了科斯关于交易成本的思想，首先将交易成本的概念用于组织分析中，认为交易成本的大小是选择组织方案还是市场方案的决定性因素。

具体来说，可以将那些经常发生、结果不确定且需要特殊投资的交易在科层组织内部进行，而那些直截了当、不常重复又不需要特殊投资的交易则大多可在其他组织之间进行交易，即可以跨越组织边界进入市场（Williamson，1979；1981）。

在 1985 年出版的《资本主义的经济制度》一书中，威廉姆森系统分析了交易成本问题，并形成了他的交易成本分析的基本理论框架。他提出，交易成本的问题归根结底是一个合同问题，在市场交易中，由于存在外部环境、个体行为、资产属性和交易频率等不确定性因素，从而使得在谈判和合同制定过程中的交易成本大幅度增加。根据威廉姆森的分析，交易过程中的不确定性可能带来交易成本的不同，这些不确定性具体来自以下几个方面：一是交易所属环境的复杂性和不可预知性，由此导致交易成本增加的主要原因在于人的有限理性。有限理性是西蒙（Simon）首次提出的一个概念，用以代表由于信息加工能力的限制，人们无法在合同制定时考虑周全而制定出效率最大化的合同。特别是在信息和环境多变的情境下，由于人的理性是有限的，因此在制定契约并最终达成交易过程中往往需要耗费大量交易成本去预测复杂多变的外部环境。二是人们的投机行为，这体现了经济学理性思维模式的逻辑结果，人们为追求利益最大化，往往会策略性地使用信息和实施行为，一旦违背承诺可能给自身带来的收益大于成本，那么他就会采取违背承诺的行为。三是资产的专属性，这进一步导致了市场交易中的小数现象。市场活动本质上是一个大数现象，即很多人参与经济活动并在竞争中协调各自行为。但资产往往具有一定程度的专属性质，即某项资产在某种程度上仅适用于某项特定交易。此时，市场交易成为一个小数现象，一旦交易一方采取违背契约的投机行为，将会给另一方带来极大损失，因此需要采取防卫措施控制以上投机行为（Williamson，1985）。四是交易频率，这直接带来了交易的成本增加和在治理机制方面的选择。若交易频繁，则可以采取整合和内部化的做法降低交易成本，反之，则适宜采取市场化机制。但若某项资产的专属性极高且交易非常频繁时，则可能带来因竞租和谈判次数增加导致的高额交易成本。

为有效避免以上问题相互结合带来的市场失败，需要通过选择不同的合同形式以实现交易成本的极小化。由于不同性质的交易形式面临的不确定性因素不同，产生的交易成本也不同，因此需要采取不同的合同形式加以规范。基于以上前提假设，如果资产的专属性较低，即使存在有限理性和投机行为等问题，依然可以适用市场化的古典合同。如果资产的专属性高，或者专属性中等但交易频繁，则主要适用于关系式合同，需要通过制定风险防范措施解决上述问题。而后者便是交易成本学派的主要研究问题，即设计和制定一种决定交易完整性的防范措施和制度架构。交易成本学派的基本思想就在于，提出了经济活动的形式由交易成本所决定，而制度（防范措施）对交易成本大小有着重要作用，因此不同的合同形式都有其最适合的治理结构。其中，专属性低的市场化合同需要市场治理机制，专属性高的关系式合同需要统一治理机制，专属性中等的关系合同则需要多方的混合治理。①

科斯和威廉姆斯从经济行为领域分析了选择市场化还是组织内部化的治理机制问题。将以上分析应用于社会治理领域，其中，市场代表了治理的市场解决方案，即通过市场机制解决诸如集体资源供给等社会治理问题，组织则代表社会治理的政府方案，即由科层组织负责集体事务的统一管理。根据交易成本理论的基本观点，选择市场还是科层，其本质上是一个治理机制的选择问题，而交易成

---

　　①　周雪光教授在其组织社会学讲义中对交易成本学派的基本思想进行了系统总结，本书在此直接引用。参见周雪光. 组织社会学十讲［M］. 北京：社会科学文献出版社，2003：44.

本的大小则是最终选择的关键因素。在环境复杂性和人的有限理性、投机行为等一系列因素导致的不确定性背景下，如何使治理过程中的交易成本极小化并最终达成有效治理，是社会治理模式优化所追求的根本目标。

二、自组织：第三种治理机制

在众多学者还在探讨如何在市场与科层两种治理机制之间进行选择时，一些研究已经开始了对市场与科层之外的其他治理方式的探索。包威尔（Powell，1990）在《既非科层也非市场》一文中批判了威廉姆森的观点，明确指出网络是独立于市场与科层之外的第三种治理机制，具有独特的治理机制和运行逻辑。格兰诺维特（Granvetter，1985）进一步指出威廉姆森的理论忽视了经济行为中的社会关系和相互信任，他提出的"镶嵌理论"将社会关系网络引入经济行动的分析之中，认为任何经济行动都镶嵌在社会网络中，受到社会关系的影响，具体的关系以及关系结构（即网络）能够产生信任，而信任能够进一步防止欺诈和降低交易成本。对于一项交易来说，首先需要有最低限度的信任，否则交易将无法发生，因此信任是存在且无法被制度取代的；其次信任关系可以决定交易成本的大小，如果交易双方相互信任，则会大大减少交易成本，反之，则需要付出较高的讨价议价等交易成本（Luo and Yeh，2008）。信任关系在经济行动中的作用让我们看到在市场与科层之外存在着其他治理方式的可能性，并且信任关系将影响到治理机制的最终选择。

正式提出第三种治理机制的是埃莉诺·奥斯特罗姆（Elinor Ostrom），她在对发展中国家的公共池塘资源分析中提出了著名的自组织治理理论，成为区别于市场机制和科层机制之外的第三种治理机制。在《公共事务的治理之道——集体行动制度的演进》一书中，奥斯特罗姆由三个经典的理论模型出发①，引出了公共池塘资源的治理问题。随后，她反驳了当前普遍存在的市场和科层（政府）两种治理方案，指出公共资源的市场化方案无法解决资源的不可分割性和交易成本过高等问题，而政府方案则可能面临信息不对称和寻租等进一步的问题，因此这两种方案都不是有效的治理方式。通过对发展中国家社群治理模式的经验分析，奥斯特罗姆最终提出了自组织的治理机制，成为独立于市场和科层之外的第三种治理方案，并在此基础上发展出一种基于自组织治理机制的多元中心治理模式。

　　奥斯特罗姆认为，自组织治理机制的核心在于监督和制裁机制的设计与执行。公共资源治理往往面临三个相互依存的困境和难题：第一层困境在于新制度（规则）的供给问题，即集体行动的达成，主要与行为的外部性和成员的投机行为相关。在一项行为具有正外部性时，任何理性的个体都会选择成为"免费搭车者"，而最终有利于每个成员的集体制度则不会被供给。第二层困境在于可信承诺问题，即成员之间约定遵守和执行规则的承诺是否是可以信任的。当一项制度规定在成员之间被认为对方遵守规则的承诺可以相信时，集体成员便会遵循该项规定，制度才能有效运行，否则将无法达成新制度运行。第三层困境在于监督与制裁问题，只有不遵守约定的成员能够受到有效的监督并且为之付出高于投机行为的成本时，人们才会认为遵守约定的承诺是可信的，而制度及其规则也才会最终被执行。以上三个层面的治理难题层层相依，最终落脚于是否形成了有效的监督和惩罚机制。奥斯特罗姆指出，以往的研究往

---

　　①　这三个基本模型分别为哈丁的"公地悲剧"、囚犯困境和奥尔森提出的集体行动逻辑问题，参见［美］艾莉洛·奥斯特罗姆. 公共事务的治理之道——集体行动制度的演进［M］. 余逊达，陈旭东，译. 上海：上海译文出版社，2009：1-9.

往仅停留在第一个层面上，没有对新制度供给的深层次问题（即第二层次和第三层次问题）进行深入剖析，更无法认识到不同群体之间自发形成的各种治理规则以及由此形成的相互监督机制和信任关系，从而导致长期以来人们只能通过非市场即政府的两种方案应对治理问题。奥斯特罗姆的研究进一步深化了对信任关系的考察，将其推进为一种监督与惩罚机制。

有效监督何以形成？奥斯特罗姆归纳了自组织实行自我管理的三种相互嵌套的规则层次：由低到高依次为操作规则、集体规则和宪法规则，这些规则构成了相互监督的基础。① 其中，操作规则直接影响日常决策，包含实际操作过程中的占用、监督和供给规则，集体规则主要涉及操作规则制定和变更过程中的决策权，宪法规则则主要确定了权利的边界和权限。较低层次的行动规则的变更往往需要在较高层次的相对"固定"的规则中完成，且更高层次的规则的变更往往更加难以完成，因此其稳定性一般更高。在社群治理中，操作规则一般与当地的风俗习惯相关，是一种社群成员普遍认可且众所周知的共享知识。这些操作性规则一般在上一层次的规则范围内运行，可能与正式法律存在一定差异，在某种程度上能够填补一般法律体系的空白，更有可能存在于法律规定相互对立的一些具体规则。嵌套式规则的有效运行保证了分级制裁制度的实行，从而形成了良好的相互监督机制，维护了行动者之间的信任关系和最终实现有效治理。

社会网络关系对交易成本和人们经济行为的影响，表明以监督和信任为基础的自组织治理机制是市场方案和科层方案之外的第三种治理制度，可以在一定程度上代替科层治理机制。不同的治理模

---

① 关于"规则"，奥斯特罗姆认为规则代表一种众所周知的东西，受其影响的人都知道其存在并且期望他人对个人行为加以监督和对违规行为实行惩罚，因此规则意味着监督和惩罚的存在。参见［美］艾莉诺·奥斯特罗姆. 公共事务的治理之道——集体行动制度的演进［M］. 余逊达，陈旭东，译. 上海：上海译文出版社，2009：60.

式适用不同的治理机制，罗家德（2017）构建了一个基于交易成本和镶嵌理论的治理机制选择模型，在交易成本的理论模型基础上加入了信任关系维度和自组织治理机制，指出市场机制、科层机制和自组织机制是三种不同的治理模式，如果通过市场机制存在较高的交易成本，则需要考虑另外两种治理方案。其中，信任关系则是选择自组织方案还是科层方案的关键因素，当信任的供给充分即集体成员之间存在稳定的信任关系时，以信任为基础的自组织治理则成为交易成本最低的有效治理方式。罗家德等（2017）进一步提出了需要信任关系即需要通过自组织治理的几种主要的交易类型：一是行为高度不确定且很难观测绩效指标；二是环境高度不确定；三是产品多为一对一的多样化专属性产品；四是产品具有合作性，需要供给和消费双方达成合作才能产生效用，如教育、医疗和社区治安等；五是交易双方没有利益冲突，因而信任关系不会被破坏。[①]

在上述研究的推进下，威廉姆森和奥斯特罗姆以及后来的一些研究者逐渐走向一种混合了多种方案的综合治理模式，认为社会治理应该针对交易的性质选择最适合（通常是最小化交易成本）的治理方案。奥斯特罗姆更进一步提出了以自组织治理为基础的多元治理理论，以适应社会治理领域中复杂多变的治理问题。

三、村庄组织与乡村治理

将上述关于治理机制的理论探讨用于乡村治理领域，可以对乡村的治理模式进行更加清晰的认识与解释。根据交易成本极小化理论，乡村有效治理的根本在于实现治理过程中的交易成本极小化，

[①]　罗家德和梁肖月在《社区营造的理论、流程与案例》一书的理论基础部分详细分析了三种治理机制的基本特征及其选择过程，参见罗家德，梁肖月. 社区营造的理论、流程与案例 [M]. 北京：社会科学文献出版社，2017：32－37.

在环境和人们行为高度不确定性的条件下，通过选择合适的治理机制适用于乡村治理的具体交易行为，最终形成乡村的整体治理模式。

与城市相比，我国乡村总体上依然是一个相对的熟人社会。在传统的乡村社会，农民的生产生活均在村庄内部完成，村民之间大多相互熟悉。[①] 虽然改革开放以来村民的对外流动更加频繁，但相比城市社区，村庄内部的社会交往显然更加密切，村庄内部整体上依然呈现相对熟悉的社会状态，村民的社会联结相对紧密。基于乡村社会相对熟悉的基本性质，从整个制度体系和当前的治理趋势来看，我国的乡村治理整体上更适合采用以村庄自组织治理为基础、以基层政府和外部市场为补充的多元治理模式（张伟军，2018；李长健和李曦，2019）。如果把乡村的治理过程视为一项交易，那么最终形成的一整套治理规则则是交易的产品。仔细分析乡村治理的具体交易过程，乡村治理模式的选择包含：由于各地的环境背景不同，乡村治理所面临的环境具有高度不确定性；治理过程中更多面临的是一系列诸如公共池塘资源维护等准公共物品的供给问题，参与者的投机倾向较大，村民容易出现投机行为；治理活动所产生的产品如村规民约等多为针对专项事务和当地习俗制定的专门规则，产品具有较高的专属性质；治理产生的产品具有合作性质，需要村民配合才能产生治理效果。以上特征大多对应了罗家德等（2017）所描述的需要信任关系的几种交易类型。我国乡村地区多为聚群而居，村民之间大多相互熟悉，村庄内部的社会关系相对较好。基于以上基本特征，自组织治理是乡村治理中实现交易成本极小化的主要治理机制。

乡村治理是包含了多项交易行为的复杂过程，上述分析仅说明

---

① 费孝通. 乡土中国 [M]. 北京：北京大学出版社，2008：6-8.

了乡村治理中最主要和最常见的交易类型，其适用机制主要为自组织治理。除以上交易外，乡村治理还存在其他类型的交易形式，具体可以归纳为两类：第一类是资产专属性高、村民行为具有投机性但对当地环境不具备较大依赖性的一些公共品供给，如基础设施建设和基本社会保障服务等公共服务项目的供给，此类交易主要适用科层治理机制，由政府组织统一供给和管理；第二类是环境和行为不确定性高但资产的专属性较低，可以通过市场交换行为实现良好的交易秩序，如与村民生活水平相关的各项物品的供给和消费等，主要通过市场机制进行治理。根据以上关于乡村治理中所涉及的交易类型的基本分析，从整体上看，乡村治理大体上适合采用以村庄作为自组织整体的自治理机制，在治理过程中还需要根据资产属性和当地环境等选择其他更加合适的具体的治理机制，以达到治理过程中的整体交易成本极小化目标，实现乡村治理有效。以上乡村治理模式将村庄视为组织整体参与乡村治理，作为乡村治理中的自组织主体，从整体上奠定了乡村社会多主体治理的基本模式。

　　根据概念界定，村庄是一个综合性的组织体系，村庄内部也存在着不同形式的组织结构。基于第一章文献综述部分关于乡村治理组织因素的相关分析，村庄内部主要存在村庄自治组织、村庄经济组织和村庄社会组织三种主要的组织形式。在村民自治过程中，村党支部通常对村民自治起领导作用，负责村庄内部社会经济规划的制定，从整体上把握村民自治的方向，引导村委会实行自我管理和自我服务。在实际运作过程中，村支部与村委会在一些村庄经常呈现"一套人马、两套班子"的状态，村支书与村主任"一肩挑"①现象普遍存在（徐增阳和任宝玉，2002）。在村庄内部，村党支部

---

①　在 CLDS 村庄问卷中，村支书与村主任一肩挑的比例约占 35%。

领导下的村委会组织是法定意义上村民自治的正式治理机构和村庄内部的主要权力组织，其组织形式和治理规则实际上代表着村庄内部的法定权威，可以视为村庄内部治理的科层组织。事实上，随着村民自治制度的发展，这种自上而下推行的制度设计已经逐渐偏离村民自治的基本内涵，村委会干部和村委会组织更多地体现为一种基层政府的代理人角色和派生机构（徐勇，1997；高勇，2006；郭斌等，2011）。因此，从当前的实际出发，村庄自治组织在某种程度上可以视为村庄内部的科层组织，代表村庄内部的科层制治理机制。

村庄的经济组织代表了村庄内部治理中的市场机制，其治理的基础在于根据利益交换关系形成的村庄内部交易秩序。在村庄中，存在着众多营利性经济组织和合作性质的经济组织，组织内部成员基于交易成本最小化的基本目标选择不同的经济组织形式以实现个人利益最大化目标。这种组织和交易行为代表了村庄内部治理的市场方案，为村庄治理规则（即村庄内部的监督与信任）的形成提供了一种基于利益交换关系的秩序基础，是村庄治理的重要主体之一。村庄社会组织主要以现存的各类文化、娱乐和兴趣类组织为主，村庄社会组织的基础在于村民之间的社会网络关系，其中包含各种基于宗亲文化、血缘关系和以娱乐兴趣等形成的非正式人际关系，由此构成了村庄内部广泛且丰富的社会文化组织，基于村民之间的社会关系逻辑构成了村庄内部治理的社会网络机制。格兰诺维特（1985）的镶嵌理论认为社会关系网络是形成社会信任的基础，这种村民之间的社会网络关系极大地强化了村民之间的信任关系，对降低治理的交易成本具有极其重要的作用，也决定了村庄治理中以社会组织为主的自治理机制。

上述村庄的组织类型中，村民自治作为自上而下推行的制度设计，在组织制度上普遍存在于村庄中，因此村党支部领导下的村庄自治组织是村庄中一定存在的组织形式，但村庄之间在组织自治的具体方面可能存在差异，即在村庄民主的具体实施维度上不尽相同，主要表现为在民主选举、民主决策、民主管理和民主监督等村民自治过程中的实施差异情况。村庄经济组织和社会组织是依托村庄社会生态环境逐渐形成的差异化组织形式，在组织形式和组织内容方面都存在较大差异。根据以上村庄组织在村庄中的分布情况，可以将村庄内部的治理模式归纳为以下四种主要模式：以村庄自治组织作为唯一治理主体的科层治理模式；在村民自治组织基础上基于村民利益交换关系形成的"自治组织＋经济组织"的市场化治理模式；在村民自治组织基础上基于村民社会网络关系形成的"自治组织＋社会组织"的自组织治理模式；在村民自治基础上基于两种组织形式及其内部关系逻辑形成的融合了多种治理规则的"自治组织＋社会组织＋经济组织"的多元复合治理模式。以上四种治理模式，结合村内事务的具体特征，从极小化交易成本的理论视角出发，村庄内部治理的最优模式为以社会组织及其代表的社会网络关系的自治理机制为主、以其他治理机制为辅的多元复合治理模式。以上关于村庄治理模式的分类从村庄内部组织出发，进一步分析了村庄内部的有效治理模式。

综合以上关于乡村治理模式及其治理逻辑的理论分析，乡村治理整体上呈现以村庄作为自组织治理主体、以市场治理和政府治理为辅助的多元中心治理模式（如图3-1所示）。在村庄组织内部，存在着社会组织所代表的以信任关系为基础的自治理机制、以经济组织为代表的市场化治理机制、以村委会组织为代表的科层治理机制三种治理机制，以及由以上三种治理机制相互协调组成的四种不同形式的村庄治理模式。村庄内外部的治理模式共同构成了乡村的综合治理模式，基于交易成本极小化的基本目标，通过选择不同的治理机制，并相互组合形成最终的乡村治理模式。

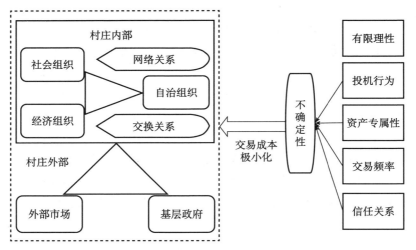

图 3 - 1 村庄组织与乡村治理模型

第二节 乡村治理效果与村庄组织的治理功能

　　根据本章第一节关于乡村治理逻辑与治理模式的理论分析,村庄首先作为自组织整体参与乡村治理,形成了以村庄自组织、基层政府和外部市场三种治理形式共同构成的多元乡村治理模式。在村庄内部,存在自治组织、经济组织和社会组织等不同的组织形式,对村庄整体产生不同程度和不同层面的治理效果,构成村庄内部的多元治理模式。本节将在上述乡村治理模式的基础上,对作为自组织整体的乡村治理内容和治理效果进行框架构建,并从村庄内部组织的不同治理功能等方面对乡村治理效果及村庄组织的功能效应进行理论上的分析与探讨。

一、乡村的治理内容及其效果

乡村的治理效果，主要指村庄作为组织整体需要达成的目标效果，代表了乡村社区在不同维度方面的客观结果。乡村建设理论是现代以来中国本土发展起来的一种系统乡村社会解决方案，根据该理论发展出来的乡村建设运动的实践构想为当前的乡村治理和发展提供了一定的参考意义。在 20 世纪 30 年代的中国，以梁漱溟和晏阳初等为代表的经典乡村建设理论学派认为要把村庄组织起来，以谋取乡村的发达，通过全国乡村运动的大联合，实现改造中国的目标。该理论学派将乡村建设视为一项综合性的改革和建设运动，建议从不同维度出发推行系统性建设，实现乡村各方面的相互补充和协调发展，是中国现代史上主张以乡村教育、改造、建设来解决中国的出路和前途问题的一整套理论体系和实践指南。

在《乡村建设》一书中，梁漱溟认为旧的社会构造与新的文化冲击之间的矛盾是乡村衰弱的根本原因，"中国旧社会组织构造破坏，让中国政治无办法；中国政治无办法，让中国旧社会组织构造更加崩溃"[1]。基于此背景，梁漱溟主张从重构村庄组织的角度入手，通过乡约改造和兴办乡农学校等方式重建村庄组织，进而实现乡村在政治和经济等多方面的建设与发展。乡村建设理论强调农民的自治、自教、自卫和自救主张，强调理论与实践相结合，将乡村建设理论发展成为理论指导下的乡村建设运动，为中国社会的改造提供一整套较为可行的方案。从本质上来说，乡村建设理论是一种后发国家的"内源性"发展方案，这场中国历史上第一次由知识分子掀起的乡村改造运动，是我国由传统的乡绅式乡村建设运动向现

---

[1]　梁漱溟. 乡村建设理论 [M]. 上海：上海人民出版社，2006：64.

代乡村建设转变的初步探索，具有重要的理论和现实意义。乡村建设理论中强调社会组织与社会构造的基本观点与本书中关于村庄组织参与乡村治理的论点基本一致。其理论体系中关于中国乡村建设实践的具体构想，为乡村治理的基本方向和重点维度提供了可供参考的实践价值。根据乡村建设理论，我国乡村建设应当以组织建设为基础，通过重构乡村的社会结构，实现乡村在政治、经济和社会多方面的全面发展。

乡村建设理论学派将乡村建设视为一项综合性的改革和建设运动，试图通过村庄组织建设推动乡村经济、政治和文化教育等多个维度的系统性建设，实现乡村各方面的相互补充和协调发展。乡村建设主要包括乡村的政治建设、经济建设、文化教育建设和组织建设几个维度，其中，村庄组织是整个乡村建设运动的重中之重，是实现乡村兴旺发展的前提和根本。根据乡村建设运动的基本逻辑，村庄组织是乡村建设的主要路径，通过乡村组织建设进而带动乡村在经济、政治和教育文化等方面的全面发展。乡村建设理论主要从经济建设、政治建设和社会文化建设等几个角度实现乡村复兴与乡村发展。

乡村建设理论的形成时间为中国近现代时期，进入 21 世纪以来，对"三农"问题的关注逐渐上升，成为每年中央一号文件必不可少的政策内容。从新农村建设、美丽乡村建设到乡村振兴战略，无不高度重视农民与乡村问题。自 2017 年 10 月 18 日习近平同志在党的第十九大报告中首次提出"产业兴旺、生态宜居、乡风文明、治理有效、生活富裕"① 的 20 字乡村振兴战略方针以来，乡村振兴战略已经成为当前最为主要的乡村政策，逐渐发展成为我国今

---

① 习近平在中国共产党第十九次全国代表大会上的报告 [EB/OL]. 中国共产党新闻网，http://cpc.people.com.cn/n1/2017/1028/c64094 - 29613660. html. 2017 - 10 - 28.

后乡村社会发展的主要方向。2018 年 2 月 4 日，国务院公布的中央一号文件《中共中央关于实施乡村战略的意见》进一步指出，乡村振兴的基本目标包括农业生产、农民增收、基础设施、公共服务、人居环境、生态环境、组织建设和乡风文明等几个核心内容①。2018 年 9 月再次发布的《乡村振兴战略规划（2018—2022 年）》进一步明确了乡村振兴的基本内容和主要指标，重点从农业现代化、产业融合、生态宜居、乡村文化、基层组织、乡村民生等几个方面对乡村振兴战略展开具体规划。②

　　基于以上关于乡村建设理论的基本框架，以及结合乡村振兴战略的政策内容，乡村治理的基本内容主要应当包括基层组织建设、经济发展、公共服务、社会秩序和宜居环境等几个维度，分别反映了乡村在政治、经济、社会和环境等几个方面的治理和发展状况。根据以上乡村治理的基本内容，乡村基层组织作为乡村的治理主体，可以视为乡村完成其他几项乡村治理内容的主要路径和方式，即乡村治理的村庄组织结构。乡村在经济发展、公共服务、社会秩序和宜居环境等四个维度的治理状况则可用来衡量上述村庄组织的乡村治理效果。

　　在衡量乡村治理效果的四项基本内容中，乡村经济发展代表乡村治理主体对乡村经济的贡献程度。根据乡村振兴战略的基本要求，实践中乡村经济主要通过村庄的产业发展状况以及当地村民的经济收入状态及生活水平等几个方面体现。其中，村庄产业代表村庄整体的产业发展情况，是乡村经济发展的主要着力点，也是村民收入水平的重要载体。村民收入则主要从村民角度展现了村民在整

　　① 中共中央国务院关于实施乡村振兴战略的意见 [EB/OL]. 中华人民共和国中央人民政府网，http：//www. gov. cn/zhengce/2018 – 02/04/content_5263807. htm. 2018 – 02 – 04.

　　② 中共中央国务院印发《乡村振兴战略规划（2018—2022 年）》[EB/OL]. 中华人民共和国中央人民政府网，http：//www. gov. cn/zhengce/2018 – 09/26/content_5325534. htm. 2018 – 09 – 26.

个村庄发展过程中的受益情况，是乡村经济发展的重要体现。乡村经济是当前乡村建设发展的主要着力点，通过发展乡村经济能够为乡村其他方面的建设提供物质保障，为乡村社会的综合发展奠定基础，是乡村治理最为基础的治理目标之一（涂丽和乐章，2018）。

公共服务是乡村治理的第二项重要内容，主要指乡村社区对村民公共需求的了解和满足情况，反映了村庄在运用公共权力供给社区公共服务以满足公众需求的能力和水平。在"搭便车"现象普遍存在和政府无力全面供给的现实情况下，以基础设施、基本生活设施建设和农民社会保障服务等为主要内容的乡村公共服务供给一直是乡村建设的重点和难点，也是农民生活的重要保障和乡村治理的重要内容，提供公共服务是乡村治理的主要内容之一（涂丽和乐章，2018）。村庄的公共服务主要可以包括两种类型：其一是村庄的基本生活设施情况，反映了村庄在硬件建设方面的供给情况；其二是村庄的公共服务水平和服务质量，反映了村庄集体服务的供给情况。虽然一些乡村公共服务建设资金主要来自政府等外部支持，但外部资源输入村庄后依然需要在村庄内部运作以进行再次分配和协调。特别是在我国乡村转移支付制度尚不成熟的现实情境下，村庄往往需要通过"跑项目"等方式争取财政资源（王海员，2012），村庄的公共服务水平依然与村庄内部的治理能力极大相关。

乡村社会秩序体现了乡村治理主体对协调乡村社会关系、维持社会和谐与稳定方面的功能效应，是乡村治理在社会维度的主要治理内容。乡村社会秩序反映了村民之间的社会关系和乡村的社会治安情况，是乡村治理的重要目标与价值体现。在传统的乡村秩序逐渐瓦解，而新的乡村社会秩序尚未生成的现实情况下（乐章和涂丽，2015），维持良好的村民关系和文明村风、保证乡村社会秩序的良好过渡，是乡村治理在社会文化层面的主要任务。在乡村社会秩序维度的指标设计上，研究认为主要应当包括两类指标：一是反映乡村社会治安情况的乡村社会治安环境情况。良好的社会治安环境是乡村和谐发展和农民美好生活的重要保障，反映了村庄在维护社会稳定方面的治理水平，因此成为该维度的主要指标之一。二是反映乡村社会关系和谐程度的村民社会关系情况，体现了村庄内部的村民之间的熟悉和信任程度，以及村庄在保持和谐的村民关系和增强村庄社会资本等方面的治理效果。村民社会关系既是乡村有效治理的前提和基础，也是乡村治理的主要目标和内容，良好的自组织治理需要依托一定的社会关系网络，同时反过来也会进一步培育村庄的社会资本，形成更加良好有序的村民社会关系（罗家德和梁肖月，2017）。

乡村治理的宜居环境维度主要包括村庄的生态环境、村容村貌和宜居条件等具体方面，是村民生活和居住方式的重要体现。乡村环境治理的具体内容，体现了乡村治理在生态环境、公共卫生和村容村貌等人居环境方面的治理能力，是乡村生态治理水平的主要指标。其中，生态环境主要指乡村整体的环境状况，对应乡村治理目标中的生态治理，体现了村庄在环境保护方面的治理能力。宜居条件则主要体现了村民生活方式的现代化程度，反映了村民居住条件的变化和生活水平的改善情况。村民宜居条件与村庄生态环境共同构成村庄整体的宜居环境，一个较好的生活环境除了日常生活中的现代化以外，还应当包含环境质量和公共卫生。反之，整个村庄的生态环境也需要以村民日常生活中的绿色化和环境友好化等为基础。因此，村庄整体的生态环境质量和村民日常生活方式的绿色化共同构成了乡村治理的宜居环境维度，主要反映村庄在生态环境治理方面的治理效果和治理能力。

基于以上乡村治理的主要内容和具体指标维度，可以根据村庄在上述乡村治理的基本维度及其具体方面的实际情况构建乡村治理效果的客观评价的指标框架。图3－2显示了本书基于乡村治理基本内容衍生出的乡村治理效果评价的基本维度和主要框架。①

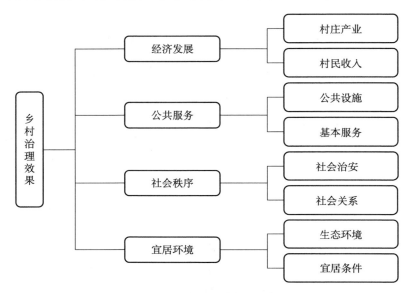

图3-2　乡村治理效果评价框架

二、村庄组织的治理功能

村庄组织的治理功能，主要指通过村庄中组织的影响而带来的乡村在治理效果得分方面的变化情况，代表着村庄组织对乡村治理的干预与影响情况。在帕森斯（Talcott Parsons）的结构功能理论体系中，每一项社会结构都对系统产生一一对应的功能性需要，因此他认为社会系统中每一项结构都能对整体产生促进作用，是系统必不可少的构成要素。默顿（Robert King Merton）修正了这一观点，

---

① 本书中乡村治理效果评价的基本框架是在理论与政策基础上结合 CLDS 村庄问卷的具体题项综合形成的。

通过对特定结构单位的经验分析对传统结构功能主义提出了质疑。默顿将那些预期要达成的功能称为"显功能"，预料之外的功能则被称作"潜功能"，并且更加注重对结构"潜功能"的分析。默顿同时指出了结构并非总是系统整合产生"正功能"，当其目标与系统不一致时，则可能对系统产生"反功能"。针对结构的不可或缺性问题，默顿认为并非只有某些特定的结构才能满足系统的某些需要，系统内部存在"功能选择物"和"功能替代物"，即那些可以履行同一种功能的结构。① 默顿的功能主义观点更加关注系统内部结构的实际功能效应，主张从经验研究的角度去分析社会中的实际问题，并提出了"中层理论"。默顿的结构功能分析理论为本书提供了更直接的理论支撑，引导本书对村庄组织的乡村治理效应展开进一步探讨。

（一）村庄自治组织的治理功能

在帕森斯的社会系统理论中，与公共服务相对应的目标达成功能主要由政治制度执行，对应到乡村社会系统，公共服务主要应当由村庄自治组织实现。但乡村中的自治组织是自上而下的基层制度设计，任何村庄都存在形式意义上的村两委组织，其治理过程更多体现为村民自治过程，故村庄自治组织的乡村治理功能主要表现为村民自治过程对乡村治理效果的影响。根据概念界定，村民自治的本质在于村庄的民主化治理，即"四个民主"。

在村庄民主与乡村治理的研究中，即使各项研究关于村庄民主和乡村治理效果的指标操作并不完全一致，但大部分研究结果都显示了村庄民主对乡村治理的正向功能。如孙秀林（2011）以民主选举作为村庄民主的测量指标，以公共设施建设投资总额作为治理绩

---

① ［美］乔纳森·特纳. 社会学理论的结构［M］. 邱泽奇，等译. 北京：华夏出版社，2001：24-25.

效指标，分析结果显示当村庄民主与宗族组织均存在时，乡村的治理绩效最高。陈一恒（2012）以村民的民主参与的广度、深度、范围和参与效度等几个角度测量村庄民主，以村庄集体经济增长、公共资源分配、公共服务供给能力和公共社会秩序等几个维度的具体指标衡量乡村公共治理绩效，通过分析二者之间的因果关系，最终认为村民的民主参与行为与村庄的公共治理绩效存在显著的正相关关系，村民的参与行为越充分，村庄公共治理的绩效水平越高。王海员（2012）系统分析了村庄民主选举与乡村公共品供给的关系，通过实证研究发现，村庄的竞争性民主选举与公共品供给效率呈现倒"U"型关系，即适度竞争有利于实现公共品供给的较高效率，竞争过于激烈反而会产生负向影响；民主决策对公共品供给效率存在正向影响；民主监督对公共品的供给效率影响不显著。研究结果表明，村庄自治组织虽然对乡村治理具有预期意义上的显在功能要求，但在实际运行过程中其功能效应可能会受到其他因素的作用，导致治理效果不明显。

理论上，村庄通过民主治理能够在更大范围内反映出广大村民的利益诉求，使公共决策更加符合大部分村民的集体利益。但基于民主过程中的讨价还价带来的一系列交易成本和交易过程中可能存在的寻租现象，村庄民主的治理效果仍然遭受质疑。上述实证分析也充分体现了村庄民主在乡村治理中的多面性，适度的村庄民主化总体上对乡村治理具有正向功能。

（二）村庄经济组织的治理功能

在帕森斯的结构功能理论体系中，经济制度对系统具有适应功能，即通过发展经济能够帮助社会系统强化资源获取和环境适应能力。在乡村社会系统中，与系统适应功能相对应是经济发展功能，主要由村庄中的经济组织实现，体现了经济组织对乡村经济发展的显性功能。

在村庄经济组织中，农村合作经济组织就具有帮助农户进入市场、通过集体议价提高产品价格、提供加工和销售服务、提升产品质量和加强品牌建设以及提升农民收入水平等正向功能（Fischer et al.，2012；Getnet et al.，2012；Cechin et al.，2013；Hhler et al.，2014；张晋华等，2012；赵佳佳等，2014）。从宏观层面来看，农业合作社有助于农业生产技术的推广与创新（Abebaw et al.，2013），进一步提升乡村的农业专业化水平（Yang et al.，2012）和改善村民收入水平（Ito et al.，2012），产生农业生产的规模经济效应和范围经济效应，并最终带来乡村整体的经济增长（刘婧，2012；姜松等，2013）。虽然我国当前的农民专业合作社在本质上并未完全符合合作社"所有者与惠顾者同一"的基本规定（邓衡山和王文灿，2014）。但来自世界各国的合作社经验以及我国部分地区的合作社实践均表明，合作社对促进乡村就业、提升农民收入水平和减少农村贫困等均表现出积极作用。除合作社以外，村庄中还广泛分布着各类营利性质的企业组织。企业通过"村企共建"模式能够有效促进乡村经济发展，吸引村民回乡就业，对村庄经济的可持续发展具有可以预见的正向功能效应（李景园，2012；罗菲，2015），说明农民的经济组织化对乡村发展具有直接的经济增长效应，对乡村治理产生正向功能。

除直接的经济发展功能外，经济组织对乡村治理还可能产生潜在的公共服务供给效应和宜居环境改善效应。一些经济组织为满足农业生产和规模销售等组织发展需要，会直接为村民提供农业生产的相关集体设施和专业技术培训、销售讯息等公共服务，对村庄基础设施和农业生产服务等公共服务供给具有一定的正功能效应，能够加速农业的产业化进程，对乡村公共服务产生潜在的积极治理效果（阎占定，2011；李东泽，2011；赵泉民，2015；等等）。经济组织同时对村庄的宜居环境具有改善效应，该效应主要通过对乡村的经济收入效应实现。村民通过加入经济组织能够提升村民家庭和村庄整体的经济收入水平，使村庄拥有更多的经济资源改善乡村的居住环境和投入生态治理。经济组织还能通过改善村民的经济收入水平提升村民家庭的生活条件，进而达到提升整体生活水平的目的。故村庄经济组织结构可能通过能量供给的方式对乡村宜居环境产生潜在的功能改善效应。

村庄经济组织以及由此不断渗透的利益交换观念和村民关系在一些研究中体现出对村庄社会秩序的反功能效应。在一项研究中，马洪伟（2014）明确指出资本下乡对乡村原有秩序的破坏，以及对乡村集体资本和农民主体地位的剥夺。由于利益观念的逐渐渗透，将造成乡村市场化倾向过度、乡村本土文化瓦解和由于利益关系与传统人文关系相互混杂而产生的秩序紊乱（罗菲，2015）。此外，环境经济学研究认为，在经济发展初期，存在通过牺牲公共环境的方式满足经济发展目标的现象（Kuznets S，1995）。在经济组织嵌入乡村治理的过程中，一些经济组织可能会破坏村庄的生态环境，对乡村的宜居环境治理具有反向的功能效应。

（三）村庄社会组织的治理功能

社会组织依托村民共同的社会活动形成的乡村社会资本对形成村民群体共识、保持良好的村民关系和社会治安具有极大的促进功能。社会组织在乡村治理中充分发挥着加强村民交流、推动乡村文化建设和维持乡村社会秩序等积极作用，对乡村治理产生直接的正向功能效应（叶敏和曹芳，2015）。社会资源的集聚还能够强化社会组织在乡村社会中的权威性，使其在乡村治理过程中具有极强的集体动员能力和号召效应（邓燕华和阮横俯，2008），从而有利于乡村集体决策和乡规民约的形成。综上所述，村庄社会组织对乡村社会秩序具有显在的正功能效应。

　　社会组织也可能由于组织之间的利益纠纷产生另一层次的秩序紊乱问题。以宗族组织为例，在仅存在一个宗族组织的村庄中，基于血缘传统和家族观念的内聚性，宗族组织能在一定程度上依托传统的家族和文化观念约束宗族组织成员的个体行为，在村民之间形成良好的社会规范和相互监督。在宗族不断回潮的趋势下，农民通过宗族关系和家族活动等形式在组织成员之间形成良好的社会关系，促进村民之间的稳定与和谐（王培暄和毛维准，2004）。我国农民普遍"聚族而居"，村庄中往往以某一个或几个宗族姓氏为主，因此依托宗族等文化组织能够有效协调村民社会关系，有利于形成良好的乡村社会秩序。而在存在多个宗族组织的村庄中，不同宗族之间因利益矛盾而引起的群体纠纷将极大影响乡村社会和谐稳定，不同宗族的村民难以进行集体行动而导致监督制度缺失，又会引起村庄社会秩序紊乱和综合治理效果下降（付明卫和叶静怡，2017）。除宗族组织外，村庄中的其他社会文化组织也存在因资源利益纠纷而破坏村庄社会治安与稳定的现象。因此，村庄社会文化组织也可能因数量、类型过多而对乡村治理产生反功能。

　　村庄社会组织在组织活动期间能够有效刺激村民消费，从而对乡村经济可能产生潜在的促进效应。其中，以老年协会为代表的村庄社会组织受到众多学者的重点关注，老年协会通过政府扶持和吸纳社会捐赠等方式积累了大量经济资源，对乡村经济发展和村民公共福利等具有直接促进效应，有利于乡村经济发展，对乡村经济发展具有极大的潜在正功能效应。村庄社会组织能够基于信息优势为乡村社区提供本土化、多样性和差异性的特色公共服务，通过整合乡村资源获得提供农村公共服务的保障条件，实现农户需求与市场供给的有效对接（乔运鸿和杜倩，2015）。在我国各地乡村不断掀起的宗族复兴背景下，以宗族组织为代表的村庄文化组织也展现了极强的公共服务供给功能（Tasi，2007；孙秀林，2011；贾先文，2011；郭云南等，2012）。

表 3 - 1 显示了村庄组织的组织类型、组织功能、组织基础、代表性组织以及不同组织在乡村治理中的基本角色定位。其中，自治组织是以村党委领导下的村委会为主要形式的乡村治理的正式组织，主要依据法定权威行使乡村治理权力，对内直接管理乡村事务，对外代表村民集体与基层政府协商，具有连接基层政府与乡村社区的基本功能。村庄经济组织是乡村系统中负责能量供给的主要组织形式，通过经济发展效应参与乡村治理，以利益交换关系作为治理的基础，是乡村治理的非正式组织之一，主要以村庄内的企业组织和合作社等为主。村庄社会组织的主要功能是丰富村民精神文化生活，通过其产生的社会效应成为乡村治理的非正式组织，主要依据社会网络关系尤其是信任关系参与乡村治理，代表性组织为各类民间组织。

表 3 - 1   村庄组织的分类与比较

组织类型	组织功能	组织基础	角色定位	代表性组织
自治组织	上传下达与直接管理村庄事务	法定权威	法定意义上乡村治理的正式组织	村党委领导下的村委会
经济组织	促进村庄经发展	利益交换关系	嵌入乡村治理的非正式组织	乡村企业与合作社
社会组织	丰富村民精神文化生活	社会网络关系	渗透乡村治理的非正式组织	各类乡村民间组织

第三节　村庄组织与乡村治理的分析框架

根据本章前两节的理论分析，本节研究制定了村庄组织与乡村治理的理论分析框架，系统梳理了村庄组织与乡村治理之间的逻辑关系。并在此基础上结合本书的研究内容与研究方法，形成了全书的技术路线。研究的理论框架和技术路线充分展示了本书的研究内容和研究思路，是后续实证分析的理论支撑。

一、理论框架

如图 3 - 3 所示，本书主要探讨的是以村庄组织为基础的村庄内部组织结构与乡村治理效果之间的逻辑关系和内在机制。村庄作为自组织整体，其治理效果主要可以从经济发展、公共服务、社会秩序和宜居环境四个维度进行系统评价。同时，在以村庄为自组织主体的乡村多元治理模式下，村庄实现有效治理需要依托村庄内部的组织结构形式。进一步分析村庄内部组织，村庄主要包括村庄自治组织、村庄经济组织和村庄社会组织三种组织类型。其中，村庄自治组织主要通过村民自治过程即村庄民主产生治理效果，对村庄整体可能存在不同维度和不同方向的治理功能。村庄经济组织参与乡村治理的组织基础在于村民之间的经济交换关系，主要通过利益互惠机制产生乡村治理效果。村庄社会组织主要基于村民之间的社会网络关系对乡村治理产生影响，其中最为核心的治理基础为村民之间的信任关系，因此称之为信任机制。综上所述，本书主要通过分析村庄内部的不同组织结构形式与乡村治理效果之间的关系，反映村庄中不同治理机制的治理功能。

前面分析指出，以村庄自治组织为主的科层治理机制参与乡村治理的主要方式为村庄民主过程和行政权力，以经济组织为主的市场化治理机制参与乡村治理的内在机制主要可以解释为村民之间的互惠机制，以社会组织为主的自组织治理机制参与乡村治理的内在逻辑则可以通过村民之间的信任机制解释。以上三种机制并不是单独存在的，在社会资本理论中，个体行动者能够从社会关系网络中获取资源，因此在个人的社会交往中则广泛存在着互惠和信任等社会关系。其中，互惠原则是社会资本的基础和原动力，社会交往中的互惠通常指人们之间平等的互助行为，其目的在于通过长期交往建立强大的社会网络，以使个人在需要帮助时能够得到有价和无价的帮助（田新颖，2004）。与经济上的交换关系不同，社会资本理论中的互惠原则并不单指眼前的利益，而是重点强调通过社会交往而来的长期的和无形的收获。社会网络中的信任关系同时也为经济中的交换关系的形成提供了前提，基于非正式的社会网络关系形成的信任关系能够保证交易双方互惠互利的达成，为经济利益上的交换关系提供强力保障。因此，经济组织在乡村治理中所依托的交换关系和社会组织的信任关系在一定程度上能够相互融合与促进，共同实现最终的治理功能。

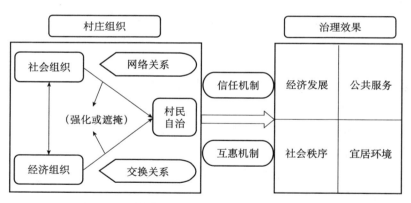

图 3 - 3　村庄组织与乡村治理的理论分析框架

从另一个角度观察，以经济组织为代表的市场化治理机制与以社会组织为代表的自治理机制均能够对村庄内的科层治理过程即村民自治过程产生干预和影响，并通过此路径进一步产生乡村治理功能。村庄中的经济组织和社会组织等乡村治理中的非正式权威组织，通常对村庄中的法定权威组织（即村委会）的治理过程产生影响。这种影响主要体现在两个方面：一是对村庄民主治理尤其是民主选举的干预行为。村庄组织依托强大的经济基础或社会基础，对乡村民主治理实行干预，产生最终的治理结果。二是对村庄民主的补充与促进作用。村庄组织的存在能够对村庄管理形成有效监督，加强村民自治的民主管理和民主监督机制，最终产生间接的乡村治理结果。以上两种间接效应可能同时存在，最终根据间接效应的具体值判断村庄组织通过村民自治对乡村治理效果的间接影响，也体现了村庄组织参与乡村治理的具体路径。

二、技术路线

图 3-4 显示了本书的技术路线，本书主要探讨的是村庄组织参与乡村治理的功能效应、作用路径及其内在机制问题，根据前期的文献梳理和专家讨论确立了本书的研究主题。在问题导向下，基于对乡村治理模式的发展历程以及乡村治理中的组织因素等相关文献的回顾，总结了乡村治理中的组织构成，归纳出参与乡村治理的三类主要村庄组织形式，即经济组织、社会组织和自治组织。在文献回顾的基础上，基于交易成本理论、自治理论和镶嵌理论等理论基础，系统梳理了村庄组织与乡村治理模式的基本模型，推理了村庄组织参与乡村治理的基本逻辑。根据乡村建设理论和乡村振兴的基本政策要求，系统分析了村庄作为自组织整体的治理内容和治理效果，主要从经济发展、公共服务、社会秩序和宜居环境四个维度对乡村治理效果展开评价分析。在以上理论基础上，进一步结合结构功能理论和相关研究成果，梳理各项村庄组织可能产生的乡村治理功能，即村庄组织对乡村治理效果的影响效应，以及村庄组织发挥乡村治理效应的可能路径。在以上分析的基础上，构建了全书的理论分析框架，梳理了村庄组织与乡村治理之间的内部逻辑与治理路径。

乡村振兴背景下村庄组织的乡村治理功能与路径研究

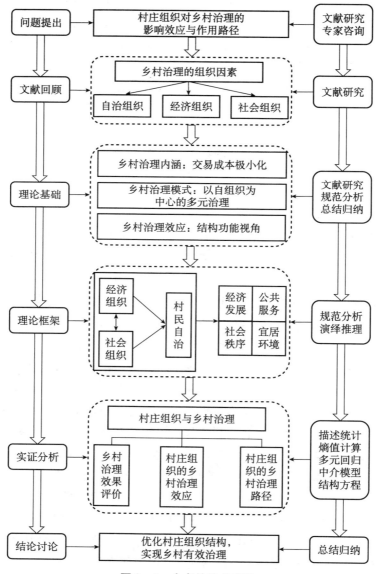

图 3-4　全书的技术路线

根据理论分析框架，本书在接下来的部分将就三个主要研究内容展开实证研究：其一根据乡村建设理论提出的乡村治理效果分析框架，从经济发展、公共服务、社会秩序和宜居环境四个维度对村庄作为自组织整体的治理效果进行科学评价，该内容主要在指标设计的基础上采用熵权法计算乡村治理的综合得分，主要体现在本书的第三章。其二是以默顿的结构功能主义理论为指导，对村庄中的村委会组织、经济组织和社会组织对乡村治理的功能效应进行分析与检验，由于自治组织为村庄正式治理组织，主要通过村民自治过程对自治组织结构的治理效果进行考察，重点通过构建各类村庄组织与乡村治理效果得分的多元回归模型，并运用混合最小二乘法进行参数估计，该部分内容主要在本书第四章进行。其三是根据文献与理论框架，分析村庄组织参与乡村治理的具体路径，主要分析村庄中的经济组织和社会组织等非正式的治理组织对正式治理组织（自治组织）的影响效应，以及由此对乡村治理效果的间接影响，从而最终实现乡村治理功能的具体过程，该内容主要采用中介效应模型和结构方程模型完成，具体研究过程在本书第五章。

本章小结

本章根据相关理论对村庄组织与乡村治理进行了理论分析，在此基础上构建了村庄组织与乡村治理的理论分析框架，并进一步梳理了全书的研究思路，形成了研究的技术路线，为之后的实证研究奠定了理论基础。

基于相关理论知识，首先，本章通过理论梳理形成了村庄组织与乡村治理的基本模型，将村庄作为一个组织整体，对村庄内部的村庄自治组织、村庄经济组织和村庄社会组织及其在乡村治理中的组织基础与治理机制进行了理论阐述。其治理的机制具体为以自治组织为主体的村庄科层治理机制、以经济组织为主体的村庄市场化治理机制和以社会组织为主体的村庄自组织治理机制。其次，根据乡村建设理论、乡村振兴战略政策文本和结构功能理论，分别对村庄整体的治理效果和村庄内部组织的治理功能进行了理论分析，形成了乡村整体的治理效果评价维度，主要包括村庄经济发展、公共服务、社会秩序和宜居环境四个维度，并结合文献分别对村庄内部各组织在乡村治理的四个维度可能产生的治理功能进行了理论分析。在此基础上，系统梳理了乡村治理的基本内容与具体过程。

  本章第三节从理论上分析了村庄组织产生乡村治理效果的具体路径，主要从村庄组织与村民自治之间的关系展开讨论，系统论述了村庄经济组织和村庄社会组织两类村庄组织对村民自治（村庄民主）的补充强化和削弱效应，以及二者所产生的复合治理效应。根据以上理论分析内容，本章构建了本书的理论分析框架，再次审视了研究的主要目标和重点内容，为实证研究提供了较好的理论指导。

第四章　村庄组织描述与乡村治理
效果评价

　　根据本书的理论分析框架，村庄组织主要包括村庄自治组织、村庄经济组织和村庄社会组织三种组织类型。乡村治理效果主要可以从乡村的经济发展、公共服务、社会秩序和宜居环境等角度进行客观的效果评价。本章主要根据理论框架中关于村庄组织类型和乡村治理效果的分析框架，对 CLDS 样本数据中的村庄组织进行变量的操作化处理与统计描述，重点对乡村的客观治理效果进行系统评价，在此基础上进一步对村庄组织与乡村治理效果的分布趋势进行观测，为后续的计量分析奠定实证基础。

第一节　村庄组织的概念操作与描述统计

　　在本书导论以及理论分析部分，已经对村庄组织和村民自治等核心概念及其主要内涵进行了基本介绍，此处主要根据数据资料对村庄组织结构进行操作化处理以及统计描述。根据前面的介绍，村庄组织主要包括自治组织、经济组织和社会组织三种组织类型，以下将分别对上述组织类型的具体组织形式进行概念的操作化处理以及对其分布情况进行统计描述。

一、村庄自治组织

理论分析部分已经说明，村庄自治组织是指村党支部领导下的以村民自治制度为主的建制村内的基层自治性组织。每个村庄均存在村民自治的组织形式，因此需要通过村民自治的具体过程对其组织情况进行观测。根据导论中概念介绍部分的基本界定，村民自治主要体现为村庄自治组织产生时的民主选举以及自治组织治理过程中的民主决策、民主管理和民主监督等具体过程。

在对村民自治过程概念的操作过程中，民主选举主要体现为竞争性选举情况，可以以村委会主任的候选人数为观测指标，具体为CLDS 中的问题 C43 "在最近一次选举中，最后一轮中本社区主任的候选人数？"进行观测。民主决策可以以村庄中决策时是否通过村民大会进行观测，其操作化指标为问卷中的问题 C44 "上一年度本村庄召开村民大会的次数？"直接进行观测。民主管理主要反映在自治组织（村委会）的人员构成是否合理和规范方面，主要通过问题 C46 "本社区中正式委员的人数？"进行观测。民主监督则主要可以通过村庄村务公开情况进行观测，其在 CLDS 社区问卷中通过问题 C54.2 "上一年度，本社区公布政务信息的频率情况？"进行测量，其中，很少公布或几乎不公布赋值为 1、一年一次赋值 2、一季度一次赋值 3、一月一次赋值为 4、一月二次及以上赋值 5。

表 4 – 1 列出了 2014 年和 2016 年两期调查样本村庄的村民自治与地区分布情况。从表 4 – 1 中不难看出，村庄在民主选举、民主决策和民主管理方面较好，但村级民主监督有待强化。在村庄民主选举方面，85% 左右的样本村庄的候选人数在 2 人及以上，基本上实现了差额选举，其中候选人数为 2 人的占比较大，有 62.10%

的样本村庄的主任候选人数为 2 人，23.16% 的样本村庄有 3 人及以上的村主任候选人。在村级民主决策方面，2014 年有 8.99% 的样本村庄没有召开村民大会，2016 年为 6.25%，大部分村庄在一年内都召开了不止一次的村民大会。在村庄民主管理方面，大部分样本村庄的村委会成员在规定的 3~7 人之间，其中 2016 年较 2014 年有小幅度上升。在村庄民主监督方面，2014 年大部分乡村的政务公开频率为一季度一次或一月一次，2016 年以一月公布一次政务的村庄占比有所增加，村庄民主监督状况有小幅提升。以上关于村民自治各项指标的统计描述表明，乡村基层民主选举和民主决策的状况整体形势上较好，大部分村庄能够按照法律要求对乡村基层自治组织实行民主选举，但民主监督状况有待改善。

表 4 - 1　　　样本村庄村民自治情况描述（N = 383）　　　　单位:%

项目及其类别		年份		地区		
		2014	2016	东部	中部	西部
村主任候选人数	1 人	14.74	15.03	24.36	12.38	4.92
	2 人	62.10	60.10	50.64	60.00	75.41
	3 人及以上	23.16	24.87	25.00	27.62	19.67
	合计	100.00	100.00	100.00	100.00	100.00
村民大会次数	没有召开	8.99	6.25	7.74	11.54	4.10
	一年一次	14.29	7.29	12.26	6.73	12.29
	一年两次及以上	76.72	86.46	80.00	81.73	83.61
	合计	100.00	100.00	100.00	100.00	100.00
村委会成员数	3 人以下	22.11	18.13	18.59	32.38	11.48
	3~7 人	77.89	81.87	81.41	67.62	88.52
	合计	100.00	100.00	100.00	100.00	100.00

续表

项目及其类别		年份		地区		
		2014	2016	东部	中部	西部
村务公开频率	很少或不公布	3.68	5.24	3.20	6.73	4.12
	一年一次	16.84	6.28	3.85	17.30	16.53
	一季度一次	47.37	40.34	37.18	47.12	49.59
	一月一次	24.22	38.74	43.59	22.12	23.97
	一月两次	7.89	9.40	12.18	6.73	5.79
	合计	100.00	100.00	100.00	100.00	100.00

资料来源：根据 2014 年和 2016 年 CLDS 问卷调查数据整理。

在地区分布方面，村庄民主选举地区差异比较明显，其中东部地区有 24.36% 的样本村庄的村主任实行的是等额选举，选举人数在 2 人的占 50.64%，选举人数在 3 人及以上的占 25%。东部地区的村庄选举要么以等额当选，要么面临激烈的选举竞争，其民主选举的两极化趋势比较明显。中部地区的民主选举中有 12.38% 的样本村庄为等额选举，60% 的样本村庄的候选人数为 2 人，27.62% 的样本村庄的候选人数在 3 人及以上，中部地区的村庄选举竞争性最为激烈。西部地区的样本村庄实行等额选举的仅占 4.92%，村庄候选人数为 2 人的占 75.41%，候选人数在 3 人及以上的占 19.67%。在村庄民主决策即村民大会方面，一年内未召开村民大会和召开仅 1 次的占比在三个地区均比较低，大部分村庄在一年内均召开 2 次及以上次数的村民大会。在村庄民主管理方面，东部地区和西部地区的村庄在村委会成员配置上都相对合理，均有 80% 以上的地区样本的村委会成员在 3~7 人之间，而中部地区相对较差，其样本村庄中有 32.38% 的村委会成员在 3 人以下。在村庄民主监督方面，东部地区的村务公开频率最为固定和频繁，主要以一月一次（占 43.59%）和一季度一次（占 37.18%）为主，村务公开频率在一年一次及以下的仅占 7.05% 。中、西部地区的村务公开频率大部分为一季度一次，其中中部地区一季度公开一次村务的占 47.12%，西部地区占 49.59% 。中、西部地区几乎从未公开过村务的样本村庄分别占 6.73% 和 4.12% 。

从整体上看，我国东部地区村庄在村民自治中的民主化实践相对较好，尤其在民主管理和民主监督方面相对规范，一定程度上体现了村民自治制度的民主实质内涵。中西部地区的村庄民主进程相对滞后，在基层民主管理、民主决策和民主监督等层面都有待规范和强化。

二、村庄经济组织

根据理论分析部分的介绍，村庄经济组织主要以乡村企业和专业合作社等组织形式为主，具体主要通过 CLDS 问卷的多选题问题 C36 "村庄中有下列各类经济组织吗？"以及问题 C120 "村庄中是否有企业组织？"进行测量，如果有其中一项组织，则视为该村庄有经济组织，赋值为 1，否则赋值为 0。经济组织的组织化程度主要根据问卷中的问题 C36 – 1 至问题 C36 – 5 "本村以下经济组织的覆盖户数的比例为多少？"以及问题 C120_w16 "企业数量？"分别进行观测。

村庄经济组织的基本分布情况见表 4 – 2。从村庄是否拥有经济组织的角度来看，50% 以上的村庄拥有不同类别的经济组织。其中，2014 年样本村庄的经济组织覆盖率为 64.21%，2016 年为 56.48% 。在地区分布方面，东部地区村庄的社会组织覆盖率最高，有近 70% 的样本村庄有经济组织，中、西部地区的经济组织覆盖程度相差不大，分别为 52.38% 和 55.74% 。

表 4 - 2　　　样本村庄经济组织的分布与描述 （N = 383）　　　单位:%

项目及其类别		年份		地区		
		2014	2016	东部	中部	西部
有无组织	有	64.21	56.48	69.23	52.38	55.74
	没有	35.79	43.52	30.77	47.62	44.26
	合计	100.00	100.00	100.00	100.00	100.00
组织形式	企业组织	42.11	34.72	52.56	30.48	27.05
	专业协会组织	7.89	6.22	5.77	6.67	9.02
	专业合作社组织	34.21	29.53	28.85	30.48	36.89
	民间金融组织	9.47	5.70	10.26	4.76	6.56
	其他经济组织	1.05	1.55	1.28	0.95	1.64
组织程度	企业数量（家）	8.46	3.94	13.86	1.10	0.79
	专业协会覆盖率	3.04	2.50	2.35	1.91	4.04
	合作社覆盖率	8.00	9.97	9.91	5.35	10.96
	金融组织覆盖率	0.64	2.35	3.08	0.01	0.77

资料来源：根据 2014 年和 2016 年 CLDS 问卷调查数据整理。

　　表 4 - 2 同时显示了具体的经济组织形式的分布情况。问卷中主要考察了村庄中五类主要的经济组织形式，其中包括企业组织、专业协会组织、专业合作社、民间金融组织和其他乡村经济组织。以上经济组织形式中，以企业组织和专业合作社组织的分布相对广泛，是乡村中比较常见的两类经济组织形式。其中，企业组织的覆盖率在两个年度分别为 42.11% 和 34.72%，合作社组织的覆盖率分别为 34.21% 和 29.53%。在地区分布方面，企业组织主要分布在东部村庄，东部样本村庄有 52.56% 的村庄有企业组织，专业合作社则主要分布在中、西部地区，分别有 30.48% 和 36.89% 的中、西部样本村庄有专业合作社组织。

　　在村庄经济组织的组织化程度方面，以上类型的村庄经济组织的组织覆盖化程度均相对偏低，农户覆盖率观测的几项经济组织中，专业合作社的农户参与率相对较高，在8%~11%之间，其中以西部地区的农户覆盖率最高。企业组织则主要集中于东部乡村地区，每个村庄平均有13家以上的企业组织。乡村民间金融组织虽然整体分布较少，主要出现在东部乡村地区，有10.26%的东部样本村庄有民间金融组织，且其组织的农户覆盖率在三个地区中最高。

三、村庄社会组织

根据理论分析中关于村庄社会组织的相关介绍，村庄的社会组织主要指以村庄中的老年协会等公益互助等组织形式为主的乡村民间组织，包括乡村宗族组织。在 CLDS 社区问卷中，村庄社会组织主要以问题 C55"村庄中有下列组织吗？"这一多选题和问题 C6－1－0、问题 C6－2－0 及问题 C6－3－0"主要姓氏是否成立宗族组织？"进行观测。若村庄中存在以上组织中的一种，则视为有社会组织，赋值为1，否则视为无社会组织，赋值为0。社会组织的组织活动程度主要根据问卷中问题 C99"行政区划范围内组织以本地居民为主要参与者的社会活动的频率？"进行测量，其具体选项及赋值情况为：1＝没有组织，2＝偶尔不定期组织，3＝定期组织。

样本村庄中社会组织的基本分布情况及其组织活动程度见表4－3。从村庄是否拥有社会组织的角度来看，大部分村庄表示拥有不同类别的社会组织。其中，东部地区村庄的社会组织覆盖率最高，有71.79%的样本村庄有社会组织，其次是中部地区，其社会组织覆盖率为60.95%，最后是西部地区，覆盖率为55.74%。在社会组织的活动频率方面，村庄组织当地村民社会活动的频率不断增加，并呈现定期化的趋势。2014年，从未组织过社会活动的样本村庄达到 60%，仅有 10% 的样本村庄会定期组织村民活动。到 2016 年，从未组织过社会活动的样本村庄的比例降低为 55.96%，13.47% 的样本村庄会定期组织村民活动。其中，西部地区的农民社会组织活动频率最高，有 17.22% 的样本村庄会定期组织社会活动，40.16% 的西部样本村庄会偶尔不定期组织村民活动。中部地区村庄的农民社会组织化程度相对较高，样本村庄中有 11.43% 的中部村庄会定期组织村民活动。东部地区村庄的农民社会组织化程度最低，定期组织活动的村庄占比为 7.69%。

表 4 – 3　　　　样本村庄社会组织的分布与描述 （N = 383）　　　单位:%

项目及其类别		年份		所属地区		
		2014	2016	东部	中部	西部
有无组织	有	63.16	64.25	71.79	60.95	55.74
	没有	36.84	35.75	28.21	39.05	44.26
	合计	100.00	100.00	100.00	100.00	100.00
组织形式	娱乐艺术团体	37.37	29.53	33.97	32.38	33.61
	体育锻炼团体	11.58	13.99	19.23	6.67	9.84
	老年协会组织	24.74	23.83	39.10	13.33	14.75
	技能函授团体	2.63	1.55	2.56	1.90	1.64
	知识学习团体	5.79	9.33	5.77	9.52	8.20
	志愿者团体	3.68	7.77	10.90	0.95	3.28
	宗族组织	21.58	25.91	31.41	21.90	15.57
	其他社会组织	2.63	6.22	5.77	2.80	4.10
活动频率	从未组织	60.00	55.96	62.82	68.57	42.62
	偶尔不定期组织	30.00	30.57	29.49	20.00	40.16
	定期组织	10.00	13.47	7.69	11.43	17.22
	合计	100.00	100.00	100.00	100.00	100.00

资料来源：根据 2014 年和 2016 年 CLDS 问卷调查数据整理。

　　在社会组织的具体组织类型方面，娱乐艺术团体是分布最为广泛的一类社会组织类型。2014 年，有 37.37% 的样本村庄有娱乐艺术团体，2016 年有 29.53% 的样本村庄有该类型的组织。并且，农民娱乐艺术团体的分布相对广泛，东、中、西部三个地区均有33%左右的村庄拥有艺术团体组织。其次是老年协会组织和宗族组织，2014年，分别有24.74%和21.58%的村庄有以上两种组织形式，2016年的占比分别为23.83%和25.91%。在地区分布方面，东、中、西部三个地区的老年协会组织占比分别为39.10%、13.33%和14.75%。体育锻炼组织的分布相对居中，2014年和2016年分别有11.58%和13.99%的样本村庄有体育锻炼组织，该组织的地区分布也呈现明显的地区差异，其中东部地区的分布最高，占19.23%，中、西部地区占比相对较低，分别为6.67%和9.84%。乡村中的其他类型的社会组织相对较为少见，其中志愿者团体在东部地区的分布最多，有10.90%的东部村庄有志愿者团体，而中、西部乡村有该组织的村庄较为少见。以上关于村庄社会组织具体类型的分布表明，村庄中的社会组织以老年协会和体育锻炼等文化娱乐型为主，东部地区的社会组织发展程度要明显高于中、西部地区。

第二节　乡村治理效果的指标量化及其描述

根据第一章的理论分析框架，基于乡村建设理论和政策文件精神，乡村的治理效果主要可以从乡村经济发展、公共服务、社会秩序和宜居环境四个维度的发展情况进行考察。本节主要根据理论分析中乡村治理的基本内容，遵循指标体系设计的基本原则，从乡村经济发展、公共服务、社会秩序和宜居环境四个维度的主要方面选取乡村治理效果评价的具体指标，构建乡村治理效果的评价指标体系，并对指标的选取原因进行详细说明和指标描述。各项指标均通过CLDS村居问卷中所对应的具体题项进行直接观测或计算得出，本节同时对样本村庄在2014年和2016年乡村治理效果各项具体指标的现状进行了具体描述。

一、乡村经济发展

　　经济发展是乡村治理的首要目标和主要功能,通过发展乡村经济才能够为乡村治理提供物质基础,保障乡村社区的组织运行。在乡村经济发展指标中,村集体的收入总额反映了村集体的整体经济收入状况。一个村庄的集体收入越多,该村庄可以用于村民福利和公共服务等方面的投入就越多,乡村治理效果状态越好。因此,首先以村庄集体收入作为村庄整体的经济发展测量指标。在乡村产业方面,农业生产作为大部分村庄的主要产业支柱,依然是当前乡村经济发展的一个重要衡量指标,本书采用当地主产粮食的亩产量来衡量村庄的农业生产效率。在具体操作上,若当地主产粮食为一种,则采用该粮食的亩产量,若为两种,则取二者平均亩产值测算。随着城镇化的迅速发展,非农生产逐渐渗透进乡村,成为部分村庄实现经济发展的主要路径,特别是在乡村振兴的战略背景下,以产业融合发展为主导的乡村产业化更是成为乡村实现经济突破的重要出路。基于此,本书设计了村庄非农经济产业数量这一指标用以测量乡村的非农产业发展情况,反映村庄的非农经济发展水平。在村民收入方面,本书设计了两个指标反映村庄的人民收入水平:其一是反映村民整体收入状况的村民年人均收入指标;其二是反映村民收入差距状况的村民收入差距指标,该指标在具体操作上采用村庄收入最高的 10% 的村民收入与收入最低的 10% 的村民的收入之差进行测算。以上关于村庄经济发展的各项指标分别从村庄整体收入、村庄产业发展和村民收入水平三个角度反映了乡村的经济发展情况。表 4 - 4 显示了乡村经济发展维度的具体指标及其具体情况。

表 4 - 4　　　　　　　乡村经济发展指标量化及其说明

系统层	指标层	单位	方向	指标选取说明
经济发展	村集体收入总额	万元	正向	反映村庄整体经济收入状况
	主产粮食亩产量	千克	正向	反映村庄农业生产效率情况
	非农经济产业数量	类	正向	反映村庄非农产业发展情况
	年人均纯收入	万元	正向	反映村庄的村民收入情况
	村民收入差距*	万元	负向	反映村庄的村民收入差距

注：村民收入差距 = 村庄中收入最高的 10% 农户的年均纯收入 - 村庄中收入最低的 10% 农户的年均纯收入。

关于乡村经济发展现状的描述统计见表 4 - 5。2014 ~ 2016 年，乡村经济在村民人均收入水平方面有所发展，但乡村的农业生产效率有所下降，村民收入差距也在不断扩大。2014 年，样本村庄的平均集体收入约为 53.15 万元，各村庄差异较大，其中有 24.74% 的样本村庄没有集体收入，而收入最高的村庄有 952 万元的集体经济收入。2016 年的村庄集体收入与 2014 年的结果差距不大，其中样本村庄的平均集体收入为 44.79 万元，没有集体收入的样本村庄占比为 26.42%，收入最高的村庄的集体收入为 935 万元。村庄农业生产水平整体有所下降，2014 年，样本村庄主产粮食的亩产量平均为 509.03 千克，到 2016 年，该产值降为 372.22 千克，各样本村庄之间的内部差异较大。

表 4 - 5　　　　　　乡村经济发展指标的描述性统计结果

调查年份	指标名称	样本量	均值	标准差	最小值	最大值
2014	村集体收入总额	190	53.15	134.49	0.00	952.00
	主产粮食亩产量	190	509.03	197.98	95.00	1750.00
	非农经济产业数量	190	0.66	1.09	0.00	4.00
	年人均纯收入	190	0.84	1.23	0.12	15.00
	村民收入差距	190	6.63	19.05	0.00	199.90

调查年份	指标名称	样本量	均值	标准差	最小值	最大值
2016	村集体收入总额	193	44.79	124.45	0.00	935.00
	主产粮食亩产量	193	372.22	296.05	0.00	1800.00
	非农经济产业数量	193	0.47	0.91	0.00	4.00
	年人均纯收入	193	1.21	3.54	0.00	48.00
	村民收入差距	193	10.28	42.30	0.00	499.25

注：表中社会秩序维度指标中的社会治安评价、村民家庭关系、村民相互关系、村民与村干部关系以及村民与外来户关系等指标均采用五级李克特量表打分，具体赋值情况为：1＝很不好；2＝不太好；3＝一般；4＝比较好；5＝非常好。宜居环境指标中的村容整洁程度的打分为1～10分，分数越高表示村庄的村容越整洁。

资料来源：根据2014年和2016年CLDS问卷调查数据整理。

在非农经济产业方面，乡村的非农经济普遍较不发达，大部分村庄没有非农产业，2014年的样本村庄中有65%左右的村庄没有非农产业，2016年的样本中约73%的村庄没有发展非农产业。就村庄人民收入水平来看，虽然从人均水平上看村民收入水平相对较高且有所上升，但村民收入的内部差异非常明显，且收入差距较大。2014年，样本村庄的村民年人均收入的平均值为0.84万元，2016年上升为1.21万元，但该指标的标准差较大，说明内部差异较大，2014年人均年收入最低的村庄的平均收入水平仅为0.12万元，而最高收入为15万元，2016年的差距更大。村民收入差距指标进一步显示了村民收入的内部差距，2014年样本村庄的村民平均收入差距为6.63万元，而2016年上升为10.28万元，村民的收入差距不大扩大。以上关于样本村庄经济发展各项指标的描述性统计说明，乡村经济发展速度较快，但内部不均衡性明显，各乡村之间的差距逐渐拉大。

二、乡村公共服务

提供公共服务是乡村治理的主要功能之一。在乡村公共服务指标中，村庄拥有的配套生产和生活设施反映了乡村在基础设施和基本生活设施方面的建设情况，配套设施类型越全面的村庄，农民的生产和生活越便利，乡村的治理绩效水平越高。在具体指标设计上，村庄拥有的配套设施类型主要考察了医院、银行、公交车和集贸市场等日常生活设施的配备情况，以及通电、通公路和通自来水等基础设施的建设情况，具体的赋值和计算过程见表4-6，该指标从整体上反映了村庄在硬件设施建设方面的治理效果。同时，研究重点考察了村庄幼儿园的配备数量，用以反映乡村基础教育资源配备情况，以幼儿园为主要指标进行考察是因为相比于其他教育机构，幼儿园受政府的调控力度较小，受人口流动和市场机制的影响较大，具有一定的人口集聚效应，能够在一定程度上代表和反映村庄的基础教育资源的自主配备情况和乡村的空心化程度。

表4-6　　　　　　　乡村公共服务指标量化及其说明

系统层	指标层	单位	方向	指标选取说明
公共服务	配套设施类型数 *	类	正向	反映村庄基本生活设施建设情况
	幼儿园数量	个	正向	反映村庄的基础教育资源情况
	支农服务数量 **	项	正向	反映村庄集体服务供给情况
	集体灌溉面积占比	%	正向	反映村庄集体服务覆盖情况
	低保救济户数	户	正向	反映底层村民基本生活保障情况

注：* 基本生活配套设施共考察了村庄运动场所、老年活动室、公共图书室、广场、娱乐场所、私人诊所/医院/卫生室、银行/合作社、通电、通卫星电视、通公路、公交车、自来水、集贸市场、水利设施和公共垃圾环卫设施等15项村庄基本生活设施的配备情况，具体赋值为有该项设施记1分，没有记0分，通过加总求得拥有配套设施类型数指标的综合得分。

** 支农服务共考察了村庄在实行统一灌溉排水、提供耕机服务、统一防治病虫灾害、统一购买生产资料、实行种植规划、组织安排劳动力外出务工、组织农民进行农业生产技术培训和其他服务8种类型的支农服务方面的供给情况，其中村庄中提供该项服务记1分，未提供记0分，通过加总求得提供支农服务数量指标的综合得分。

在以农业生产为主要产业的乡村社会中，以提高农户生产能力为主的支农服务一直是乡村公共服务供给的主要内容，对增强农户的生计风险抵御能力和提升农户生计水平具有重要作用，因此本书重点设计了针对农业生产的支农服务供给指标。在本书中，主要设计了两项指标用以测算乡村支农服务水平的供给效果。其一是代表支农服务数量指标的村庄提供支农服务的类型数量，以反映乡村集体支农服务的完善情况。研究共考察了村庄在实行统一灌溉排水、提供耕机服务、统一防治病虫灾害、统一购买生产资料、实行种植规划、组织安排劳动力外出务工、组织农民进行农业生产技术培训和其他服务八个方面的支农服务供给情况。其二是代表支农服务质量指标的集体灌溉面积占比情况，反映了村庄集体支农服务的覆盖情况。选择统一灌溉作为该指标的测量标准是因为统一灌溉是乡村最为普遍也是最为重要的一项支农公共服务，对乡村支农服务的供给质量具有一定的代表性。在社会保障服务方面，研究主要考察了村庄中实际救济的低保户数，以反映乡村在底层居民生活救助方面的保障情况。

表4-7显示了两个调查年度样本村庄的公共服务指标的描述性统计结果。样本村庄在基本配套生活设施方面的建设情况整体相对较好，样本村庄中拥有配套设施类型随着时间推移不断完善，整体上从7项左右增加到9项以上，村庄能够配备基本的生活设施。综合两个年度的调查数据，样本村庄中基本生活设施覆盖率达到95%以上的包括通电、通路和通卫星电视三项基础设施建设；覆盖率在80%以上的基本生活设施包括私人诊所/医院和通自来水两项；覆盖率在50%以上的为社区运动场所和公共图书室建设两项；覆盖率在50%以下的设施为老年活动室、活动广场、银行/信用合作社、公交车、集贸市场、水利设施、公共垃圾环卫设施和娱乐场所等几项基本设施。在幼儿园的数量方面，平均每个村庄配备有一个左右的幼儿园，但该指标值在2016年呈现较大差异性，乡村幼儿园数

量的内部不均衡性较为明显。以上关于乡村基本生活配套设施的描述性分析说明，当前乡村在基础设施建设方面的成效普遍较好，这一方面得益于国家层面对乡村基础设施建设投入的增加，另一方面也能够反映乡村在公共基础设施建设方面的治理成效。但乡村在与农民生活密切相关的其他生活配套设施方面的建设效果不太理想，大部分村庄还没有建设起比较完善和便利的基本生活配套设施。

表 4 - 7　　　　　　乡村公共服务指标的描述性统计结果

调查年份	指标名称	样本量	均值	标准差	最小值	最大值
2014	拥有配套设施类型数	190	7.48	1.96	3.00	14.00
	幼儿园数量	190	0.63	0.96	0.00	6.00
	提供支农服务数量	190	2.48	1.82	0.00	7.00
	集体灌溉面积占比	190	24.89	38.58	0.00	100.00
	低保救济户数	190	72.86	65.85	0.00	411.00
2016	拥有配套设施类型数	193	9.01	2.57	3.00	15.00
	幼儿园数量	193	0.93	2.34	0.00	30.00
	提供支农服务数量	193	2.48	1.87	0.00	8.00
	集体灌溉面积占比	193	18.76	36.18	0.00	100.00
	低保救济户数	193	57.03	67.04	0.00	394.00

资料来源：根据 2014 年和 2016 年 CLDS 问卷调查数据整理。

在村庄提供的集体支农服务方面，样本村庄提供的支农服务项目数平均在 3 项左右，两个调查年度的调查结果基本一致，乡村供给集体支农服务的种类数整体偏少。具体来看，提供组织农民进行农业生产技术培训服务的村庄的占比最高，2014 年和 2016 年分别有 64.74% 和 63.21% 的样本村庄提供了该项服务。其次是实行统一灌溉排水服务，两个年度分别有 44.21% 和 39.28% 的样本村庄提供该项支农服务。提供统一防治病虫灾害服务的样本村庄的比例两个年度分别为 35.79% 和 35.75%。样本村庄中提供耕机服务的样本村庄的比重 2014 年为 35.26%，2016 年为 26.42%。样本村庄实行统一种植规划的比例约为 24%，其中 2014 年有 21.58% 的样本村庄提供该项服务，2016 年提供该服务的样本村占比为 26.42%。样本村庄提供统一购买生产资料和组织安排劳动力外出务工等服务的比例相对较小，仅有约 10% 的村庄表示提供了该服务。以集体灌溉面积为主要衡量指标的村庄公共服务供给质量的描述性结果显示，乡村支农服务的覆盖面积较小，两个年度的集体灌溉面积占比分别为 24.89% 和 18.76%。在最低生活保障方面，样本乡村中接受最低生活保障救助的农户数有所减少，从 2014 年平均 73 户左右减少为 2016 年的 57 户左右。以上关于乡村支农服务和社会保障服务的描述性统计结果说明，乡村在公共服务供给特别是与农户生产和生计相关的支农服务方面的供给水平整体相对偏低，在服务覆盖范围和服务质量方面有待进一步的提升。

三、乡村社会秩序

维持乡村社会和谐稳定、形成良好有序的乡村社会秩序，是乡村治理的第三个维度的主要功能，反映了乡村治理在社会效益方面的目标完成情况。在乡村社会秩序维度的指标设计上，研究主要设计了两类指标：其一是反映乡村社会治安情况的对乡村社会治安环境的评价打分。良好的社会治安环境是乡村和谐发展和农民美好生活的重要保障，反映了村庄在维护社会稳定方面的治理水平，因此成为该维度的主要指标之一。其二是反映乡村社会关系和谐程度的村民社会关系情况，该指标可进一步细分为村民家庭关系、村民相互关系、村民与村干部关系以及村民与外来户的关系评价四个子指标，主要反映了村庄在家庭关系、村民交往、干群关系和与外来人口关系四个方面的社会关系和谐程度，是乡村治理在社会关系层面的有效衡量指标。在具体测量上，以上指标均采用的是李克特打分量表，根据被访者对村庄在该指标上的具体情况进行打分，采用该方法能够较为准确地对指标进行量化处理，以便进行后续的分析，具体观测问题见问卷中的问题 C104_1 至问题 C104_5。各指标的具体赋值情况见表 4－8，乡村的社会治安和社会关系得分越高，表明乡村的治理效果越好。

表 4－8　　　　　　　乡村社会秩序指标量化及其说明

系统层	指标层	单位	方向	指标选取说明
社会秩序	社会治安评价	—	正向	反映村庄整体社会治安状况
	村民家庭关系	—	正向	反映村庄村民家庭关系和谐程度
	村民相互关系	—	正向	反映村庄村民关系和谐程度
	村民与村干部关系	—	正向	反映村庄干群关系和谐程度
	村民与外来户关系*	—	正向	反映村民与外来人口关系和谐程度

注：在 CLDS 的问卷设计中，外来户主要包括代耕农和租户等群体。

乡村社会秩序的治理现状见表 4－9。从整体上看，乡村的社会秩序较好，村庄社会治安状况和村民社会关系相对和谐。样本村庄的被访者对本村庄的社会治安状况总体评价较好，其两个调查年度的平均得分均在 4~5 分，且该指标的标准差较小，表明各村庄的社会治安状况整体集中在比较好与非常好之间，乡村社会治安状况良好。在村民社会关系层面，村民各维度的社会关系评价得分大部分集中在 4 分左右。其中，村民的家庭关系、村民相互关系和干群关系在 2014 年和 2016 年两个调查年度的评分比较一致，均为 4 分左右，村庄的村民内部关系整体较好。而村民与外来户之间的关系在 2016 年的调查数据中的平均得分为 3.73 分，较 2014 年有所下降，乡村村民与外来人口之间的关系比较一般，且呈现逐渐恶化的状态。以上关于乡村社会治安和社会关系的基本描述表明样本村庄的社会治安状况整体良好，村民社会关系普遍较好，乡村社会关系整体比较和谐，但村民与外来人口之间的关系融洽程度需要引起重视。

表 4 – 9　　　　　乡村社会秩序指标的描述性统计结果

调查年份	指标名称	样本量	均值	标准差	最小值	最大值
2014	社会治安评价	190	4.28	0.68	3.00	5.00
	村民家庭关系	190	4.01	0.69	2.00	5.00
	村民相互关系	190	3.97	0.66	3.00	5.00
	村民与村干部关系	190	4.02	0.71	3.00	5.00
	村民与外来户关系	190	4.49	0.69	3.00	5.00
2016	社会治安评价	193	4.32	0.66	3.00	5.00
	村民家庭关系	193	4.00	0.72	3.00	5.00
	村民相互关系	193	3.92	0.71	3.00	5.00
	村民与村干部关系	193	3.96	0.71	2.00	5.00
	村民与外来户关系	193	3.73	0.67	2.00	5.00

资料来源：根据 2014 年和 2016 年 CLDS 问卷调查数据整理。

四、乡村宜居环境

　　保护村庄生态环境、提升村民居住水平，是乡村治理的最后一个维度的主要功能。乡村宜居环境与村民居住生活密切相关，直接影响着村民的居住体验和生活满意程度，是新时代建设美好乡村生活不可忽略的维度之一。根据研究框架，本书主要从村庄生态环境和村民宜居条件两个方面对乡村宜居环境进行指标设计，具体指标见表 4 – 10。村庄生态环境包括村庄的绿化覆盖率和环境污染种类数两个具体指标，其中绿化覆盖率反映了村庄的整体绿化情况。虽然乡村绿化情况与村庄位置和规模等既定因素存在较大关联，但村庄通过生态保护和退耕还林等方式可以有效维持甚至增加绿化面积，因此绿化覆盖率能够有效体现乡村在生态治理方面的效果。环境污染种类数则从反面反映了乡村在环境保护方面的治理成效，研究中主要考察了村庄受几种主要的环境污染类型的波及情况。具体考察的污染类型包括空气污染、土壤污染、水污染和其他污染等。村庄存在的环境污染种类数量越多，其生态治理效果越差，乡村治理效果水平越低。

乡村在村民宜居条件方面的指标包括村庄的村容整洁程度和村庄安全饮水覆盖率、村庄清洁能源普及率三个具体指标。其中，村容整洁程度反映了村庄公共区域的整洁情况，代表着村庄的公共卫生程度，是村庄公共环境卫生情况的综合体现。安全饮水覆盖率和清洁能源普及率则重点从村民家庭的角度体现了村民的居住和生活条件。其中，安全饮水主要包括村民做饭和日常饮用的水源为自来水和矿泉水，清洁能源主要指村民做饭使用的燃料来源为煤气、太阳能、天然气、沼气和电等方式。以上两个指标重点从农户日常生活的角度体现了村庄村民的宜居条件，村庄在以上两个维度的覆盖率越高，村民的居住环境相对越好，乡村治理效果水平越高。

表 4 – 10　　　　　　乡村宜居环境指标量化及其说明

系统层	指标层	单位	方向	指标选取说明
宜居环境	绿化覆盖率	%	正向	反映乡村绿化情况
	环境污染种类数	类	负向	反映村庄环境污染情况
	村容整洁程度	—	正向	反映村庄公共卫生情况
	安全饮水覆盖率*	%	正向	反映村庄村民安全饮水情况
	清洁能源普及率**	%	正向	反映村庄清洁能源使用情况

注：＊安全饮水指家庭做饭和日常饮用水为自来水、桶装纯净水等水源类型。
　　＊＊清洁能源指家庭做饭用的主要能源为天然气、管道煤气、液化气或电等能源类型。

乡村宜居环境的发展现状见表 4 – 11，样本村庄的绿化覆盖率平均为 53% 左右，两个年度的差别不大，但各样本村庄之间存在较大的内部差距，有的村庄几乎没有绿化覆盖，而有的村庄达到了 100% 的绿化覆盖情况。乡村环境污染情况整体较好，样本村庄所受到的环境污染种类数平均不足一种，大部分村庄表示没有存在典型的环境污染。在乡村公共卫生方面，两个调查年度的样本村庄的村容整洁程度得分均集中在 7 分左右，2016 年的得分略高于 2014 年，表明乡村村容环境整体较好，但可以进一步提升和强化。乡村在农户居住条件方面相对偏低，但 2014 ~ 2016 年正在以较快速度提升。2014 年，样本村庄的安全饮水覆盖率和清洁能源使用率的平均值分别为 57.05% 和 51.32%，2016 年分别上升为 59.87% 和 73.62%，虽然样本村庄内部还存在一定的差距，但大部分村庄的农户宜居环境正在不断改善。以上关于乡村宜居环境指标的描述分析说明，乡村的生态环境和公共卫生情况相对较好，村民的宜居条件有待完善。

表 4 – 11　　　　　乡村宜居环境指标的描述性统计结果

调查年份	指标名称	样本量	均值	标准差	最小值	最大值
2014	绿化覆盖率	190	53.26	27.63	0.00	100.00
	环境污染种类数 *	190	0.58	1.26	0.00	4.00
	村容整洁程度	190	6.92	1.39	3.00	10.00
	安全饮水覆盖率	190	57.05	38.79	0.00	100.00
	清洁能源普及率	190	51.32	34.06	0.00	100.00
2016	绿化覆盖率	193	54.66	27.48	0.00	100.00
	环境污染种类数	193	0.76	1.52	0.00	5.00
	村容整洁程度	193	7.21	1.66	1.00	10.00
	安全饮水覆盖率	193	59.87	38.62	0.00	100.00
	清洁能源普及率	193	73.62	26.26	0.00	100.00

　　注：环境污染种类包括空气污染、土壤污染、水污染和噪声污染四种类型，其中，村庄中存在某种污染 = 1，不存在 = 0，通过加总求得该指标的最终得分。
　　资料来源：根据 2014 年和 2016 年 CLDS 问卷调查数据整理。

第三节　乡村治理效果的评价过程与结果

在明确了乡村治理效果评价的指标体系之后，本节主要根据理论分析框架和 CLDS 村庄数据对乡村的治理效果进行实证检验与评价。根据 CLDS 数据指标，运用熵值法确定各指标权重，计算乡村治理效果的各个维度得分以及乡村治理效果的综合得分水平。

一、乡村治理效果的指标权重

（一）熵值法及其基本步骤

乡村治理效果指标权重的最终确定以及乡村治理效果得分的有效测量有待于采取更加客观和科学的赋权和量化计算方法。目前，针对指标权重的赋权方法主要包括主观赋权法和客观赋权法两大类。由于主观赋权法可能存在人为主观原因和随机性较强等缺陷，本书采用基于数据分布信息的熵值法对乡村发展指标进行赋权，以避免权重确定过程中的主观因素。在信息论中，熵主要用来度量信息的不确定性即信息量程度。某项指标的信息量越大，其不确定性就越小，熵也就越小；信息量越小，不确定性越大，熵也越大。根据熵的可加性特性，可以通过计算熵值来判断一个事件的随机性及无序程度，进一步地可以用熵值来判断某个指标的离散程度。根据熵值法的基本要求，指标的熵值越大，代表指标离散程度越大，则该指标对综合评价的影响越大，该指标的重要性程度就越高；反之，则指标的重要性程度越小。基于熵值法计算原则，可以根据各项指标的变异程度，利用信息熵计算出各个指标的权重，从而为多指标综合评价提供依据。熵值法的基本原理表明，数据的离散程度即差异性越大，其指标权重越大。用根据指标离散程度确定权重的熵值法确定指标权重，既可以克服主观赋权法无法避免的随机性和臆断性问题，又可以有效解决多指标变量间信息的重叠问题。故本书根据样本数据的离散程度，用信息熵来确定乡村治理效果的指标权重，对乡村的治理绩效水平进行综合评价。

熵值法的具体计算步骤如下。

（1）原始数据标准化。

正向指标的标准化公式为：$Z_{ij} = \dfrac{x_{ij} - \min x_{ij}}{\max x_{ij} - \min x_{ij}}$，

负向指标的标准化公式为：$Z_{ij} = \dfrac{\max x_{ij} - x_{ij}}{\max x_{ij} - \min x_{ij}}$。

式中，$i = 1$，2，$\cdots$，n；$j = 1$，2，$\cdots$，m，其中 n 为样本容量，即样本村庄个数，m 为乡村治理效果的指标数量。经过无量纲化处理之后的决策矩阵转变为评价指标矩阵 Z_{ij}，且 $0 \leqslant |Z_{ij}| \leqslant 1$。由于熵值法需运用对数处理，为解决 0 值指标问题，将标准化矩阵向右平移 0.1 个单位，最终 $0.1 \leqslant |Z_{ij}| \leqslant 1.1$。

（2）指标同度量化，计算第 j 项指标下第 i 个乡村占该指标总值的比重，其具体计算公式为：$P_{ij} = Z_{ij} / \sum_{1}^{n} Z_{ij}$。

（3）计算乡村治理效果第 j 项指标信息熵值，$E_j = -k \sum_{1}^{n} P_{ij} \ln(P_{ij})$，$k = 1 / \ln(n)$。

（4）计算乡村治理效果第 j 项指标的差异系数，$D_j = 1 - E_j$。

（5）对乡村治理效果各项指标的差异系数进行归一化处理，计算第 j 项指标的权重值，$W_j = D_j / \sum_{j=1}^{m} D_j$。

（6）根据熵值法权重的可加性，计算乡村治理效果指标在各维度上的权重，$W_k = \sum_{1}^{l} W_j$。其中，k 代表乡村治理效果的维度，$k = 1$，2，3，4；l 代表各维度包含的具体指标，$l = 1$，2，3，4，5。

（7）计算第 i 个村庄在第 k 个维度上的得分值，$F_{ik} = \sum_{l=1}^{5} W_j P_{ij}$。

（8）计算第 i 个村庄的综合得分值，$F_i = \sum_{k=1}^{4} W_k F_{ik}$。

（二）乡村治理效果的指标权重

根据熵值法的处理步骤对 CLDS 整理后的乡村治理效果指标进行运算分析，表 4–12 和表 4–13 分别显示了利用熵值法计算出来的两个调查年度的乡村治理效果各项指标的信息熵、差异系数以及乡村治理效果各系统及其具体指标的最终权重系数。

表 4–12　　　　乡村治理效果的指标权重（Year = 2014）

系统层	指标名称	信息熵	差异系数	总权重（%）	类别权重（%）
经济发展 (26.55)	村集体收入总额	0.9536	0.0464	8.12	30.58
	主产粮食亩产量	0.9904	0.0096	1.67	6.29
	非农经济产业数量	0.9215	0.0785	13.73	51.71
	年人均纯收入	0.9838	0.0162	2.84	10.70
	村民收入差距	0.9989	0.0011	0.19	0.72
公共服务 (37.11)	拥有配套设施类型数	0.9886	0.0114	1.99	5.36
	幼儿园数量	0.9564	0.0436	7.63	20.56
	提供支农服务数量	0.9682	0.0318	5.56	14.98
	集体灌溉面积占比	0.9002	0.0998	17.45	47.02
	低保救济户数	0.9744	0.0256	4.48	12.07
社会秩序 (15.90)	社会治安评价	0.9767	0.0233	4.08	25.66
	村民家庭关系	0.9911	0.0089	1.55	9.75
	村民相互关系	0.9623	0.0377	6.59	41.45
	村民与村干部关系	0.9902	0.0098	1.72	10.82
	村民与外来户关系	0.9888	0.0112	1.96	12.33

续表

系统层	指标名称	信息熵	差异系数	总权重（%）	类别权重（%）
宜居环境 （20.44）	绿化覆盖率	0.9790	0.0210	3.67	17.95
	环境污染种类数	0.9851	0.0149	2.60	12.72
	村容整洁程度	0.9906	0.0094	1.64	8.02
	安全饮水覆盖率	0.9616	0.0384	6.71	32.83
	清洁能源普及率	0.9667	0.0333	5.82	28.47

资料来源：根据 2014 年和 2016 年 CLDS 问卷调查数据整理。

表 4 – 13　　乡村治理效果评价的指标权重（Year = 2016）

系统层	指标层	信息熵	差异系数	总权重（%）	类别权重（%）
经济发展 （27.59）	村集体收入总额	0.9586	0.0414	7.19	26.06
	主产粮食亩产量	0.9721	0.0279	4.84	17.54
	非农经济产业数量	0.9250	0.0750	13.02	47.19
	年人均纯收入	0.9862	0.0138	2.39	8.66
	村民收入差距	0.9991	0.0009	0.15	0.54
公共服务 （35.73）	拥有配套设施类型数	0.9874	0.0126	2.19	6.13
	幼儿园数量	0.9836	0.0164	2.85	7.98
	提供支农服务数量	0.9695	0.0305	5.30	14.83
	集体灌溉面积占比	0.8874	0.1126	19.56	54.74
	低保救济户数	0.9664	0.0336	5.83	16.32
社会秩序 （21.76）	社会治安评价	0.9783	0.0217	3.77	17.33
	村民家庭关系	0.9600	0.0400	6.95	31.94
	村民相互关系	0.9569	0.0431	7.48	34.38
	村民与村干部关系	0.9901	0.0099	1.72	7.90
	村民与外来户关系	0.9894	0.0106	1.84	8.46
宜居环境 （14.92）	绿化覆盖率	0.9805	0.0195	3.39	22.72
	环境污染种类数	0.9869	0.0131	2.28	15.28
	村容整洁程度	0.9940	0.0060	1.04	6.97
	安全饮水覆盖率	0.9640	0.0360	6.25	41.89
	清洁能源普及率	0.9887	0.0113	1.96	13.14

资料来源：根据 2014 年和 2016 年 CLDS 问卷调查数据整理。

　　根据 2014 年的样本村庄调查数据，在评价乡村治理效果的 20 项具体指标中，村庄集体统一灌溉覆盖面积占比和乡村非农经济产业数量两项指标的权重最高，其权重值分别为 17.45% 和 13.73%，重要性程度均在 10% 以上，说明村庄的公共服务覆盖范围和非农经济发展在 2014 年的乡村治理过程中的差异性较大，在乡村治理效果评价中的重要性程度较高。在乡村治理效果评价中的重要程度排在第二梯度的指标包括村庄经济发展维度的村集体收入总额、公共服务维度的村庄幼儿园数量和村庄提供的支农服务数量、社会秩序维度的村民相互关系以及宜居环境维度的安全饮水覆盖率和清洁能源普及率 6 项具体指标，其权重值均在 5%～10% 之间，在乡村治理效果评价中占据较大重要性。

　　在系统指标层面上，乡村公共服务的重要性程度最高，其权重值达到了 37.11%，其次是村庄经济发展和宜居环境情况，其权重系数也分别达到了 26.55% 和 20.44%，权重最小的是乡村社会秩序，其权重值为 15.9%。以上根据原始数据分布计算的权重说明，2014 年乡村在公共服务供给方面的整体差异最大，在经济发展和宜居环境方面的差异也比较明显。表明当前乡村治理的重点需要从单纯注重经济收入向经济发展与服务供给并重的方向转变，如何将乡村经济增长效益落实到农民日常生活中，改善农民生活条件，让农民真正享受乡村经济发展的利益是乡村治理的重要内容。因此，乡村治理效果的评价应该更多注重村庄在公共服务供给和非农产业发展方面的治理成效。

　　表 4-13 为根据 2016 年的调查数据计算的乡村治理效果各项指标的权重系数运算结果。在三级指标层面，村庄集体灌溉面积占比和非农产业数量依然是乡村治理效果最为重要的两项指标，其权重值分别为 19.56% 和 13.02%。其中，村庄集体灌溉面积占比的权重值较 2014 年有所上升，非农经济产业数量的权重值变化不大。

权重值在第二梯度的指标包括乡村经济发展维度的村集体收入总额、公共服务维度的提供支农服务数量和低保救济户数、社会秩序维度的村民家庭关系和村民相互关系以及宜居环境维度的安全饮水覆盖率 6 项具体指标。与 2014 年相比，乡村幼儿园数量和清洁能源普及率两项指标的权重值有所降低，而低保救济户数和村民家庭关系两项指标的权重值分别得到较大提升。

在乡村治理效果的系统维度层面，乡村公共服务和经济发展依然是乡村治理效果中最为重要的两个维度，其中，乡村公共服务的权重值从 2014 年的 37.11% 下降为 35.73%，但仍然保持在 30% 以上，乡村公共服务供给依然是乡村治理效果评价中最为重要的内容。乡村经济发展维度的权重变化不大，维持在 27% 左右，乡村经济发展也是当前乡村治理不可忽视的重要维度之一。乡村社会秩序的重要性程度有所提升，其权重值从 2014 年的 15.9% 上升为 2016 年的 21.76%，特别是村民的家庭关系和村民相互关系两个具体指标，呈现较大的差异性，其分别占到该维度指标的 30% 以上的权重。与此同时，乡村宜居环境维度的权重值大幅度下降，其权重仅为 14.92%，该维度下的村民清洁能源普及率的差异性大幅度缩小，其权重系数相应降低。根据以上关于乡村治理效果指标权重的运算结果及其变化可以发现，2014~2016 年，乡村宜居环境建设有所发展，村民在能源使用方面更加倾向于天然气等清洁能源，村民的整体宜居环境有所发展，但村庄的社会秩序特别是村民的家庭关系不断分化，乡村社会秩序需要引起重视。

二、乡村治理效果的评价结果

乡村治理效果评价结果的描述性分析见表 4 - 14，2014 年乡村治理效果综合得分的平均值为 0.538，其中最低得分为 0.291 分，最高得分为 1.118，各样本村庄之间的差异较小（标准差为 0.171）。2016 年，乡村治理效果的综合得分的平均水平为 0.518 分，最低分为 0.256，最高分为 1.187 分。在具体维度方面，乡村经济发展和公共服务维度的得分存在一定的内部差距，部分村庄在以上两个维度得到了较好的治理效果，而一些村庄的治理效果较差。两个调查年度在经济发展和公共服务维度的标准差均明显高于其他维度，且最小值和最大值之间的差距较大。乡村经济发展的最高得分两个年度分别为 2.408 分和 1.910 分，是所有维度中得分最高的一个维度。乡村公共服务在两个调查年度的最高得分也分别达到了 1.472 分和 1.494 分，明显高于其他两个维度的得分。乡村治理效果在社会秩序和宜居环境两个维度的最高得分均超过 1 分，其标准也较小，可见乡村在社会秩序和宜居环境方面的治理成效普遍偏低，乡村整体的社会秩序和宜居环境相差不大。

表 4 – 14　　　乡村治理效果实证评价结果的描述性统计

调查年份	项目名称	样本量	均值	标准差	最小值	最大值
2014	经济发展	190	0.526	0.363	0.260	2.408
	公共服务	190	0.526	0.305	0.188	1.472
	社会秩序	190	0.526	0.193	0.139	0.846
	宜居环境	190	0.586	0.168	0.199	0.957
	综合得分	190	0.538	0.171	0.291	1.118
2016	经济发展	193	0.518	0.315	0.274	1.910
	公共服务	193	0.518	0.379	0.272	1.494
	社会秩序	193	0.518	0.231	0.101	0.914
	宜居环境	193	0.518	0.136	0.185	0.752
	综合得分	193	0.518	0.190	0.256	1.187

资料来源：根据 2014 年和 2016 年 CLDS 问卷调查数据整理。

根据乡村治理效果的综合得分进行排名，表 4 – 15 为 2014 年调查样本的乡村治理效果得分和部分村庄的排名结果。排名前 10

的样本村庄的平均综合得分约为 0.941 分, 比排在最后 10 位（181~190 名）的样本村庄的平均综合得分高出 0.629 分。从具体村庄上看, 排名第 1 的村庄的综合得分是最后一名村庄的 3.84 倍左右, 村庄在乡村治理效果上的整体差异较大。在 10 个综合得分靠前的村庄中, 其中 8 个来自东部地区, 中部和西部地区各 1 个。而在排名相对靠后的 10 个村庄中, 有 5 个村庄位于中部地区, 3 个位于西部地区, 2 个位于东部地区, 乡村发展的中、西部地区差异非常明显。

表 4 – 15　　乡村治理效果评价得分及其排名（Year = 2014）

项目	村庄编号	经济发展	公共服务	社会秩序	宜居环境	综合得分	排名
前 10 名	150101	1.331	1.472	0.584	1.331	1.118	1
	320603	2.408	0.406	0.816	2.408	1.089	2
	320802	1.373	1.010	0.732	1.373	0.997	3
	330801	1.016	1.018	0.544	1.016	0.903	4
	130102	1.080	0.920	0.730	1.080	0.899	5
	442003	0.848	1.192	0.522	0.848	0.892	6
	370101	0.847	1.257	0.428	0.847	0.891	7
	410401	1.803	0.387	0.645	1.803	0.885	8
	330501	0.973	0.997	0.492	0.973	0.876	9
	330401	0.943	1.047	0.477	0.943	0.861	10
后 10 名	360301	0.301	0.246	0.403	0.274	0.291	190
	420901	0.291	0.256	0.381	0.317	0.298	189
	620203	0.288	0.274	0.446	0.249	0.300	188
	430401	0.277	0.238	0.606	0.257	0.311	187
	510403	0.304	0.228	0.522	0.327	0.315	186
	210501	0.333	0.285	0.515	0.199	0.317	185
	610202	0.339	0.251	0.314	0.432	0.321	184
	410201	0.270	0.227	0.498	0.430	0.323	183
	230403	0.334	0.254	0.547	0.263	0.323	182
	441702	0.287	0.337	0.223	0.432	0.325	181

资料来源: 根据 2014 年和 2016 年 CLDS 问卷调查数据整理。

从乡村治理效果的各个维度进行观察，综合排名前 10 的村庄中有 4 个村庄的经济发展得分位于前 10 名，有 3 个村庄的公共服务得分位于该维度排名的前 10 名，有 2 个村庄位于宜居环境维度的前 10 名，没有村庄位于社会秩序维度得分的前 10 名。以上关于综合排名靠前的样本村庄各维度得分的排名情况说明，虽然部分样本村庄依据在经济发展或公共服务等权重较高的维度方面的较高得分获得较为靠前的综合排名，但在其他维度如社会秩序等方面的治理效果并不突出，乡村治理在各个维度之间存在非均衡发展的现象。乡村治理应该在经济发展和公共服务供给水平不断提升的基础上，将村庄社会秩序和环境治理等内容纳入，实现各维度协调发展。

2016 年的乡村治理效果评价结果及其排名见表 4 - 16。综合排名前 10 的样本村庄的平均综合得分为 0.984 分，略高于 2014 年前 10 名的样本村庄的平均得分。但 2016 年排在后 10 位的样本村庄的平均得分为 0.281 分，低于 2014 年的平均得分。最终前 10 名的平均得分比后 10 名的平均得分高出 0.703 分。从单个村庄来看，最后一名的样本村庄的综合得分为 0.256 分，而第一名的综合得分为 1.187 分，是最后一名的 4.64 倍左右。乡村治理效果的内部差距显现出不断拉大的趋势。在地区分布方面，东部地区有 5 个村庄位于综合排名前 10 位，中部和西部地区分别有 3 个和 2 个村庄位于前 10 名。在排名靠后的 10 个村庄中，有 4 个位于东部地区，中、西部各有 3 个。与 2014 年的地区分布相比，乡村治理效果综合得分的东、中、西部地区差异有所减少。在系统维度层面，综合排名前 10 的村庄中有 4 个村庄的经济发展得分位于前 10 名，有 2 个村庄的公共服务得分和宜居环境得分位于该维度排名的前 10 名，没有村庄位于社会秩序维度得分的前 10 名。乡村治理的内部非均衡性更加明显，发展较好的村庄集中于乡村在经济发展方面的治理，而

在公共服务投入、生态环境保护和社会秩序维护等方面的治理效果
有待强化。

表 4 – 16　　乡村治理效果评价得分及其排名（Year = 2016）

项目	村庄编号	经济发展	公共服务	社会秩序	宜居环境	综合得分	排名
前10名	331501	0.349	0.234	0.123	0.328	1.187	1
	530901	0.336	0.241	0.141	0.433	1.018	2
	442802	0.367	0.281	0.144	0.285	1.006	3
	450402	0.276	0.273	0.123	0.524	0.994	4
	360103	0.323	0.212	0.182	0.499	0.968	5
	430304	0.359	0.221	0.263	0.295	0.956	6
	610901	0.344	0.228	0.182	0.448	0.931	7
	441301	0.285	0.312	0.224	0.348	0.928	8
	350201	0.282	0.320	0.249	0.299	0.927	9
	350901	0.352	0.305	0.182	0.352	0.921	10
后10名	330702	1.897	1.313	0.490	0.589	0.256	193
	140701	0.735	1.494	0.775	0.752	0.274	192
	510402	1.146	1.296	0.657	0.563	0.276	191
	442002	1.910	0.704	0.556	0.636	0.278	190
	350703	1.209	1.107	0.893	0.300	0.279	189
	610101	1.134	0.973	0.871	0.711	0.280	188
	410902	1.215	1.124	0.508	0.563	0.283	187
	510505	1.191	0.891	0.855	0.640	0.291	186
	442103	0.935	1.350	0.578	0.407	0.291	185
	410502	0.973	1.278	0.578	0.470	0.298	184

资料来源：根据 2014 年和 2016 年 CLDS 问卷调查数据整理。

　　乡村各系统之间存在相互关联关系，乡村某一维度的较快发展
可能带动和引起其他维度的发展。表 4 – 17 所示的乡村治理效果各

维度得分之间的皮尔森相关系数显示，乡村经济发展与村庄公共服务和宜居环境之间存在显著正相关关系，其相关系数分别为 0.169 和 0.258，乡村在经济发展方面的治理效果越好，村庄的公共服务供给和宜居环境等方面的得分也相对较高。以上数据表明，乡村各系统之间尤其是乡村经济发展与乡村治理效果的其他维度之间存在一定的联动效应，乡村在经济发展方面的成效能够为其他维度的治理提供经济基础，推动乡村治理的综合全面发展。

表 4 - 17　　　　　　乡村治理效果各维度间相关系数

项目	经济发展	公共服务	社会秩序	宜居环境	综合得分
经济发展	1.000	—	—	—	—
公共服务	0.169 ***	1.000	—	—	—
社会秩序	0.003	0.009	1.000	—	—
宜居环境	0.258 ***	0.052	0.069	1.000	—
综合得分	0.667 ***	0.792 ***	0.244 ***	0.343 ***	1.000

注：表中系数为 pearson 相关系数；　*** 代表在 1% 水平上显著。

第四节　不同村庄组织的乡村治理效果差异

根据实证分析计算的乡村治理效果得分，本节主要根据 2014 年和 2016 年两期的混合截面数据，比较分析村庄组织与乡村治理效果的描述分布情况，以观察二者之间的基本趋势。其中，村庄组织主要包括村庄经济组织和村庄社会组织两种组织类型，以及以村民自治为主要观测过程的村庄自治组织，其中村民自治主要指村庄的民主选举、民主决策、民主管理及村级民主监督。乡村治理效果则主要从乡村的经济发展、公共服务、社会秩序和宜居环境四个维度的得分以及综合得分等方面进行展开比较。本节仅显示了村庄组织与乡村治理效果在样本分布方面的相关性和均值差异性,不代表二者的因果关系,但分析结果能够为关于村庄治理模式与乡村治理效果的因果关系模型的构建提供一定的参考。

一、村民自治与乡村治理效果

表 4 - 18 显示了村民自治过程中代表村庄民主选举、民主决策、民主管理和民主监督的四个变量,即村主任候选人数、村民大会召开次数、村委会成员人数和村政务公开频率,以及乡村治理的经济发展、公共服务、社会秩序、宜居环境四个具体维度的得分以及综合治理得分的相关系数及其皮尔森检验结果,从中可以发现一些关于村民自治实施情况与乡村治理效果得分的分布状况。

表 4 - 18　　　　　　村民自治与乡村治理效果的相关分析

项目	经济发展	公共服务	社会秩序	宜居环境	综合得分
主任候选人数	- 0.077	0.081	0.052	- 0.012	0.025
村民大会次数	- 0.010	0.024	0.076	- 0.027	0.025
村委会成员数	0.167***	0.140***	- 0.002	0.098*	0.201***
村务公开频率	0.152***	0.102**	0.034	0.056	0.167***

注:表中系数为 pearson 相关系数;*** 、** 、* 分别代表在 1% 、5% 和 10% 水平上显著。

村主任候选人数与乡村治理的经济发展得分和宜居环境得分的相关系数分别为 - 0.077 和 - 0.012,表明村庄竞争性选举可能和以上两项治理效果存在一定的负相关,而与其他功能得分的相关系数均为正,以上相关性均通过显著性检验。村庄召开村民大会的次数与乡村治理的各项维度之间也不存在显著的相关性,但从相关系数来看,村民大会次数与乡村的经济发展得分和宜居环境得分之间可能存在负相关,与其他维度则是正相关的关系。村庄村委会的成员人数与乡村的经济发展、公共服务、宜居环境和综合得分之间存在显著的正相关效应，其中与乡村经济发展得分的相关系数为 0.167，在 1% 统计水平上显著；与乡村公共服务得分的相关系数为 0.14，在 1% 统计水平上显著；与乡村宜居环境得分的相关系数为 0.098，在 10% 统计水平上显著；与乡村治理综合得分的相关系数为 0.201，在 1% 统计水平上显著；与乡村社会秩序的相关系数为 -0.002，显著性不明显。

上述结果说明，村庄民主管理与乡村治理效果之间存在明显的正相关关系。以村务公开频率为主要测量指标的村庄民主监督与乡村治理的经济发展、公共服务和综合得分之间存在显著的相关关系。具体来看，村庄村务公开频率与乡村治理的经济发展得分之间存在十分显著的正相关关系，其相关系数为 0.152，在 1% 统计水平上显著；与乡村公共服务得分存在较明显的正相关关系，相关系数为 0.102，在 5% 统计水平上显著；与乡村治理综合得分存在明显的正相关关系，相关系数为 0.167，在 1% 统计水平上显著。此外，村务公开频率与乡村治理的社会秩序维度和宜居环境维度之间也存在可能的正相关关系。以上关于村民自治与乡村治理效果之间的相关分析结果表明，村民自治整体上与乡村治理效果存在正相关关系。

二、经济组织与乡村治理效果

表 4-19 为村庄经济组织与乡村治理的 T 检验结果，其中，村庄有无经济组织在乡村治理的经济发展、公共服务和宜居环境三个具体维度和综合得分上具有显著性差异，在乡村治理的社会秩序维度上的差异不显著。具体来看，在有经济组织结构的 231 个样本村庄中，经济发展平均得分为 0.565 分，比无经济组织结构的村庄高

出 0.249，且 T 检验在 1% 水平上高度显著，因此可以认为村庄有无经济组织对乡村的经济发展功能得分具有明显差异。在公共服务维度，有经济组织的村庄的公共服务平均得分为 0.583 分，平均比无经济组织的村庄高出 0.108 分，且在 1% 统计水平上通过显著性检验，说明是否有经济组织对村庄的公共服务得分产生了较明显的得分差异。村庄是否有经济组织在乡村治理的社会秩序维度未呈现显著性的差别，有经济组织的村庄在社会秩序维度上平均得分为 0.517 分，略低于没有经济组织的村庄的平均得分，但未通过显著性检验。经济组织还在村庄宜居环境维度上体现出显著性差异，其中有经济组织的村庄的宜居环境平均得分为 0.587，平均高出无经济组织的村庄 0.088 分。村庄是否有经济组织在乡村治理的综合得分上显示出明显的差异，其中有经济组织的村庄的乡村治理平均综合得分为 0.575 分，而没有经济组织的村庄的综合得分平均为 0.456 分，比前者少了 0.119 分，以上差异在 1% 统计水平上通过了显著性检验，说明乡村治理的平均得分在是否有经济组织的村庄之间存在明显差异。以上分析表明，村庄经济组织可能与村庄的经济发展、公共服务、宜居环境等具体维度和综合治理效果存在正相关关系。

表 4 – 19　　　　　村庄有无经济组织的治理效果差异

功能项目	有经济组织（N = 231）	无经济组织（N = 152）	差值	T 检验
经济发展	0.565	0.457	0.249	− 7.517 ***
公共服务	0.583	0.493	0.108	− 3.037 ***
社会秩序	0.517	0.531	− 0.014	0.632
宜居环境	0.587	0.499	0.088	− 5.586 ***
综合功能	0.575	0.456	0.119	− 6.657 ***

注：表中系数为 pearson 相关系数；*** 代表在 1% 水平上显著。

三、社会组织与乡村治理效果

表 4 – 20 显示了村庄社会组织结构与乡村治理的 T 检验结果，从中可以看出一些关于村庄社会组织与乡村治理效果的相关性。村庄有无社会组织在乡村治理的经济发展、公共服务和综合得分等几个层面上均存在显著性差异，在乡村治理的社会秩序功能维度上的差异不明显。具体来看，在有社会组织的 244 个样本村庄中，经济发展平均得分为 0. 561 分，比无社会组织的村庄高出 0. 106 分，且在 1% 统计水平上通过了显著性检验，因此可以认为村庄有无社会组织对乡村的经济发展功能得分存在明显差异。在公共服务维度，有社会组织的村庄的公共服务平均得分为 0. 551 分，平均比没有社会组织的村庄高出 0. 079 分，且在 5% 统计水平上通过显著性检验，说明是否有社会组织对村庄的公共服务得分产生了较明显的得分差异。村庄是否有社会组织对乡村治理的社会秩序功能得分维度不存在明显的差异，有社会组织的村庄的社会秩序平均得分为 0. 530 分，没有社会组织的村庄的社会秩序平均得分为 0. 509 分，前者略高但相差不大，未通过显著性检验。在宜居环境维度，村庄是否有社会组织的宜居环境平均得分不存在明显差异。从乡村治理的综合得分来看，村庄中是否有社会组织在乡村治理综合效果方面存在十分明显的差异，其中有社会组织的村庄的平均综合得分为 0. 552 分，而没有社会组织的村庄的平均综合得分为 0. 487，明显低于前者，且该结果在 1% 统计水平上通过显著性检验。综合上述分析结果，村庄社会组织对乡村治理效果可能存在正相关关系。

表 4 - 20　　　　　　村庄有无社会组织的治理效果差异

功能项目	有社会组织 （N = 244）	无社会组织 （N = 139）	差值	T 检验
经济发展	0.561	0.455	0.106	- 2.974 ***
公共服务	0.551	0.472	0.079	- 2.161 **
社会秩序	0.530	0.509	0.020	- 0.892
宜居环境	0.558	0.541	0.016	- 0.990
综合功能	0.552	0.487	0.065	- 3.414 ***

注：表中系数为 pearson 相关系数；　*** 、 ** 分别代表在 1% 、5% 水平上显著。

本章小结

　　本章是全书实证研究部分的核心章节之一，主要围绕本书的主要研究问题之"村庄作为自组织整体的治理效果如何评价?"进行针对性研究，并对研究中的主要概念进行了操作化处理以及描述统计，为整个实证研究奠定了研究基础。

　　根据村庄组织的基本概念内涵，村庄组织主要包含村庄自治组织、村庄经济组织和村庄社会组织三类，其中，自治组织主要通过村民自治的四个民主进行具体操作，经济组织和社会组织主要根据组织领域类的特定组织形式进行分类处理。研究结果显示：村庄组织的分布状况存在明显的地区差异，其中东部地区虽然在民主选举方面未做到严格意义上的差额选举，但在民主管理和民主监督等其他民主进程方面的要优于中、西部地区。在其他村庄组织的分布方面，东部地区在经济组织和社会组织方面的发展程度均要明显优于中、西部地区。东部地区的村庄组织化发展整体上优于中、西部乡村地区。

　　根据理论分析框架中关于乡村治理效果的相关维度和主要框

架，本章构建了乡村治理效果评价的指标体系，并运用熵值法对乡村治理效果的综合得分与各维度得分进行了综合测算。研究结果表明：（1）公共服务在乡村治理效果评价中的权重系数最大，在两个年度中公共服务的权重分别达到了 37.11% 和 35.73%，说明乡村公共服务供给是当前乡村治理中最为重要的治理维度之一。其次是乡村的经济发展功能，在两个年度的权重系数分别为 26.55% 和 27.59%，经济发展依然是当前乡村治理过程中不可忽视的主要功能。值得注意的是，乡村社会秩序的权重系数 2014～2016 年实现了大幅度提升，2014 年乡村社会秩序的权重值为 15.90%，是四个维度中权重最低的功能维度，而到 2016 年，其权重值达到了 21.76%，重要性程度仅次于公共服务功能和经济发展功能，说明乡村社会秩序在近年来遭到一些破坏，急需乡村治理干预。（2）乡村治理效果的综合评价得分显示，乡村治理效果整体水性相对偏低，其中乡村在经济发展和公共服务维度存在较大的内部差距，社会秩序和宜居环境方面的治理成效普遍偏低，乡村治理在各个维度之间存在重经济治理而忽视社会治理和环境治理的非均衡现象。（3）乡村治理效果存在明显的地区差异，具体体现为东部地区的综合治理效果要明显优于中、西部地区，且其差异主要体现在乡村的经济发展和公共服务两个方面。

　　根据乡村治理治理效果的评价结果，本章同时对村庄组织与乡村治理效果的分布状况进行了相关检验和分析，描述统计的结果显示，村庄组织与乡村治理效果在分布上呈现一定程度的相关性。其中，村庄经济组织与乡村治理的综合治理效果得分呈现一定的正相关关系，与乡村治理在经济发展、公共服务、宜居环境等具体维度方面的得分均呈现一定的正相关关系；村庄社会组织与乡村治理的综合得分、经济发展和公共服务得分具有统计上显著的正向分布关联。此外，村民自治进程中的民主管理指标，即村委会成员人数与乡村治理的经济发展、公共服务、宜居环境和综合功能得分存在不同程度的正向关系。村庄的民主监督即村务公开频率也与乡村治理的经济发展、公共服务和综合得分存在不同程度的正相关关系。表明村庄组织化发展与乡村治理及其具体维度存在不同程度的关联，村庄组织可能会影响到乡村的治理效果。

　　本章是整个实证研究的开篇部分，通过对村庄组织的概念操作与统计描述、乡村治理效果的指标构建与实证评价，以及对村庄组织与乡村治理效果、村庄组织与村民自治等概念要素之间的描述分布，能够对主要概念的现状和关键概念之间的分布状态形成基本认知，为后续实证研究研究奠定基础。

第五章 村庄组织的乡村治理功能分析

理论分析部分已经说明，村庄组织及其所代表的乡村治理机制与乡村的治理效果具有一定程度的相关性，可能产生不同程度的治理功能。本章将根据理论分析部分中关于村庄组织与乡村治理效果的分析，在第三章的操作化概念的基础上，对村庄组织的乡村治理功能进行实证分析与检验。具体研究为，在前述研究的基础上，通过对乡村治理效果的分解，分析不同的村庄组织对乡村治理效果不同维度得分的影响情况，从中窥测出不同村庄组织的乡村治理功能。

第一节 研究假设与模型构建

根据概念界定及其操作化指标，选取本章主要使用的研究变量，并对变量处理及其基本分布进行描述说明。在此基础上形成实证研究的计量模型，并对模型估计的具体步骤进行说明，形成本章实证分析的具体策略。

一、研究假设

在理论分析部分已经说明，村庄组织可以基于组织目标定位直接参与乡村治理，即产生显在的功能效应。村庄组织同时还能产生其他的潜在功能与反向功能效应。根据理论框架，村庄组织主要包括村庄自治组织、村庄经济组织和村庄社会组织，分别代表乡村内部三种不同的治理机制。由于自治组织是由政策规定的直接管理村庄事务的综合性组织，各村庄均存在这种组织形式，因此本书主要通过村民自治过程进行考察，村庄经济组织和村庄社会组织则主要以组织存在状态进行考察。乡村治理效果主要可以分解为乡村的经济发展、公共服务、社会秩序和宜居环境四个维度。经过第三章的实证评价，可以进一步测算出乡村治理的客观综合得分，以及乡村治理在四个维度的具体得分情况。根据以上论述，本章主要考察不同的村庄组织所产生的乡村治理效果，通过对乡村治理的功能分解具体考察各组织对乡村治理的功能效应。

根据理论分析，村庄的科层组织——村委会（主要表现为村民自治过程），对乡村公共服务具有显在的正功能效应，对乡村治理的其他功能产生潜在的正功能。以村民自治为主要治理过程的村庄自治组织对乡村治理具有正功能效应，该问题可以进一步分解为村庄民主选举、民主决策、民主管理和民主监督对乡村治理的综合功能得分和其他维度得分的正向功能效应。以企业和农村专业合作社等为代表的村庄经济组织对乡村经济发展具有显在的正功能效应，对乡村公共服务和宜居环境可能产生潜在的正功能效应，对乡村社会秩序可能产生潜在的反功能，但在整体上可以推断村庄经济组织对乡村的综合治理效果具有正向的功能效应。以老年协会、文化娱乐和宗族等民间组织形式为主的村庄社会组织对乡村社会秩序产生直接的正功能效应，还通过资源的集聚对乡村经济发展和公共服务具有潜在功能效应，因而从整体上对乡村治理具有正功能效应。根据以上分析内容和结合概念的具体操作化内涵，可以提出本章实证研究中的以下研究假设。

假设 5 - 1：村民自治进程中村主任候选人数、村民大会召开次数、村委会成员人数和村务公开频率等村庄民主指标对乡村治理效果得分具有促进效应，对乡村的经济发展、公共服务、社会秩序以及宜居环境得分具有正功能效应。

假设5-2：村庄经济组织对乡村治理具有经济增长效应、公共服务供给效应和宜居环境改善效应，有利于乡村综合治理效果水平的提升。

假设5-3：村庄社会组织对乡村治理产生社会秩序协调效应、经济增长效应和公共服务供给效应，有利于乡村综合治理效果水平的提升。

二、变量设置

（一）因变量：乡村治理效果

本书因变量为乡村治理效果的客观得分情况，其具体数值为第三章中通过指标构建和实证评价计算得出的乡村治理效果的综合得分以及乡村在经济发展、公共服务、社会秩序和宜居环境四个功能维度的具体得分值。表5-1显示了因变量的主要分布情况。描述结果显示，乡村治理效果得分集中在0.5～0.6分，其中，乡村经济发展功能和乡村公共服务功能的得分存在一定的内部差异，其标准差分别为0.34和0.344。

表5-1　　　　　　　　变量释义及其描述统计

变量类别及名称		符号	N	变量类别与释义	均值/分布	标准差
因变量	乡村治理效果	*Score*	383	连续变量，乡村治理效果的综合得分	0.528	0.181
	乡村经济发展	*Eco*	383	连续变量，乡村经济发展功能得分	0.522	0.340
	乡村公共服务	*Pub*	383	连续变量，乡村公共服务功能得分	0.522	0.344
	乡村社会秩序	*Ord*	383	连续变量，乡村社会秩序功能得分	0.522	0.213
	乡村宜居环境	*Sur*	383	连续变量，乡村宜居环境功能得分	0.552	0.156

续表

变量类别及名称		符号	N	变量类别与释义	均值/分布	标准差
自变量	村庄经济组织	EO	383	虚拟变量，0 = 没有；1 = 有	1 = 60.31%	
	村庄社会组织	SO	383	虚拟变量，0 = 没有；1 = 有	1 = 63.71%	
	主任候选人数	Can	383	连续变量，最后一轮选举中村主任的候选人数	2.000	0.618
	村民大会次数	Cou	381	计数变量，上年度召开村民大会的次数	4.790	6.442
	村委会成员数	Comm	383	计数变量，村委会成员人数	5.000	2.020
	村务公开频率	Ope	381	定序变量，1 = 很少公布或几乎不公布；2 = 一年一次；3 = 一季度一次；4 = 一月一次；5 = 一月二次及以	3.283	0.937
控制变量	村庄面积（ln）	Area	383	连续变量，村庄行政总面积	-0.309	1.500
	大中城市郊区	Sub	382	虚拟变量，0 = 否；1 = 是	1 = 8.12%	
	自然村个数	Vil	381	计数变量，村庄中村民小组个数	5.00	5.94
	姓氏数量	Nam	374	计数变量，村庄中村民姓氏数量	8.00	19.49
	村支书文化程度	Edu	383	定序变量：1 = 小学一下；2 = 小学；3 = 初中；4 = 高中/中专/技校；5 = 大专；6 = 本科及以上	3.565	0.979
	调查年份	Year	383	虚拟变量，0 = 2014 年；1 = 2016 年	1 = 50.39%	

（二）自变量：村庄组织

本章所使用的主要自变量为村庄组织，该自变量可以具体分解为村庄的自治组织、经济组织和社会组织三种组织形式。其中，村庄自治组织主要通过村民自治过程中的民主进程观测，主要为民主选举、民主决策、民主管理和民主监督四个过程，具体变量分别为村主任候选人数、村民大会召开次数、村委会成员人数和村务公开频率。村庄经济组织和社会组织两个自变量主要以村庄中是否存在乡村经济组织和社会组织两个指标进行观测，关于各类组织的具体指标测量和描述性统计见第三章概念操作化与样本描述的相关内容。表5－1再次具体显示了本章所使用的主要自变量的具体释义、变量赋值以及描述统计情况。

（三）控制变量：村庄特征

根据回归分析的基本原理，在进行实证检验时需要尽可能地加入控制变量以使样本尽可能少地受其他变量的影响，从而更加准确地测量解释变量对被解释变量的因果关系，尽可能消除遗漏变量带来的估计偏误，保证估计结果的可靠性。基于以上考虑，以及结合已有关于乡村治理或乡村发展的研究成果，本书主要引入了村庄的基本特征作为研究的主要控制变量，其中，村庄特征具体包括村庄规模和村庄区位，这些特征都有可能造成村庄在治理结果方面的差异。村庄主要领导者村支部书记的个人能力一直以来都是村庄发展和治理效果的主要影响力量，因此有必要纳入考虑。具体来说，本书的控制变量包括村庄行政面积、村庄是否为城市郊区、村庄自然村个数、村庄内村民姓氏数量和村支书的文化程度等几个具体变量。由于研究使用的是混合截面数据，因此引入调查年度这一时间变量，以控制由于调查时间而导致的乡村治理效果差异。

表5－1同时显示控制变量的具体类别、变量释义及其描述统计情况。在控制变量中，村庄行政总面积对数处理之后的平均值为

-0.31 左右。大部分村庄不在城市郊区，有 90% 左右的乡村位于距离城市较远的农村地区。村庄平均有 5 个左右的自然村，大部分村庄有 8 个左右的村民姓氏。村支书的文化程度大多为初中、高中或中专等教育水平。

在以上所有变量中，因变量乡村治理效果得分为连续型变量，村庄经济组织和村庄社会组织两项村庄组织自变量为虚拟变量。村民自治变量中的村主任候选人数、村民大会召开次数和村委会成员人数为计数变量，村务公开频率为定序变量，可近似作为连续变量处理。控制变量中的村庄行政总面积为连续型变量，村庄是否为郊区和调查年份为虚拟变量，村支书文化程度为定序变量，可近似处理为连续型变量，村民姓氏数量和自然村个数为计数变量。为减少和避免由于变量偏态分布带来的异方差问题，按照学术惯例对村庄行政总面积进行了对数变换。

三、模型构建与说明

本书的因变量属于连续型变量，因此通过构建多元线性回归模型，采用混合最小二乘法进行回归估计与参数检验。根据本章的研究假设和变量类型，以乡村治理效果总得分及其分解出的各维度得分分别作为因变量，以村庄组织类型作为自变量。多元线性回归模型的基本表达为：假设某一因变量 y 受到 k 个自变量 x_i 的影响，则可以设定回归方程：

$$y_i = \beta_0 + \beta_1 x_{i1} + \beta_i x_{i2} + \cdots + \beta_k x_{ik} + \mu_i \qquad (5-1)$$

式（5-1）中 y_i 为被解释变量，x_i 为解释变量，β_0，$\cdots$，β_k 为截距项和解释变量的回归参数，通常未知，u_i 为误差项，代表未被观测到的可能对因变量产生略微影响的其他变量。

为进一步观测各自变量的影响效应和强化规模型的稳健性，本章采用逐步估计的方式分别加入自变量进行参数估计。模型具体设定过程及其模型表达如下。

第一步，构建控制变量与乡村治理效果得分的回归方程，估计控制变量对乡村治理效果的影响效应。其具体公式见式（5-2），其中，$Score_i$ 代表第 i 个村庄的综合治理效果得分，Eco_i、Pus_i、Ord_i 和 Sur_i 分别为乡村治理在经济发展、公共服务、社会秩序和宜居环境四个方面维度的得分。Con_{ij} 为控制变量，其中 j 代表控制变量的个数，主要包括村庄基本特征变量和年份虚拟变量。α_1、α_2、α_3、α_4 和 α_5 分别为以上各模型的截距项，ε_{i1}、ε_{i2}、ε_{i3}、ε_{i4} 和 ε_{i5} 分别为以上各模型的残差项。

$$\begin{cases} Score_i = \alpha_1 + \sigma_1 Con_{ij} + \varepsilon_{i1} \\ Eco_i = \alpha_2 + \sigma_2 Con_{ij} + \varepsilon_{i2} \\ Pub_i = \alpha_3 + \sigma_3 Con_{ij} + \varepsilon_{i3} \\ Ord_i = \alpha_4 + \sigma_4 Con_{ij} + \varepsilon_{i4} \\ Sur_i = \alpha_5 + \sigma_5 Con_{ij} + \varepsilon_{i5} \end{cases} \quad (5-2)$$

第二步，在控制变量模型的基础上分别加入村民自治中的四个自变量，估计村庄自治组织及其所代表的科层治理机制的乡村治理效应。其具体公式见式（5-3），其中，Dem_{ik} 为村民自治变量，γ_{1k}、γ_{2k}、γ_{3k}、γ_{4k} 和 γ_{5k} 分别代表村民自治在乡村治理效果的综合得分以及在经济发展、公共服务、社会秩序和宜居环境等具体维度得分中的回归系数，k 代表村民自治变量个数，$k=1$，2，3，4。

$$\begin{cases} Score_i = \alpha_1 + \gamma_{1k}Dem_{ik} + \sigma_1 Con_{ij} + \varepsilon_{i1} \\ Eco_i = \alpha_2 + \gamma_{2k}Dem_{ik} + \sigma_2 Con_{ij} + \varepsilon_{i2} \\ Pub_i = \alpha_3 + \gamma_{3k}Dem_{ik} + \sigma_3 Con_{ij} + \varepsilon_{i3} \\ Ord_i = \alpha_4 + \gamma_{4k}Dem_{ik} + \sigma_4 Con_{ij} + \varepsilon_{i4} \\ Sur_i = \alpha_5 + \gamma_{5k}Dem_{ik} + \sigma_5 Con_{ij} + \varepsilon_{i5} \end{cases} \quad (5-3)$$

第三步，在加入控制变量与村民自治变量的基础上，加入村庄经济组织自变量，估计经济组织的乡村治理效应。如式（5-4）所示，其中，EO_i 代表村庄是否存在专业合作社等经济组织结构，δ_1、δ_2、δ_3、δ_4 和 δ_5 则分别代表村庄经济组织在乡村治理的综合得分以及在乡村经济发展、公共服务、社会秩序和宜居环境等具体维度得分上的回归估计参数。

$$\begin{cases} Score_i = \alpha_1 + \delta_1\,EO_i + \gamma_{1k}Dem_{ik} + \sigma_1\,Con_{ij} + \varepsilon_{i1} \\ Eco_i = \alpha_2 + \delta_2\,EO_i + \gamma_{2k}Dem_{ik} + \sigma_2\,Con_{ij} + \varepsilon_{i2} \\ Pub_i = \alpha_3 + \delta_3\,EO_i + \gamma_{3k}Dem_{ik} + \sigma_3\,Con_{ij} + \varepsilon_{i3} \\ Ord_i = \alpha_4 + \delta_4\,EO_i + \gamma_{4k}Dem_{ik} + \sigma_4\,Con_{ij} + \varepsilon_{i4} \\ Sur_i = \alpha_5 + \delta_5\,EO_i + \gamma_{5k}Dem_{ik} + \sigma_5\,Con_{ij} + \varepsilon_{i5} \end{cases} \quad (5-4)$$

第四步，在加入控制变量与村民自治变量的基础上，加入村庄社会组织自变量，估计村庄社会组织的乡村治理效应。具体回归方程见式（5-5），其中，SO_i 代表村庄是否存在相关的社会组织，θ_1、θ_2、θ_3、θ_4 和 θ_5 分别为村庄社会组织在乡村治理的综合得分以及在乡村经济发展、公共服务、社会秩序和宜居环境等具体维度得分上的回归估计参数。

$$\begin{cases} Score_i = \alpha_1 + \theta_1\,SO_i + \gamma_{1k}Dem_{ik} + \sigma_1\,Con_{ij} + \varepsilon_{i1} \\ Eco_i = \alpha_2 + \theta_2\,SO_i + \gamma_{2k}Dem_{ik} + \sigma_2\,Con_{ij} + \varepsilon_{i2} \\ Pub_i = \alpha_3 + \theta_3\,SO_i + \gamma_{3k}Dem_{ik} + \sigma_3\,Con_{ij} + \varepsilon_{i3} \\ Ord_i = \alpha_4 + \theta_4\,SO_i + \gamma_{4k}Dem_{ik} + \sigma_4\,Con_{ij} + \varepsilon_{i4} \\ Sur_i = \alpha_5 + \theta_5\,SO_i + \gamma_{5k}Dem_{ik} + \sigma_5\,Con_{ij} + \varepsilon_{i5} \end{cases} \quad (5-5)$$

最后，加入所有自变量和控制变量，再次检验各自变量对乡村治理效果的影响效应，全模型的回归方程见式（5-6）。

$$\begin{cases} Score_i = \alpha_1 + \delta_1\,EO_i + \theta_1\,SO_i + \vartheta_1\,Dem_{ik} + \sigma_1\,Con_{ij} + \varepsilon_{i1} \\ Eco_i = \alpha_2 + \delta_2\,EO_i + \theta_2\,SO_i + \gamma_{2k}Dem_{ik} + \sigma_2\,Con_{ij} + \varepsilon_{i2} \\ Pub_i = \alpha_3 + \delta_3\,EO_i + \theta_3\,SO_i + \gamma_{3k}Dem_{ik} + \sigma_3\,Con_{ij} + \varepsilon_{i3} \\ Ord_i = \alpha_4 + \delta_4\,EO_i + \theta_4\,SO_i + \gamma_{4k}Dem_{ik} + \sigma_4\,Con_{ij} + \varepsilon_{i4} \\ Sur_i = \alpha_5 + \delta_5\,EO_i + \theta_5\,SO_i + \gamma_{5k}Dem_{ik} + \sigma_5\,Con_{ij} + \varepsilon_{i5} \end{cases}$$

$$(5-6)$$

根据以上模型的具体设计和分析步骤，接下来将对村庄组织的乡村治理效应进行实证检验，对理论分析与研究假设进行分析与验证。其中，第二节为主回归模型的实证检验与分析结果，第三节为稳健性检验与进一步分析，主要讨论了村庄组织类别中具体组织形式和组织程度的治理效应等问题。

第二节　实证检验结果

根据研究设计与实证策略，对村庄组织类型的乡村治理效果效应进行实证分析与检验。本节主要根据研究设计，对上述回归模型进行基于混合最小二乘法的参数估计，验证不同组织结构类型对乡村治理效果的影响效应，同时采用考虑异方差的稳健标准误以修正异方差，使估计结果更加稳健。在此基础上，对回归分析结果进行解释与说明。

一、村庄组织的综合治理功能

表5-2显示了村庄组织对乡村治理效果的综合得分的回归估计结果。表中模型1-1为控制变量模型，模型1-2为村民自治的乡村治理效果综合得分模型，模型1-3和模型1-4分别为控

制了村庄特征和村民自治基础上村庄的经济组织和社会组织对乡村综合治理效果的回归模型。模型 1－5 为加入所有变量的全模型估计结果。以上各回归模型均通过了模型整体显著性检验，根据 R 方值的变化可以看出，各自变量均对乡村综合治理效果得分存在一定的解释性，其中，控制变量模型的 R 方为 0.042，加入村庄自治变量之后的 R 方上升为 0.114，在此基础上加入村庄经济组织和社会组织之后的 R 方分别为 0.173 和 0.133，全模型的回归结果为 0.183。各模型的估计结果显示，各自变量均呈现不同程度的显著性，村庄组织结构对乡村综合治理效果具有较好的解释力度。

表 5－2　　　　村庄组织与乡村治理综合得分的回归估计结果

解释变量及其类别		模型 1－1	模型 1－2	模型 1－3	模型 1－4	模型 1－5
村庄组织	村庄经济组织	—	—	0.093 ***	—	0.087 ***
		—	—	(0.018)	—	(0.017)
	村庄社会组织	—	—	—	0.051 ***	0.037 **
		—	—	—	(0.017)	(0.017)
村民自治	主任候选人数	—	0.025 *	0.027 *	0.026 *	0.028 *
		—	(0.015)	(0.015)	(0.015)	(0.015)
	村民大会次数	—	0.001	0.001	0.001	0.001
		—	(0.001)	(0.001)	(0.001)	(0.001)
	村委会成员数	—	0.016 ***	0.013 ***	0.015 ***	0.012 **
		—	(0.005)	(0.005)	(0.005)	(0.005)
	村务公开频率	—	0.032 ***	0.029 ***	0.029 ***	0.027 ***
		—	(0.010)	(0.009)	(0.009)	(0.009)

续表

解释变量及其类别		模型 1 - 1	模型 1 - 2	模型 1 - 3	模型 1 - 4	模型 1 - 5
控制变量	村庄面积（ln）	- 0.001	- 0.005	- 0.008	- 0.005	- 0.008
		(0.006)	(0.006)	(0.006)	(0.006)	(0.006)
	是否城市郊区	0.022	0.004	- 0.004	0.003	- 0.004
		(0.035)	(0.035)	(0.033)	(0.035)	(0.033)
	自然村个数	- 0.001	- 0.001	- 0.001	- 0.001	- 0.001
		(0.002)	(0.001)	(0.001)	(0.001)	(0.001)
	姓氏数量	0.001 **	0.001 ***	0.001 ***	0.001 ***	0.001 ***
		(0.001)	(0.001)	(0.001)	(0.001)	(0.001)
	村支书文化程度	0.009	0.007	0.003	0.007	0.003
		(0.009)	(0.009)	(0.009)	(0.009)	(0.009)
	调查年份	- 0.016	- 0.032 *	- 0.024	- 0.031 *	- 0.024
		(0.018)	(0.018)	(0.017)	(0.017)	(0.017)
截距项		0.479 ***	0.270 ***	0.246 ***	0.251 ***	0.234 ***
		(0.037)	(0.058)	(0.056)	(0.057)	(0.055)
R 方		0.042	0.114	0.173	0.133	0.183
样本量		372	369	369	369	369

注：表中括号内数据为稳健标准误；***、**、*分别代表在1%、5%和10%水平上显著。

村庄自治组织的乡村综合治理效果主要体现在村庄民主选举、民主管理和民主监督三个指标上，村庄的民主选举、民主管理和民主监督对乡村综合治理效果具有显著的促进效应。根据模型 1 - 2 的估计结果，在控制了村庄特征的基础上，村主任的候选人数越多，乡村治理效果的综合得分越高（B = 0.025）。村委会成员人数越多，其乡村治理的综合功能得分越高（B = 0.016）。村庄在政务公开方面每提升一个频率档次，将带来乡村治理综合功能得分高出 3.2%。以上变量分别在 10%、1% 和 1% 统计水平上显著。模型 1 - 3 至模型 1 - 5 再次验证了上述回归结果，表明村庄的民主选举、民主管理和民主监督对乡村治理效果提升具有促进效应，与研究假设 5 - 1 基本符合。根据前面的理论逻辑，村民自治作为村庄中的主要权力组织，通过统一的科层治理机制对乡村产生综合治理效应。在村民自治的具体过程中，民主选举是村民自治的重要前提，通过竞争性的选举方式能够使村庄的公共权力资源充分代表更多村民的利益诉求。民主管理反映了自治组织在管理过程中通过合理的人员配置和当地共享规则实现村庄的日常管理活动。村庄民主监督能够有效约束自治组织的治理行为，使村庄权威组织按照法律规范和村民公共利益治理村庄。以上村庄的民主化过程能够使村庄内部的权力运行更加符合绝大部分村民的集体诉求，将高效率的科层治理机制与公众利益诉求相互结合，最终达成较好的乡村治理效果。

村庄经济组织对乡村综合治理效果得分具有显著的促进效应。根据模型 1 - 3 和模型 1 - 5，在控制了村庄特征和村民自治的基础上，有经济组织的村庄的综合治理得分平均比没有经济组织的村庄高出 9% 左右，该结果在 1% 水平上高度显著，且全模型再次证实了上述分析结论，符合研究假设 5 - 2。根据理论分析逻辑，村庄经济组织以及组织内部的村民，基于组织和个人利益最大化的基本目标，在组织与组织成员之间形成了以经济互惠为基础的基本秩序，从而有效推动了乡村经济活动，形成了以契约交换关系为基础的市场化治理机制，极大减少了村庄治理事务及交易成本。经济组织参与乡村治理活动同时为乡村治理提供了强大的物质基础，整体上与乡村综合治理效果产生具有正相关效应，与研究假设 5 - 2 一致。

村庄社会组织对乡村综合治理效果得分具有十分显著的促进作

用。根据模型1-4和模型1-5的回归估计结果，在控制了村庄基本特征和村民自治特征的基础上，有社会组织的村庄的乡村综合治理效果得分平均比没有农民经济组织的村庄高出4%左右，且该结果在1%水平上具有显著性。上述回归结果说明，村民通过形成各类社会组织以及定期举办社会活动的方式增强了村民之间的信任关系，在村庄中形成强大的社会资本，帮助村民形成共同认可的价值观念，成为乡村治理过程中帮助村民形成有效监督、突破二阶困境并达成一致意见的主要约束机制，村民之间的信任关系极大地降低了村庄治理中的交易成本，提升了乡村的综合治理水平。上述回归结果与研究假设基本一致，村庄社会组织为乡村治理提供了合作基础，对乡村治理产生正功能效应。

二、村庄组织的经济发展功能

表5-3为村庄组织对乡村治理的经济发展得分的回归估计结果。表中模型2-1为乡村经济发展得分的控制变量模型，模型2-2为村民自治的乡村经济发展得分模型，模型2-3和模型2-4分别为控制了村庄特征和村民自治基础上村庄的经济组织和社会组织对乡村经济发展得分的回归模型。模型2-5为加入所有变量的全模型估计结果。以上各回归模型均通过了模型整体显著性检验，根据R方值的变化可以观察出各自变量均对乡村经济发展功能的解释情况。在未加入任何自变量时控制变量模型的R方值为0.081，加入村民自治的三个变量之后，R方值上升为0.126。在此基础上分别加入村庄经济组织和社会组织变量后的R方值分别为0.214和0.140，其中村庄经济组织的R方贡献值最大。各模型的估计结果显示，各自变量均呈现不同程度的显著性，模型整体拟合较好，村庄组织对乡村经济发展存在不同程度的解释性。

表5-3　　　　村庄组织与乡村经济发展得分的回归结果

解释变量及其类别		模型2-1	模型2-2	模型2-3	模型2-4	模型2-5
村庄组织	村庄经济组织	—	—	0.204 ***	—	0.196 ***
		—	—	(0.031)	—	(0.031)
	村庄社会组织	—	—	—	0.079 ***	0.046 *
		—	—	—	(0.030)	(0.029)
村民自治	主任候选人数	—	-0.013	-0.008	-0.011	-0.007
		—	(0.030)	(0.028)	(0.030)	(0.028)
	村民大会次数	—	0.000	-0.001	-0.000	-0.000
		—	(0.002)	(0.002)	(0.002)	(0.002)
	村委会成员数	—	0.023 ***	0.015 *	0.020 **	0.014 *
		—	(0.008)	(0.008)	(0.008)	(0.008)
	村务公开频率	—	0.049 **	0.041 **	0.045 **	0.039 **
		—	(0.021)	(0.020)	(0.021)	(0.020)
控制变量	村庄面积（ln）	-0.004	-0.012	-0.019	-0.012	-0.018
		(0.012)	(0.012)	(0.012)	(0.012)	(0.012)
	是否城市郊区	0.043	0.023	0.006	0.021	0.006
		(0.066)	(0.068)	(0.064)	(0.069)	(0.065)
	自然村个数	-0.002	-0.002	-0.002	-0.002	-0.002
		(0.002)	(0.002)	(0.002)	(0.002)	(0.002)
	姓氏数量	0.003 ***	0.003 ***	0.003 ***	0.003 ***	0.003 ***
		(0.001)	(0.001)	(0.001)	(0.001)	(0.001)
	村支书文化程度	0.029 *	0.019	0.011	0.019	0.011
		(0.016)	(0.017)	(0.016)	(0.017)	(0.016)
	调查年份	-0.003	-0.026	-0.008	-0.025	-0.008
		(0.033)	(0.032)	(0.031)	(0.032)	(0.030)
截距项		0.365 ***	0.187 *	0.134	0.158	0.119
		(0.068)	(0.101)	(0.095)	(0.099)	(0.094)
R方		0.080	0.126	0.214	0.140	0.219
样本量		372	369	369	369	369

　　注：表中括号内数据为稳健标准误；*** 、** 、* 分别代表在1%、5%和10%水平上显著。

　　村民自治过程中的村委会成员人数和村务公开频率两个指标对乡村经济发展产生正功能效应。根据回归结果，在控制村庄基本特征之后，在法定范围内村委会成员人数越多，乡村的经济发展得分越高（B＝0.023）。村庄政务公开频率与乡村经济发展也存在正向影响效应，其影响系数为0.049。以上回归结果分别在1%和5%统计水平上显著，且在模型2-3至模型2-5中再次表现出较高的显著性，表明上述结果基本稳健。村委会是乡村治理的法定权威组织结构，其组织成员在法定范围越多，代表村庄可能通过更加民主和合理的方式实施村庄管理。村务公开代表着村民对村民自治的民主监督情况，有效的监督能够确保自治组织按照规定程序实施村庄管理，确保乡村经济尤其是集体经济的发展，对乡村产生经济发展功能。以村庄民主为基本内涵的村民自治所代表的村庄科层治理模式通过民主化方式和集中优势效应相结合，对乡村的经济发展产生了一定程度的促进效应。

　　村庄经济组织对乡村经济发展具有直接的显在功能促进效应。模型2-3和模型2-5的回归结果显示，在控制了其他变量的基础上，有经济组织的村庄在经济发展维度上的得分平均比没有该组织的村庄高出约20%，且结果在1%水平上高度显著。经济组织基于营利需要投入乡村的资源开发和规模发展，借此促进了村庄内部的市场交易活动，带动了村庄农业产业化以及其他非农经济的发展。这种以市场化的经济逐利性为主要驱动机制的治理活动有效推动了村庄的经济发展水平，对乡村治理产生经济增长效应，符合研究假设5-2。

　　根据回归估计结果，村庄社会组织对乡村经济发展功能得分具有显著的促进作用。根据模型2-4的回归估计结果，在控制了村庄基本特征和村民自治特征的基础上，有社会组织的村庄的乡村经济发展功能得分平均比没有农民经济组织的村庄高出7.9%。在全模型中，村庄的社会组织依然对乡村的经济发展功能得分具有正向的显著性影响，在控制了村庄中的其他组织变量时，有社会组织的村庄的经济发展功能得分平均比没有社会组织的村庄高出 4.6%，表明在控制了其他组织的影响后，村庄社会组织对乡村经济发展的正向功能效应依然存在。上述回归结果与理论分析和研究假设基本一致。社会组织资源丰富的村庄能够培育村庄的社会资本与村民信任关系，而这种信任关系成为经济活动中产生互惠契约的重要前提，交易双方的信任关系能够促进市场交易行为和减少交易的成本（Luo & Yeh，2008），通过该方式产生潜在的经济增长效应。

三、村庄组织的公共服务功能

村庄组织结构对乡村公共服务功能的回归估计结果见表 5 - 4。表中模型 3 - 1 为乡村公共服务功能的控制变量模型，模型 3 - 2 为控制村庄特征基础上村民自治对乡村公共服务功能的回归模型，模型 3 - 3 和模型 3 - 4 分别为控制了村庄特征和村民自治基础上村庄经济组织与社会组织对乡村公共服务得分的影响效应的回归模型，模型 3 - 5 为加入所有变量的全模型估计结果。以上各回归模型均通过了模型整体显著性检验，根据 R 方值的变化可以观察出各自变量均对乡村经济发展功能的解释情况。在未加入任何自变量时控制变量模型的 R 方值为 0.01，加入村民自治的三个变量之后，R 方值上升为 0.051。在此基础上分别加入村庄经济组织和社会组织变量后的 R 值分别为 0.063 和 0.06，经济组织和社会组织均对乡村治理的公共服务具有一定的解释效应。各模型的估计结果显示，村庄组织结构中村民自治变量、村庄经济组织和社会组织等自变量均呈现不同程度的显著性，模型整体拟合较好（R 方值为 0.068），村庄组织对乡村公共服务存在不同程度的解释性。

表 5 - 4 村庄组织与乡村公共服务得分的回归结果

解释变量及其类别		模型 3 - 1	模型 3 - 2	模型 3 - 3	模型 3 - 4	模型 3 - 5
村庄组织	村庄经济组织	—	—	0. 079 **	—	0. 070 **
		—	—	(0. 036)	—	(0. 036)
	村庄社会组织	—	—	—	0. 068 **	0. 056 *
		—	—	—	(0. 036)	(0. 036)
村民自治	主任候选人数	—	0. 064 **	0. 066 **	0. 065 **	0. 067 **
		—	(0. 029)	(0. 029)	(0. 029)	(0. 029)
	村民大会次数	—	0. 001	0. 001	0. 001	0. 001
		—	(0. 003)	(0. 003)	(0. 003)	(0. 003)
	村委会成员数	—	0. 023 **	0. 020 **	0. 021 **	0. 019 **
		—	(0. 009)	(0. 009)	(0. 009)	(0. 009)
	村务公开频率	—	0. 042 **	0. 039 **	0. 038 **	0. 036 **
		—	(0. 018)	(0. 018)	(0. 018)	(0. 018)
控制变量	村庄面积（ln）	0. 002	− 0. 003	− 0. 006	− 0. 003	− 0. 005
		(0. 012)	(0. 012)	(0. 012)	(0. 012)	(0. 012)
	是否城市郊区	− 0. 008	− 0. 033	− 0. 039	− 0. 034	− 0. 040
		(0. 071)	(0. 071)	(0. 070)	(0. 072)	(0. 071)
	自然村个数	0. 002	0. 001	0. 002	0. 002	0. 002
		(0. 003)	(0. 003)	(0. 003)	(0. 003)	(0. 003)
	姓氏数量	0. 001	0. 001 *	0. 001	0. 001 *	0. 001
		(0. 001)	(0. 001)	(0. 001)	(0. 001)	(0. 001)
	村支书文化程度	− 0. 003	− 0. 003	− 0. 007	− 0. 004	− 0. 007
		(0. 018)	(0. 018)	(0. 018)	(0. 019)	(0. 018)
	调查年份	0. 004	− 0. 014	− 0. 007	− 0. 013	− 0. 007
		(0. 036)	(0. 037)	(0. 037)	(0. 036)	(0. 037)
截距项		0. 499 ***	0. 143	0. 124	0. 119	0. 105
		(0. 070)	(0. 113)	(0. 112)	(0. 113)	(0. 113)
R 方		0. 010	0. 051	0. 063	0. 060	0. 068
样本量		372	369	369	369	369

注：表中括号内数据为稳健标准误；*** 、 ** 、 * 分别代表在 1% 、 5% 和 10% 水平上显著。

村庄自治组织中的村庄民主选举、民主管理和民主监督对乡村公共服务功能具有促进效应。根据模型 2 - 2 的估计结果，在控制了村庄特征的基础上，村庄在村主任选举中的候选人数越多，其乡村的公共服务供给功能得分越高，候选人数每增加 1 人，乡村公共服务功能得分将增加 6.4%。村委会成员人数每增加 1 人，将引起乡村公共服务功能得分上升 2.3%。村庄在村务公开方面每提升一个频率档次，将带来乡村治理综合功能得分高出 4.2%。以上三个变量均在 5% 统计水平上显著。在加入了村庄组织变量之后，以上三个变量仍然通过了统计性检验，说明村民自治确实对乡村的公共服务具有正功能效应。理论分析已经说明，村庄自治组织的主要功能目标是制定乡村治理的公共目标和实现乡村公共服务。村庄民主通过基层选举反映了村民的公共需求，通过民主管理保证了公共物品和服务的合理分配，通过民主监督保证了服务供给的公正性。村委会组织作为村庄内部的科层组织结构，通过统一的科层治理能够有效避免村庄内部在公共品供给方面的"搭便车"问题，保证了公共服务的有效供给，对乡村公共服务产生直接的供给效应。以上分析与研究假设基本一致，村民自治对乡村公共服务具有显在的正功能效应（孙秀林，2011；王海员，2012）。

村庄经济组织和社会组织对乡村公共服务具有潜在的供给效应。根据模型 3 - 3 的回归结果，有经济组织的村庄的公共服务功能得分平均比没有该组织的村庄高出 7.9%，该结果在 5% 统计水平上显著，全模型（模型 3 - 5）再次表现出 5% 的显著性（B = 0.07）。上述结果表明，村庄经济组织为追求经济利益，通常需要扩大生产规模和实行共同销售，这就需要进一步对村庄的公共生产设施建设等生产性公共服务加大投资，从而对乡村公共服务具有潜在的促进作用，实现经济组织与村庄治理的双重互惠效应。模型 3 - 4 的回归估计结果显示，村庄社会组织对乡村公共服务得分具有显著的促进作用，有社会组织的村庄的公共服务得分平均比没有社会组织的村庄高出 6.8%，该结果在全模型中依然显著，证实了村庄社会组织的公共服务功能效应的稳健性。村庄社会组织通过共同的利益诉求获取和村民合作供给等直接或间接的途径充分表达了村民的公共需求，同时，基于社会组织成员之间较好的信任关系，村民之间更能够形成相互遵守合作供给的约定，从而对村庄相应的公共服务供给水平提升达成了潜在的功能效应。

四、村庄组织的社会秩序功能

表 5-5 显示了村庄组织对乡村社会秩序得分的回归估计结果。表中模型 4-1 为乡村社会秩序的控制变量模型，模型 4-2 为控制村庄特征基础上村民自治对乡村社会秩序得分的回归模型，模型 4-3 和模型 4-4 分别为控制了村庄特征和村民自治基础上村庄的经济组织和社会组织等组织类型对乡村社会秩序得分的影响效应的回归模型，模型 4-5 为加入所有变量的全模型估计结果。乡村社会秩序功能的模型估计结果效果较差。整体来看，村庄组织并未对乡村社会秩序产生统计上显著的功能效应，这可能与问卷设计中针对村民社会关系的提问主要以主观问题为主有关，而村民对人际关系的感知往往过于趋同，这很有可能导致样本村庄在社会秩序尤其是社会关系层面难以实现差异化。同时，也反映了当前乡村重经济轻秩序的现实情况，乡村普遍对社会秩序的关注不够，广大乡村在社会秩序层面普遍处于相对紊乱状态。尽管如此，通过观察回归系数和结合乡村实际情况仍然能够对村庄组织与社会秩序的关系展开相关解释。

表 5 - 5   村庄组织与乡村社会秩序得分的估计结果

解释变量及其类别		模型 4 - 1	模型 4 - 2	模型 4 - 3	模型 4 - 4	模型 4 - 5
村庄组织	村庄经济组织	—	—	- 0.013	—	- 0.016
		—	—	(0.024)	—	(0.024)
	村庄社会组织	—	—	—	0.015	0.018
		—	—	—	(0.024)	(0.024)
村民自治	主任竞选人数		0.019	0.019	0.020	0.020
			(0.020)	(0.020)	(0.020)	(0.020)
	村民大会次数	—	0.003	0.003	0.003	0.003
		—	(0.002)	(0.002)	(0.002)	(0.002)
	村委会成员数	—	- 0.001	- 0.001	- 0.002	- 0.001
		—	(0.006)	(0.006)	(0.006)	(0.006)
	村务公开频率	—	0.006	0.007	0.006	0.006
		—	(0.013)	(0.013)	(0.013)	(0.013)
控制变量	村庄面积（ln）	0.004	0.004	0.004	0.004	0.004
		(0.007)	(0.007)	(0.007)	(0.007)	(0.007)
	是否城市郊区	- 0.006	- 0.009	- 0.008	- 0.009	- 0.008
		(0.040)	(0.041)	(0.041)	(0.042)	(0.041)
	自然村个数	- 0.001	- 0.001	- 0.001	- 0.001	- 0.001
		(0.002)	(0.002)	(0.002)	(0.002)	(0.002)
	姓氏数量	- 0.001	- 0.001	- 0.001	- 0.001	- 0.001
		(0.000)	(0.000)	(0.000)	(0.000)	(0.000)
	村支书文化程度	0.002	0.004	0.005	0.004	0.005
		(0.011)	(0.012)	(0.012)	(0.012)	(0.012)
	调查年份	- 0.013	- 0.020	- 0.021	- 0.020	- 0.021
		(0.022)	(0.022)	(0.022)	(0.022)	(0.022)
截距项		0.535 ***	0.462 ***	0.466 ***	0.457 ***	0.460 ***
		(0.045)	(0.083)	(0.083)	(0.084)	(0.084)
R 方		0.007	0.018	0.019	0.019	0.021
样本量		372	369	369	369	369

注：表中括号内数据为稳健标准误；*** 代表在 1% 水平上显著。

预期实现社会秩序功能的社会组织结构并未产生统计意义上显

著的促进功能，与研究假设不一致，这可能与乡村的社会组织形式相关。统计结果显示，目前乡村中主要的社会组织为老年协会组织，该组织是一种以乡村老年人为主的互助性组织。在乡村人口大量外流的现实情况下，这种以特殊人群为主的社会组织形式并不能从根本上对整个村庄中的村民社会关系和社会秩序的生成产生促进功能。从回归系数上观察，村庄社会组织与乡村社会秩序得分的回归系数为 0.015 ~ 0.018，说明社会组织在某种程度上与乡村的社会秩序存在正相关关系。但由于村庄人口大量外出的现实情况，村庄中的社会组织未能起到有效链接所有村民以形成良好的村民社会秩序的治理效应。村庄经济组织与乡村社会秩序的回归系数为 [-0.016， -0.013]，表明这种以短期利益交换关系为基础的市场化治理机制对村庄的社会秩序和村民社会关系有一定的破坏效应。

五、村庄组织的宜居环境功能

村庄组织的宜居环境功能模型的回归结果见表 5 - 6。表中模型 5 - 1 为乡村宜居环境得分的控制变量模型，模型 5 - 2 为控制村庄特征基础上村民自治对乡村宜居环境的回归模型，模型 5 - 3 和模型 5 - 4 分别为控制了村庄特征和村民自治基础上村庄的经济组织和社会组织等组织类型对乡村宜居环境得分的回归模型。模型 5 - 5 为加入所有变量的全模型估计结果。以上模型均通过了显著性检验，模型拟合值为 0.09 ~ 0.16，各变量呈现不同程度的显著性结果。

表 5 - 6　　　　村庄组织与乡村宜居环境得分的估计结果

解释变量及其类别		模型 5 - 1	模型 5 - 2	模型 5 - 3	模型 5 - 4	模型 5 - 5
村庄组织	村庄经济组织	—	—	0.071 ***	—	0.071 ***
		—	—	(0.017)	—	(0.017)
	村庄社会组织	—	—	—	0.011	- 0.000
		—	—	—	(0.017)	(0.017)

续表

解释变量及其类别		模型 5 - 1	模型 5 - 2	模型 5 - 3	模型 5 - 4	模型 5 - 5
村民自治	主任候选人数	—	0.010	0.012	0.011	0.012
		—	(0.013)	(0.013)	(0.013)	(0.013)
	村民大会次数	—	0.002	0.002	0.002	0.002
		—	(0.001)	(0.002)	(0.001)	(0.002)
	村委会成员数	—	0.007 **	0.004	0.007 *	0.004
		—	(0.004)	(0.004)	(0.004)	(0.004)
	村务公开频率	—	0.011	0.009	0.011	0.009
		—	(0.009)	(0.009)	(0.009)	(0.009)
控制变量	村庄面积（ln）	-0.002	-0.002	-0.006	-0.004	-0.006
		(0.006)	(0.006)	(0.006)	(0.006)	(0.006)
	是否城市郊区	0.069 **	0.059 **	0.053 **	0.059 **	0.053 *
		(0.027)	(0.028)	(0.028)	(0.028)	(0.028)
	自然村个数	-0.003 **	-0.004 ***	-0.003 ***	-0.004 ***	-0.003 ***
		(0.003)	(0.001)	(0.001)	(0.001)	(0.001)
	姓氏数量	0.001	0.001	0.001	0.001	0.001
		(0.000)	(0.000)	(0.000)	(0.000)	(0.000)
	村支书文化程度	0.009	0.009	0.006	0.009	0.006
		(0.008)	(0.008)	(0.008)	(0.008)	(0.008)
	调查年份	-0.071 ***	-0.079 ***	-0.072 ***	-0.078 ***	-0.072 ***
		(0.016)	(0.016)	(0.016)	(0.016)	(0.016)
截距项		0.558 ***	0.468 ***	0.450 ***	0.464 ***	0.450 ***
		0.031	(0.054)	(0.053)	(0.055)	(0.054)
R 方		0.089	0.110	0.156	0.112	0.156
样本量		372	369	369	369	369

注：表中括号内数据为稳健标准误；***、**、* 分别代表在 1%、5% 和 10% 水平上显著。

村庄经济组织对乡村宜居环境得分具有统计上显著的潜在改善

功能。根据模型 5 – 4 的回归估计结果，有经济组织的村庄的宜居环境得分平均比没有该组织的村庄高出 7.1%，且在全模型中再次显著，以上结果均在 1% 统计水平上显著。说明村庄经济组织对乡村宜居改善具有稳定显著的正功能效应。其作用机理在于，经济组织对村庄的经济发展具有直接的促进作用，并带来了村民收入水平的显著提升。因此，根据理论分析，村庄基于利益交换关系的市场化机制主要通过对村庄和村民的收入效应，进一步对村民的宜居环境起到明显的改善作用，体现了村民利益互惠的最终结果，该结论与研究假设 5 – 1 基本一致。

村庄自治组织和社会组织未对乡村的宜居环境产生显著性影响，仔细考察其原因不难发现，宜居环境主要以村庄整体的村容村貌和生态环境为主，该项工作目前主要以基层政府为主要推进单位。虽然村委会是村庄内部的主要科层组织，但不属于基层政府组织，没有直接的财政收入款项。而当前村庄内部主要停留在物质需求阶段，村内的合作供给无力涉及村民家庭内部的居住环境方面，对村庄整体环境功能并未产生一致认同，导致自治组织和社会组织对宜居环境的影响并不显著。

以村民自治为主要形式的村庄自治组织通过有效的民主化形式与科层治理机制相结合的方式对乡村治理具有显著的提升效应，对乡村治理具有十分显著的经济增长效应和公共服务供给效应。以经济组织为代表的村庄市场化治理机制主要基于互惠原则对乡村治理具有直接的经济增长效应，以及潜在的公共服务供给效应和宜居环境改善效应。以社会组织为代表的村庄自组织治理机制通过村民之间的信任关系对乡村治理产生明显的促进效应，具体体现为在信任基础上促成了市场及交易行为并由此带来潜在的经济增长效应，以及基于组织成员之间的信任关系而促成的公共服务的合作供给效应。

第三节　稳健性检验与进一步分析

本章第二节重点探讨了村庄中不同的组织类型的乡村治理效应。本节将在上述分析基础上，进一步分析具体的组织形式对乡村治理综合效果的治理效应，以及村庄组织的组织程度对乡村治理效果的影响效应。需要说明的是，本节所有实证分析模型均是在第二节基础上进一步提出的，即本节重点讨论的是在既有的村庄组织结构类型下的组织活动程度所产生的乡村治理效果效应。当村庄没有某种类型的农民组织时，该路径下的组织化程度默认为最低值。由于村民自治已经代表了自治组织的组织过程，此处不再包括村庄自治组织结构的组织程度，仅将其作为控制变量纳入回归模型。

一、村庄组织形式与乡村治理效果

表5-7显示了村庄经济组织和社会组织两种主要的组织类型中的具体组织形式对乡村综合治理效果得分的回归估计结果，从中可以观测出村庄中产生乡村治理效应的具体组织形式。表5-7中模型6-1为村庄经济组织中的各项具体组织形式对乡村综合治理效果的回归估计结果，模型6-2为村庄中主要的社会组织对乡村综合治理效果的回归估计结果，模型6-3为加入所有控制变量和村庄具体的组织形式变量的全模型估计结果。第三章中关于村庄组织的样本描述具体介绍了各组织的名称和分布情况。以上各回归模型均通过了模型整体显著性检验，根据R方值的变化可以看出，各自变量均对乡村综合治理效果得分存在一定的解释性，其中，村庄

各项经济组织的 R 方值为 0.220，社会组织具体组织形式的 R 方值为 0.202，全模型 R 方值为 0.287，模型整体拟合结果较好。模型估计结果显示，在控制了村庄特征、村民自治和调查年份的基础上，村庄中的企业组织和专业技术协会两项经济组织，以及老年协会组织和宗教组织等几项社会组织对乡村治理综合得分表现出较显著的影响效应。

表 5-7　　村庄具体组织形式与乡村治理效果的回归估计结果

解释变量及其类别		模型 6-1		模型 6-2		模型 6-3	
经济组织	企业组织	0.109 ***	(0.019)	—	—	0.055 ***	(0.011)
	专业协会	0.072 **	(0.038)	—	—	0.066 *	(0.036)
	专业合作社	0.007	(0.019)	—	—	0.009	(0.019)
	民间金融组织	0.043	(0.044)	—	—	0.038	(0.041)
社会组织	娱乐艺术团体	—	—	0.018	(0.019)	0.001	(0.019)
	体育锻炼团体	—	—	0.060 *	(0.034)	0.036	(0.029)
	老年协会组织	—	—	0.055 **	(0.024)	0.040 *	(0.023)
	技能函授团体	—	—	0.017	(0.058)	0.008	(0.060)
	知识学习团体	—	—	-0.041	(0.031)	-0.037	(0.029)
	志愿者团体	—	—	0.066	(0.044)	0.071 *	(0.042)
	宗族组织	—	—	0.039 *	(0.023)	0.026	(0.021)
村民自治	主任候选人数	0.029 **	(0.014)	0.033 **	(0.015)	0.040 ***	(0.014)
	村民大会次数	0.001	(0.001)	0.001	(0.002)	0.000	(0.001)
	委员成员人数	0.010 **	(0.005)	0.013 ***	(0.004)	0.009 **	(0.004)
	村务公开频率	0.031 ***	(0.009)	0.028 ***	(0.009)	0.029 ***	(0.009)

续表

解释变量及其类别		模型 6 – 1		模型 6 – 2		模型 6 – 3	
控制变量	村庄面积（ln）	– 0. 006	(0. 006)	– 0. 004	(0. 006)	– 0. 005	(0. 006)
	是否城市郊区	– 0. 016	(0. 034)	– 0. 009	(0. 037)	– 0. 015	(0. 035)
	自然村个数	– 0. 001	(0. 001)	– 0. 001	(0. 001)	– 0. 001	(0. 001)
	姓氏数量	0. 001 ***	(0. 003)	0. 001 **	(0. 000)	0. 001 *	(0. 000)
	村支书文化程度	0. 004	(0. 009)	– 0. 001	(0. 009)	– 0. 001	(0. 008)
	调查年份	– 0. 020	(0. 017)	– 0. 028	(0. 017)	– 0. 019	(0. 017)
截距项		0. 235 ***	(0. 054)	0. 266 ***	(0. 056)	0. 238 ***	(0. 054)
R 方		0. 220		0. 202		0. 287	
样本量		369		369		369	

注：表中括号内数据为稳健标准误；*** 、** 、* 分别代表在 1%、5% 和 10% 水平上显著。

村庄的经济组织主要包含企业组织、专业技术组织、专业合作社组织和民间金融组织等几项具体的组织形式。在以上四项组织中，企业组织和专业技术协会组织对乡村治理的综合效果具有正向的影响效应。在控制了村庄特征和村民自治特征的基础上，有企业组织的村庄的综合治理得分平均比没有企业组织的村庄高出10.9%，该结果在 1% 水平上高度显著，在全模型中企业组织再次表现出高度的显著相关性，说明企业组织与乡村综合治理效果具有十分明显的正相关关系。企业组织作为最典型的营利性经济组织，能够通过资本下乡的方式为乡村发展注入资金，帮助乡村实现经济发展和设施建设。在企业资本下乡的过程中，企业通过开发乡村获取经济收入，乡村则实现经济水平和村民收入的显著增加，这种基于利益互惠的市场化方式是企业组织实现乡村治理效果的主要治理机制。根据回归分析结果，专业协会组织对乡村的综合治理效果具有显著的正向治理效应，与没有专业协会的村庄相比，有该组织的村庄的综合治理效果得分平均高出 6% ~ 8%，该结果在模型 6 – 1 和模型 6 – 2 中分别在 5% 和 10% 统计水平上显著，说明估计结果基本稳健。农村专业协会组织是农民和农业生产经营组织依照法律、行政法规成立各种农产品行业协会，为成员提供生产、营销、信息、技术、培训等服务的专业性组织。该组织通过向村民提供各项专业服务，推动乡村的经济生产，从而获取来自基层政府和村民的营利收入，从根本上依然属于互惠共赢的治理机制。村庄中其他的经济组织（如专业合作社）和民间金融组织未体现出明显的乡村治理效应。

在具体询问的 8 项村庄社会组织形式中，老年协会组织和宗教组织对乡村综合治理效果具有非常稳定的正向影响效应，体育锻炼团体和宗族组织则体现出相对不稳定的治理效应。具体来看，在控制了村庄基本特征和村民自治特征的基础上，有老年协会和宗教组织的村庄的综合治理得分平均比没有以上两项组织的村庄分别高出 5.5%（5% 显著）和 8.8%（5% 显著），在控制了村庄诸经济组织的情况下，老年协会组织（B = 0.04；10% 显著）的治理效应依旧显著。村庄中的体育锻炼团体和宗族组织在模型 6 – 2 中与乡村综合治理效果表现出正向功能效应，但在加入村庄经济组织之后不具备显著性影响。老年协会组织是乡村中分布较为普遍的一类社会组织，主要以老人互助、社会捐赠等公益活动为主，一般由组织自己负责活动费用。这种组织形式具有典型的自我管理和自我服务特征，组织成员通过定期开展活动积累起丰富的信任关系，较大程度上降低了乡村内部在治理过程中的交易成本，主要通过自组织的治理机制对乡村产生治理效应。

二、村庄组织程度与乡村治理效果

表 5 – 8 为村庄组织的组织程度对乡村综合治理效果得分的回

归估计结果。其中，模型 7 - 1 为村庄各项经济组织的组织程度对乡村综合治理效果的回归估计结果，模型 7 - 2 为村庄社会组织的组织程度对乡村综合治理得分的回归估计结果，模型 7 - 3 为加入所有控制变量和村庄组织程度变量的全模型估计结果。第三章中关于村庄组织的样本描述具体介绍了各组织的名称和分布情况。以上各回归模型均通过了模型整体显著性检验，根据 R 方值的变化可以看出，各自变量均对乡村综合治理效果得分存在一定的解释性，其中，村庄经济组织程度回归模型的 R 方值为 0.180，村庄社会组织程度回归模型的 R 方值为 0.127，全模型 R 方值为 0.187，模型整体拟合效果较好。模型估计结果显示，在控制了村庄特征、村民自治和调查年份的基础上，村庄经济组织和社会组织的组织化程度均在一定程度上对乡村综合治理效果产生了不同程度的显著性影响效应。

表 5 - 8 　　村庄组织程度与乡村治理效果的回归估计结果

解释变量及其类别		模型 7 - 1		模型 7 - 2		模型 7 - 3	
经济组织程度	企业数量	0.002 ***	(0.001)	—	—	0.002 ***	(0.001)
	专业协会覆盖率	0.001	(0.001)	—	—	0.001	(0.001)
	专业合作社覆盖率	-0.000	(0.001)	—	—	-0.000	(0.000)
	民间金融组织覆盖率	0.002	(0.002)	—	—	0.002	(0.002)
社会组织活动频率		—	—	0.031 **	(0.013)	0.022 *	(0.014)
村民自治	主任候选人数	0.035 **	(0.015)	0.027 **	(0.015)	0.036 **	(0.015)
	村民大会次数	0.001	(0.001)	0.001	(0.001)	0.001	(0.001)
	委员成员人数	0.012 **	(0.005)	0.015 ***	(0.005)	0.011 **	(0.005)
	村务公开频率	0.033 ***	(0.010)	0.032 ***	(0.010)	0.033 ***	(0.009)

解释变量及其类别		模型 7－1		模型 7－2		模型 7－3	
控制变量	村庄面积（ln）	－0.004	(0.006)	－0.004	(0.006)	－0.003	(0.006)
	是否城市郊区	0.010	(0.034)	0.009	(0.035)	0.014	(0.034)
	自然村个数	－0.001	(0.001)	－0.001	(0.001)	－0.001	(0.001)
	姓氏数量	0.001 ***	(0.000)	0.001 ***	(0.000)	0.001 ***	(0.000)
	村支书文化程度	0.003	(0.009)	0.008	(0.009)	0.005	(0.009)
	调查年份	－0.022	(0.017)	－0.032 *	(0.018)	－0.022	(0.017)
截距项		0.259 ***	(0.056)	0.222 ***	(0.061)	0.224 ***	(0.059)
R 方		0.180		0.127		0.187	
样本量		368		369		368	

注：表中括号内数据为稳健标准误；***、**、* 分别代表在 1%、5% 和 10% 水平上显著。

在各项村庄经济组织中，企业组织的数量与乡村综合治理得分具有十分显著的正相关效应。根据模型 7－1，在控制了村庄特征与村民自治特征的基础上，企业数量与乡村综合治理效果得分在 1% 统计水平上显著正相关（B=0.002），模型 7－3 的回归结果在控制了社会组织活动频率的基础上再次证实了上述结果。村庄中其他经济组织形式的组织化程度（一般为组织的农户覆盖率）并未在统计上呈现显著的相关性影响。以上结论再次说明，村庄经济组织的乡村治理效应主要通过企业组织实现，企业数量越多的村庄，在乡村综合治理方面的得分越高。村庄中的企业数量越多，村庄内部的市场竞争越激烈，越可能强化村庄的市场互惠机制，这一点进一步证实了市场化机制对乡村治理的正功能效应，与前述研究结论和研究假设基本一致。

村庄社会组织的组织化程度主要以村庄内部的社会活动频率呈现，模型估计结果显示，村庄社会组织的互动频率与乡村综合治理效果具有统计上显著正相关效应。根据模型 7 - 2 的回归估计结果，在控制了村庄基本特征和村民自治特征的基础上，村庄组织村民社会活动的频率越高，乡村综合治理效果的得分越高（B = 0.031），该结果在 5% 水平上高度显著，说明村庄通过定期举办社会活动的方式有效促进了乡村治理效果的实现。在模型 7 - 3 中，村庄社会组织活动频率依然显示出一定程度的正向显著性效应（B = 0.022；10% 显著），保证了村庄社会组织活动频率与乡村综合治理效果得分的正向影响的稳健性，村庄社会组织化程度确实与乡村治理具有一定程度的正相关效应。上述关于村庄社会组织程度与乡村治理效果的分析结果与研究假设和前面分析基本一致。村庄组织社会活动能够加强村民之间的社会交往，积累村庄社会资本和信任关系，有助于村庄集体一致行动的达成和新制度的供给。不仅如此，社会活动还能够吸引外部资本和加强当地经济交流，直接推动乡村的产业和经济发展。基于以上方面的带动效应，村庄社会组织程度对乡村综合治理具有较明显的功能促进效应，与前面的研究结论基本一致。

三、村庄组织发挥治理功能的地区差异

本书第三章的描述性分析已经证实，村庄组织和乡村治理效果均存在明显的东、中、西部地区差异，那么，村庄组织在发挥治理效应时是否会因所属地区和环境的不同而产生差异？表 5 - 9 给出了东、中、西部三个地区的村庄组织与其乡村治理综合效果得分的分样本回归结果。分地区的三个模型均通过了模型整体的显著性检验，东、中、西部三个地区的回归模型 R 方值分别为 0.139、0.271 和 0.199，模型整体拟合结果较好，各自变量呈现不同程度的显著性效应。

表 5 - 9　分地区样本的村庄组织对乡村治理综合效果的回归估计结果

解释变量及其类别		东部地区		中部地区		西部地区	
村庄经济组织		0. 108 ***	(0. 035)	0. 061 **	(0. 030)	0. 040	(0. 027)
村庄社会组织		0. 002	(0. 030)	0. 057 **	(0. 028)	0. 031	(0. 030)
村民自治	主任候选人数	0. 027	(0. 023)	0. 025	(0. 023)	0. 040	(0. 032)
	村民大会次数	0. 002	(0. 002)	0. 002	(0. 002)	- 0. 001	(0. 003)
	村委会成员数	0. 010	(0. 009)	0. 012 *	(0. 006)	0. 012	(0. 011)
	村务公开频率	0. 003	(0. 017)	0. 029	(0. 019)	0. 036 *	(0. 019)
控制变量	村庄面积（ln）	- 0. 005	(0. 010)	0. 005	(0. 009)	- 0. 013	(0. 010)
	是否城市郊区	- 0. 041	(0. 042)	0. 117 ***	(0. 053)	- 0. 002	(0. 089)
	自然村个数	0. 002	(0. 003)	0. 001	(0. 002)	- 0. 004	(0. 003)
	姓氏数量	0. 001	(0. 001)	0. 001	(0. 001)	0. 002 ***	(0. 001)
	村支书文化程度	- 0. 001	(0. 016)	0. 002	(0. 015)	- 0. 002	(0. 017)
	调查年份	- 0. 034	(0. 029)	- 0. 008	(0. 029)	- 0. 019	(0. 030)
截距项		0. 390 ***	(0. 115)	0. 200 **	(0. 093)	0. 214 **	(0. 092)
R 方		0. 139		0. 271		0. 199	
样本量		152		102		115	

注：表中括号内数据为稳健标准误；*** 、** 、* 分别代表在 1% 、5% 和 10% 水平上显著。

东部村庄主要依靠村庄经济组织实现乡村治理效应。根据分样本的回归分析结果，经济组织对东部乡村的治理效果具有明显的正相关效应（B = 0. 108；1% 显著）。东部是我国经济最为发达的地区，当地村庄依托区位优势积极参与市场经济，以私营企业和资产投资等为主的商业活动形成该地区乡村发展的主要动力。分样本的村庄具体组织形式与乡村综合治理效果得分的回归结果证实了以上结论。在第三章所列出的具体组织形式中，企业组织对东部乡村的综合治理效果表现出强烈的正相关效应（B = 0. 053；1% 显著），说明东部村庄的治理效应主要通过企业和资本等市场化治理机制的辐射和带动效应实现。

中部乡村地区主要通过村庄的经济组织和社会组织共同实现乡村综合治理效果。根据表 5 - 9 中中部样本村庄的回归分析结果，该地区有经济组织和有社会组织的村庄的乡村综合治理效果得分平均比没有以上两项组织的村庄分别高出 6.1% 和 5.7% ，以上两项组织均在 5% 水平上显著。具体组织形式的分样本回归结果显示，中部村庄主要通过企业组织（B = 0.057；1% 显著）、志愿者团体（B = 0.26；5% 显著）、宗族组织（B = 0.083；10% 显著）和宗教组织（B = 0.154；5% 显著）等组织形式发挥乡村治理效应。中部乡村是我国人口外流最为严重的区域，村庄中大多以老年和小孩等弱势群体为主，为此对以志愿组织为代表的乡村互助性组织和乡村传统文化组织形成了较大依赖，这些组织逐渐参与乡村治理和发挥治理效应。在乡村面临逐渐空心化的严峻背景下，通过扩充和强化村委会领导班子，实施民主化管理，以及借助志愿者团体和乡村文化组织等乡村民间社会组织的组织基础，成为中部村庄实现乡村有效治理的主要路径之一。

村庄经济组织和社会组织等组织类型对西部乡村并未呈现显著的相关性，但对村庄组织具体形式的分样本回归显示出村庄组织尤其是乡村社会组织对西部乡村的十分显著的治理效应。其中，企业组织依然对西部村庄具有一定程度的正向影响，但辐射效应远低于东部地区和中部地区，其影响系数为 0.038，在 10% 水平上显著。社会组织中主要以村庄志愿者团体和宗教组织的治理效应最为显著，有以上两项社会组织的村庄的乡村综合治理效果得分平均比没有以上组织的村庄分别高出 19.9% 和 18.4% ，以上两个变量的回归系数分别在 5% 和 1% 统计水平上显著。与东部地区类似，西部乡村地区也存在人口外流现象，因此志愿者团体和乡村传统文化组织成为该地区乡村治理的组织主体，发挥了较显著的治理效应。

　　基于各自不同的社会环境和组织基础，东、中、西部三个地区在乡村治理的主要治理机制选择方面存在明显的差异。虽然从总体上看以企业组织为代表的市场化治理机制对整个乡村治理均存在统计上显著的治理效应，但其对乡村治理效应的大小在各个地区呈现十分明显的差别。其中，东部地区主要依靠市场化治理机制实现乡村治理效果，其市场化治理机制在整个乡村治理模式中占据绝对优势地位，以村委会为代表的科层治理和社会组织的自治理等治理机制几乎未产生明显的乡村治理效应。中部地区受市场化辐射的效应小于东部乡村，但依然受到较显著的市场化治理影响。同时，村庄中的社会组织也对中部乡村发挥了较明显的治理效应。西部乡村地区则重点依靠乡村传统的互助性组织和文化组织等自组织治理机制实现乡村治理效应。

本章小结

　　本章是全书实证研究部分的核心章节之一，主要分析和讨论了研究的第二个主要问题"村庄组织对乡村治理产生了哪些重要的功能效应？"。根据理论框架，本章构建了实证检验的研究假设和计量回归模型，对村庄组织可能产生的乡村治理效应进行了实证检验与分析。本章的主要研究结论如下。

　　第一，村庄自治组织中的民主化程度对乡村治理具有稳定显著的正向功能效应，该效应主要体现在对乡村公共服务的显在促进功能和对村庄经济发展的潜在促进功能方面。在村民自治过程中，自治组织的乡村治理效应主要通过村庄民主选举、民主管理和民主监督三个指标实现。证实了理论分析中以村委会为核心的村民自治和村庄民主进程对乡村治理的公共服务功能的相关假说,村庄通过民主进程强化了科层治理过程中的公众利益表达,从而从整体上提升了乡村的公共服务供给水平和乡村的综合治理水平,实现了以村民自治为代表的科层治理效应。

第二,村庄经济组织对乡村治理产生十分显著的正功能效应,该效应主要体现在对村庄经济发展的显在促进效应和对乡村公共服务与乡村宜居环境两个维度的潜在正功能效应方面。基于互惠共赢的基本原则,以企业组织为代表的市场化治理机制通过资本下乡的方式带动了乡村的经济发展,同时基于企业营利的基本追求,企业积极参与乡村基本公共服务等领域,补充了政府之外的乡村其他基本设施建设,通过收入效应间接促进了乡村宜居环境的改善。以上经济组织的治理效应体现了市场竞争环境下基于利益交换关系和经济互惠机制达成的一种契约型治理效应。

第三,村庄社会组织对乡村治理具有十分稳定和显著的正功能效应,主要体现为对乡村经济发展和公共服务方面的潜功能效应。通过组织活动和吸引投资捐赠等方式直接带动了乡村的经济发展,同时基于集体利益诉求和促成合作等方式直接或间接地表达了村民的公共需求,对村庄相应的公共服务供给水平提升达成了潜在的功能效应。但社会组织并未实现村庄社会秩序协调功能,其原因可能在于乡村人口大量外流情势下,社会组织形式不能更大范围内实现更多村民之间的社会交往,因此并不能从根本对整个村庄中的村民社会关系和社会秩序的生成产生促进功能。以社会组织为代表的乡村自组织治理机制的主要组织形式体现为两个具体方面:一是村庄的互助志愿组织,该组织主要基于村民之间信任关系和长期互惠机制达成合作治理效应;二是村庄传统的文化组织,这种自组织更多是基于村民之间共同的价值观念和文化认同形成一种约束与信任关系,根据共同的信仰和价值观念达成合作治理效应。

　　第四，村庄组织发挥乡村治理效应存在明显的地区差异，其深层次原因在于不同地区的社会经济背景。其中，东部地区的市场经济相对发达，故东部村庄主要依靠以企业组织为代表的市场化治理机制实现乡村治理效果。中部乡村人口外流最为严峻，该地区主要依托互助性社会组织实现乡村治理效果，并通过社会组织带动村庄民主管理，推动乡村治理与发展。西部地区的文化资源相对丰富，该地区主要依托村庄的传统文化组织资源实现乡村治理效果，通过社区的文化认同形成民主监督，进一步促进乡村治理效果的有效实现。

第六章　村庄组织的乡村治理路径分析

理论分析部分已经说明，村庄内部组织之间存在相互关联和影响关系，这种影响效应主要体现在村庄的经济组织、社会组织等非正式制度设计的组织结构与村庄内部的科层组织即村委会组织之间。本章主要在上述理论分析的基础上，结合第三章的概念操作化指标和乡村治理效果的综合得分，进一步分析村庄组织对乡村治理效果的影响路径。

第一节　模型介绍与实证策略

在理论分析部分，研究分析了村庄的经济组织与社会组织通过对村庄内部乡村治理的科层治理过程即村民自治产生乡村治理效果效应的具体过程。根据理论分析，可以考虑将以村庄民主为主要特征的村民自治活动作为村庄经济组织和社会组织对乡村综合治理效果的中介变量，考察村庄中非正式的治理组织通过正式的村民自治过程产生乡村治理效应的具体过程和作用路径。

一、中介效应模型

中介效应主要讨论的是自变量通过某一中间变量影响因变量的具体过程和作用机制，通过中介效应分析可以更加清楚地解释自变量对因变量的间接影响路径。中介效应的具体模型为，考虑自变量 X 对 Y 的影响机制，如果 X 通过影响 M 进而对 Y 产生影响，则称 M 为 X 影响 Y 的中介变量。中介变量的具体模型如下所示：

$$Y = cX + e_1 \qquad\qquad (6-1)$$

$$M = aX + e_2 \qquad\qquad (6-2)$$

$$Y = c'X + bM + e_3 \qquad\qquad (6-3)$$

以上模型中，式（6-1）中的系数 c 为 X 对 Y 的总效应；式（6-2）中的系数 a 为自变量 X 对中介变量 M 的影响效应；式（6-3）中的系数 b 为控制了自变量 X 后中介变量 M 对因变量 Y 的影响效应，系数 c' 为控制中介变量后自变量 X 对因变量的直接影响效应，$e_1 \sim e_3$ 为残差项。以上简单的中介模型中，间接效应即中介效应（indirect effect）等于系数乘积 ab，中介效应 ab 加上直接效应 c' 就等于总效应 c。

关于中介效应是否存在的检验最早主要借鉴借鉴拜伦和肯尼（Baron & Kenny，1986）提出的因果逐步回归的检验方法（causal step regression），并推荐采用系数乘积检验法（Sobel）检验中介效应，该方法直观地反映了中介效应的具体过程，受到国内外学者的广泛运用。温忠麟等（2004）系统总结了中介效应模型的检验过程，成为国内文献中最为常见的一种中介效应检验方法。近年来，逐步检验法受到众多质疑和反对，赵等（zhao et al.，2010）提出了另一种以 Bootstrap 方法为核心的中介效应检验程序。Bootstrap 的基本原理是在正态分布假设不成立时，通过经验抽样分布代替实际整体的参数估计，是一种典型的非参数估计方法。Bootstrap 法不依赖于分布假设和理论标准误，避免了 Sobel 检验法可能违反分布假设的问题，以及不同标准误公式产生的结果不一致问题，从而具有较高的统计效力（Cheung & Lau，2008；Mackinnon，2008）。陈瑞等（2014）详细介绍了 Bootstrap 检验方法，并推荐了具体的检验步骤和程度方式。针对以上质疑和研究进展，温忠麟和叶宝娟（2014）在《心理科学进展》上发表的关于中介效应的分析与发展的一篇文章再次系统论述了中介效应检验的具体过程，其中对已有的质疑作出了相关回应，并进一步综合了逐步检验和普遍认为检验结果较好且不受分布状态控制的 Bootstraps 检验方法，是目前为止相对详细和科学的中介效应检验流程。结合本书第三章中关于村庄组织与乡村治理效果的描述性统计结果，本书中的样本不符合正态分布的严格假设，因此研究中主要采用 Bootstrap 法进行中介效应检验。

借鉴温忠麟等（2004）的中介效应分析程序，其详细步骤如图 6-1 所示，其具体检验步骤如下。

第一步，检验式（6-1）的系数 c。若显著，按中介效应立论解释；若不显著，则按遮掩效应立论与解释。

第二步，依次检验式（6-2）的系数 a 和式（6-3）的系数 b。若均显著，则间接效应显著，转到第四步；若至少一个不显著，则进行第三步；若均不显著，说明间接效应不存在，停止检验。

第三步，用 Bootstrap 法直接检验间接效应 $H_0: ab = 0$。若显著，则间接效应存在，进行第四步；否则，间接效应不存在，停止分析。

第四步，检验式（6-3）的系数 c'。若不显著，说明不存在直接效应，仅存在间接效应，此时自变量 X 对因变量 Y 为完全中介效应；反之，若系数 c' 显著，说明存在直接效应，进行第五步检验。

第五步，比较 ab 和 c' 的方向。同方向说明存在部分中介效应，可按中介效应解释；反方向则说明存在遮掩效应，需要按照遮掩效应进行解释说明。

上述步骤结合了逐步检验法与 Boorstrap 检验的优点，清晰且系统地介绍了中介效应分析的具体过程，为分析变量间的影响路径和作用机制提供了一套切实可行的操作方案。根据以上分析步骤，可以对自变量通过中间变量影响因变量的间接效应进行分析与检验，进一步分析自变量影响因变量的具体过程和内在机制，成为本书接下来主要的实证分析工具。

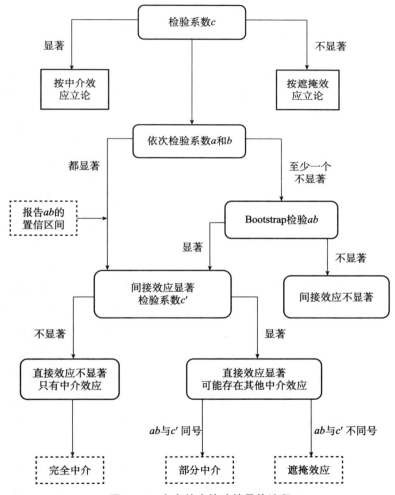

图6-1 中介效应检验的具体流程

资料来源：温忠麟，叶宝娟. 中介效应分析：方法和模型发展［J］. 心理科学进展，2014，22（05）：738.

二、村庄组织对乡村治理的影响路径

在理论分析部分，研究将村庄组织影响乡村治理效果的机制归纳为两个方面：其一为村庄组织对村民自治过程的干预和抑制，即村庄经济组织和社会组织通过干预甚至阻碍村庄民主而影响乡村治理效果；其二为村庄组织对村民自治过程的正向促进，即村庄经济组织和社会组织通过强化村民自治的功能效应，对乡村治理产生间接的补充功能效应。其中，村庄组织通过村民自治对乡村治理产生的削弱效应主要体现为村委会以外的村庄组织通过村庄选举担任自治组织的主要成员，使自治组织成为村庄其他组织治理乡村事务的代理机构，从而进一步干预和影响村民自治的决策、管理和监督等其他治理行为，通过控制科层组织而实现本组织的组织目标。村庄组织通过村民自治产生的功能补充效应则重点体现为村庄组织通过强化和促进村庄在选举、决策、管理和监督等各个层面的民主化程度，从而间接发挥对村庄的治理效应。根据理论分析，村庄的经济组织和社会组织能够通过正式的村民自治机制产生乡村治理效果，其中共包含上述两种主要的作用机制和以下四条具体的影响路径。

第一，村庄组织—民主选举—乡村治理效果。村庄组织通过村庄民主选举影响乡村治理效果，民主选举是村民自治的前提和基础，在很多研究中直接代表着村庄民主的实质内容（Shi，1999；Oi & Rozelle，2000）。村庄组织通过村民选举的间接影响重点体现在两个方面：一是当村庄中仅存在某一种组织结构或其中一种组织相对强大时，该组织可能会影响甚至干预村庄民主选举（郭云南，2012）。此时，该组织对民主选举产生负向影响，当负向影响进一步通过村民选举削弱乡村的综合治理效果时，村庄组织则对乡村治理产生了反功能效应。二是村庄组织的存在可能产生竞争效应，从而推动村庄选举的民主化程度，通过补充强化效应进一步产生乡村治理效应。孙秀林（2008）基于400个村庄的实证研究，发现村庄中组织资源（以宗族组织为例）的存在对村庄民主（主要是村民代表的民主）具有十分重要的正面影响，说明村庄组织对村民选举也可能产生正向影响，间接产生乡村治理效果。

第二，村庄组织—民主决策—乡村治理效果。村庄组织通过影响村庄民主决策对乡村治理效果产生间接的功能效应。民主决策是村民自治的核心内容之一，决策内容是否符合村民公众利益直接反映了乡村的治理水平。在组织资源特别是社会文化组织资源较丰富的村庄社区，村民之间的社会关系网络更加密切，基于相互熟悉和相对信任基础上的规则约束效应会促使村干部在决策时更加民主化，有效避免村干部为追求个人利益而做出不利于村庄整体利益的决策，最终产生正向的乡村治理效应。

第三，村庄组织—民主管理—乡村治理效果。村庄组织通过促进村庄日常管理的民主化产生积极的乡村治理效果。村庄管理的民主化，是紧随着决策民主而产生的村庄在日常公共事务的管理方式和管理规则方面的公众认可程度。其中，在经济组织资源相对丰富的村庄中，基于各类经济组织所涉及的经济事务的增加，将促使村庄在日常管理方面更加规范化和科学化，村庄管理人员的配备与各类事务的分配也更趋于专业化。伴随经济组织活动而来的市场化契约制度同时也为村庄管理提供了一种基于利益互惠关系的市场化治理秩序，促使村庄管理的科学化与民主化，最终提升乡村的综合治理水平。村庄社会组织对村庄民主管理的影响一方面体现在组织事务推动村委会管理的专业性；另一方面主要来自一些社会组织本身就包含一套在组织成员之间达成共识的规则秩序，这种规则能够通过村民自治上升为村庄的日常管理规则，为村庄的日常管理规则提供了在村庄内广泛认可且相对有效的管理规则。社会组织成员之间较强的社会关系网络和信任关系为村民执行与遵守该规则提供了保障。综上所述,村庄中的经济组织和社会组织基于组织事务的增加共同促成了村庄管理配置的科学化,又分别基于市场契约秩序和社会信任机制为村庄的民主管理提供了不同的规则基础,最终通过民主管理带来乡村治理水平的提升。

第四,村庄组织—民主监督—乡村治理效果。民主监督是村民自治的重要保障,无论是村庄经济组织还是社会组织都能够基于本组织的利益,通过加强对村民自治过程中自治活动的民主监督力度而对乡村治理产生正向的功能效应。其中,村庄经济组织主要基于市场规则对自治组织的治理情况实行民主监督。社会组织及其所带来的人际网络和信任关系对村干部的治理行为形成潜在的监督与约束,当村干部违反了某种共有规则时,可能会对其声誉造成负面影响。基于上述分析,村庄自治组织以外的其他村庄组织可能强化对村民自治活动的民主监督,而民主监督对乡村治理产生正向功能,故村庄组织能够通过加强监督的民主化提升乡村的治理水平,产生间接的正向功能效应。

三、模型构建

根据理论分析框架和第三章中关于村庄组织、村民自治和乡村治理效果的概念操作,村庄组织主要包括村庄的经济组织和社会组织两种非正式的乡村治理组织,以及以村民自治为主要过程的乡村正式治理组织。其中,前两种类型的村庄组织通过村庄中是否存在该类组织进行测量,村民自治中的民主选举主要以基层选举时村主任的候选人数测量,民主决策主要通过上年度召开村民大会次数观测,民主管理主要以村委会的人员配置即村委会成员数量测量,民主监督则重点通过村务公开频率进行观测。乡村治理效果的观测指标为第三章中通过指标体系和熵值法计算出的乡村治理效果的综合得分。以上各项观测指标的分布情况见第三章，此处不再赘述。根据理论分析和观测指标，可以提出村庄组织通过村民自治过程产生乡村治理效果的更加具体的经验模型（如图6-2所示）。

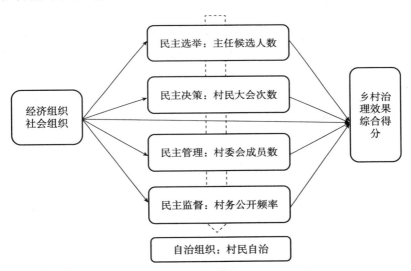

图6-2 村庄组织产生乡村治理效应路径的经验模型

根据图6-2所示的经验模型，可以进一步提出更加具体的路径分析模型：

$$Score_i = \alpha_k + c_k Org_{ik} + d_{im} Con_{im} + \varepsilon_{i1} \qquad (6-4)$$

$$Dem_{ij} = \beta_k + a_k Org_{ik} + d_{im} Con_{im} + \varepsilon_{i2} \qquad (6-5)$$

$$Score_i = \delta_k + b_j Dem_{ij} + c'_{ik} Org_{ik} + d_{im} Con_{im} + \varepsilon_{i3} \qquad (6-6)$$

上述模型中，$Score_i$代表第i个村庄的乡村治理效果的综合得分，Org_{ik}代表村庄组织，包括村庄经济组织和村庄社会组织两种组织类型，$k=1，2$，Dem_{ij}为村民自治变量，包括民主选举、民主决策、民主管理和民主监督四个方面，$j=1，2，3，4$，Con_{im}为控制变量，m为控制变量个数，α、β、δ分别为三个模型的截距项，ε_{i1}～

ε_{i3} 为残差项。其中，式（6－4）为村庄组织对乡村治理的总效应模型，c_k 总效应系数；式（6－5）为村庄组织结构对村民自治的影响效应模型，a_k 为回归系数；式（6－6）为控制了村民自治特征时村庄组织结构对乡村治理效果的直接效应模型，即系数 c'_{ik}。

以下将根据上述研究步骤和模型设定分别对村庄组织影响乡村治理效果的作用路径和中介效应进行分析和检验。各模块的检验程序主要包括两个方面：一是对总的中介效应（所有间接效应的综合）的检验；二是对各个具体路径的中介效应的分别检验与比较。

四、描述性统计

表6－1显示了村庄经济组织、社会组织与村民自治的民主选举、民主决策、民主管理、民主监督四项民主进程等各项变量之间的相关性分布情况。其中，村庄的经济组织与社会组织之间的皮尔森相关系数为 0.017，在 1% 统计水平上显著，说明两个组织之间的存在正相关效应，一个村庄是否有经济组织与该村庄社会组织存在一定关联，代表着村庄在不同组织资源方面存在一定的相关性，各类型组织在乡村社会中具有一定程度的集聚效应。

表6－1　村庄组织与村民自治过程的相关关系

组织类型	经济组织	社会组织	主任候选人数	村民大会次数	村委会成员数	村务公开频率
经济组织	1.000	—	—	—	—	—
社会组织	0.017 ***	1.000	—	—	—	—
主任候选人数	-0.062	-0.055	1.000	—	—	—
村民大会次数	-0.027	0.062	0.051	1.000	—	—
村委会成员数	0.180 ***	0.137 ***	-0.076	0.035	1.000	—
村务公开频率	0.096 *	0.117 **	-0.133 ***	0.193 ***	0.120 **	1.000

注：表中系数为 pearson 相关系数；***、**、*代表在 1%、5% 和 10% 水平上显著。

　　村庄经济组织与村民自治的各项村庄民主进程存在不同方向和不同程度的相关关系。村庄经济组织与村主任候选人数和村民大会次数的相关系数为负，说明经济组织与村庄民主选举和民主监督存在一定的负相关关系。村庄经济组织与村委会成员人数存在显著的正相关关系，其皮尔森相关系数为 0.18，在 1% 统计水平上显著，代表村庄经济组织的存在与村庄民主管理存在一定正相关关系。存在经济组织的村庄往往村委会的成员人数也多，代表着村委会管理的民主化与客观化程度越高。村庄经济组织与村庄的政务公开频率存在正相关效应，两者之前的皮尔森相关系数为 0.096，在 10% 统计水平上显著。以上关于村庄经济组织与村庄民主指标的相关关系表明，村庄经济组织与村庄民主在统计水平上存在显著的正相关关系，但不能排除经济组织对村庄的民主选举和民主决策的负相关效应。

　　村庄社会组织与村庄民主整体上具有较明显的正相关关系，但与村民自治过程中的民主选举具有一定的负相关关系。根据表 6-1 中村庄社会组织与村民自治的四项民主进程的相关性检验结果，村庄社会组织与村委会的委员人数和村庄村务公开频率两项指标具有明显的正相关效应，其中，社会组织与村委会成员人数的相关系数为 0.137（1% 水平上显著）、与村务公开频率的相关系数为 0.117（5% 水平上显著）。以上结果说明，村庄中有社会组织类型与村民自治过程中的管理民主化程度和监督民主化程度等具有正向相关关联。村庄社会组织与村主任选举人数的相关系数为 -0.055，未通过显著性检验，但依然可以代表村庄社会组织与村庄民主选举在一定程度上的负相关关系。根据上述相关分析结果，村庄社会组织与村民自治的民主化程度整体上存在正相关关系。

　　以村委会组织为核心的村民自治过程之间也存在不同程度的相关关系。根据概念界定，村民自治主要通过村庄的民主选举、民主决策、民主管理和民主监督四项民主进程进行观测。根据表 6-1

的相关分析结果，民主选举（村主任候选人数）与民主监督（村务公开频率）存在负相关关系（相关系数为 -0.133，1% 水平上显著），民主决策（村民大会次数）与民主监督存在正相关关系（相关系数为 0.193，1% 水平上显著），民主管理（村委会成员人数）与民主监督存在正相关关系（相关系数为 0.12，5% 水平上显著）。

第二节　中介效应检验结果

根据村庄组织与乡村治理效果的经验模型设定，本节主要借鉴温忠麟和叶宝娟（2014）的中介效应检验步骤对村民自治诸变量在村庄组织结构影响乡村治理效果过程中的中介效应进行实证检验与相关说明。针对村庄非正式治理组织结构的类型，本节对各项村庄组织结构的中介效应进行逐一检验，探讨上述组织结构影响乡村治理的具体路径。检验方法主要为最小二乘估计和 Bootstrap 法。

一、村庄经济组织的中介效应

表 6-2 列出了村庄经济组织通过村民自治不同环节影响乡村治理效果的最小二乘估计结果，其中，第 1 列为村庄经济组织对乡村综合治理得分的总效应模型（模型 6-4），第 2~5 列分别为村庄经济组织对村庄民主选举、民主决策、民主管理和民主监督四个中介变量的回归模型（模型 6-5），最后一列为加入中介变量后村庄经济组织对乡村综合治理效果得分的直接效应模型（模型 6-6）。根据表 6-2 中的逐步检验结果，村庄经济组织对乡村治理效果综合得分的总效应（c）的标准化值为 0.29，在 99% 置信区间内显著，可以按中介效应立论，即村庄经济组织可能通过其他路径产生乡村治理效应。

表 6 - 2　经济组织、村民自治与乡村治理效果的中介效应检验过程（N = 369）

解释变量及其类别		综合得分	民主选举	民主决策	民主管理	民主监督	综合得分
村庄经济组织		0. 290 ***	- 0. 053	0. 034	0. 173 ***	0. 090 *	0. 255 ***
		(0. 018)	(0. 066)	(0. 617)	(0. 218)	(0. 100)	(0. 018)
村民自治	主任候选人数	—	—	—	—	—	0. 093 *
		—	—	—	—	—	(0. 014)
	村民大会次数	—	—	—	—	—	0. 034
		—	—	—	—	—	(0. 002)
	村委会成员数	—	—	—	—	—	0. 143 ***
		—	—	—	—	—	(0. 004)
	村务公开频率	—	—	—	—	—	0. 152 ***
		—	—	—	—	—	(0. 010)
控制变量	村庄面积（ln）	- 0. 0041	- 0. 025	0. 029	0. 104 **	0. 067	- 0. 065
		(0. 021)	(0. 022)	(0. 207)	(0. 073)	(0. 034)	(0. 006)
	是否城市郊区	0. 014	0. 038	- 0. 005	0. 122 **	0. 035	- 0. 005
		(0. 033)	(0. 119)	(1. 106)	(0. 390)	(0. 180)	(0. 033)
	自然村个数	- 0. 009	0. 065	0. 009	0. 045	0. 039	- 0. 028
		(0. 001)	(0. 005)	(0. 050)	(0. 018)	(0. 008)	(0. 001)
	姓氏数量	0. 155 ***	- 0. 049	- 0. 076	- 0. 062	0. 020	0. 166 ***
		(0. 001)	(0. 001)	(0. 188)	(0. 004)	(0. 008)	(0. 000)
	村支书文化程度	0. 023	- 0. 138 ***	0. 015	- 0. 039	0. 156 **	0. 018
		(0. 009)	(0. 033)	(0. 310)	(0. 109)	(0. 050)	(0. 009)
	调查年份	- 0. 031	0. 014	0. 109 **	0. 066	0. 137 ***	- 0. 067
		(0. 018)	(0. 064)	(0. 599)	(0. 211)	(0. 097)	(0. 018)

注：表中括号内数据为稳健标准误，***、**、* 分别代表在 1%、5% 和 10% 水平上显著。为比较各回归系数的大小，以及进行系数的计算加总，表中报告的均为回归标准化（beta）系数。

通过依次检验村庄经济组织与民主选举、民主监督、民主管理和民主监督的回归系数，发现村庄经济组织仅对村民自治过程中的民主管理和民主监督两个变量产生显著的正向影响。当村庄中存在经济组织时，村委会人员构成越多（$a_3 = 0.173$，1% 显著），村务公开也越频繁（$a_4 = 0.09$，10% 显著）。经济组织所产生的市场契约秩序一定程度上渗透和影响着村庄的管理规则，促使村庄的管理方式更多体现为一种基于互利互惠的民主管理方式。经济组织对村庄事务尤其是经济事务的参与同时对村庄的治理活动形成监督，促使村干部按照更加公平公正的方式治理村庄事务。经济组织对村庄民主选举和民主决策的标准化回归系数分别为 -0.053 和 0.034，村庄经济组织一定程度上对村庄民主选举具有负向影响效应，对村庄民主决策具有促进效应，但以上效应在统计上不显著。这可能与村庄中经济组织对村庄选举和决策的参与积极性有关，在市场化程度相对较高的乡村地区，经济组织虽然与自治组织存在合作关系，但经济组织的管理者大多更加关注本组织的经济事务和盈利状况，直接参与村民选举和村庄决策的情况相对较少。

进一步估计回归模型（6-6），在控制了村庄组织变量时，村民自治中的村主任候选人数、村委会成员人数和村务公开频率三个变量均表现出较高的正向显著性影响，说明村庄的民主选举（$b_1 = 0.093$）、民主管理（$b_3 = 0.143$）和民主监督（$b_4 = 0.152$）对乡村治理效果具有正功能效应。村庄民主将村民公众利益诉求与科层组织资源优势相互结合，有效提升了乡村的综合治理水平。表6-2同时显示了在控制村民自治的四项村庄民主中介变量后村庄经济组织对乡村治理效果的直接效应，其标准化回归系数为 0.255，在1% 水平上高度显著，说明在控制了村民自治特征后村庄经济组织对乡村综合治理效果具有十分显著的直接的正功能效应。与第四章的研究结果一致，村庄经济组织为追求本组织利益而促进了乡村的治理效果，在经济组织与村庄之间产生了互惠共赢的最终结果。该结果同时也表明，村庄经济组织对乡村治理具有除村民自治以外的其他途径的乡村治理提升效应。

根据以上中介效应逐步回归的检验结果，以及结合温忠麟等（2014）的中介效应检验程序，村庄经济组织主要通过村庄的民主管理（即村委会成员人数）和民主监督（即村务公开频率）影响乡村治理效果的中介效应（a_3 和 b_3、a_4 和 b_4 均显著）成立，通过民主选举即村主任候选人数（a_1 不显著但 b_1 显著）的间接效应有待进一步检验，通过民主决策即村民大会次数（a_2 和 b_2 均不显著）的中介效应不成立。根据检验程序，需要对村庄经济组织通过村庄民主选举间接影响乡村综合治理效果的中介效应进行进一步的 Bootstrap 检验。

村庄经济组织产生乡村治理效果的各项具体影响路径，以及经济组织对乡村治理效果的总效应、总体中介效应和直接效应的 Bootstrap 检验如表 6－3 所示。从表 6－3 中可以看出，村庄经济组织对乡村治理具有十分显著的正向促进效应，且该效应主要以直接效应为主，间接效应相对较少。村庄经济组织对乡村治理效果的总效应值为 0.29，在 1% 统计水平上显著。其中，直接效应为 0.255，在 1% 水平上显著，间接影响效应为 0.035，在 5% 统计水平上显著。比较村庄经济组织的直接效应和间接效应系数，可以发现村庄经济组织对乡村治理的功能效应主要通过直接作用实现，其在总效应中的比重占到了 87.9% 左右，间接效应的促进效应相对较小，约占 12%。从总体上来看，村庄经济组织通过村民自治实现乡村治理效果的中介效应显著。在市场秩序下，以企业和合作社等为主的经济组织基于本组织以及组织成员的利益目标，通过影响村庄的民主实践产生了部分间接的乡村治理效应。

表 6 – 3　经济组织、村民自治与乡村治理效果的 Bootstrap 检验结果
（N = 369，reps = 1000）

检验项目	效应值	标准误	比重（%）	95% 置信区间	修正的置信区间
民主选举中介效应	– 0.005	0.007	1.7	[– 0.018，0.008]	[– 0.025，0.006]
民主决策中介效应	0.001	0.005	0.3	[– 0.008，0.010]	[– 0.002，0.019]
民主管理中介效应	0.025 **	0.011	8.6	[0.004，0.046]	[0.004，0.045]
民主监督中介效应	0.014	0.010	4.8	[– 0.007，0.034]	[0.003，0.053]
间接效应	0.035 **	0.017	12.1	[0.002，0.067]	[0.007，0.075]
直接效应	0.255 ***	0.043	87.9	[0.172，0.339]	[0.155，0.328]
总效应	0.290 ***	0.043	100.0	[0.206，0.374]	[0.211，0.363]

注：*** 、** 分别代表在 1%、5% 水平上显著。

进一步考察村民自治具体过程对村庄经济组织的间接效应，可以发现村庄经济组织主要通过村庄的民主管理和民主监督两个民主化进程产生间接的乡村治理效应。其中，村庄民主管理即村委会成员人数对村庄经济组织的乡村治理效果具有部分中介效应，其效应值为 0.025 左右，占总效应值的 8.6%，在 5% 统计水平上显著，经过修正之后的置信区间为 [0.004，0.045]，通过了 Bootstrap 检验。村庄经济组织通过市场契约秩序影响村庄管理的科学化和民主化，从而进一步产生了间接的乡村治理效应，符合"村庄组织—民主管理—乡村治理效果"的作用路径。村庄民主监督的间接效应值为 0.014，占总效应的 4.8% 左右，经过修正之后的置信区间为 [0.003，0.053]，通过了 Bootstrap 统计检验，村庄民主监督对经济组织与乡村治理效果的中介效应成立，村庄经济组织通过强化对村民自治的监督产生了正向的乡村治理效应，证实了"村庄组织—民主监督—乡村治理效果"的具体路径。村庄民主选举对经济组织的治理效果具有一定的遮掩效应，其效应值约为 – 0.005，会部分减

少村庄经济组织的对乡村治理的正功能效应值。

　　根据检验结果以及相关结论，可以认为村庄经济组织不仅直接产生乡村治理效应，还通过村庄的民主管理和民主监督路径对乡村治理效果产生了部分中介效应。具体来看，村庄经济组织及其内在的利益交换秩序能够帮助自治组织形成合理的人员配置，帮助形成基于市场秩序的村庄管理规则，从而产生间接的乡村治理效应。村庄经济组织能够促进村庄的村务公开频率和形成对村委会治理活动的监督效应，通过以上方式间接产生乡村治理的正功能效应。

二、村庄社会组织的中介效应

　　表6-4是村庄社会组织通过村民自治不同环节影响乡村治理效果的最小二乘逐步检验结果，其中，第1列为村庄社会组织对乡村综合治理得分的总效应模型（模型6-4），第2~5列分别为村庄社会组织对村庄民主选举、民主决策、民主管理和民主监督四个中介变量的回归模型（模型6-5），最后一列为加入中介变量后村庄社会组织对乡村综合治理效果得分的直接效应模型（模型6-6）。根据表6-4的回归结果可以看出，村庄社会组织总体上对乡村治理效果综合得分具有十分明显的功能促进效应，其标准化回归系数为0.176，在1%统计水平上显著，应当按中介效应立论分析。

表6-4　社会组织、村民自治与乡村治理效果的中介效应检验过程（N=369）

解释变量及其类别	综合得分	民主选举	民主决策	民主管理	民主监督	综合得分
村庄社会组织	0.176***	-0.055	0.047	0.133***	0.113**	0.140***
	(0.019)	(0.065)	(0.610)	(0.217)	(0.099)	(0.019)

解释变量及其类别		综合得分	民主选举	民主决策	民主管理	民主监督	综合得分
村民自治	主任候选人数	—	—	—	—	—	0.090 *
		—	—	—	—	—	(0.015)
	村民大会次数	—	—	—	—	—	0.034
		—	—	—	—	—	(0.002)
	村委会成员数	—	—	—	—	—	0.166 ***
		—	—	—	—	—	(0.004)
	村务公开频率	—	—	—	—	—	0.155 ***
		—	—	—	—	—	(0.010)
控制变量	村庄面积（ln）	− 0.007	− 0.031	0.033	0.124 **	0.077	− 0.038
		(0.006)	(0.022)	(0.206)	(0.073)	(0.033)	(0.006)
	是否城市郊区	0.036	0.036	− 0.004	0.130 **	0.038	0.005
		(0.034)	(0.118)	(1.104)	(0.392)	(0.179)	(0.033)
	自然村个数	− 0.005	0.063	0.010	0.049	0.043	− 0.026
		(0.002)	(0.005)	(0.050)	(0.018)	(0.008)	(0.002)
	姓氏数量	0.176 ***	− 0.052	− 0.074	− 0.050	0.032	0.187 ***
		(0.000)	(0.001)	(0.010)	(0.004)	(0.002)	(0.000)
	村支书文化程度	0.044	− 0.141 ***	0.016	− 0.027	0.160 ***	0.036
		(0.009)	(0.033)	(0.308)	(0.109)	(0.050)	(0.009)
	调查年份	− 0.054	0.019	0.106 **	0.052	0.130 **	− .088 *
		(0.018)	(0.064)	(0.597)	(0.212)	(0.097)	(0.018)

注：表中括号内数据为稳健标准误，*** 、** 、* 分别代表在1%、5%和10%水平上显著。为比较各回归系数的大小，以及进行系数的计算加总，表中报告的均为回归标准化（beta）系数。

通过依次检验村庄社会组织与民主选举、民主监督、民主管理和民主监督的回归模型，发现村庄社会组织结构对村民自治过程中的民主管理和民主监督具有显著的正向影响。当村庄中存在社会组

织时，村委会人员构成越多（$a_3 = 0.133$），村务公开也越频繁
（$a_4 = 0.113$），上述结果分别在1%和5%统计水平上显著，说明村
庄社会组织对村民的民主管理和民主监督具有显著的促进作用。结
合理论分析和研究假说，社会组织内在的某些共有规则以及组织成
员之间彼此熟悉的非正式人际网络关系，可能通过村民自治途径上
升为村庄的管理规则，并基于社会网络关系形成对村干部执行该规
则的监督，通过该途径进一步渗透乡村的治理活动，间接产生正向
的乡村治理效应。社会组织对村民民主选举的影响不显著，但在某
种程度上呈现负向影响效应。对村庄民主决策的影响系数为正，未
通过显著性检验。其原因可能在于当前社会组织在村庄中的力量相
对薄弱，对村民自治的影响还处在潜移默化的规则渗透和后期监督
方面，对自治组织的直接影响相对较少。

进一步估计村庄社会组织对乡村综合治理效果得分的直接效应
模型（模型6－6），在控制了村庄组织变量时，村民自治中的主任
候选人数、村委会成员人数和村务公开频率三个变量均对乡村综合
治理效果表现出较高的正向显著性影响，说明村庄的民主选举
（$b_3 = 0.0.09$）、民主管理（$b_3 = 0.166$）和民主监督（$b_4 = 0.155$）
对乡村治理具有显著的正功能效应，上述结果分别在10%、1%和
1%统计水平上显著。模型（6－6）同时估计了在控制村民自治变
量时村庄经社会组织对乡村治理效果的直接效应，其标准化回归系
数为0.14，在1%统计水平上显著，说明村庄社会组织对乡村治理
具有十分显著且较大的直接功能效应，在控制了村民自治对乡村治
理的影响效应之后，村庄社会组织依然对乡村社会具有十分明显的
正向治理效应。

根据中介效应逐步回归的分析结果，村庄社会组织通过村庄的
民主管理（即村委会成员人数）和民主监督（即村务公开频率）
影响乡村治理效果的中介效应成立（a3 和 b3、a4 和 b4 均显著），

通过民主选举即村主任候选人数（a1 不显著但 b1 显著）的中介效应有待进一步检验，通过民主决策即村民大会次数的中介效应不成立（a3 和 b3 均不显著）。村庄民主选举中介效应的 Bootstrap 检验结果见表 6-5，表中同时给出了其他中介变量的中介效应和总体效应的 Bootstrap 检验结果。

表 6-5 社会组织、村民自治与乡村治理效果的 Bootstrap 检验结果
（N = 369，reps = 1000）

检验项目	效应值	标准误	比重（%）	95% 置信区间	修正的置信区间
民主选举中介效应	-0.005	0.006	-2.8	[-0.017, 0.007]	[-0.022, 0.006]
民主决策中介效应	0.002	0.002	1.1	[-0.003, 0.006]	[-0.000, 0.006]
民主管理中介效应	0.022*	0.013	12.5	[-0.004, 0.048]	[0.005, 0.062]
民主监督中介效应	0.018*	0.010	10.2	[-0.002, 0.037]	[0.003, 0.046]
间接效应	0.036**	0.017	20.5	[0.005, 0.068]	[0.014, 0.081]
直接效应	0.140***	0.039	79.5	[0.063, 0.216]	[0.029, 0.194]
总效应	0.176***	0.039	100.0	[0.100, 0.252]	[0.109, 0.237]

注：***、**、* 分别代表在 1%、5% 和 10% 水平上显著。

从整体效应上看，村庄社会组织对乡村治理效果综合得分具有十分显著的正向影响，该影响既体现为对乡村治理的直接作用，也体现为通过村民自治对乡村治理产生的间接效应方面。以上三种效应分别在 95%、99% 和 99% 置信区间内显著，说明村庄社会组织对乡村治理具有十分稳定的正功能效应。比较村庄社会组织的直接效应和间接效应系数，可以发现村庄社会组织的乡村治理效应主要通过直接作用实现，其在总效应中的比重占到了 79.5% 左右，间接效应的促进效应相对较小，约占 20.5%。从总体上来看，虽然村庄社会组织通过村民自治产生的间接效应相对较少，但其具有较强的显著性，说明村民自治仍然是村庄社会组织实现乡村治理效果的路径之一。基于村庄中的相对熟悉的社会人际网络关系而形成的社会

组织以及组织内部存在的共有规则，逐渐渗透进村庄日常管理活动中，对村干部的管理决策和治理行为形成民主监督。社会组织通过将这种基于人际网络关系的信任与监督机制作用于村民自治过程，有效提升了村庄的治理水平。

具体来看，村庄社会组织通过民主管理和民主监督的中介效应均通过了 Bootstrap 显著性检验，与上述逐步回归结果基本一致。其中，民主管理的中介效应值为 0.022，占总效应值的 12.5%，修正后的置信区间为 [0.005, 0.062]；民主决策的中介效应值为 0.018，占总效应的 10.2%，修正后的置信区间为 [0.003, 0.046]。以上结果表明，村庄社会组织主要通过民主管理和民主监督两个主要路径对乡村治理产生间接影响效应，与理论分析中的路径三和路径四基本一致。村庄社会组织通过村庄民主选举影响乡村治理效果的中介效应并不存在。但以下结果仍然具备一定的解释性，从观察系数可以发现，村庄社会组织通过民主选举可能对乡村治理产生微弱的反功能效应，仔细观察逐步回归的结果可以发现，村庄社会组织对村庄竞争性选举呈现负面影响，而竞争性选举对乡村治理具有较显著的正效应，这一结果可能最终造成乡村治理效果的低效，造成对村庄社会组织结构正功能效应的部分遮掩，其效应值约为 -0.005。

村庄社会组织不仅直接产生乡村治理效果，还通过村庄的民主管理和民主监督等方式对乡村治理效果产生了部分中介效应。具体来看，村庄社会组织能够有效加强村庄自治组织成员的规模，使之形成相对合理有效的组织成员结构，通过村委成员之间更加民主和规范化的管理实现乡村治理效果。社会组织内在的组织规则进一步上升为村庄的治理规则，并通过相对熟悉的社会人际网络关系对村干部是否执行该规则形成监督，最终产生间接的乡村治理效应。而村民选举则可能阻碍村庄社会组织产生乡村治理效果，遮掩部分社会组织的正功能效应，但由于反功能效应值很小，远远小于正功能效应，因此村庄社会组织整体上通过村民自治对乡村治理产生了间接的正功能效应。

第三节 进一步分析与检验

根据村庄组织与乡村治理效果的经验模型，本节在上述关于村庄组织中介效应分析的基础上综合考虑两类组织之间的相互关系，对组织关联影响下的村庄组织通过村民自治过程产生乡村综合治理效应的具体路径展开再次分析与讨论，以验证上述检验结果的稳健性。本节主要采用结构方程模型对村庄组织产生乡村治理效果的过程进行再次估计和检验，系统归纳和总结村庄组织产生乡村治理效果的具体路径，估计方法为极大似然法。

一、结构方程模型设定

结构方程模型是一种建立、估计和检验因果关系模型的方法，运用该方法既可以进行只包含显变量模型的路径分析，也可以在验证因素分析的基础上构建包含潜在变量的综合模型。根据本章第一节的研究设计，本书所有变量均为显变量，因此采用结构方程模型构建村庄组织、村民自治与乡村治理效果等各变量之间的路径分析图。根据理论框架，村庄的经济组织和社会组织两种组织类型通过村民自治的四项民主进程，即民主选举、民主决策、民主管理和民主监督，作用于乡村治理效果，产生间接的乡村治理效应。因此，可以基于以上分析框架构建村庄组织、村民自治与乡村治理效果的结构方程模型（如图6-3所示）。

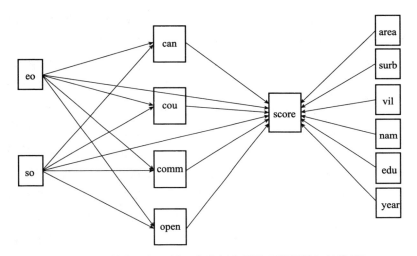

图 6 – 3　村庄组织、村民自治与乡村治理效果的初始模型

图 6 – 3 中，eo 和 so 分别代表村庄经济组织和村庄社会组织两项组织类型，can、cou、comm 和 open 分别代表村民自治过程中民主选举、民主决策、民主管理和民主监督四项民主进程，分别用村主任候选人数、村民大会次数、村委会成员人数和村务公开频率四项指标测量。最右侧为模型的控制变量，分别为村庄面积、村庄是否在城市郊区、村庄内自然村个数、村庄内姓氏数量、村支书文化程度和调查年份六个变量，各变量的具体释义如第四章第一节所示。基于研究假说和已有的分析结果，村民自治的四项民主进程对乡村综合治理效果具有正向效应；村庄经济组织对民主选举（村主任候选人数）具有负向影响，而对村庄民主决策（村民大会次数）、民主管理（村委会成员人数）和民主监督（村务公开频率）等具有正向影响；村庄组织通过村庄民主选举对乡村综合治理效果产生遮掩效应，通过村庄民主管理和民主监督对乡村治理产生中介效应。以下将根据初始结构方程模型，运用 Mplus7.0 软件对上述假设进行实证检验，以进一步验证前述分析结果的稳健性。

　　一般情况下，初始模型需要经过多次运算和修正才能达到较好的拟合效果（Hacher，1994）。根据初始结构方程模型形成的拟合效果相对不够理想，其原因一方面可能来自模型本身设定的偏差，另一方面也可能是由于样本数据偏差造成的。针对上述模型拟合问题，研究根据 Mplus 提供的修正指数（modefication indices，MI）对原模型进行修正。经过修正的结构方程模型如图 6 - 4 所示，与原模型相比，修正的结构方程模型增加了村庄经济组织与村庄社会组织之间的相关性检验，以及村庄民主监督与民主选举、民主监督与民主决策、民主监督与民主管理等指标之间的相关性检验。村庄中的经济组织与社会组织的存在具有一定的集聚效应，根据描述性统计结果，村庄经济组织与村庄社会组织存在正相关关系。村庄民主监督作为村民自治过程中的最后一项民主进程，与其他几项民主进程可能存在一定程度的正向相关性。一般来说，民主选举、民主决策和民主管理与村庄的民主监督存在正向的相关关系。图 6 - 4 反映了经过修正之后的村庄组织、村民自治与乡村治理效果的结构方程模型设定情况。

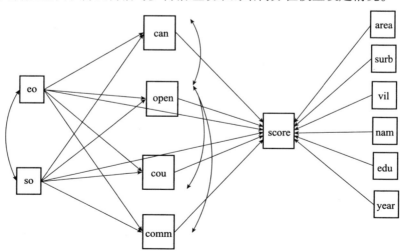

图 6 - 4　村庄组织、村民自治与乡村治理效果的修正模型

二、模型拟合与解读

图 6 - 5 报告了村庄组织通过村民自治的民主选举、民主决策、民主管理和民主监督四项村庄民主进程影响乡村治理效果的结构方程模型估计结果。为便于分析和比较各指标的回归系数以及计算最终的治理效应，图 6 - 5 中报告的均为标准化回归系数。最终的模型拟合结果显示，卡方值与自由度比值 CMIN/DF 为 1. 513，小于 2，符合标准范围，表明经过修正后的假设模型对样本的适配度较好。由于卡方值和卡方自由度比值都容易受到样本大小的影响，因此在判别模型适配度时，往往还需参考其他适配度指标值进行综合判断（王芳，2013）。模型近似误差均方根 RMSEA 值为 0. 037，拟合优度指标 CFI 值为 0. 937，说明模型整体的拟合达到适配标准，研究提出的假设与实际观察数据的拟合情况良好，模型外在质量较好。

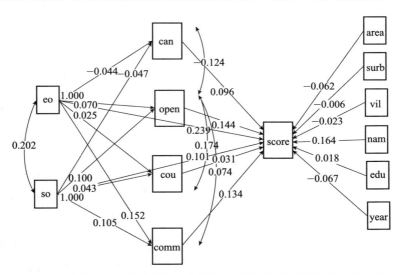

图 6 - 5　村庄组织、村民自治与乡村治理效果的结构方程模型估计结果

　　根据模型估计结果，村主任候选人、村委会成员人数和村务公开频率三项村庄民主指标对乡村综合治理效果表现出较高的显著相关性。其中，村庄民主监督即村务公开频率是影响乡村治理效果最重要的自治组织因素（标准化回归系数为0.144，1%水平上显著），表明村民对自治活动的民主监督能够有效督促自治组织按照合法性和有效性要求实行村庄事务管理，产生实质性的乡村治理效果。村庄民主管理即村委会成员人数也对乡村综合治理效果具有极强的显著相关性（标准化回归系数为0.134，1%水平上显著），说明以管理民主化为代表的村庄实质性民主已经超越形式民主成为村民自治过程中产生乡村治理效果的最重要因素之一。村庄民主选举（村主任候选人数）也对乡村综合治理效果产生了较强的显著相关性（标准化回归系数为0.096，5%水平上显著），证实了村庄竞争性选举对乡村综合治理效果的积极效应。村庄民主决策即村民大会召开次数对乡村综合治理效果不具有显著性影响。上述分析结果与本章第二节和第四章的分析结论基本一致，以村民自治的村庄民主化为基本特征的村庄内部的科层治理机制对乡村治理具有相对显著的正向治理效应。

（一）村庄经济组织的乡村治理路径

　　根据图6-5所示的村庄经济组织对乡村综合治理效果的影响路径，在控制村庄社会组织、村庄自治和村庄特征等变量的基础上，村庄经济组织对乡村综合治理效果的标准化回归系数为0.239，在1%水平上高度显著，与本章第二节的直接效应（0.255）结果相差不大。在村庄经济组织影响乡村治理效果的四个具体路径中，村庄经济组织对村庄民主管理的影响效应最大（标准化回归系数为0.152，1%水平上显著），村庄经济组织基于市场契约秩序对促成村庄自治组织的合理人员构成和加强日常管理活动中的民主化程度具有显著性的影响作用。村庄经济组织影响村民自治的第二个重要维度为村庄的民主监督（标准化回归系数为 0.07，10% 水平上显著），表明村庄经济组织的存在能够有效推进村庄自治组织在治理过程中的信息公开化，强化了对村干部自治活动的民主监督。村庄经济组织对村庄民主选举的标准化影响系数为 -0.044，未通过显著性检验，但仍然在一定程度上证实了经济组织与村庄民主选举的负相关效应。经济组织对村庄民主决策具有相对微弱的正向效应（标准化系数为 0.025）。以上分析结果与本章第二节基本一致，但在影响系数方面有所降低，表明村庄组织之间以及村庄民主之间的相互关系能够影响村庄组织对乡村治理综合效果和村庄民主的影响效应。

　　根据上述关于村庄组织与村民自治，以及村民自治与乡村治理效果综合得分的分析结果，村庄经济组织主要通过民主管理和民主监督产生乡村治理效果。具体来说，村庄经济组织结构可以通过以下三条路径对乡村治理产生正向功能效应：（1）村庄经济组织—乡村治理效果。该路径主要代表村庄经济组织对乡村治理效果的直接影响效应，其标准化影响效应值为 0.239，约占总效应值的 89.8%。在控制了村民自治的间接效应后，村庄经济组织依然对乡村治理产生了较大程度的直接治理效应。（2）村庄经济组织—民主管理—乡村治理效果。该路径为村庄经济组织通过推动村民自治过程中的民主管理即增加村委会成员数量已达到管理的民主化的方式实现乡村治理效应。该路径的中介效应值为 0.020，约占总效应的 7.7%。村庄经济组织及其所带来的以市场契约关系为主的经济事务会强化村庄在管理过程中的科学化，从而进一步产生乡村治理效应。（3）村庄经济组织—民主监督—乡村治理效果。该路径代表村庄经济组织通过促进村庄的民主监督实现乡村治理效果的具体过程。其具体的中介效应值为 0.010，占总效应的 3.8% 左右。

（二）村庄社会组织的治理路径

图 6 - 5 同时反映了村庄社会组织通过村民自治产生乡村治理效果的具体路径。根据模型估计结果，加入了村庄经济组织的影响之后，村庄社会组织对乡村治理效果仍然具有十分明显的直接影响（标准化回归系数为 0.101，1% 水平上显著），但相比本章第二节中村庄社会组织的直接治理效应（0.14）有所降低，说明村庄社会组织的直接效应可能受到经济组织相关性的干预。在村庄社会组织影响乡村治理效果的四个具体路径中，村庄社会组织对村庄民主管理的影响效应最大（标准化回归系数为 0.105，1% 水平上显著），村庄社会组织所内含的共有规则对促成村庄自治组织人员构成和加强日常管理活动中的民主化程度具有显著性的影响作用。村庄社会组织影响村民自治的第二个重要维度为村庄的民主监督（标准化回归系数为 0.1，1% 水平上显著），村庄社会组织依托非正式的人际网络关系使村委会组织在日常治理活动中定期公开村务信息，以了解村庄在财务和公共事务等方面的具体做法和治理结果，推动了村庄在自治过程中的民主监督，促使村庄按照相关法律规定和符合当地村民公共利益的方向实施日常管理活动。村庄社会组织对村庄民主选举的影响效应并未通过显著性检验，但其系数为负（标准化回归系数为 - 0.056），结合已有文献的相关结论和实地经验，社会组织的存在确实在某种程度上可能对村庄的民主选举产生负向效应，不利于竞争性选举的发展。社会组织对村庄民主决策即村民大会召开次数的影响不显著且影响系数相对较小，说明村庄社会组织未对村民大会决策构成显著性影响。

根据以上两条路径的回归结果，结合本章第二节的中介效应检验结论，村庄社会组织结构产生乡村治理效果的具体路径主要包括以下四个方面：（1）村庄社会组织—乡村治理效果。该路径代表村庄社会组织对乡村治理效果的直接影响效应，根据检验结果，村庄中的社会组织能够直接产生乡村治理效果，且该路径是村庄社会组织影响乡村治理效果的最主要的方式（标准化系数为0.101，1%水平上显著），约占村庄社会组织对乡村治理效果总效应（其标准化值为0.126）的80%。（2）村庄社会组织—民主管理—乡村治理效果。该路径为村庄社会组织通过推动村民自治过程中的民主管理即增加村委会成员数量已达到管理的民主化的方式实现乡村治理效果。该路径的中介效应值为0.014，占总效应值的11.1%，是村庄社会组织实现乡村治理效果中最主要的间接路径之一。社会组织基于本组织的诉求造成村庄各项事务的增加，社会组织所内含的组织规则还可能上升为村庄管理规则，带来村庄管理上的民主化。（3）村庄社会组织—民主监督—乡村治理效果。该路径代表村庄社会组织基于社会网络关系而促进村庄的民主监督，并进一步实现乡村治理效果的具体过程。该路径的中介效应值为0.014，约占总效应值的11.4%，与本章第二节的结论基本一致。（4）村庄社会组织—民主选举—乡村治理效果。结合本章第二节的相关结果，民主选举对村庄社会组织产生乡村治理效果具有一定程度的遮掩效应。根据本节的回归系数，其值约为－0.005，通过该路径对乡村治理效果具有间接的负向效应。

本章小结

本章主要探讨的是村庄组织对乡村治理效果的影响路径问题，主要回答研究的第三个核心问题"村庄组织如何产生乡村治理效果?"。通过中介效应检验和结构方程模型等方法进一步对村庄各项组织类型通过村民自治过程产生乡村治理效应的具体路径进行深入分析。通过路径分析和对村民自治中介变量的中介效应的进一步检验，研究得出了村庄组织通过影响村民自治进程而产生乡村治理效果的具体过程和相关路径。

村庄组织的乡村治理效应以直接影响为主。根据分析结果，村庄中的经济组织和社会组织都对乡村治理效果具有除间接效应以外的更大系数的直接影响效应。其中，村庄经济组织的直接影响效应最大，其效应值为 0.23 ~ 0.26，占村庄经济组织总体治理效应的 90% 左右。村庄社会组织的直接影响效应为 0.1 ~ 0.15，占村庄社会组织总体治理效应的 80% 左右。在控制了村民自治等特征之后，村庄的经济组织基于本组织盈利诉求带动乡村综合发展，与村庄之间产生了互惠互利的发展机制，社会组织则通过信任机制产生治理效应。

村庄组织主要通过村民自治过程中的民主管理和民主监督过程对乡村治理产生补充功能效应，村民自治对乡村治理效果具有部分中介效应。中介效应的检验结果表明，村委会成员人数和村务公开频率两项指标在村庄经济组织和村庄社会组织影响乡村治理效果的路径中均通过了中介效应检验，且产生了正向的功能效应，表明村庄民主管理和民主监督是村庄经济组织和社会组织间接产生乡村治理效果的主要中介变量。上述结论说明，村庄组织通过促进和加强村庄的民主管理进程和民主监督力度，对乡村的治理活动产生了正向的功能效应，补充强化了村庄自治组织对乡村治理的正功能效应。

村庄组织通过影响村庄民主选举对乡村治理产生了微弱的间接负功能效应，一定程度上遮掩了村庄组织的乡村治理效应。研究结果显示，村庄的经济组织和社会组织对村民自治过程中的民主选举即村主任候选人数具有一定程度的负向影响效应，而村民选举在统计上又显著地正作用于乡村治理效果，故村庄组织通过对村庄民主选举的不利影响，最终对乡村综合治理效果产生了间接的反功能效应，表明村庄组织通过抑制村庄的民主选举过程而部分遮掩和削弱了村庄组织对乡村治理的正功能效应。

第七章 结论与讨论

第一节 主要研究结论

乡村治理主要包括村庄的经济发展、公共品供给、环境改善和村庄社会秩序维护与构建等主要内容，是当今以及今后一段时间内社会治理的重要领域。乡村治理目标的实现主要包括三种方式：市场机制、科层机制和自组织机制，这三种机制共同作用构成了当前乡村社会中以村庄作为自组织主体的乡村多元治理模式。然而，在村民自治的制度框架下，以村委会为主要组织结构的村庄自治组织并未实现真正意义上的自主治理，反而呈现典型的官僚制特征。在此状态下，本书在认可乡村整体上多元共治的基础上，重点从村庄内部的组织结构出发，系统分析外部支持下村庄内部的治理结构及其治理效应、治理路径等问题。根据相关理论文献，目前村庄内部主要存在着自治组织、经济组织和社会组织三种组织类型。以上组织积极参与乡村治理实践，在乡村治理过程中扮演不同的角色，产生不同程度的乡村治理效应。研究基于交易成本理论和自组织理论等理论基础，认为村庄中的经济组织、自治组织和社会组织等组织类型某种程度上代表着村庄内部的市场化治理、科层治理和自组织治理三种乡村治理机制。本书在承认村庄外部组织即外部市场和基层政府等治理效应的基础上，重点分析了村庄内部的治理机制及其治理效果问题。结合导论部分提出的基本问题，全书重点研究和回答了乡村治理的主要内容及其治理效果、村庄组织的治理效应与治理逻辑以及村庄组织的治理路径等三个主要问题，以下将对上述问题进行针对性回答与总结，形成本书的主要研究结论。

第一，乡村的综合治理水平整体偏低，且呈现明显的重经济治理而轻社会治理和环境治理的内部非均衡性，以及由东往西逐渐降低的地区非均衡性特征。根据乡村建设理论和乡村振兴战略等理论和政策基础，乡村治理的主要内容包括经济发展、公共服务、社会秩序和宜居环境四个维度。根据乡村治理的四个维度，研究结合CLDS村居数据和熵值法的具体运算，对当前乡村治理效果进行了客观的评价。结果显示：（1）乡村公共服务功能在整个乡村治理中的权重最高，是当前乡村治理过程中最为重要和迫切的功能。其次是乡村的经济发展功能，经济发展依然当前乡村治理过程中不能忽视的重要方面。乡村的社会秩序功能需要引起足够重视，乡村社会秩序的权重系数在 2014 ~ 2016 年实现了大幅度提升，证明两年间不同村庄之间的社会秩序已经开始出现差距，一些村庄的社会秩序正在急剧变化中。（2）乡村治理效果的综合评价得分整体水平相对偏低，乡村在经济发展和公共服务维度存在较大的内部差距，社会秩序和宜居环境方面的治理成效普遍偏低，乡村治理在各个维度之间存在重经济治理而忽视社会治理和环境治理的非均衡现象。（3）乡村治理效果存在明显的地区差异，具体体现为东部地区的综合治理效果要明显优于中、西部地区，尤其是在乡村的经济发展和公共服务两个方面的东、中、西部地区差异最为明显。

第二，村庄的自治组织、经济组织和社会组织均对乡村治理具有正向的功能效应，其产生乡村治理效应的逻辑分别为科层治理机制、市场互惠机制和社会信任机制。其中，村庄自治组织对乡村治理具有稳定显著的正向功能效应，该效应主要体现在对乡村公共服务和村庄经济发展两个方面。在村民自治过程中，自治组织的乡村治理效应主要通过村庄民主选举、民主管理和民主监督三个指标实现。村庄通过民主进程提升乡村的公共服务供给水平和乡村的综合治理水平，从而实现了以村委会民主自治为代表的科层治理效应。村庄经济组织的治理效应主要体现在对村庄经济发展、公共服务和宜居环境等几个维度的正功能效应方面。村庄社会组织的乡村治理效应主要体现为对乡村的经济发展和公共服务两个维度的正功能效应。村庄组织发挥乡村治理效应存在明显的地区差异，东部村庄依靠以企业组织为代表的市场化治理机制实现乡村治理效果；中部村庄主要依托互助性社会组织实现乡村治理效果，并通过社会组织带动村庄民主管理，推动乡村治理与发展；西部村庄主要依托村庄的传统文化组织资源实现乡村治理效果。

具体来看，村庄组织产生乡村治理功能的具体机制和内在逻辑主要可以概括为以下几点：一是各类组织基于组织定位和预期目标直接参与乡村的治理活动，对乡村治理产生积极的功能效应，主要体现为村庄组织对乡村治理的显功能效应，如村庄自治组织对乡村公共服务供给的提升效应和村庄经济组织的经济促进效应等。二是各类村庄组织在预期之外产生的一系列治理效应，即村庄组织对乡村治理的潜在功能效应。例如，村庄经济组织为实现组织利益而加大基础设施和支农服务投入，对乡村治理产生潜在的公共服务供给效应；自治组织基于满足村民公众需求的目标而不得不寻找乡村产业发展方向从而带动了乡村的经济发展水平；社会组织由于组织活动而拉动了村民的消费需求，对乡村经济发展提供了强大动力。三是村庄组织为乡村治理提供合作基础，产生乡村治理中的合作效应，通过降低村庄治理的交易成本提升了治理效率。其中，村庄经济组织主要基于利益交换关系构成合作条件，形成乡村治理的市场化互惠机制；社会组织主要通过社会资本和信任关系达成共同合作，形成乡村治理的自组织治理机制。以上组织及其代表的合作效应在村庄中不同程度地存在并相互交错，形成了不同村庄在乡村治理过程中相对特殊的治理模式，也是当前在推动乡村治理模式优化过程中需要深入挖掘的重要组织资源。

第三，以村庄的民主进程为代表的村民自治过程对村庄经济组织和社会组织参与乡村治理具有中介效应，其中主要通过民主管理和民主监督进程产生间接的正功能效应，通过干预村庄民主选举遮掩了部分正效应。研究的最后一个重点问题是村庄组织产生乡村治理效果的具体路径问题，即村庄组织通过何种途径发挥乡村治理的功能效应？针对这一问题，研究通过对村庄内部组织关系的深入剖析，重点从村庄中非正式的治理组织与正式的治理制度的方向寻求相关解释。研究结果显示，除最主要的直接效应以外，村庄中的经济组织和社会组织还通过自治组织即村民自治过程对乡村治理产生间接的功能效应。具体来说，这种间接功能效应主要体现为两个方向：其一为村民自治过程中的民主管理和民主监督在以上村庄组织治理效果中产生的部分中介效应。即村庄组织通过促进和加强村庄的民主管理进程和民主监督力度，对乡村的治理活动产生了正向的功能效应，补充强化了村庄自治组织的对乡村治理的正功能效应。其二为村民自治过程中的民主选举对村庄组织乡村治理效果所产生的部分遮掩效应。即村庄组织通过影响村庄民主选举对乡村治理产生了微弱的间接负功能效应，一定程度上遮掩了村庄组织的乡村治理效果。

第二节 讨论与研究展望

在乡村现实情境下，村庄自治组织以外的其他村庄组织凭借特殊的规则与秩序，不仅积极参与乡村治理活动，还赋予乡村治理更广泛的主体与内涵，成为当前形势下乡村治理的重要基础。本书就乡村在普遍意义上存在的组织类型进行了针对性分析，从交易成本理论、镶嵌理论和自组织治理理论等理论角度出发，系统分析了乡村治理的基本模式。结合乡村建设理论和默顿的结构功能理论，以及乡村振兴的政策要求，构成了乡村治理的基本内容和评价框架。基于以上理论，最终提出了基于村庄内部分析的"村庄组织与治理效果"的全书分析框架。在该框架的基础上，研究实证评价了村庄组织治理下的乡村治理效果，对村庄组织的治理效应进行了实证的检验，并进一步深入分析了村庄组织产生乡村治理效果的可能路径。从总体上看，上述理论框架帮助本书就乡村中存在哪些组织、这些组织为何存在以及组织如何产生治理效应等问题进行了较好的解释，使我们超出现有研究从而形成了关于村庄的组织结构及其治理效果的更加广泛的认知。在本书的基础上，后续研究还可就以下问题展开进一步的思考与讨论。

首先是基于交易成本和自组织治理理论形成的乡村治理结构框架在村庄内部治理结构分析中的适用问题。交易成本理论最先是用于分析市场经济中个体的交易与组织交易两种不同的主体在市场交换中的成本问题。虽然威廉姆森以及后来的一些研究者运用该理论分析了治理问题，但将其运用到具体的村庄治理领域是否合适依然一个值得探讨的话题。自组织治理理论以及根据交易成本理论形成的乡村多元治理模式从总体上符合当前乡村社会治理的基本模式。但依据此三方理论框架用于村庄内部的组织治理分析，将不同的村庄自治组织、经济组织和社会组织等组织类型解读为村庄的科层治理机制、市场化治理机制和自组织治理机制等村庄内部治理机制的分析是否合适，还有待进一步的商榷。在此基础上讨论村庄组织的乡村治理效应和治理路径等微观问题是否契合，也是值得深入思考的话题。

其次是村庄组织治理效应的村庄差异及其所代表的乡村治理模式问题。研究发现，无论是村庄的组织分布本身，还是组织作用下的乡村治理效应，不同村庄在以上方面均会存在较大差别。在第四章中我们仅简要讨论了不同地区的村庄组织及其所产生的乡村治理效果，并未进一步就其他特征条件下村庄组织发挥治理效应的差异性及其深层次含义展开进一步的研究与探讨。从某种意义上来说，村庄的组织分布状态本身即代表着一种特定的乡村治理模式，例如有的村庄依靠合作经济组织实现村庄多方位的治理效应，有的村庄则依托当地的某种社会文化组织达到了良好的治理效果。有效的乡村治理模式并非某种单一的组织状态或模式，基于村庄所属环境的差异性，我们允许并且鼓励乡村在探索有效治理模式的过程中呈现更多差异化的治理方式以及不同的组织结构状态，这也是当前关于乡村治理研究中普遍以某种特殊组织形式展开分析的重要原因之一。接下来的问题便是，如何在更普遍的意义上认识这种差异化的治理模式，以及如何在更大范围内实现这种行之有效又充满异质性的乡村治理模式？

再次是村庄的治理效率与乡村开放之间的矛盾问题，即村庄不同治理机制之间的协调治理问题。自奥斯特罗姆提出自治理机制以来，这种以小规模群体内部形成的相互监督与信任机制为基础的自主治理机制就被视为村庄乃至社区治理的主要治理模式。根据自治理论，社群内部实现有效自治的首要原则就在于严格清晰的边界，这意味着村庄需要在小规模范围内保持绝对严格的社会边界，一旦边界不存在，村庄原有的规则秩序就会被打破。事实上，边界的模糊也是乡村社会治理面临严重困境的主要症结所在。随着市场经济的发展，乡村与外部的交流日益密切，村庄的社会边界被打破，导致原有的社群秩序不复存在。如果要实现村庄的自主治理，则必然要对村庄的社会边界进行有效界定，由此带来的乡村对外交往的减少以及边界界定的成本等问题都是值得探讨的重要话题。进一步地，如果社会组织代表村庄内部相对封闭的自组织治理机制，经济组织代表村庄相对开放的市场化治理机制，那么如何协调两种不同的治理机制，使其在村民自治的制度框架内相互融合、共同实现乡村治理有效的基本目标，则是当前及今后一段时期内需要重点讨论的话题。

最后是村庄组织产生乡村治理效果的其他路径问题。研究分析发现，村庄组织虽然通过正式的制度框架即村民自治过程对乡村治理效果产生了部分间接效应，但并非全部间接效应均由此路径产生。村庄组织的直接治理效应依然在总效应中占据大部分比重，这意味着研究中可能忽略了其他的中介路径，村庄组织还可能通过其他某种未被考虑到的中介因素参与乡村的治理实践，并最终作用于乡村的治理效果。以上未被发现的组织治理路径等问题的进一步考量，也是本书今后的一个主要研究方向。

参考文献

一、中文著作（含译著和论文集）

［1］蔡禾．现代社会学理论述评［M］．合肥：安徽人民出版社，1991．

［2］程同顺．农民组织与政治发展：再论中国农民的组织化［M］．天津：天津人民出版社，2005．

［3］从翰香．近代冀鲁豫乡村［M］．北京：中国社会科学出版社，1995．

［4］［德］马克斯·韦伯．儒教与道教［M］．洪天富，译．南京：江苏人民出版社，2003．

［5］费孝通．乡土重建［M］．北京：人民出版社，2008．

［6］贺雪峰．新乡土中国［M］．北京：北京大学出版社，2003．

［7］李怀印．华北村治——晚清和民国时期的国家与乡村［M］．北京：中华书局，2008．

［8］梁漱溟．乡村建设理论［M］．上海：上海人民出版社，2006．

［9］罗家德，梁肖月．社区营造的理论、流程与案例［M］．北京：社会科学文献出版社，2017．

［10］［美］艾莉洛·奥斯特罗姆．公共事务的治理之道——集体行动制度的演进［M］．余逊达，陈旭东，译．上海：上海译

文出版社，2009.

［11］［美］奥利弗·威廉姆森．资本主义的经济制度［M］．段毅才，王伟，译．北京：商务印书馆，2002.

［12］［美］戴维·波普诺．社会学［M］．李强，等译．北京：中国人民大学出版社，1999.

［13］［美］吉尔伯特·罗兹曼．中国的现代化［M］．国家社会科学基金"比较现代化"课题组，译．南京：江苏人民出版社，2010.

［14］［美］曼瑟尔·奥尔森．集体行动的逻辑［M］．陈昕主编．陈郁，郭宇锋，李崇新，译．上海：格致出版社，2014.

［15］［美］马克·格兰诺维特．镶嵌——社会网与经济行动［M］．罗家德，译．北京：社会科学文献出版社，2007.

［16］［美］迈克尔·麦金尼斯．多中心治道与发展［M］．王文章，等译．上海：三联书店，2000.

［17］［美］乔纳森·特纳．社会学理论的结构［M］．邱泽奇，等译．北京：华夏出版社，2001.

［18］［美］W·古德．家庭［M］．北京：社会文献科学出版社，1986.

［19］秦晖．传统中华帝国的乡村基层控制：汉唐间的村庄组织［A］．黄宗智主编．中国乡村研究（第一辑）［C］．北京：商务印刷馆，2003.

［20］瞿州莲．一个家族的时空域：对瞿氏宗族的个例分析［M］．贵阳：贵州民族出版社，2002.

［21］全球治理委员会．我们的全球伙伴关系［M］．伦敦：牛津大学出版社，1995.

［22］孙立平和郭于华．"软硬兼施"：正式权力非正式运作的过程分析——华北B镇定购粮收购的个案研究［A］．清华社会学

评论（特辑）．厦门：鹭江出版社，2000．

　　［23］俞可平．治理与善治［M］．北京：社会科学文献出版社，2000．

　　［24］俞可平．中国农村的民间组织与治理的变迁［A］．俞可平主编．中国公民社会的兴起与治理的变迁［C］．北京：社会科学文献出版社，2002．

　　［25］乐章．农村社会管理的组织基础［M］．武汉：湖北人民出版社，2015．

　　［26］周雪光．组织社会学十讲［M］．北京：社会科学文献出版社，2003．

　　二、中文论文

　　［27］陈瑞，郑毓煌，刘文静．中介效应分析：原理、程序、Bootstrap方法及其应用［J］．营销科学学报，2013，9（04）：120-135．

　　［28］党国英．中国农村改革与发展模式的转变——中国农村改革30年回顾与展望［J］．社会科学战线，2008（02）：8．

　　［29］邓衡山，王文烂．合作社的本质规定与现实检视——中国到底有没有真正的农民合作社？［J］．中国农村经济，2014（07）：15-26，38．

　　［30］邓燕华，阮横俯．农村银色力量何以可能？——以浙江老年协会为例［J］．社会学研究，2008（06）：131-154，245．

　　［31］冯石岗，杨赛．新中国成立以来我国乡村治理模式的变迁及发展趋势［J］．行政论坛，2014，21（02）：22-25．

　　［32］冯小．农民专业合作社制度异化的乡土逻辑——以"合作社包装下乡资本"为例［J］．中国农村观察，2014（02）：2-8，17，92．

［33］冯小双. 阅读和理解转型期中国乡村社会——"转型期乡村社会性质研究"学术研讨会综述［J］. 社会学研究, 2002 (01)：25 – 30.

［34］付明卫, 叶静怡. 集体资源、宗族分化与村干部监督制度缺失［J］. 中国农村观察, 2017 (03)：2 – 15.

［35］郭斌, 宁泽逵. 村干部角色代理权重的实证分析——基于陕西省 M 县的 104 个村干部的问卷调查［J］. 农村经济, 2011 (03)：120 – 122.

［36］郭道久, 陈冕. 走向复合治理：农村民间组织发展与乡村治理变革——基于四川仪陇燎原村的研究［J］. 理论与改革, 2014 (02)：189 – 192.

［37］桂河, 于战平, 曲福玲. 农民专业合作社与村委会关系的研究——基于天津市西青区辛口镇的调查［J］. 中国农民合作社, 2009 (06)：49 – 51.

［38］韩国明, 张恒铭. 农民合作社在村庄选举中的影响效力研究——基于甘肃省 15 个村庄的调查［J］. 中国农业大学学报(社会科学版), 2015, 32 (02)：61 – 72.

［39］郝亚光, 徐勇. 让自治落地：厘清农村基层组织单元的划分标准［J］. 探索与争鸣, 2015 (09)：52 – 56.

［40］贺雪峰. 农村的半熟人社会化与公共生活的重建——辽宁大古村调查［J］. 中国乡村研究, 2009 (00)：139 – 152.

［41］贺振华. 转型时期的农村治理及宗族：一个合作博弈的框架［J］. 中国农村观察, 2006 (01)：24 – 29.

［42］黄宗智. 集权的简约治理——中国以准官员和纠纷解决为主的半正式基层行政［J］. 开放时代, 2008 (02)：10 – 29.

［43］黄宗智. 中国法律制度的经济史·社会史·文化史研究［J］. 比较法研究, 2000 (01)：79 – 86.

［44］黄祖辉，吴彬，徐旭初．合作社的"理想类型"及其实践逻辑［J］．农业经济问题，2014，35（10）：8-16，110.

［45］贾先文．农村社区建设中农村宗族的作用——关于课题"农村社区建设与农村宗族"研究报告［J］．中国农学通报，2011，27（20）：194-198.

［46］姜松，王钊．农民专业合作社、联合经营与农业经济增长——中国经验证据实证［J］．财贸研究，2013，24（04）：31-39.

［47］金太军．"乡政村治"格局下的村民自治——乡镇政府与村委会之间的制约关系分析［J］．社会主义研究，2000（04）：61-64.

［48］赖扬恩．宗族复兴与农村工业化社会基础的构建［J］．浙江社会科学，2003（05）：102-106，101.

［49］李长健，李曦．乡村多元治理的规制困境与机制化弥合——基于软法治理方式［J］．西北农林科技大学学报（社会科学版），2019，19（01）：78-84.

［50］李竞莹．新公共管理视角下农村民间组织的功能分析——对广西陆川县民间组织的调查与思考［J］．企业科技与发展，2008（04）：109-111.

［51］林忠生，杨清．浅谈新农村建设中农村民间组织的兴起及角色定位［J］．前沿，2007（04）：199-200.

［52］刘祖云，韩鹏云．乡村社区公共品供给模式变迁：历史断裂与接合——基于乡村秩序演进的理论视角［J］．南京农业大学学报（社会科学版），2012，12（01）：1-8.

［53］罗菲．城镇化进程中驻村龙头企业对乡村治理的影响——以襄阳市襄州区石桥镇石庙村为例［J］．湖北工业大学学报，2015，30（06）：44-48.

［54］马洪伟．基于资本场域的涉农企业与乡村治理研究［J］.

求实，2014（07）：92 - 96.

［55］潘劲．合作社与村两委的关系探究［J］．中国农村观察，2014（02）：26 - 38，91，93.

［56］乔运鸿，杜倩．农村民间组织参与农村公共服务供给的新路径——以山西永济蒲韩乡村社区的实践为例［J］．理论探索，2015（03）：80 - 84.

［57］乔运鸿，王凌雁．综合类农村民间组织经济内循环自助模式研究——以山西永济蒲韩乡村民间组织为例［J］．中国行政管理，2016（04）：47 - 53.

［58］秦晖．传统中华帝国的乡村基层控制：汉唐间的村庄组织［J］．中国乡村研究，2003（01）：1 - 31.

［59］阮成，胡润华，杨超．农民组织化：理论分析与现实困境［J］．乡镇经济，2007（10）：47 - 49.

［60］孙秀林．村庄民主及其影响因素：一项基于 400 个村庄的实证分析［J］．社会学研究，2008（06）：80 - 107，244.

［61］孙秀林．华南的村治与宗族——一个功能主义的分析路径［J］．社会学研究，2011，25（01）：133 - 166，245.

［62］汤玉权，徐勇．回归自治：村民自治的新发展与新问题［J］．社会科学研究，2015（06）：62 - 68.

［63］仝志辉．村民选举权利救济与村民自治的社会基础建设［J］．江苏社会科学，2004（04）：5 - 6.

［64］仝志辉，楼栋．农民专业合作社"大农吃小农"逻辑的形成与延续［J］．中国合作经济，2010（04）：60 - 61.

［65］谭新雨．边疆民族地区民间组织在乡村治理中的作用探析——以河口县 A 村老年协会为例［J］．山东行政学院学报，2013（06）：52 - 56，62.

［66］谭术魁，赵毅，刘旭玲．防范征地冲突中地方政府与村

委会的委托代理关系研究 ［J］. 华中农业大学学报（社会科学版），2018（03）：130－136，159－160.

［67］唐兴霖，马亭亭. 效率与公共性的平衡：治理民主的视角 ［J］. 理论探讨，2014（05）：154－159.

［68］田新颖. 运用社会资本的互惠原则及反思 ［J］. 湖北社会科学，2004（03）：83－84.

［69］涂丽，乐章. 城镇化与中国乡村振兴：基于乡村建设理论视角的实证分析 ［J］. 农业经济问题，2018（11）：78－91.

［70］王毅杰，袁亚愚. 对建国以来我国乡村家族的探讨 ［J］. 开放时代，2001（11）：109－115.

［71］王阳，刘炳辉. 宗族的现代国家改造与村庄治理——以南部 G 市郊区 "横村" 社区治理经验为例 ［J］. 南京农业大学学报（社会科学版），2017，17（03）：41－52，156.

［72］王进，赵秋情. 合作社嵌入乡村社会治理：实践检视、合法性基础及现实启示 ［J］. 西北农林科技大学学报（社会科学版），2017，17（05）：38－44.

［73］王毅杰，袁亚愚. 对建国以来我国乡村家族的探讨 ［J］. 开放时代，2001（11）：109－115.

［74］王芳. 人口年龄结构对居民消费影响的路径分析 ［J］. 人口与经济，2013（03）：12－19.

［75］温忠麟，叶宝娟. 中介效应分析：方法和模型发展 ［J］. 心理科学进展，2014，22（05）：738.

［76］温忠麟，张雷，侯杰泰等. 中介效应检验程序及其应用 ［J］. 心理学报，2004（05）：614－620.

［77］吴业苗. 乡村转型及其路向：基于 "人的城镇化" 发展逻辑 ［J］. 人文杂志，2017（08）：116－124.

［78］吴毅. 缺失治理资源的乡村权威与税费征收中的干群博

弈——兼论乡村社会的国家政权建设 [J]. 中国农村观察，2002 (04)：54 - 60，81.

[79] 吴新叶. 农村社会治理的绩效评价与精细化治理路径——对华东三省市农村的调查与反思 [J]. 南京农业大学学报 (社会科学版)，2016，16 (04)：44 - 52，156.

[80] 吴重庆. 孙村的路——"国家—社会"关系格局中的民间权威 [J]. 开放时代，2000 (11)：4 - 20.

[81] 项继权. 中国乡村治理的层级及其变迁——兼论当前乡村体制的改革 [J]. 开放时代，2008 (03)：77 - 87.

[82] 肖唐镖. 宗族与村治、村选举关系研究 [J]. 江西社会科学，2001 (09)：125 - 130.

[83] 肖唐镖. 农村基层治理与民主实践中的宗族问题 [J]. 中共宁波市委党校学报，2003 (05)：16 - 22.

[84] 肖唐镖. 从正式治理者到非正式治理者——宗族在乡村治理中的角色变迁 [J]. 东岳论丛，2008 (05)：118 - 124.

[85] 肖唐镖. 乡村治理中农村宗族研究纲要——在实践中认识农村宗族 [J]. 甘肃行政学院学报，2010 (01)：33 - 40，126.

[86] 肖唐镖. 近十年我国乡村治理的观察与反思 [J]. 华中师范大学学报 (人文社会科学版)，2014，53 (06)：1 - 11.

[87] 谢菊. 新农村建设中的农村民间组织发展研究 [J]. 中国行政管理，2006 (10)：64 - 67.

[88] 徐勇. 村干部的双重角色：代理人与当家人 [J]. 经济与社会，1997 (08)：151 - 158.

[89] 徐勇. 中国民主之路：从形式到实体——对村民自治价值的再发掘 [J]. 开放时代，2000 (11)：56 - 61.

[90] 徐勇. 现代国家的建构与村民自治的成长——对中国村民自治发生与发展的一种阐释 [J]. 学习与探索，2006 (06)：

50 – 58.

［91］徐勇. 政权下乡：现代国家对乡土社会的整合［J］. 贵州社会科学，2007（11）：4 – 9.

［92］徐勇，赵德健. 找回自治：对村民自治有效实现形式的探索［J］. 华中师范大学学报（人文社会科学版），2014，53（04）：1 – 8.

［93］徐增阳，任宝玉. "一肩挑"真能解决"两委"冲突吗——村支部与村委会冲突的三种类型及解决思路［J］. 中国农村观察，2002（01）：69 – 74.

［94］杨蔚. 合作社参与乡村治理：一个文献综述［J］. 当代经济，2017（23）：152 – 154.

［95］杨磊，刘建平. 农民合作组织视角下的村庄治理［J］. 农村经济，2011（06）：15 – 18.

［96］叶敏，曹芳. 农村民间文化组织与乡村治理——基于湖南省桃源县九溪乡农民文化艺术协会的个案分析［J］. 湖南行政学院学报，2015（04）：116 – 121.

［97］俞可平. 全球化时代的善治［J］. 商务周刊，2002（13）：38 – 39.

［98］俞可平，徐秀丽. 中国农村治理的历史与现状——以定县、邹平和江宁为例的比较分析［J］. 经济社会体制比较，2004（02）：13 – 26.

［99］俞可平. 中国治理评价框架［J］. 经济社会体制比较，2008（06）：1 – 9.

［100］乐章，涂丽. 乡村发展、乡村秩序与乡村社会变迁——基于十省农户调研数据实证分析［J］. 西北人口，2015，36（04）：96 – 101，108.

［101］张晓山. 农民专业合作社的发展趋势探析［J］. 管理世

界，2009（05）：89-96.

［102］张晓山．中国农民专业合作社的发展及面临的挑战［J］．中国合作经济，2012（06）：20-21.

［103］张厚安．乡政村治——中国特色的农村政治模式［J］．政策，1996（08）：26-28.

［104］张春华．农村民间组织参与乡村治理的解释路径与工具选择——社会资本理论分析视角［J］．理论与改革，2016（04）：100-104.

［105］张晋华，冯开文，黄英伟．农民专业合作社对农户增收绩效的实证研究［J］．中国农村经济，2012（09）.

［106］张伟军．多元复合治理体系与乡村善治的实现路径——基于历史与现实的双重视角［J］．山西农业大学学报（社会科学版），2018，17（06）：20-28.

［107］赵麟斌，洪建设．宗族关联视阈中的村级选举［J］．福建论坛（人文社会科学版），2005，（08）：124-128.

［108］赵晓峰，付少平．多元主体、庇护关系与合作社制度变迁——以府城县农民专业合作社的实践为例［J］．中国农村观察，2015（02）：2-12，94.

［109］赵泉民．合作社组织嵌入与乡村社会治理结构转型［J］．社会科学，2015（03）：59-71.

［110］赵佳佳，刘天军，田祥宇．合作意向、能力、程度与"农超对接"组织效率——以"农户+合作社+超市"为例［J］．农业技术经济，2014（07）：105-113，4-12.

［111］周彩虹．农村民间组织与村民自治的关联性分析［J］．学会，2010（01）：9-12.

［112］周生春，汪杰贵．乡村社会资本与农村公共服务农民自主供给效率——基于集体行动视角的研究［J］．浙江大学学报（人

文社会科学版），2012，42（03）：111–121.

三、硕博论文

[113] 陈一恒．村民民主参与行为与村庄公共治理绩效研究 [D]．武汉：华中农业大学，2012.

[114] 狄金华．被困的治理 [D]．武汉：华中科技大学，2011.

[115] 高勇．村民自治与代理基层政府治理——村委会的双重 角色冲突 [D]．上海：复旦大学，2006.

[116] 郭甜甜．宗族重建对乡村治理的影响 [D]．重庆：西 南政法大学，2016.

[117] 郭彩云．农村民间组织与乡村治理研究 [D]．北京： 中央民族大学，2012.

[118] 黄方．乡村治理场域中农村新型社会组织参与困境与发 展路径研究 [D]．合肥：安徽大学，2015.

[119] 兰沅佳．企业参与乡村治理的路径和模式研究 [D]． 武汉：华中师范大学，2015.

[120] 李景园．村企共建下的乡村治理研究 [D]．太原：山 西大学，2012.

[121] 李东泽．合作社背景下的村庄治理结构研究 [D]．兰 州：西北师范大学，2011.

[122] 刘婧．农民专业合作社的规模经济和范围经济研究 [D]．咸阳：西北农林科技大学，2012.

[123] 陆野．农村社会组织在乡村治理中的作用研究 [D]． 桂林：广西师范大学，2015.

[124] 王正兴．我国农村民间组织参与乡村治理研究 [D]． 郑州：河南大学，2011.

[125] 王长安．转型期中国乡村治理研究 [D]．长春：吉林

大学，2007.

　　[126] 王海员. 村庄民主化治理与农村公共品供给研究 [D]. 南京：南京农业大学，2012.

　　[127] 阎占定. 新型农民合作经济组织参与乡村治理研究 [D]. 武汉：华中农业大学，2011.

　　四、网络资料

　　[128] 2017 年中国人口总量、城镇农村人口数量及城镇化率统计分析 [EB/OL]. 中国产业信息网. http：//www. chyxx. com/industry/201801/605524. html. 2018 - 01 - 19.

　　[129] 福建日报. 调查显示：传统村落 3 天消失 1 个 [EB/OL]. 人民网. http：//culture. people. com. cn/n/2014/1103/c172318 - 25963521. html. 2014 - 11 - 03.

　　[130] 全国第六次人口普查 [DB/OL]. 国家统计局. http：//www. stats. gov. cn/tjsj/pcsj/rkpc/6rp/indexch. htm. 2011 - 01 - 01.

　　[131] 人民网 - 人民日报. 习近平在中国共产党第十九次全国代表大会上的报告 [EB/OL]. 中国共产党新闻网. http：//cpc. people. com. cn/n1/2017/1028/c64094 - 29613660. html. 2017 - 10 - 28.

　　[132] 王培暄，毛维准. 宗族竞争下的村治模式探索——以山东省中东部 XL 村为调查对象 [J/OL]. 中国研究服务网. http：//www. chinaelections. org/NewsInfo. asp？NewsID = 61959，2012 - 01 - 31.

　　[133] 新华社. 中共中央国务院关于深入推进农业供给侧结构性改革加快培育农业农村发展新动能的若干意见 [EB/OL]. 中华人民共和国中央人民政府网. http：//www. gov. cn/zhengce/2017 - 02/05/content_5165626. htm. 2017 - 02 - 05.

　　[134] 新华社. 中共中央国务院关于实施乡村振兴战略的意见

［EB/OL］. 中华人民共和国中央人民政府网 . http：//www. gov. cn/
zhengce/2018 – 02/04/content_5263807. htm. 2018 – 02 – 04.

［135］新华社 . 中共中央国务院印发《乡村振兴战略规划
（2018 – 2022 年)》［EB/OL］. http：//www. gov. cn/zhengce/2018 –
09/26/content_5325534. htm. 2018 – 09 – 26.

［136］张俊飚，张露 . 乡村振兴战略：怎么看，怎么办 ［N］.
湖北日报，2017 – 11 – 12 （007）. http：//www. gmw. cn/xueshu/
2017 – 11/14/content_26781265. htm.

五、英文文献

［137］Abebaw D，Haile M G. The impact of cooperatives on agri-
cultural technology adoption：Empirical evidence from Ethiopia ［J］.
Foodpolicy，2013 （38）：82 – 91.

［138］Amy G，Anne T. Village elections in China：Progress，
problems and prospects ［M］. International Republic Institute，2001.

［139］Baron R M，Kenny D A. The moderator-mediator variable
distinction in social psychological research：Conceptual，strategic，and
statistical considerations ［J］. Journal of Personality and Social Psychol-
ogy，1986 （51）：1173 – 1182.

［140］Cechin A，Bijman J，Pascucci S，Zylbersztajn D，et al.
Drivers of proactive member participation in agricultural cooperatives：
Evidence from Brazil ［J］. Annals of Public and Cooperative Econom-
ics，2013，84 （4）：443 – 468.

［141］Cheung G W，Lau R S. Testing mediation and suppression
effects of latent variables：Bootstrapping with structural equation models
［J］. Organizational Research Methods，2008 （11）：296 – 325.

［142］Coase T H. The nature of the firm ［J］. Economica，1937

(16): 386 – 405.

[143] Fischer E, Qaim M. Linking smallholders to markets: Determinants and impacts of farmer collective action in Kenya [J]. World Development, 2013, 40 (6): 1255 – 1268.

[144] Freedman M. Chinese lineage and society: Fukien and Kwangtung [M]. New York: Humanies Press, 1966.

[145] Getnet K, Anullo K. Agricultural cooperatives and rural livelihoods: Evidence from Ethiopia [J]. Annals of Public and Cooperative Economics, 2012, 83 (2): 181 – 198.

[146] Granovetter M. Economic action and social structure: The problem of embeddedness [J]. American Journal of Sociology, 1985, 91 (3): 481 – 510.

[147] Hardin G. Political requirements for preserving our common heritage [A]. In H P Bokaw. Wildlife and America [C]. Washington D C: Council on Environmental Quality, 1978.

[148] Harrell Steven. Ploughshare: Culture and context in Taiwan [M]. Seattle: University of Washington Press, 1982.

[149] Hhler J, Kühl R. Position and performance of farmer cooperatives in the food supply chain of the E-27 [J]. Annals of Public and Cooperative Economics, 2014, 85 (4): 579 – 595.

[150] Ito J, Bao Z, Su Q. Distributional effects of agricultural cooperatives in China: Exclusion of smallholders and potential gains on participation [J]. Food Policy, 2012, 37 (6): 700 – 709.

[151] Kenny D A, Korchmaros J D & Bolger N. Lower level mediation in multilevel models [J]. Psychological Methods, 2003 (8): 115 – 128.

[152] Luo J D, Yeh K. The transition cost-embeddedness

approach to study Chinese subcontracting [A]. In Ray-May Hsung, Nan Lin and Ronald Breiger (ed.), Contexts of social capital: Social networks in communities, markets and organizations [C]. New York: Routledge, 2008: 15 – 138.

[153] MacKinnon D P. Introduction to statistical mediation analysis [M]. Mahwah, N J: Erlbaum, 2008.

[154] Nee V, Shijin S. Institutions, social ties, and commitment in China's corporatist transformation [A]. In John Mcmillan & Barry Naughton (eds.), Reforming Asian socialism: The growth of market institution [C]. Ann Arbor: The University of Michigan Press, 1996.

[155] Oi J, Rozelle S. Electionsand power: The locus of decision-making in Chinese villages [J]. The China Quarterly 2000, 162 (06).

[156] Powell W. Neither markets nor hierarchy: Network forms of organization [J]. Research in Organizational Behavior, 1990 (12): 295 – 336.

[157] Preacher K J, Hayes A F. SPSS and SAS procedures for estimating indirect effects in simple mediation models [J]. Behavior Research Methods, Instruments, & Computers, 2004 (36): 717 – 731.

[158] Tianjian S. Economic development and village elections in rural China [J]. Journal of Contemporary China 1999, 8 (22).

[159] Tsai L. Accountability without democracy: Solidary groups and public goods provision in rural China [M]. Cambridge: Cambridge University Press, 2007.

[160] Tsai L. Solidary groups, informal accountability, and local public goods provision in rural China [J]. The American Political Science Review, 2007, 101 (2).

[161] Williamson O. Markets and hierarchies [M]. New York:

Free Press, 1975.

[162] Williamson O. Transition-cost economics: The covernance of contractual relations [J]. Journal of Law and Economics, 1979, 22 (2): 233 - 261.

[163] Williamson O. The economics of organization: The transition cost approach [J]. American Journal of Sociology, 1981, 87 (11): 548 - 577.

[164] Wrong D. The oversocialized conception of man in modern sociology [J]. American Sociological Review, 1961, 26 (2): 183 - 193.

[165] Yang D, Liu Z. Does farmer economic organization and agricultural specialization improve rural income? Evidence from China [J]. Economic Modelling, 2012, 29 (3): 990 - 993.

[166] Zhao X, Lynch J, Chen Q. Reconsidering baron and kenny: Myths and truths about mediation analysis [J]. Journal of Consumer Research, 2010 (37): 197 - 206.

读书笔记
——我在豆瓣这十年

高敏雪◎著

中国财经出版传媒集团

经济科学出版社
Economic Science Press

我在豆瓣十年啦！

（代序）

2011年3月5日，在儿子的撺掇下，我在豆瓣注册，到今天（2021年3月5日）刚好十年。注册时这样写道并一直放在"数数"名下：我，大学教师，一直以来与网络的关系仅限于发邮件和新浪主页新闻。直到今天，被儿子招募在豆瓣旗下！我希望能在这里找到乐趣！

真是时光如流水！十年，就这么过去了。

我原本想说"就这么悄悄地过去了"，敲上去又把"悄悄地"三个字去掉了——因为，还真不能说是悄悄地没有动静。且看我下面的总结。

1.标注了443本书。这意味着，十年里读了443本书，每年平均超过40本。第一本书是《战前中国经济的增长》，同时标注的还有《译事余墨》《译边草》《民主的细节》《大国经济之路》，想来当初是因为新鲜，顺手将此前好几本自己比较喜爱的书一次性标注了。所以，真正第一本读完再标注（2011年3月22日）的书应该是《沉浮与枯荣》。十年后，最近标注的书是《近代中西医的博弈：中医抗菌史》

（2021年2月25日）——说实话这不是我读得最认真的书。

2. 写了198篇评论。也就是说，不光是读，其中有小一半的书看完还会写一些感想或者介绍，或长（一两千字）或短（数百字）。过去可没有这个"习惯"啊。这个习惯的养成得感谢豆瓣注册：一是要体现存在感；二是因为写了有人看，写好了有人点赞有人转发，还会引起"关注"，相当于自我营销。另外一个动力源是三年前加入"响马读书群"，要求每月交一篇书评，否则会被踢出去。完成这条规则不成问题，被群友肯定却会形成一种激励，不但要读，而且要写出几段话来晒出去。看看豆瓣的记录：最早的一篇是"活得长才经历多，经历多才可能成大家"，对应的书就是上面所说的《沉浮与枯荣》，作者江平，八十岁时的自述；十年后，最新一篇书评是"我担心荷包里装不下一个家庭的资产"，对应的书是《官绅的荷包》。

3. 还有134篇日记。这个成分比较复杂。第一类是读书的摘抄或者短小评论，或者纯粹就是书评，但因为各种原因放在这里而不是评论里；第二类是从读书延伸出去，将读杂书与我自己的专业关联起来，要么是一些专业随笔，要么是书籍的版本、市场状况，还有关于论文被引、修改等方面的事情记录；第三类则更加宽泛，主要是分享一些自己的经历或者周边事务，其中值得拿出来说的，是2016年5月发出来的"我的文ge"和"老爸的文ge"两个系列。

4.周边诸事。《中国统计》杂志2019年办笔会，我受邀做了一个讲座——《专业视角看杂书》，大部分材料都是豆瓣标注过的。最近我把豆瓣发出来的与书有关的文字编辑了一下，打算出本书，书名有好几个选择：《教授乱翻书（2011~2021）》《一位统计学教授的非专业阅读》《课外读书笔记》，还真不知道用哪个好，篇幅居然可以超过20万字呢。

5.晒一下关注度的记录。被876人关注——就在昨天晚上，不知怎么回事，一下子增加了17个关注，真是这个纪念日的最好礼物啊！儿子说这种情况常常是因为某个大V关注从而带动一批，就是所谓"大V带逛"效应。

浏览数最高的评论："15册《罗马人的故事》，谁能从头读到尾"，2016年9月23日贴出，到今天为止，阅读数9904，有用65，没用4，收藏43，转发2，另外有19个回应。

浏览数最高的日记应该是"我的文ge"（5篇）和"老爸的文ge"（3篇）系列，2016年5月20日贴出，总计浏览数9411。其中最高的单篇是"我的文ge结束于拿到大学录取通知书的那一刻"，阅读2457，28个点赞，32个收藏，19个转发。有关这个系列还有一点小故事：2018年某天偶然发现其中的第一篇"最初的脚步——文ge前半期印象记"的状态变成了"此日记锁定仅自己可见"，于是我又以"花甲回眸：最初的脚步"再次贴出。

谢谢豆瓣："数数"的存在，促进了我的阅读，引诱我

一次次拿起笔（敲起键盘），把读书的所思所感以及当时的
状态记录下来；再往大了说，让我的读书以及忽悠悠度过
的时光有了一个载体，提升了我的生活质量。

高敏雪

2021 年 3 月

目　录

人文相关

社科相关

人文相关

活得长才经历多，经历多才可能成大家

江平／《沉浮与枯荣》

成文时间／2011-03-22

豆瓣浏览量／2135

上年就听说此书，春节期间购得，但直到这个周六，为了在火车上消磨时间才上手翻阅，几天下来断断续续翻完。

读完全书，一个感慨是：在社会科学领域，要想最终有所成就，第一要有一个良好的根基，第二要有比较复杂的经历，第三要足够长寿，三者相辅相成。仔细想来，这些似乎不都是或者说都不是单凭自己努力就可以获得的，一定要各种因缘巧合汇集在一起。

所谓良好的根基，是说要有良好的受教育机会，培养起一定的学习能力，当然如果在专业方面打下一定的根基就更好了。

所谓比较丰富的经历，可以概括为以下方面。上与下——有基层工作经历然后借助于某种机会到达高层。体制内与体制外——具有在体制内做事的经历，然后能够穿透体制形成思考和认识。国内与国外——以国外理论与经验为镜，最终映射到中国现实。沉与浮——人生要经历磨难，方能成大器，但又不能持续沉沦，要有机会出头。

所谓长寿，其作用自不待言。因为，要想经历多，时间是一个重要的变量，否则一切无从谈起。

令我特别感兴趣的是"大立法时代"那一卷。前些天人大开会听到有人鼓噪所谓"法律体系"，并没有特别在意。读了本篇，跟着传主沿着中国20世纪70年代之后的立法历程走了一遍，或多或少有一些"惊心动魄"之感：确实是在向着一个完整的法律体系而努力。许多问题得以明朗，让我这个外行长了见识。

谢谢传主！是一本好书。

外行看热闹

［美］卡尔·贝克尔/《论"独立宣言"》

成文时间/2011-06-04

豆瓣浏览量/2544

我不懂政治思想史，但《论"独立宣言"——政治思想史研究》这本小书却让我着迷。在豆瓣上搜索，发现读它的人很少且无评论，但我觉得这本小书真的很好看，或许这就是外行的证明？

第一，借此书我了解了《独立宣言》得以立论的两大基础，即它要处理的两个难题：为什么要一个政府；如何看待从英国独立出来的合理性。

第二，它还原了《独立宣言》形成的现场。不仅是文本自身的形成过程，还有其基本定位的形成过程：如何绕过一些历史事实和现实场景，给美国独立一个有理有据、占有道德政治制高点且能够使内部得到认同的"说法"——或许"说法"这个词语太过"通俗"了。

第三，我对该文本文学性的讨论很感兴趣。杰弗逊梦笔生花，但仍然要修改；经过润色后的宣言无疑更加简洁、有力。对照修改前后的不同文本，为我这个以文字（尽管是比较枯燥的专业文字）为生的人提供了一个鲜活案例。尤其是其中所引富兰克林为安慰因文字被众人"糟践"而不悦的杰弗逊而讲的故事，更是令人忍俊不禁。

最后一章讨论《独立宣言》当年所依据的政治哲学在后来的演化过程：所谓自然权利如何在19世纪历史政治哲学的否定之下仍然存留下来。我不了解政治思想史，但可以感受政治哲学在其中的曲折演变，此章给人以比较深刻的印象。

最后要给译文打9.5分，是我最近读的书中译笔较好的一例。译者在后记中提到《18世纪哲学家的天城》译本出自何兆武之手，或许我会接着读。

隔行如隔山但方法上仍然有隧道可通

严耕望 / 《治史三书》

成文时间 / 2013-08-25

豆瓣浏览量 / 2198

此书作者是台湾学人，讲述治史经验加个人学术经历，内容很实在，一副老一辈学人的做派。专精和博通的关系，断代研究与通史研究的关系，面上研究与点上研究的关系，看书找题目还是抱着题目翻材料，论著的标准，论文的体式，如何引用材料与注释，生活修养与治学的关系，等等，这些题目，一般而言很少有人系统地诉诸文字：年少的人不能做，年老的人可能没有耐心去做。

写出来的东西看起来似乎没有什么，读了这些，未必能够做到。但有人在前面领路，能够了解有这样一些选择和陷阱，总比盲人骑瞎马、只赖于自己去"悟"要好得多。这样一些题目是针对史学提出的，但完全可以供其他学科研究者借鉴。

确实，做学问的路途没有一定之规，各有各的特质，各有各的机缘。很多时候，仍然要靠个人去"悟"。就像这位老先生在序言中所说：今日青年好学者若想学习前人研究技术之精微处，只有取名家精品，仔细阅读，用心揣摩，庶能体会。问题是是否有人有耐心、有时间、有能力去下这样的"笨"功夫。

力荐的理由是符合我选书的三个标准

王明珂/《父亲那场永不止息的战争》

成文时间/2014-01-26

豆瓣浏览量/456

年龄不饶人，读书能力越来越差，但眼光却越来越挑剔。所以，尽管我的小本本上记录了很多书名，来自各方的推荐，但实际能够读的书还比较有限，到手以后让人中意的书还要打一个很大的折扣。但这本书却真的是"我的菜"。

我选书的标准大体有三：希望是学术圈里写得有知性的文字，不是专业文本而是专业文本背后的所思所想所遇所行，文笔要好。一句话，就是依托学术但要从专业里走出来的"学术随笔"。

可以说上述三条该书都占了。王明珂在历史人类学方面建树颇丰，该书涉及西南少数民族识别认同以及与汉族之间联系这样很有人文意义的题目，所用方法跨越历史学和人类学，在其背后牵涉当初由傅斯年创建的历史语言研究所几十年的学术传承和学术突破。因家人推荐，此前我大体翻阅过他的《羌在汉藏之间》和《英雄祖先与弟兄民族》，见识了其思路之清晰、文笔之流畅，这些都是我对该书感兴趣的理由。

果然不负所望，其中许多篇目都可以令人开眼界、长见识。例如"《川西民俗调查记录1929》导读"，借助于这篇20世纪20年代的调研报告，钩沉历史语言研究所近百年间学术志趣的变迁，显示当年所做工作的现实意义。还有"反思历史与社会：以凹凸镜为隐喻"，讨论表象与本相、文本与情境及其之间的关系，并借助于凹凸镜来显示其研究方法的运用，都是很有意思的。

作者或许是想表达对父亲的念想，或许是想展示自己的成长环境，但将这篇"父亲那场永不止息的战争"放进去并作为书名，确实会让人"上当"。

很遗憾，缺了学术反思

赵俪生、高昭一/《赵俪生高昭一夫妇回忆录》

成文时间/2014-11-04

豆瓣浏览量/868

知道这本书很早，但促使我去读还是因为钱理群的一篇书评。

掩卷思之，第一是感谢作者。说实话说真话，文字有学者味道。清华园里教师众生相，不再是以往笼统的"高大上"。清华园里因为抗战走出来的学生，除了到西南联大或者到延安这样两条道路，还可以有其他生存模式，尤其是可以先到延安再走出来。华北大学成仿吾的做派，改革开放初期五个博士生答辩过程中的风波（其中包括当下大名鼎鼎的秦晖），这些都是可以为我们解惑并增进经验的地方，比起那些轻飘飘、炒冷饭的文字，特别值得人尊重。

第二是有些遗憾，要为传主的一生以及这本书发出一声叹息。这样一位具备潜质的学者，以"土地革命史"和"农民战争史"为研究方向，经历了自己的学术生涯。但传主在书中却没有对此加以总结和重新认识，没有学术反省。高昭一曾经提到赵俪生在学术高峰时期一年发十四篇学术论文，但写的是什么，基本学术思想是怎样形成的，如今怎么评价当年的研究成果，都被掠过了。最终使本书没有跳出"控诉"的窠臼。

我们距离欧洲似乎并不遥远

［美］托尼·朱特/《战后欧洲史》

成文时间/2015-01-06

豆瓣浏览量/3136

《战后欧洲史》，讲述波澜壮阔的欧洲60年变迁史。此前听说这部书，从图书馆找到一套两卷本，字很小排得很密，令我这个老花眼者望而却步。直到中信四卷本出版（说实话，装帧很重要，就像人的穿着），买了一套，躺椅上，床头边，断断续续一个多月，仔细阅读了一遍。

我不是历史学家，所以难以从专业角度对此书做评价。但可以肯定的是，此书让我明白了很多事情，纠正了很多原来的错误想象，提醒我许多从来没有想过的问题。

很难想象，欧洲结束内战致力于竞争性合作直至正式建立欧盟，欧洲各国进行民主社会建设、走向福利社会，也就是这60年间的事情（直到20世纪80年代，西班牙、葡萄牙这些国家才真正摆脱独裁走上民主之路），欧洲的经济繁荣期也主要集中在20世纪50~70年代。

欧洲的战后历史与美苏冷战密不可分。不仅是欧洲版图的变化与苏联势力消减以及自身分裂有着直接关系，许多思想遗产的形成也与此有着莫大关联。读此书我才知道，战后德国实际上也没有对其"二战"的责任做彻底清算，人们很容易就可以将一段历史尘封起来，就像它从来也没有发生过。

欧洲内部是如此的不同。历史、文化造就了不同的传统，随后的经济发展又进一步扩大了各国之间的差异。欧盟到底对各国来说意味着什么？这是一个饶有兴味的问题，也是一个需要继续探索的问题。

作者真是大手笔。作为通史，时间为经，历经战后恢复、经济繁荣、经济衰退、欧洲的分裂与再形成；空间为纬，其间要包容东欧和西欧、欧洲大陆与英伦三岛，欧洲国家的分分合合，然后还要延伸到欧洲与美国、与殖民地大陆等方面的关系。此外还有第三个维度：不单单是政治史，而是要覆盖政治、经济、社会、文化等方面，要从历史钩沉延伸到对现实的判断。令人不能不佩服到五体投地。此前还读了托尼·朱特的《记忆小屋》《沉疴遍地》，穿透历史，夹叙夹议，同样好看。

最后说本书译文，尽管与当年的《光荣与梦想》无法比，但做到这样已属不易。

穿透外行变内行的艰难

格非 /《雪隐鹭鸶》

成文时间 /2015-03-15

豆瓣浏览量 /2488

春节期间逛三联书店，带回这本书，放在床头（有时还不能在床上看，此书太厚太沉了），断断续续到今天看完。感觉还行，但由此想到一个问题：长期沉浸于一个专业的人如何拓宽视野，将另一个专业的东西引进来。

此联想首先来自这部书的内容和写法。格非是文学家，既有文学作品又有文论作品，在这个行当里绝对是内行。此书第三部分针对《金瓶梅》讨论文本问题，讲中国古典文学的妙处，这是内行在说话。但书的前两个部分试图将《金瓶梅》放在那个时代（明朝末年）来看，延伸到经济、法律、思想、道德，并且还要与世界同时代的社会科学思潮相对比，这个难度就大了。一般讲讲是一回事，要写出一本书，使之系统化，那难度就会大上加大。肯定要读很多书，这能够看得出来也能够想得出来。但效果如何？我自己的感受是：经济与法律部分好像还好，思想与道德部分似乎弱了一些；在中国明末背景下的叙述还好，联系世界思潮的部分似乎不太行。

就《金瓶梅》而言，尤其是文本解读和写作技巧剖析，我绝对是外行，如何跨越这道专业门槛，是对我阅读体验的挑战，当然也是对格非这位作者的挑战——我想他的书不仅是写给搞文学的人看的，也是想写给那些对《金瓶梅》感兴趣但可能不得其门径而入的人看的。这是我要说的另一层外行与内行的关系。

所以，关于该书，我更感兴趣的是第三部分。看作者将一些琐琐碎碎的事情连缀起来，讲出道道来，很是享受。但我在阅读过程中发现，格非钩沉、挖掘的东西似乎可以分为两类。一类要剖析《金瓶梅》作者是如何架构内容、设计并推动情节、刻画人物的，这个可以理解；另一类则是以其中的人物（如西门庆）为对象，揣摩在特定场景下他是怎样想的，为书中给出的他的行为作论证。怎样看待后一类剖析？书中的人物不是现实的人物，他的言行是原书作者赋予的，该如何揣摩他背后的心理活动？这到底是原书作者的心理活动还是人物的心理活动？

从文学角度借助《金瓶梅》将中国古典文学与西方文学做比较，这是格非的本行，写出来的东西让我这个外行获益不浅。例如将场景和人物以及情节合起来写，欧洲文学不如中国，《巴黎圣母院》要单独写建筑写场景，但《红楼梦》中的大观园场景却可以在人物、情节描写中一并得到展示。这是中国古典文学的高明之处。

以上是我这样一个外行写的，不知对不对。

古代知识分子悲哀一例

邓广铭/《陈龙川传》

成文时间/2015-08-28

豆瓣浏览量/766

从图书馆借了《陈龙川传》，是邓广铭20世纪30年代的作品（大学本科毕业论文）。忘了是谁推荐，记在我的小本子上，此次在图书馆找到，周六上午翻了一遍。

陈龙川何许人也？南宋人物，出身草根，读书不辍，大半生求科名而不得，各种途径辗转其间，最后在50岁时得中状元，无奈任职前回乡料理家事却一病不起，终于没有机会尝试实现自己的政治抱负。有自己的政治理想——属于主战一派，也有自己的学术思想——与朱熹有王霸义利之辩。

一个知识分子悲怆的一生。书中有言，三十年来的投考和处世经验，使陈氏从万般艰辛中理会得：这科名是如何难以取得而又实在有取得它的绝对需要。只有取得它，才可以在人群中算得一个"人"，才可以在士大夫阶级中算得一个"士大夫"，才可以有资格对世事或国事插嘴。

邓广铭当初之所以为他立传，自然与当年中国抗击日本侵略的大背景有关，同时也自此奠定了"以宋代历史为主要研究方向，以撰著宋代杰出人物谱传为治学生涯的重要内容"这一学术道路（其子邓小南语），此外还有《岳飞传》《王安石传》《辛弃疾传》。此书写法接近于通俗读物，自然要以历史记载为主线，但作者的判断和连缀以及作为今人的揣摩也必不可少。书后附有作者对传主的考证，前后文字对比读下来，很有意思。

从《陈旧人物》想到《安持人物琐忆》

叶兆言/《陈旧人物》（增订本）

成文时间/2016-04-02

豆瓣浏览量/411

翻看叶兆言的《陈旧人物》，我对其中两篇颇感兴趣。一篇有关吕叔湘，另一篇是王泗原。感兴趣前一篇，是因为原来知道这是一位语言学大家，但此文说到了他在语言学之外的一面；后一篇的王泗源我原来没听说过，但他做的事情以及做事情的场景却让人有所感。

挺想就此写点什么。经搜索发现有关吕叔湘的一篇网上就有，而且还被作为中学语文课的阅读篇目（"读完完成第11—13题"）。想一想还挺有意思：一个当代作家回忆一位现代语言学家的文字，被作为语文课的阅读材料。但仔细一看，这篇"阅读材料"是经过节选的，我最感兴趣的部分都被"节"掉了。例如文中引述老先生20世纪80年代末期为《沙漠革命记》所写题记中有关中东冲突根源的一段话就被删掉了，但这段话却真的非常能够显现老先生的人文关切和清醒认识，拿到今天看仍然很有启发意义。

有关王泗原的一篇网上也有，而且也是中学语文阅读篇目。但我感兴趣的不是这篇文字本身，而是文中所描述的王泗原当年写作《古语文例释》过程中的点点滴滴。为此我到学校图书馆专门借了这本书想看一看（原想买一本，但对自己文言阅读能力实在没有信心，所以就想先测试一下：如果行，那就买一本），但一翻之下发现，叶兆言在文中所讲的使我最为之所动的内容——20世纪70年代初期从干校回来，文字形成过程中与叶圣陶老先生的互动（非常感人），最后形成洋洋40万字——全部来自该书的"自序"。

　　我有些沮丧。不是对王泗原老先生的书，而是对叶兆言的文。叶兆言是叶圣陶之孙，我一直以为，有了这一层，《陈旧人物》以及《陈年旧事》中应该更多一些直接感受，少用一些"剪贴板"。看起来这样的要求可能有些高了：即使有家庭背景做底，毕竟这些人、这些事的发生时间还是超出了作者的生活场景。

　　于是我想到了《安持人物琐忆》，作者陈巨来，述说清末民初文坛（书画界居多）大腕旧事。两书放在一起似乎可比性不大，我这里只是想说："道听途说"写出来的东西，无论如何也赶不上"亲力亲为"沉淀下来的内容。这里不妨推荐一下：《安持人物琐忆》真是一本很有意思的书，一本八卦书，一本信息量很大的八卦书，一本带有很强作者主观色彩的八卦书。你不能将其作为"信史"来看，但可以帮助你揭开那些名人对外着力营造出来的公众形象，还原一个个真实的人和真实的生活场景（顺便说一句，书中人物我最感佩的是袁克文）。

当然，这样的文字无论如何不能作为当下中学语文的阅读材料。

图书馆的模样

［美］尼古拉斯·A.巴斯贝恩/《为了书籍的人》和《永恒的图书馆》

成文时间/2016-09-09

豆瓣浏览量/544

一

"我一直在心里暗暗思量，天堂应该就是图书馆的模样"。每天乘坐地铁四号线，从人民大学站A口进进出出，都会看到博尔赫斯那张哲学家/文学家的脸以及旁边的这两句话（诗）。

图书馆是什么模样？图书馆一直是那个模样吗？尽管我也时不时进出人民大学的图书馆，但从来没有考虑过这个问题，直到读了美国人尼古拉斯·A.巴斯贝恩以"坚忍和刚毅"为名写下的两本书——《为了书籍的人》和《永恒的图书馆》——之后，才意识到这还真是个问题。顺便说一句：原书名 "Patience & Fortitude: A Roving Chronicle of Book People, Book Places, and Book Culture"，好像是中文本才被拆成了两本，在人大图书馆里，这两本书并没有放在一起。

以下文字、数据和故事均来自这两本书。

二

2300年前，国王托勒密一世创建了亚历山大图书馆兼博物馆，设想将人类全部知识都集中一处。

记录上最早的基督教图书馆是亚历山大主教（死于公元250年）在耶路撒冷创建的。

大约610年，科伦班在阿尔卑斯山南麓、北意大利的博比奥建立了一个修道院和一个缮书室，到10世纪，这个修道院出了一份藏书目录，登录了将近七百个抄本。

12世纪中叶，牛津大学形成了一批独立学院联合体，在高街的圣玛丽教堂成立了中央图书馆。

哈佛大学图书馆是北美洲最古老的藏书机构，在各类排行榜上都高居榜首。21世纪开始时，哈佛大学的藏书是1440万册，比最接近的竞争对手耶鲁大学超出390万册，比第三名伊利诺伊大学超出490万册。

1992年梅隆基金会提供一份报告，把20世纪各大学授予博士学位的数量与同时期研究型图书馆增加的图书数量联系起来。"凡是授予大量博士学位的大学，同时也是藏书丰富、图书不断增加的大学——这绝不是巧合。"

大英图书馆一直附属于大英博物馆，直到1973年才独立出来。博物馆一直霸占来自图书遗产的收益，直到1999

年才达成对半分配的永久性协议。

意大利本土地区有着不同方言，巨大差异一直持续到今天。由于文化差异巨大，别的国家有一个国家级图书馆就够了，意大利却有七个。

有数据表明，19世纪中期，美国有694所私人图书馆，藏书22万册，但公共图书馆只有一所，位于新罕布什尔州的彼得保罗镇。1848年，波士顿把市内开办的60所专业图书馆合并，建立了公共图书馆。到20世纪末，美国的公共图书馆总数超过16000所，比麦当劳餐厅还多，藏书约7.5亿册，人均2.7册。

三

1852年波士顿图书馆的一份报告认为，有四类图书是公共图书馆所必备的，其中第一类是"读者经常要求阅读"的书刊，必须准备足够的数；第二类是"少数人希望阅读的书刊"，可以只准备一份，但必须自由流通。

卡内基是第一个大规模捐助公共图书馆的工业家。从1893年到1919年，他在美国各地的1419个社区资助建造了1689所图书馆。他捐献房屋，要求受益者提供土地、买书、支付维持经费。

纽约公共图书馆有独特的组织方式：徒有"公共"虚名，自1895年成立以来一直依靠私人基金会维持。虽然它有"世界上最大的面向公众的图书馆系统"，但它仍然是"负有公众使命的私立机构"。

1998年8月16日，波士顿公共图书馆发生水灾。冰箱式拖车赶到现场，把成堆的图书装进去，送到"灾难复原服务公司"，经冰冻干燥设备去处理。"把书冻结起来，阻止水发出的潮气，然后经过一个化学过程，使其达于真空状态，再加上少量的热，在那个气压下，有那个热量，水就蒸发了。"

20世纪90年代"图书馆丑闻"事件发生在旧金山。以蛊惑性宣传筹款建立的"未来图书馆"最终引起了很大争议。受图书电子化理念影响，设计者认为书籍已经成为多余的累赘。为此，图书馆内部空间很大部分没有被用于安置图书和设置阅览室，大量图书卡片被弃之不顾，甚至许多图书被秘密处置掉了。由此引起了很大争议。

四

大英图书馆历经36年直到1998年才最终建成开放："60年代为选址而奋斗，70年代为存在而奋斗，80年代为经费而奋斗，90年代为名声而奋斗"。最终花费5.11亿英镑，是原来预计的三倍多。整个建筑占地9.5英亩，存放书籍的地方一共四层，全部在地下，深度达110英尺，地面建筑不甚显眼。建成规模为"书架长度340公里"，读者体验舒适方便。

法国国家图书馆由法国总统密特朗推动兴建，从1991年破土动工到1995年3月举行开放典礼（密特朗在主持典礼9个月后去世），历经3年多时间，花费80亿法郎（相当于12亿美元）。作为法国20世纪最宏伟的公共建筑，其外形是四本打开的书向内围着，中央形成一片园林，所有书籍被放置在四座高塔的玻璃窗后面。投入使用后所得的评价为：视觉效果很好但不实用，图书会因为日光暴晒而受损，阅览室与图书存放处的距离太远，读者体验不好，工作人员也颇有怨言。

五

1939年第二次世界大战战争在欧洲爆发，许多图书面临毁灭危险。美国学者催促购买重要的研究材料，促成了"法明顿计划"的诞生：草拟"一份搜寻珍贵图书和其他文献的名单，载明美国各大图书馆无法找到的材料""购买这些书籍和微缩照片，存放在国会图书馆，供全国使用"。到1947年计划有所改变：要求"凡是可能在美国研究工作中引起兴趣的书籍，每一种收藏一份"，执行责任被分配给60所学校。研究型图书馆大大加强了自己的实力。

成百上千的艺术家和知识分子在20世纪30年代离开了德国，在他们看来，美国是理所当然的栖身之所。《流放到天堂》着重从科学和艺术领域描述大批卓越人物怎样对美国文化的风尚和趋势产生了广泛影响。

犹太书商为逃避纳粹迫害而来到新大陆，规模很大，其特别意义在于：这个学者兼商人的灵活队伍把大量的重要研究材料从欧洲大陆运走，丰富了北美洲的收藏。"这些书商最持久的影响在他们的专长和技能，他们对图书的意识。"离开欧洲前，已获得博士学位的书商足足占了三分之一。

"二战"结束后，欧洲的资料仍然十分丰富，美国则产生了无穷无尽的需求。高校图书馆进入市场，成了主要力量。哈佛大学藏书从1940年的420万册猛增到1977年的960万册，加州伯克利分校的藏书从11万册增加到490万册，洛杉矶分校则从1940年的34万册增加到1977年的390万册。"这样的情况过去不曾有过，今后也大概不会见到了。"

六

书这个词有两层含义：一个是物质的书；另一个是智力的书。

某位作家为找一本书，辗转多个图书馆，最后在波士顿雅典娜神殿图书馆找到了，借阅时发现，此书是进入图书馆81年（注意不是1981年）来第一次被借阅。馆员说：你知道他们为谁买了这部书吗？是为你买的。

世界上已知最古老的图书馆格言，见于古埃及国王拉美西斯二世藏书室，大约公元前1350年，从希腊文转译的意思是：医治灵魂的场所。

达勒姆教堂的图书专供教士们使用，但仍然把书打扮得非常美，他们打算用这些书取悦谁呢？"书是为上帝制作的呀！"

1606年，牛津大学收录了一部中文书，得自从远东回来的一位海员，当时在牛津无人能懂。过了83年，才有来访的东方学者断定，它是孔子《论语》的一部分。

古登堡于1450年前后在德国美因茨河畔制作了48部《圣经》。印制这些书的机器、字版、车间早已不复存在，有关印书人的资料文献也已散失，但这些书还存留着。

20世纪30年代后期，发明家卡尔森在纽约公共图书馆，为了取得各种专利产品的详细说明和图样，希望在摄影之外找到一种在纸上复印形象的方法，最后在图书馆科技书藏中找到一批关于"光电导性"的材料，经过一系列实验，发明了"复印技术"。1959年生产出第一台复印机——施乐914。

1923年，苏联政府缺乏现金，纽约公共图书馆从他们手里买了3000件罗曼诺夫王朝的材料。因为有丰富的斯拉夫语藏书，托洛茨基1917年到达纽约的第一天，就来到纽约公共图书馆。

1989年，戈德施密特在哥伦比亚大学发表了一次演讲，以颂歌的语气预告"学者型书商将要消逝"。

"我们谴责那种时下流行的观念，认为图书首先是一种投资。这样的书商追求的不是学问（scholarship）而是美元（dollarship）。"

15册《罗马人的故事》，谁能从头读到尾

[日]盐野七生/《罗马人的故事》

成文时间/2016-09-23

豆瓣浏览量/11367

一

今年春节，有毕业学生来看我，带来一箱子书——《罗马人的故事》一套15本——作为礼物。我还真没听说过这套书，但翻翻第一册，内容、体裁、语言文字都比较喜欢，故而打算从头到尾读一遍。

我还是有些轻视了实现"读一遍"这一目标的阅读量。一来，年龄越大，读书越慢，不再像年轻时那样一目十行，思绪还常常会从字面漂到他处做延伸想象，因此就比较花费时间。二来，这些原本是"闲书"，不能占用太多的工作时间，再加上还有其他一些闲书阅读会插进来。于是，断断续续半年多，到8月底方看到第12册。

我不免有点烦了。一天突然间想到一个问题：别人对着这15册一大摞，是什么态度？会不会像我一样会厌倦？

他们会坚持读完吗？为此特到豆瓣查阅这套书的评分记录，一查不禁哑然失笑：原来我的厌倦是很正常的反应，似乎有很多人可能就是开头兴致勃勃然后在某一册上卡壳，中途放弃没有坚持到终点。发现这一点，脑子里闪过一个念头：我一定要读完，然后依据豆瓣评分数据做点分析，写篇东西出来。这个想法刺激了我的阅读兴趣，进度也加快了，这不，到9月20日，我终于达到终点（后面三册看得粗了一些）。

二

我读的是中信版，此外还有三民出版社的一套繁体字版。可以找到的材料只有豆瓣评分记录，里面包含三方面信息：1）评价人数；2）平均得分；3）从5星到1星各级占比。

这三个数据能够回答"多少人无法坚持读到最后"这个问题吗？显然，参评读者不等于全部读者，但依据统计学原理，只要样本分布对总体有足够的代表性，那就可以用样本数据推断总体状况。具体到我们这个问题，就是参评者在15册上的分布与全部读者的分布是否相似，换句话说，一套15册，每一册的参评者占读者比例是否大体相等，如果相等，就可以用参评者数据回答读者群"有多少能够坚持读完"这个问题。

我们无法验证这个比例是否一致。但以常理而论，读第一册容易，一直读下去会比较难。在此前提下，如果读了第一册去豆瓣给了个评价，等到好不容易读到第10册（或以后），你会放弃去做评价吗？所以，我想情况应该是这样：从第1册到第15册，评价者占读者的比例是上升的，至少不会下降。这就是说，我们用豆瓣评价人数的分布状况去判断到底有多少人能够读完全书，得到的可能是一个偏高的估计，实际读完全部15册的人数可能会少于用参评人数估计出来的结果。

三

先看全部15册评价人数的分布（截至9月20日），一组是中信版记录，另一组是三民版记录。

可以看到什么？

第一，不出所料，评价人数呈阶梯状下降。据中信版数据可知，从第1册的接近三千人（2923人）依次降到一千几百人然后再降到几百人，最后停留在不足三百人（288人）。

第二，前几册下降幅度更大，随后幅度减小且相对比较稳定。

第三，可能受繁体字排版影响或者是购书便利程度影响，这两组数据有量级的差别，中信版以2923人次起，三民版最高人次数只有330。受人次数较低影响，三民版的分布状态不如中信版稳定。

第四，两组数据分布状态大体一致，但也有一定程度的差别：或许因为排版及购书便利程度对读者产生了筛选作用，三民版读者人群似乎更倾向于读完全书。

如果认可上述结果，我们可以推断：在拿起这套书的读者中，最后坚持读完全书的还不到十分之一（288/2923＝9.85%）。如果用三民版数据演示，此比例可以达到21.5%（71/330），但前面说过，受外在因素影响，用这个数据代表整体可能不大靠得住。

表1

册名	中信版评价数（人次）	三民版评价数（人次）	中信版得分
1.罗马不是一天建成的	2923	330	8.9
2.汉尼拔战争	1650	281	9.2
3.胜者的迷思	1209	231	8.7
4.凯撒时代（上）	1057	141	8.8
5.凯撒时代（下）	905	170	9.2
6.罗马统治下的和平	734	142	8.7
7.臭名昭著的皇帝	588	121	8.6
8.危机与克服	455	104	8.5
9.贤君的世纪	405	94	8.7
10.条条大路通罗马	364	75	8.4
11.结局的开始	348	78	8.5
12.迷途帝国	333	89	8.5
13.最后一搏	310	77	8.5
14.基督的胜利	303	75	8.5
15.罗马世界的终曲	288	71	8.7

四

什么导致读者不能坚持到终点？

是不是书写得不好？好像不能这么说。因为，表1中各册评分结果表明，伴随评价人数的减少，得分虽有一点下滑但并不明显，一直处于高分水平，尤其是第7册之后，评价结果基本稳定。

其实，个中原因可能也都是一些人之常情：

第一，篇幅太长。大多数人没有长性，如果没有外在压力，常常就无疾而终了。

第二，冗长。书里面有大量重复述说，容易让人心生厌倦。例如到第14册，作者把元老院的"发展史"又从头到尾念叨了一遍。

第三，多数人偏好上升期不喜欢（不忍心）下坡道。千余年的罗马史，前半截日渐强盛，后半截迅速衰落。我家先生在这套书上画的"红笔道"停止在第8册，"后面就没看头了"，他说。

第四，英雄情结所致。看表1中数据，有两册得分最高：一是汉尼拔的故事，二是凯撒（下），都出现在前面。这也是我家先生的选择（有一阵子，他还曾以汉尼拔作为自己微信的名字）。后面则缺少这样的"英雄人物"。

五

最后说说我自己对这套书的评价。

书确实写得很好看。盐野七生一生沉迷于罗马史，最后写出来这一套书，不拘泥于史料（史料太少），力求填满空白，讲述一个完整的、入情入理的故事，把罗马的辉煌与衰落、经验与教训以及对后世的启示展示给读者——尤其是那些具有一定阅读能力、对历史有偏好者。获奖无数，真不是吹出来的。

但篇幅也确实太长了。罗马大道，税制，公民权，罗马法，同化战败者，元老院，军队体制，都是一遍又一遍的话题。对各种战役，都事无巨细加以说明。加上不断更迭的皇帝（尤其是到中后期），走马灯一样，有时真是在考验人的耐心。我想，如果将篇幅缩短四分之一甚至三分之一，效果是否会更好一些？

最喜欢哪一册。说实话，拖了这么久，前面的都有些淡忘了。但第1册和第15册还是留下了比较深刻的印象。第1册以简洁的语言勾勒出罗马的早期历史，一下子抓住了读者的兴趣。第15册展示了罗马各时期的金银币，带领读者再次回顾整个罗马史，以简洁的笔墨交代罗马帝国的灭亡以及后世余响。

我比较不满意的是第10册。原本我以为，第10册的设计是神来之笔：在罗马走下坡路之前停顿一下，对罗马留下的遗产作总结，尽管没有故事，却非常有意义。问题是这一册没有写好：把罗马的基础设施区分为硬件和软件，对硬件花费了很大笔墨，却省略了大部分软件的描述。所以，读者评分这一册最低，可谓"所见略同"。

最喜欢的人物。当然，凯撒的文韬武略确实有很大吸引力，相信每一个读者都会留下深刻印象。除此之外，我最敬佩的人物是：第3册的格拉古兄弟，能够看到别人没有看到的问题，但最终却以悲剧收场；第11册的马克·奥勒留，以哲学家的品质，勇敢地承担起皇帝的职责；第14册的尤里安皇帝，力图挽狂澜于既倒，最后的一番遗言十分令人动容。对了，还有与凯撒同时代的西塞罗，那个雄辩的大律师，有写信癖好，虚荣心爆棚，但内心保留着理想主义种子，典型的知识分子形象。

北大早期生态

［美］魏定熙／《权力源自地位》

成文时间／2016-11-09
豆瓣浏览量／1064

北大肯定是一个持续、多元的话题。读了《权力源自地位》一书，采摘一些枝节片段，录下一些数字，证明自己没白读。

一

以"太学"起底，"将科学嫁接在科举上"，大体体现了设立京师大学堂的初衷。（P17）

"教育现代化的支持者多是科甲出身"。（P21）

孙家鼎为京师大学堂拟订的学科清单："一曰天文科，算学附焉；二曰地学科，矿学附焉；三曰道学科，各教源流附焉；四曰政学科，西国政治及律例附焉；五曰文学科，各国语言文字附焉；六曰武学科，水师附焉；七曰农学科，种植水利附焉；八曰工学科，制造格致各学附焉；九曰商学科，轮舟铁路电报附焉；十曰医学科，地产植物各化学

附焉。"（P31）

按照方案，府州县小学毕业生称为"生员"，省会中学毕业者称为"举人"，而从京师大学堂毕业的学生则获得"进士"出身，成为朝廷命官。（P38）

学生的毕业证书是用一毫米厚的宣纸制成的，每边印有象征祥瑞之意的飞龙两条，盖有西太后的印，并载明学生的成绩和排名，最后因任授官。（P75）

伴随清朝的崩溃，京师大学堂并没有随着旧制度一同消亡。1912年5月12日重开，正式更名为国立北京大学校。（P84）

张作霖军阀势力的破坏终结了北大的"光辉岁月"。

1929年北大恢复，但已失去了往日的独特性。中国的首都是南京，国民政府已在那里以及武昌、广州建立了国立大学，这些大学吸引了南方那些原本属于北大的生源，并要"与北京大学分庭抗礼，争夺知识界的领袖地位"。（P260）

北大也不再是唯一一所可以标榜自己是敢为天下先的大学了，除他以外，北平、上海、南京等地的高校也都采用了类似的运动技巧和民族主义导向。在"一二·九"运动中，北大落在了清华大学和燕京大学之后。（P260）

"尽管如此，北大对自己历史的铭记及其回顾历史的方式，都使之继续作为一个可以自由思考的圣地，与千篇一律强调实用学科的其他高校迥然不同"。（P260）

二

1998年，光绪帝批准梁启超的《大学堂章程》，令户部分别筹拨所需兴办经费35万两、常年用款18万两。（P35）

京师大学堂设立两名总教习（校长），一位主管西学，另一位主管中学。其中西学总教习邀请同文馆总教习、具有传教士背景的美国人丁韪良出任，丁韪良开出的条件是：每月薪水500两和官衔由三品升为二品顶戴。（P37）

1907年，学部拨给官费留学生15万两白银，拨给京师大学堂19.2万两，而用于国民教育的经费却只有区区1.2万两。（P75）

从1913年到1916年，北大年预算由300万元出头增长到近450万元，学生数量也迅速增加，到1914年末本预科共录取学生约900名，两年后则超过了1500名，每年的报录比是四或五比一。（P103）

罗敦伟回忆，1919年与他一起参加北大入学考试的有将近3000人，最后只有180通过。（P192）

1914年录取的423名本科生中，213人来自南方的四个省份：广东78，浙江71，江苏44，福建20；然后是山东43、直隶37，合起来70%来自沿海。423名学生中有213名选择读法科。（P103）

1914年末，53名大学教员中有10名外国人，29名海归；38名大学预科教员中有7名外教，21名海归。据1918年初统计，北大共有90名教授，平均年龄不足35岁，同期本科

学生的年龄不到24岁。（P136）

1917年，北京大学教授的工资基本都是每月200元。同时期北京初小教师工资大约每月24元，高小教师是32元。李书华1922年执教北大，每月薪水280大洋。按当时物价水平，每月100元便可以租到有20间房屋的四合院，外加一个厨子、一个男仆或女仆、一个人力车车夫。（P220）

陶钝回忆，他在北大一年的花销只要250元，其中山东省教育厅津贴80元，县教育局津贴40元，剩下的钱由家里支付。

国民党一向在北方力量不足，但到1924年已经很受北方学生欢迎了。当被问及"你心目中国内或世界的大人物是哪几位"时，北大学生有473人选择了孙中山，排名第二、第三的分别是陈独秀（178票）和蔡元培（153票）。（P242）

三

不知为什么此书的中译名叫作《权力源自地位》（*the power of position*），京师大学堂当年的地位自不待言，此后北大在20世纪20年代末的失落也确实与"地位"有关，但power对译"权力"好像还是让人有些莫名其妙。窃以为"力量"更好。

有感于沈从文人生后半段的文字发表

沈从文/《花花朵朵 坛坛罐罐》

成文时间/2017-01-06

豆瓣浏览量/849

国庆长假，逛三联书店，买得一本《花花朵朵 坛坛罐罐》。

此书为沈从文的作品结集，老早就听说，一直没有看过。放在床头胡乱翻翻，一不小心就越过了新年，直到今天（2017年1月5日）才算翻完。

贯穿全书的基本观点之一，是力主要将实物与文献结合起来做相应研究，有时候正着说，有时候反着举例。还有一个基本立意在多篇结尾处都有体现：应该将历史文物研究服务于当下生产生活，例如各种绣品、织物图案的古为今用等。

其实我没有篇篇都仔细看。那些事无巨细的考证辨析，我还真不大看得进去。我比较关注的，一是弥漫于字里行间的情绪，二是好奇这一支一直以来写小说散文的散漫的笔，如何做这些需要认真、仔细的考证功夫，并要用文字以写实的方式表达出来。但实际上我（以及很多人，包括他的学生汪曾祺）多虑了。第一，他能够花水磨工夫仔细研究问题，"我为什么始终不离开历史博物馆"（一篇"文革"时期的"检讨"）写尽其中甘苦；第二，他能把抒情气质与科学条理完美结合起来，"'瓟斝'和'点犀䀉'"（顺便考考你，这几个字读作什么，其中这个"䀉"字，连《康熙字典》都没有给出读音）一篇堪称典范，借《红楼梦》"刘姥姥醉卧怡红院"一回，一面考证起居服用的器皿事物，一面评点其中人物尤其是妙玉的人物性格。最终形成自己创作的另一个高峰。

把全书46篇长长短短的文章排列一下，得到的几组数据挺有意思，这里和大家一起分享。

按年代分，4篇写作于1949年以前，然后20世纪50年代16篇、60年代13篇、80年代4篇，年代不详者9篇。由此不难发现，20世纪50年代、60年代是其专业创作的高峰期，可以预见，如果不是"文革"造成的断裂，我们会看到更多文章传世。

按发表方式分，有18篇没有刊出信息，4篇作为书的序跋出现，余下24篇发表在各种刊物上。

按刊出刊物分，其中有6篇发表在《光明日报》，贯穿20世纪五六十年代，另有6篇发表在《装饰》杂志，此外还有《文物》2篇，以及《美术研究》《新观察》《新建设》《羊城晚报》《文汇报》，甚至还有一篇发表在《人民文学》呢！

人民大学校址是怎么选定的

李新 / 《流逝的岁月》

成文时间 / 2017-02-01

豆瓣浏览量 / 593

春节期间，读了李新所写回忆录《流逝的岁月》，其中有大约四分之一篇幅写他20世纪50年代在人民大学（"人大"）所经历的事情。这里摘编两则与地点有关的故事。

一、人大选址

人民大学西郊校区的校址是如何选定的？此书这样说道：

"人民大学是中共中央创办的新型大学，它是为了建设社会主义，专门请了大批苏联专家来培养专业干部的大本营。人们把它和高级党校相比，说它是中共的高级业务党校。它当时在全国高等学校中的地位很高，可以说是首屈一指的。……开办人民大学，中共中央因为不愿去挤占原有各大学的校舍，只得另行修建。而新中国成立之初，经费困难，所以刘少奇指示，先修建西柏坡那样的土房子，等财政情况好了，再重新修建楼房。修平房需要的土地面积大，而且为了避免拆迁，所以决定把校址设在西郊。"

"为了找校址，校部主要领导人和苏联总顾问安德里昂诺夫一起到西郊各地跑了许多地方。周恩来总理说，圆明园地方好。我们到那里去看了一看，觉得在那个废墟上修建一所大学，不知要花费多少钱财，而且绝非短时期能修得起来的。后来发现西直门到海淀镇半路上的一个地方，东面是双榆树，西面是苏州河，安德里昂诺夫一看，认为这个地方很好。他说：这里地势较高，南北两面都往下斜，在平原地上找这样一块地方是很难的。在这里修建楼房最好、最坚固，能保持久远。而且后面有河，将来引水入校园可以使校园美化、绿化，使学校更加可爱。他又说：从城里到海淀，这里恰好在一半的路上，将来发达起来后，公共交通一定会在这里设站。人们从这里进城或到海淀以至颐和园，都会很方便。安德里昂诺夫是经济学教授，但他对建筑也是内行。他用目测即能看出地势的高低，和用仪器测量出来的差不多。那时，西郊还是农村，人烟很少。后来发展起来，证明他的预计都是正确的。只有苏州河水，没有引进人大的校园，未免遗憾。"

二、东厂胡同的前世后生

20世纪50年代中期开始，作者即将主要工作转到《中国新民主主义时期革命通史》的编写。这个编写组的办公地点是社科院的近代史研究所，地处东厂胡同八角亭。关于东厂胡同，书中写道：

"近代史研究所的地址在东厂胡同。东厂是明代皇家的重要机关，类似近代的特务组织，东厂胡同就是因为东厂设在这里而得名的。到了清末，这里是权臣荣禄的府邸，八角亭就是荣禄接见宾客的地方。袁世凯当政时，买下了这座府邸来送给黎元洪。后来黎元洪当上了总统，这里便成了总统官邸。日本占领期间，在其中东北部临街修建了一座图书馆。日本投降后，国民党中央研究院接收了这个地方，其历史语言研究所就设在这里。胡适也住在里面，他为了留取五四运动的纪念，特意从电话局取得"54"这个号码（他的电话号码是"5.5400"，前面那个"5"是电话5分局，后面两个"0"，是故意空着，以凑足五个字的号码）。北京解放后，范文澜领着他的历史研究室驻进了这个地方，胡适的住室便成了范老的住室。从此，范文澜辞去了华北大学的一切职务，专心写书，后来这里便成了科学院的近代史研究所。"

从一代人到另一代人

李新/《流逝的岁月》

成文时间/2017-02-02

豆瓣浏览量/353

　　春节期间读《流逝的岁月：李新回忆录》。选读此书首先是因为人民大学创建初期此公在场，虽然其中时间上有所缺失（只写1952年到1957年这一段），但仍然对人大花费了不少笔墨（加上附录所涉，大概占全书1/4）。我在人大已经超过30年，关心在所难免。除了这一层之外，还有一个原因，我先卖个关子，后面大家一看便知。

　　读罢全书，我有两点感触。

一、讲真话不易，反思更难

　　李新经历的是革命年代，既有对抗外来侵略，又有国共两党的纠葛，还有党内的斗争，哪一方面都可以用血雨腥风来形容。为此写回忆录、讲过去的事情很不容易。写不写和怎样写，可能都是问题。李新回忆录先后有两版，两版前言对待回忆录的态度有所不同。前一版前言认为

"有些事和人现在不宜说或不宜直说、多说，甚至要等到死后才发表"。后一版则认为"必须当这些人还活着的时候，就直接真名真姓地说"，这样才能"辩正"，因此，这本回忆录"写到了许多现在还健在的同志……"。这样的态度不禁让人眼前一亮。

李新确实讲了很多真话而不是简单地文过饰非。例如1941~1943年整风中的经历，对"三反"中范长江、钱俊瑞的评价，有关林希翎被打右派的前前后后，还有刘少奇"四清"前期的不上台面的"讲话"等，都可以让人长见识。

通过此书可以看出，李新一直是一个比较务实的人，不激进，有想法也有办法。土改运动中对待中农的态度，救灾过程中建立生产推进社的尝试，在"进城"之际从党政仕途主动转到教育和历史研究领域，"三反"时面对人大学生上街游行的"熄火"对话，在《中国新民主主义时期革命通史》编写过程中如何处理彭德怀问题，面对以上问题，其政治智慧和处理方法都非常令人钦佩。

但是，即使如此，我还是对此书所展现出来的内容有些许遗憾。

一方面的遗憾是对作者自己一生缺少总结反思，尤其是对一些关键节点和转折缺少有深度的交代。例如"进城"前夕，与任弼时畅谈三天，最后表示"不想再做青年工作"转而要求去华北大学，为什么？我想，从读书人（青年学子）起，经过一个革命过程，再回归读书人（大学教师和历史研究者），如果说出其中的"为什么"，可能很有意义。

另一方面的遗憾是对中国革命、中国共产党从生存发展到执政的历史过程中的得失缺乏总结和反思。和工农干部不同，照理说李新是具备反思能力的。但通观全书，或许有对具体人和事的议论，但系统的思想性反思基本缺失。

二、青出于蓝，却不是蓝

李新是从重庆（川东师范学校）走出来的，受抗日感召，与同伴一起，一路跋涉奔赴延安，此后在革命洪流中摸爬滚打，直至新中国成立……最后职务是中共中央党史研究室副主任。

当时的同伴中有两个人：一个是李成之（李直），新中国成立后一直在农垦系统工作，"文革"中受折磨含冤去世；另一个是王方名，几经周折，在人民大学教授和研究形式逻辑，"文革"中受到很大冲击，待问题解决后已经难以回归教学研究行列，最终抑郁而终。

之所以单单提到这两个人的名字，是因为他们和李新一起，在身后留下了另外三个文化人的名字：王小波、李锐、李大兴。

没错，就是那个大名鼎鼎、写下《黄金时代》《白银时代》等大作、英年早逝、至今让人不断提起的王小波，被许多人认为具备摘取诺贝尔文学奖的实力，是中国现代文学史上的一道绚丽风景。我喜欢他那部《沉默的大多数》，嬉笑怒骂信手拈来，以黑色幽默揭示现世的荒唐。王小波的父亲就是王方名。

李锐，百度百科定位其为山西作家，现长居美国。有多部文学作品，曾获法国政府颁发的艺术与文学骑士勋章，作品被翻译成瑞典文、英文、法文、日文、德文、荷兰文等多种文字出版，其瑞典文翻译者就是诺贝尔文学奖评委会唯一的汉学家马悦然教授。我似乎没有看过李锐的作品，但前面的一大堆铺垫，你可以想象其内容和风格。李锐的父亲就是李直。

李大兴，这个名字可能没有前面两个响亮，但最近几年有关那个时代、人大大院（铁狮子胡同1号）的文字经常见诸报端，《经济观察报》有一段时间差不多每期（周）有一篇。我就是通过这个平台知道了李大兴，并喜欢上他的文字。此公"文革"后高考进北大，然后经日本留学辗转到美国，现长居美国芝加哥。从大院和小时遭遇起头，以自己的经历为线索反复"吟唱"，向前后左右延伸，铺陈出一篇篇温润、略带感伤的文字。他是李新的小儿子。

三个人各有际遇，长大后似无交集，但却有一个共同点：都没有沿着父辈的路去铺陈自己的人生之路。李大兴有一篇追忆父亲的文章——"张力与怀念"，文中除了斩不断的亲情之外，可以非常清楚地看到两代人之间的隔膜以及断裂，值得一读。李大兴还有一篇回忆王小波的文章——"我记忆与感受中的王小波"，同样可见两代人的巨大差别。

听辛德勇讲海昏侯的故事

辛德勇 /《海昏侯刘贺》

成文时间 /2017-08-26

豆瓣浏览量 /3130

这两年海昏侯的故事炙手可热，辛德勇好像在历史学圈里圈外都是声名显著（我不知道是不是这样），两者叠加起来，这部《海昏侯刘贺》被我拣到购物篮里带回了家。

我是第一次读刘贺的故事（此前追随大众到首都博物馆看了一次出土文物展，唯记得一大堆金饼，呵呵），也是第一次接触辛德勇的书（此前曾经在豆瓣看过并转发一篇博文"老来波俏辛德勇"，对此公大加赞赏），故而还是抱有期望的。

断断续续看下来，大体明白了这个海昏侯刘贺的前世今生，同时也粗粗见识了辛德勇的笔下功夫。以下胡乱写几段话，以标记这一次读书"经历"。

一、讲了好几个人的故事，最精彩的还真不是海昏侯

刘贺称帝前后有很多故事。要讲清楚这个只坐了27

天帝位的幸运儿/倒霉蛋的前世后生，需要讲好几个人的故事。

第一自然是汉武帝，这是后面一系列故事的起点。然后是卫皇后及其儿子，即后来谥为"戾太子"的刘据。因为这位原太子被废，刘贺才有机会。第三是李夫人，汉武帝宠幸的妃子，她是刘贺的奶奶。刘贺之所以能够接替汉昭帝，与这位夫人的地位（尽管早早故去）还是有一些关系的。第四是汉宣帝刘询。一方面是因为他接替了刘贺，而且，刘贺之所以后来被封海昏侯，直接取决于这位刘询。另一方面，刘询是戾太子的嫡孙，也就是说，转了一圈，汉武帝的子嗣继承又回到原来的轨道。此外，汉昭帝及其母钩弋夫人也是其中一环，但因为其基本属于霍光的傀儡，乏善可陈，所以着墨不多。最后就是在此过程中运筹帷幄的大司马霍光了，要讲清楚其中的帝位传承，无论如何是绕不过去的。

我感觉，辛德勇讲的这些人物故事里，费笔墨、花心思最多的肯定不是这个写进书名的刘贺。

最为惊心动魄的，当属戾太子刘据的故事。其出身以及被立太子牵涉到好几位皇后，中间"起事"有很多是是非非，最终评价遭遇难题，几度反转，这些都招惹作者花了很多笔墨。

最精彩的，我以为是汉宣帝刘询。颠沛流离的童年，借助于霍光"政变"上位，长期韬光养晦，然后清除霍光影响，最终取得"光复炎汉"佳绩，这一切在作者笔下徐徐展开，非常引人入胜。

二、怎么讲故事，文献考据是大头

辛德勇最精通的是文献学，所以他肯定不是按照一般套路讲故事。掉书袋必然是其中的应有之义。

但全书看下来，感觉这个书袋掉得有点太厉害了。全篇充满考据，直接关联的人和事固然应该考，向外延伸出去的旁枝末叶也不放过。最后的效果是，可能让读者抓不住主线，不连贯，并对那些可有可无的训诂心生倦意。就像那篇"老来波俏辛德勇"中对辛德勇的评价：行文过于繁密，窒息了文气，还有一句形象的说法：铺陈繁密如石榴籽，让人头大。有时真的"让人头大"。

举例而言。有关戾太子刘据的故事：1）巫蛊，用8页讲来历、当时的用法以及后世的用法；2）江充之奸，是否栽赃太子，8页；3）汉武帝后来"感悟"到什么，17页。

再举一例。海昏侯这个"海昏"，当时是一个县还是一个侯国，里面的"昏"字是否意味着对刘贺的再次羞辱。这些论证我以为都在情在理。但是，为了应对当今学者王子今（人大教授）提到的"东海昏"，作者花了21页把南齐萧宝卷的故事整个"分析"了一遍，似乎还是有点小题大做了。

或许，单独来看，这些内容确实有必要，但我们的目的是什么？如果从刘贺出发来讲故事，是否有必要详细到这样的程度？

所以，不能将此书作为讲故事的史书。如同此书封底推荐语所说，这是一部有关"海昏侯及其时代"的"学术研究"专著，是以此为契机考证相关问题。

三、有文献的地方，没考古什么事

此次海昏侯之所以能够引起大众层面的广泛关注，全赖考古挖掘之功，然后才有了一大堆的论文，以及辛德勇这本书。由此就出现一个如何看待考古发现，以及考古与历史学研究的关系问题。

"开估发掘物品的这种直观性特征，很容易吸引社会公众来关注相关的历史人物和事件""考古学，可以为历史学研究提供史料，同时帮助解析过去遗留下来的实物。因此，考古学的发现和研究，不仅可以给历史研究提出新的问题，同时还会极大地丰富历史学的研究资料，从而拓展历史研究的范围，推进历史研究的深度。"辛德勇在书中这样说道。

但是，辛德勇还说了其他的话。

"就中国的实际情况而言，进入传世文献记载比较清楚的时段之后，若是就重要的政治史进程、重大事件的前因后果以及重要人物的历史活动和属性等问题而言，总的来说，考古新发现，大多只能起到补充细节的作用，通常很难对历史文献的记载做出根本性改变。"

具体到海昏侯，"只要认真梳理传世文献的记载，基本上无需依赖考古学家下一步的工作，就可以做出比较确切的解答。事实上，也只有通过传世文献的记载，才能解答这些问题。"

"大多数出土文物，往往不能简单地用来直接解释历史人物和历史活动，更不宜简单地用某一具体的实物率尔否定像《史记》《汉书》这类正史记载的史事。"

"传世典籍与考古新发现之间的关系，类同主干与枝叶，首先把握住主干，才能更好地梳理清楚枝叶。"

"考古不能被娱乐化。"

四、一些有趣的事情

反叛的太子刘据为何谥号为"戾"。依据周公谥法（这也是有法的啊）："不悔前过曰戾"；对应的还有一句："追思前过曰思"。当下人起名，自然不会用"戾"，但带个"思"字很多见，不知大家是否知道其本意。

李夫人一病不起，汉武帝去看她，她遮住脸不让他看。众人都说她的不是，李夫人则说："所以不欲见帝者，乃欲以深托兄弟也。我以容貌之好，得从微贱爱幸于上。夫以色事人者，色衰而爱弛，爱弛则恩绝。上所以挛挛顾念我者，乃以平生容貌也。今见闻毁坏，颜色非故，必畏恶吐弃我，意尚肯复追思闵录其兄弟哉！"真是一个有智慧的女子。

讲到汉武帝之死，作者给他的定语是："这位戕害天下苍生而乐之不疲一辈子的汉武大帝"，这个评价和历史教科书中所写差异甚大。

汉宣帝初即位，有公卿议论欲更立皇后，以霍光之女代之。宣帝下诏"求微时故剑"，以此表达自己的意愿，使患难夫人许氏得以册立为皇后。汉宣帝之不俗由此可见一斑。

每一位帝王使用年号，都有固定的年数，而且绝不与前面的皇帝相同。在当时人看来，年号的使用年限，意味着一种天运之数，天不变，数亦不变；反过来讲，天若有变，则数必变更。所以，汉宣帝一旦摆脱霍光控制，必须要改年号，不再以五年一个周期，而是用四年一个周期，意味着宣帝独自奉天承运，不再延续昭帝（也就是霍光）既有的运数。

一直在现场/但坚持做局外人

[美] 托尼·朱特、蒂莫西·斯奈德/《思虑20世纪》

成文时间/2017-11-17

豆瓣浏览量/1058

　　遭遇托尼·朱特从《战后欧洲史》开始，之后陆续阅读《沉疴遍地》《记忆小屋》《责任的重负》等作品，直到这部《思虑20世纪》。此后给学生和身边的人推荐（主要是《战后欧洲史》），但响应者寥寥（我所在的这个行当与人文关系较远）。家里有一位历史爱好者和一位史学研究者，但似乎也对朱特没有太大兴趣，甚至还鄙视我为什么喜欢他的作品。

　　我喜欢读一些专业之外的东西，但说实话可能连一个历史爱好者也算不上。我的选择是要有一点儿思想性（别太高深，否则看起来太费劲），有一点儿历史感（最好能够和我既往经验和知识有一点儿联系），此外还要有一点儿情趣（读起来有些共鸣）。我觉得朱特的作品正好能够满足我这些偏好。百年来欧洲的版图分合、世事变化、思想传承，曲曲折折延绵到当下，为理解后来出现的人、发生的事，以及社会的架构、国际关系格局，提供了丰富的背景和解释的入口。

全面评价这部书不是我力所能及的。看看豆瓣上不多的几篇书评，基本上就是各方的轮廓介绍。我以为，要想对此书背景和内容有一个轮廓性了解，应该读三篇东西。一是对话方蒂莫西·斯奈德的"序"；二是托尼·朱特自己写的"跋"；三是中文译者苏广恩写的"译后记"，此外还可以读一下朱特遗孀珍妮弗·霍曼斯写的"托尼·朱特：最后的胜利"（豆瓣上有译文，https://book.douban.com/subject/26667007/）。这几篇东西分别从不同角度给出来此书的初衷、过程以及作者本人一生的基本轨迹，包括行走轨迹和学术志趣。

其中令人印象最深刻的是，战后欧美几十年朱特好像从未缺席，亲历和紧贴各种重大事件和转折，一直在现场。犹太人出身，家传的社会主义思想，接受英国正统教育，作为犹太复国主义一员前往以色列，1968年到法国经历了"学生运动"，出入欧洲和美国之间，1989年以后与东欧学者有亲密接触，2000年后在美国恰逢"9.11"事件发生。

同样令人印象深刻的，是他总是会与亲力亲为的人与事保持距离，或者说是先进入这种角色，然后抽身而出，逃离这个特定角色，之后以一个局外人身份审视发生过的事情。"他必须是一个世界主义者，他的目光必须超出地方性话题之外；但与此同时，他必须深入地方性话题中去，他才有可能获得某种超出地方性问题之外的普遍的见识"

（见译后记）。所以，在朱特身上曾经有很多标签但又被他扔掉，最终保持了一个社会民主主义者形象。这一过程从此书的章节标题上就可以体现出来：每一章，前半段是他的经历，后面则是他的身份标签。

1）此名依旧：犹太质询者

2）伦敦与语言：英国作家

3）家传的社会主义：政治上的马克思主义者

4）国王学院与基布兹：剑桥犹太复国主义者

5）巴黎、加州：法国知识分子

6）理解的一代：东欧自由主义者

7）统一体与碎片：欧洲史学者

8）责任的年代：美国道德家

9）平庸之善：社会民主主义者

还有一点不能忽视的，是他作为一个病情发展很快的渐冻人，如何能够处理好身体状况急剧恶化带来的痛苦、面对死神之恐惧带来的情绪波动、冷静阐述数十年沉淀下来的丰富思想、尽最大努力修改文稿这几方面的关系。设身处地想一想，我真的做不到。由此引起的问题是：朱特能否还像以往一样，像一个"局外人"那样，保持思想的"中庸"而不受这个"现场"的影响？

他似乎真的做到了。

我（手贱）仔细数了一遍后面所附的索引，在这部400多页（中文版）的对话中，讨论到的作品一共有124部，涉及356个人物。

最后提供两段来自此书的文字：

"东欧犹太人毫无疑问全都被说德语的中欧犹太人所鄙视，但东欧犹太人也有明确的贵贱之分。宽泛而言，立陶宛和俄国的犹太人认为自己无论在文化上还是社会地位上都更为优越，而波兰和罗马尼亚的犹太人，用温雅一点的话说，则是低等动物。"（P8）

犹太人"将自身的历史置于20世纪及其意义的中心"，但事实上，"大屠杀在二战中跟人们的关切和决策中心相距何其遥远。""今天作为犹太人和人道主义者而赋予大屠杀的中心地位，是几十年后才出现的"。（P27）

很耐看的一本"小书"

张纯明 / 《中国政治二千年》

成文时间 / 2017-12-30

豆瓣浏览量 / 915

五六万字篇幅,如何解说中国二千年的政治史?说起来似乎不可能,但这本小书真的做到了,还挺好看。当然,你会说这肯定会挂一漏万,这话果然不错。但对于不是专门做政治史的人而言,作者以举重若轻方式为读者勾勒一个得其精髓的轮廓,真的蛮好的。

一、结构之美

先看书的结构:

绪论

1. 皇帝、专制、统一

2. 有形政府之一——中央

3. 有形政府之二——地方

4. 无形政府之一——幕僚

5. 无形政府之二——书吏

6. 政府风气之一——名教、倾轧、高调

7. 政府风气之二——贪污

余论

怎么样？有形政府依附于机构，无形政府依附于人，进而就是弥漫于政治（官场）之风气。每一层都包含两章，中央与地方，幕僚与书吏，关系与物欲，两两对应。

面对如此具对称之美的目录，是不是就会令人有一种展读之冲动？

二、警句迭出

书虽短小，却不乏中外之比对和历史之传承，呈现出来的，是清晰的认知和精到的文字。以下仅举几例。

秦始皇留下了"皇帝"名号和"统一"的观念。"革命运动终于辛亥年间成功，秦汉所留下来的皇帝制度从此结束了，秦汉所遗留下来的统一观念从此而愈见巩固。"

中国没有欧洲那么幸运。"环绕着我们的各民族，其文化都在原始或近原始的态度中，不但不能给我们所需要的刺激和模仿的榜样，而且助长了我们民族妄自尊大的心理。"

中枢之政没有固定的制度，其中原因"是君主不敢以大权授人"，生怕尾大不掉危及王室；与此对应的就是"宰相不敢以天下为己任"，宰辅制度不能成为一种健全的政治制度。

咬文嚼字是士大夫的本色，文字成为唯一的政治工具，借文字挑拨是非是士大夫的惯技。用慷慨激昂的文字发表不负责任的言论是士大夫的特长。一二人的私言遂一变而为天下的清议，禀国钧者（如李鸿章也）不敢不受清议的支配，导致最后结果无法收拾。"大言误国，以邀美名"。甲午中日之战就是最好的例子。

三、抗战背景

此书出版于1940年，自然会有抗战的色彩。很多议论都是围绕外抗强敌而生。

"当外来势力向我们猛进的时候，我们又是在满清统治之下。"

"把这一次抗战与甲午中日战争相比较，就可以看出这四十余年间，中国政治的统一、国民对国家意识确有显著的进步。"甲午之役是李鸿章与日本之战，是以直隶一省当日本全国，当时各省对战争漠不关心——败后有当事者致函日军，求放还两广的军舰，谓此舰系属广东，此次战役与广东无涉云云。对比之下，这次抗战则为中国历史上自来所未有的全民抗战。

还有，我感觉，全书前面三章非常客观冷静，文字松弛，但到最后两章，因为常常论及时政，故而笔端紧张，文字情绪化了许多，激昂、愤愤之情常常会溢于言表。

古文今解

瞿蜕园、周紫宜/《文言浅说》

成文时间/2018-01-04

豆瓣浏览量/1091

以篇幅论,《文言浅说》是一本小书,但如果以内容论,文言肯定是一部"大书"。这本小书不俗,举重若轻谈这部"大书",有清晰的逻辑、稳妥的文字,各种例子,看似信手拈来,实则非常用心,读起来很是享受。与前几天看的《中国人文小史》比较,果然比老宿儒要高出好多好多。

如果挑挑毛病,最后一章好像有点问题。举例说明如何从白话到文言,这在书成之时(1960年)已经没有什么意义了,而且还是用书信体,感觉很是生硬,似乎就是照着要"后"成的文言而"先"给出的白话文。

书中说,要了解文言介词"所"的用法,最好用《论语》中的三句话为例:视其所以,观其所由,察其所安。看其所接近的是什么人,看其所采用的是什么方法,看其所爱好的是什么事。"所"总带有"一切""任何""凡"的意味。我这里胡乱解一下：是否可以将这三句话作为某些经济问题的研究报告甚至学位论文的三部曲呢？视其所以，就是现状分析；观其所由，就是原因分析；察其所安，那就是效应分析啦！

书中说，学古文的第一步骤是诵读，要读出声来，读出节奏来。"燕赵古称多慷慨悲歌之士"，燕赵二字一停，不必说，余下九个字，古称二字一停，多字拖长，慷慨悲歌四字连续到歌字吟咏不绝，之士二字每字都拖长，士字更特别长，有余音袅袅之势。十一个字有不少层次转折，将慷慨悲歌的意味烘托出来。我在想，如果是初学一篇文字，诵读可能很有必要。即使在今天，如果一篇东西能够读起来朗朗上口有节奏感，那肯定是一篇好文字。

书中说，我们现在说"走"，古文只能说"行"字。而古文中的"走"，现在就要说"跑"，例如走马，就是现在说的跑马。但古文中还有许多与现在的"跑"对应的字，如驰、骋、骤、奔，不是一个"走"字可以包括的。我们现在说"快慢"，古文中绝不会这样说，有的该说"迟速"，有的该说"缓急"，分得更为细密。不禁让人感叹汉语言文字确实丰富，可供不同场景下的挑选，用于表达在程度、情绪、立场等不同方面的差别。只是现在很多人的语言能力还达不到这个水平。

书中说，古文家所谓义法，大约有几种禁令。例如俗语是不能写入文章的，一篇之中是不能没有照应的，多余的话多余的字是要避免的，很直率的话也是要避免的。虽然说桐城派以此为绝对戒律显得有些刻板，但我觉得这些在现在语文写作，甚至专业写作中也是有意义的啊。

书中说，文言文中的助字很重要。句首的助字帮助起承转合，而句尾的助字帮助语气的抑扬顿挫。现代语文中，这些助字都变成了各种介词，但功能依然如旧。

百年琴声/百年人生

［西］巴勃罗·卡萨尔斯、［美］艾伯特·E.卡恩/《白鸟之歌》

成文时间/2018-04-15

豆瓣浏览量/599

响马读书群书友赠书，她是此书的责编。拿到书我有一点儿顾虑（音乐是外行），也有一点儿困惑（为什么2018年要出版一部出生于1876年的人的书）。在床头搁置了一小段时间之后，这周出差带上，不料翻开就难以放手，两口气（中间停顿是因为公干）读完的。回到家来我还上网找他的作品试着听了一下，一是那首"白鸟之歌"，二是巴赫组曲。谢谢赠书！

是传记但又不是一般的传记。内容来自作者对卡萨尔斯的多次正式访谈和随时随地的交流，文字则采用了第一人称。文字很流畅，口语化，有很多句子都可以作为警句"画上道道"，显示出一个百岁老人（1876~1973年）历经沧桑的睿智。

我这样一个对音乐外行的人，之所以能够热切地读下去，肯定不是因为音乐。尽管卡萨尔斯经历了音乐的一生，以大提琴演奏家享誉世界，但如果此书以音乐为主题，我肯定读不下去。对，以音乐家的一生为线索，串联起来百年历史，不是讲音乐而是讲人生。大体上说，前六章讲自己的成长，第八章之后其所处背景及其变迁就凸显出来了。

1）他是加泰罗尼亚人，独立是这个民族一直以来的政治诉求，直到去年（2017年）还发生了重要事件。

2）他是西班牙人，经历了从王室到短暂共和再到漫长的佛朗哥独裁时期。因为拥护共和民主政体，反对独裁，故而一直流亡国外，直到去世也未能回归（佛朗哥独裁结束好像是在1975年）。

3）前半生主要生活场景在欧洲，经历了毁灭性的两次世界大战。

4）最后成为世界公民，热爱和平，反对包括核武器在内的战争。

母亲对他一生影响巨大，从早期走上专业音乐道路，到人生观世界观的确立。父亲则直接将音乐才华遗传给他，是他最早的音乐启蒙老师。

"世纪交接时我二十三岁。那是个充满大胆期待的时代，许多人相信一个新的纪元即将展开，相信20世纪的来临将成为人类的转折点。他们以最新的科学进展为例，预言未来的社会将有很大进步。他们说，在即将来临的时代里，贫穷和饥饿终将消失。如同世人在新的年度开始时立下殷切的新希望，在新世纪开始时，这个世界似乎决心要朝好的方向改变。谁能预见接下来那几十年会出现恐怖到超乎想象的两次世界大战、集中营和原子弹。"

仔细琢磨这段话，好像现在读起来也不过时啊！

考古我是外行只能发感慨

朱启新/《考古人手记》

成文时间/2018-06-01

豆瓣浏览量/609

《考古人手记》第一辑、第二辑两册，自豆瓣书店（实体店，不是豆瓣网）半价购之（两册原价42元，我付了21元）。原书出版一套三册，读完这两册想凑齐第3册，在京东一查，乖乖，都是加价出售，有些甚至高的离谱——单册都要150元起。我这里相当于给豆瓣书店做个广告哈。

考古很神秘，我也是用外行人的猎奇心理买了此书读了此书。此书为专业考古专家所写，每集5个考古项目，都是深度参与者（多数为负责人）对项目的实际记录，编选项目来自20世纪90年代以来各年十大考古新发现。可以当作一个个完整的故事来读，但主要是对工作过程的描述、对考古发现以及历史背景的客观介绍，稍带一点点历史与现实的感慨，文笔视各篇目作者而有所不同。

考古好像都与墓葬有关。两集十个故事，都是墓葬、王陵挖掘，其中只有一个不是挖墓却是悬棺，依然与墓葬有关。说起来也让人感慨：追溯人类历史的文化成就，要想在文献记录之外，以实物发现再现过去，只能透过当时人对已亡人在阴世生活的准备来实现。其中包含好几个时间和空间，如今人发现古人的时间和空间、墓葬发生的时间和空间、墓葬时存活人想象中的已亡人将要存在的阴世间。我觉得，对考古发现做研究，就是要将这几个时间空间联系起来做综合考虑：今人要立足过去的时间坐标，发现哪些是当时实际发生的，哪些是古人想象的。所以，如何从中得到一些有价值同时无偏颇的结论，还真不是一件容易的事。

考古发现带有很大的偶然性。首先是墓葬地点的发现常常出于偶然。多见的场景是：在当下日常生活劳作中刨出来一些东西，或主动或被动报告给文物部门，然后文物部门勘查发现很重要，为此进行"抢救性发掘"。其次是发掘过程中到底能够发现什么也具有偶然性。不知道是不是一个重要的墓葬，不知道是否已经被盗墓者"光顾"过，看到有盗洞也不知道余下的发现会是怎样。最后发掘出来的东西其意义大小也有偶然性。可能是前所未有的、填补空白的，将已知历史向前推了若干年，或者将文明覆盖范围扩大到某个地区，但多数考古很可能不具备这样重大意义，而是在已知基础上增添了一些证据。所以，考古人员常常把遇到一项重大考古视为一生难得的机遇。

考古人确实有点神秘。官方考古人员都是受过严格训练的，其工作地点注定不是舒适的都市里的办公室，而是要风餐露宿，要与土石打交道，要有体力还要有知识，既要胆大还要心细。对比起来，那些盗墓者我也挺钦敬的，其实际经验、见识可能不亚于正经的考古工作者，只是一个"法"字将两拨人分隔开来。还有，盗墓是一个古老的行当，此书所涉项目中，有些被盗时间可能会追溯到下葬后不久。

原本我想从十个故事中选两个重点说，但发现选择不易：每一个都是独特的。故而只是笼统地发一些感慨，故事还是要自己看哈。

堪称"传奇"

［美］让－皮埃尔·伊斯鲍茨、克里斯托弗·希斯·布朗／《蒙娜丽莎传奇》

成文时间／2018-11-12

豆瓣浏览量／637

达·芬奇知之者众，《蒙娜丽莎》的名声更是大得惊人，到过巴黎卢浮宫的人哪一个敢忘了去到这幅画前"聚众"瞻仰一番？但是，围绕这幅画却有很多谜团：《蒙娜丽莎》是真实人物肖像吗？为什么有关此画流传路径的记载有很多矛盾之处？《蒙娜丽莎传奇》就是要抽丝剥茧为你解这些谜，结合当时背景讲有关这幅画的故事。所用到的材料截至2012年——还别说，解谜的关键材料是2008年才出现的。

首先给出答案：1)《蒙娜丽莎》确有原型，是佛罗伦萨商人弗朗切斯特·德尔·焦孔多的第二任妻子丽莎·焦孔多；2) 达·芬奇先后两次作画，有两幅《蒙娜丽莎》。

基于上述判断，此书依次回答以下问题：1) 焦孔多为什么要为妻子画肖像。当时的画作主要是宫廷和教堂所用，以宗教故事、人物为主，延及王室，少有俗世人物。2）焦孔多为什么请达·芬奇为妻子作画，引出达·芬奇的行踪、他与其庇护人以及画界的关系。3）达·芬奇如何为丽莎·焦孔多画肖像，这涉及当时的画技和材料以及作画方法，其中谈及达·芬奇在此方面所做探索。4）为什么达·芬奇后来又"重拾蒙娜丽莎"，作者试图从达·芬奇后续经历给出解释，其中涉及达·芬奇的出身以及与家族的关系。5）后一幅与前一幅相比有哪些变化，为什么会有这些变化，在此过程中作者努力探究老年达·芬奇的内心世界。6）五百年间两幅《蒙娜丽莎》各自经历了怎样的流转过程，其中不仅涉及欧洲各公国，还穿越两次世界大战把故事延续到今天。

作者下功夫不小，各方考据，以达·芬奇和这两幅画为线，讲了一个跌宕起伏的故事。为了讲好这个故事，作者将视野延展出去，将欧洲的历史、政治、宗教、文化融入其中，力图使故事具有更强的说服力。所以，可以说，此书可以作为《蒙娜丽莎》画作的传奇，也可以作为达·芬奇的简要传记，甚至可以作为当时欧洲各公国的历史文化掠影。

达·芬奇确实是一个传奇人物。不仅在美术绘画方面具有绝世影响，而且兴趣广泛，在设计、工程、人体解剖等领域都有开创性贡献，以至于到老年后悔自己兴趣过于广泛，缺乏专攻的领域。一生崇尚自然，不是虔诚的基督徒，但在耗费大半生研究自然的奥秘之后，却惊叹于上帝的完美创造，最终承认人类的理性是有限的，并寻求与宗教和解。

《蒙娜丽莎》确实是艺术杰作。两幅都是杰作。前一幅是写真的肖像画，一位20余岁的家庭主妇，温柔、贤惠的妻子和母亲。后一幅则被达·芬奇赋予了更多的内涵，更像一位圣母。作者写道，第二幅《蒙娜丽莎》"可以被视为大师通过自然以及女性的描绘来探索上帝所创造天地中孕育生命的伟大力量""不仅是宇宙间母性的象征，还代表了神圣的圣母玛利亚"。

卢浮宫里展示的，正是第二幅《蒙娜丽莎》。

在膜拜之外寻找真实

王云五、罗家伦/《民国三大校长》

成文时间/2018-11-24

豆瓣浏览量/660

　　这些年，民国时期的大学被戴上很大的光环，以西南联大为顶峰，校长、教授都像明星一样成为很多读物的关注对象。开始的时候我也比较感兴趣，但后来有点烦了，觉得他们真的就像一座遥远的山，高大但很模糊，在传来传去的文字中已经失去了应有的真实。此次之所以读《民国三大校长》，就是想，或许早期的一些文字能够提供给我们一些更真实的东西。读完之后感觉，尽管也有很多应景之作，但总体而言还算没有让人失望。

　　三大校长就是北大的蔡元培、清华的梅贻琦、南开的张伯苓。此书内容来自台湾于20世纪60年代开始编撰出版的《传记文学》，是对其中刊出的与三位校长有关文字的编辑。1）所有的文字都来自当事者自己的回忆——或许回忆有不太准确的地方，但无疑避免了二道贩子的文字加工。

2）文字带有作者个人色彩，只涉及三位传主的某些方面，无法提供完整传记。总体来看，有关蔡元培和张伯苓的内容要更加丰富一些，梅贻琦的描述则比较单薄。

我先说读完后对三位校长留下的另类印象（注意是另类印象）。关于蔡元培的印象：第一是传奇经历，清末翰林出身，授编修，却没有成为冬烘先生；第二是动不动就辞职，做过很多事情，出入很多职位，但常常以辞职告终，在北大的那些年也是不止一次辞职，"一生任官做事，合则留不合则去"。关于梅贻琦的印象：第一是寡言和隐忍，可见寡言也能成大事啊；第二是无敌酒量但不张扬，所有敬酒来者不拒，但从不主动挑战别人。关于张伯苓的印象，第一是身材伟岸，常常把别人比下去；第二似乎总是在为筹款而奔忙。确实，三位校长代表的三个大学，性质很有不同。前两个属国立，一个自京师大学堂蜕变而来，有教育部拨款；一个有外人资助，庚子赔款基金是保证。唯有南开属于私立，学校规模无法与前两者比，办学资金也常常是捉襟见肘，一度因为清华财大气粗粗暴挖人而义愤填膺却无可奈何，但正因为私立这个身份才能与清华北大相提并论。

列举其中一些值得看的篇目：1）"蔡元培自述"，好像是几篇东西拼在一起的，但也值得看。2）"蔡孑民先生与我"，作者王云五与蔡元培有多次交集，故而有很长叙述，其中说到蔡元培在教育部的很多想法来自他当初给蔡元培的建议。3）"蔡元培时代的北京大学和五四运动"，罗家伦口述，他是组织者，还原了真实的事件过程和不同人的表现，很有现场感。4）"张伯苓和南开大学"，作者宁恩承，从不同方面回忆南开和校长，包括学运、学生生活状况、学生与教授的对抗等，真实有趣。5）"我在南开大学的前十年（1926~1936）"，何廉回忆南开的经济学研究和校长支持，有很多细节让人感兴趣。

附带说一下，书中好几处提到统计学。吴大猷列举南开聘请的教师，提到何廉是经济统计教授，何廉的回忆也证实了这一点。宁恩承回忆1924年专心翻译美国Willford King的《统计方法》，说当时"中国统计学是新兴学问，统计方法运用方开始"，此书"通俗易解，译成之后在国内各大学通行采用，成为应时之品"。何廉回忆他在南开第一学年教的四门课是经济学、财政学、统计学和公司理财学，曾经组织编撰经济统计资料和物价指数研究。对，这些事件都发生在南开，确非偶然。据何廉回忆，张伯苓清楚，私立的南开，实力难敌国立的清华和北大，故而避免正面竞争。"南开坐落于商业都市天津，天津还有一个成为华北大工业中心的前景，南开应当把重点放在企业人才和工程技术人才上，而当时的清华和北大尚未包括这两个领域"，所以，南开首先要加强商学院，然后待有可能则要建设工学院。

先生胡适之/朋友胡适之/知行者胡适之

周策纵等/《我们的朋友胡适之》

成文时间/2018-12-22

豆瓣浏览量/841

这篇短文的标题就是《我们的朋友胡适之》这部书的三个部分。此书是先后在《传记文学》刊载的与胡适有关的文章的结集，和《民国三大校长》相比，内容要更加丰富，人物立体感强很多。

先生胡适之。刊文11篇，其中信息量较大且好看者有三。一篇详细追述胡适抗战期间在美国做大使阶段的人和事，可助今人对国家危难之际文人从政以及中美关系的认识。另一篇通过信函讨论胡适与吴晗的师生关系，面对传统师承和现实政治之间巨大矛盾的无奈和后期际遇，读来令人唏嘘不已。还有一篇是千家驹"谈胡适"，评述他的生平、与陈独秀的关系、与鲁迅的关系、对学潮的看法、对苏联的认识、作为文人从政等方面，可谓公允中正。

朋友胡适之。刊文12篇，最有意思的是其中两篇。一篇讲梁启超与胡适，两代巨擘往还，有争有谊，几个回合下来，不仅关系到学术代沟还涉及风度。另一篇讲蔡元培与胡适，二人年龄相差二十四岁，没有学术和政治上的竞争，只有蔡对胡的推荐、肯定和保护，一直"站在第一线，为他的小兄弟们做守护神"。此外还有胡适与周作人、与章太炎的两篇也可以翻翻。

知行者胡适之。刊文10篇，其中有两篇比较好看。一篇讲胡适的"态度与方法"，也就是所谓风度与品格，作者周纵策用"平情顺理、清浅流丽"形容胡适的作品，用"虽然也颇好同，但并不恶异"评价胡的人品。另一篇全面追述胡适在北京大学的印迹，五四时期做教授，20世纪30年代做院长，40年代做校长，满满都是故事。

书中回忆当年人事，有很多情节让人或喷饭或会心或哭笑不得或心痛不已。这里特摘录若干。

驻美大使期间，胡适以自己独特风格开展工作，其中包括在美国到处演讲。第一次演讲立意设辞煞费苦心：先通过历史追述：美国当年为达成独立目标曾经艰苦奋斗，其中来自法国的物质和精神援助非常重要；以此类比：当下中国抗日有决心、在坚守，美国应该大力支援中国抗战。

从中国公学进北大、转以明史为志业并成名，吴晗得到胡适多方照拂和指导。尽管后来政治上有了左右之分，但在20世纪50年代大批胡适的风潮下吴晗一直"沉默不语、一言不发"，直至"文革"吴晗被清算，其与胡适论学的函件也被列为罪状之一。

林纾致书蔡元培，反对胡适等所倡导的文字改革，认为"水浒、红楼作者,均博极群书之人",方能做白话文。蔡回应道:北京大学教员中,善作白话文者,为胡适之、钱玄同、周启孟诸君,公何以证其非博极群书,非能作古文,而仅以白话文藏拙者?无独有偶,书中两处提及胡适对学运的看法,"青年思想左倾并不足忧虑。青年不左倾,谁当左倾?只要政府能维持社会秩序,左倾的思想文学并不足为害"。即使到他当了校长,还说"对学潮应有一个历史的看法……千余年来,凡有革新运动,总是有青年"。

胡适之与陈独秀一起提倡"新文学"。往来信件中,胡认为"绝不敢以吾辈所主张必为是,而不容他人之匡正也"。陈则说"改良中国文学以白话为正宗之说,是非甚明,必不容讨论之余地"。

梁启超与胡适,两者年龄相差十八岁,一先一后都曾是文化革命的领军人物。胡适以晚辈态度事梁,梁也就毫不客气地以长辈自居。梁对胡有很多称道之语,但严厉的批评也确实不少。"胡适对梁的批评当然很不愉快,常常日记中发泄,但绝不公开反唇相讥。"胡适认为梁氏的学问是"博学有余而系统不足",在治学方法上胡显然超越了梁氏,但梁却没有意识到这一点。

张元任曾编一个小册子《中华民族的人格》,列出十余位"杀身成仁"的古代人物,邀胡适作序。胡适在序中说:单单一个"士为知己者用",已经不能叫现代人心服了……要注重一些有风骨、有肩膀,挑得起天下国家重担子的人物,选荆轲不如选张良,选张良又不如选张释之、汲黯……最后还给出来他自己的一个单子。

胡适在北大的任课表。1917/1918学年：中国哲学史大纲（哲学门第一学年必修，3学时／周），伦理学（哲学门第一学年必修，2学时／周），西洋哲学史大纲（哲学门第二学年必修，3学时／周），中国哲学（四）（哲学门第三学年必修，3学时／周），英文学.戏曲（英文学门第三学年必修，与陶孟和合开，2学时／周），共计5门13学时。此后各年逐年减少。

简要总结一下。民国是个有故事的年代，从传统到现代的剧烈转型，内忧军阀混战外患日本侵扰，随后就是国共缠斗主被动翻转。胡适是文化引领者，身兼多种特征可以串联传统与现代、中国与美国、大学与政界、教师与学生等，更是一个有故事的人。此书来自《史学传记》这样一本存在多年、专讲人物故事的杂志，所以还是有很强可读性的，特此推荐。

如此解读希特勒

［德］塞巴斯蒂安·哈夫讷／《解读希特勒》

成文时间／2019-01-12

豆瓣浏览量／1090

这真是非常棒的一本书。

第一是内容棒。希特勒是一个很"硬"的存在，不仅对20世纪重要，不仅对德国、欧洲重要。如何展示希特勒、分析希特勒，是一个很"硬"的目标，不仅是史学研究的目标、政治学研究的目标、军事与战争研究的目标，最重要的，是要给一般民众一个交代。此书就是这样的面向大众书写的一本书。

全书结构很有意思，不是简单按照年代、人生阶段划分，而是把整个人生解构为几个方面。1）生涯。以别样方式概括其一生，将那些普通人应该有的生活内容和品质、友谊、爱情等，放在他身上来看，其中涉及与拿破仑、俾斯麦、列宁等历史伟人的对比。2）成就。3）成功。两者的区别在于，成就真的属于他个人，成功很大程度上与对手有关，解析结果发现，相比之下成功大于成就。4）错误。

清算希特勒的思想遗产，追溯其所作所为的根源和目标。5）失策。解剖其政治决策，集中在几个最重要关口上的失误。6）罪行。将一般意义上的战争罪剥离出来（认为这些是可以不追究的、可以遗忘的），认为他像连环杀手一样，犯下了涉及数百万人甚至上千万人的"大众谋杀罪"，不仅是犹太人灭绝，前面还有病人、吉卜赛人、波兰知识与领导阶层、俄罗斯人。7）背叛。主要是对德国的背叛，作者认为他并不了解德国人，德国人最终只是实现其目标的工具，以至于在自己设定的目标破灭之后，消灭德国成为其最后目标。

第二是写作文风棒。作者是德国人，然后移居英国，后来又回到德国；法律专业出身，然后进入媒体面向公众写作；政治倾向也有一个从右逐渐转左的过程。这样的复合型背景，决定了无论是观点还是写作风格都不同于一般学者，被归类于历史散文作者。在七十多岁高龄奉献的这一本书，"不用复杂的政治学或社会学理论，不做过度的艺术化渲染，也不做过高的道德批判……先把希特勒当作一个普通人、正常人看待，而后逐渐显现其畸形、疯狂与罪恶的原型"。面世以后长期处于畅销书之列，是"一本将许多篇幅庞大的著作毫不费力地撂在后面的小书"。

第三是译者很棒。不仅译文流畅，还贡献了一篇很棒的书评。我前面所述作者生平、所引评价文字就是来自该书评，可以帮助读者了解有关希特勒研究的背景，此外也试图指出一些作者的误区。

第四是书的装帧设计也很棒。封面以黑色为主调，窄窄的开本，像是一本旧书，与传主所代表的时代、与此书的体裁很是契合。

读这本小书要以对"二战"、德国有一定了解为前提。我没有系统读过希特勒传记，对德国对"二战"也仅限于一般了解，多年前读过《第三帝国的兴亡》，内容已经全然忘记。但你无须为我担心，要知道我有个对"一战""二战"、德国孜孜以求攻读不辍如数家珍的老公啊！我时不时就某个时间、某个事件、某个人物咨询一二，总能收获问一答十、很是显摆、略带挖苦调侃的回应。所以说，读此书还有一个收获：在某种程度上打破了老两口单调、刻板的日常生活，增添了一抹不一样的色彩！

最早被强力打开的那几扇门——通商口岸

[美]廖乐柏/《中国通商口岸》

成文时间/2019-04-11

豆瓣浏览量/963

这是一部追述通商口岸今昔的书。全书可分为两个部分：一部分讲欧洲人强力"扣击"中国大门的过程，大体到南京条约缔结、五大通商口岸开通为止；另一部分分别讲述五大通商口岸＋香港的此后变迁。

欧洲人从海路来中国。葡萄牙人最早，接着是荷兰人，然后才是英国人，以及后续的列强各国。其间的故事已经耳熟能详：进口中国丝绸茶叶，为了贸易平衡，先是白银后是鸦片，最后引起了鸦片战争。来者气势汹汹见缝插针巧取豪夺自不待言，中国官方的因循守旧推诿搪塞不知应对之法也肯定脱不了干系，每一次交手都是一地鸡毛。

通商口岸是一步步形成的。最开始，大清限定所有的对外贸易都在广州进行，在交易之后外商不能停留，无奈只能回到船上。为解决这一问题，葡萄牙人占据了澳门，荷兰人则到了台湾南部，英国人最后来了香港——都在中国大陆的外围。待《南京条约》签订，列强最主要的目标就是开放更多的贸易口岸，除了广州之外，增加了厦门、福州、宁波、上海，同时割让香港作为自由港。

租界也是一步步形成的。在每一个口岸城市，大体都经历了同样的步骤。先是获得一小块与当地居民隔开的地方（清廷的小心思）；然后一方面不断对外扩展，另一方面开始内部基础设施建设，各种机构也逐渐设立，包括领事馆、行业公会等；最后借助于"治外法权"，有了警察、法庭，形成了国中之国的租界。看看这些口岸城市，租界常常设在岛上——厦门的鼓浪屿、广州的沙面岛、福州的南台岛，这些城市中差不多都有一个"外滩"，原因就在于此。

口岸城市发展有快有慢，与当初设定并非完全吻合。总体来看，和宁波相比，上海发展更快，后者轻易就替代了前者；厦门和福州有类似之处，尤其是福州，基本没有达到原来预设的目标；广州是老牌口岸，但当地人一直比较排外，这一点与上海形成鲜明对比。还有香港，因为背靠大英帝国，在与台湾和澳门的竞争中胜出，一直处在中国与外部世界关系的节点上，最终成为当今世界政治经济版图上的一颗明珠。

租界的扩张和终结也有不同。它们因打开中国大门而生，同时也就在更大程度上受制于外部因素。"一战""二战"，尤其是日本侵华战争，对租界的存废产生了重大影响。厦门的英国租界受反英浪潮影响结束于1930年，鼓浪屿作为国际租界又延续了一段时间直到1941年后被日本占领。广州租界经历了20世纪20年代的大革命，最后终结于1941年的日本人之手。宁波口岸表现最差，1932年最后一名外商离开宁波，领事馆宅邸在1934年被拍卖。上海租界在中国现代史上是一个很重要的存在，包括公共租界和法租界，最后也是在1941年后被日本人占领。

无论如何，因为这些口岸，中国被迫打开了自己一向引以为豪的国门。回顾那百余年中国对外交往历史，大概就是在这样的开门、关门、被堵门的轮回中行进的。

此书是一位港人的当代作品。叙事通达，文笔流畅，配有很多图片，有老有新形成对比，每一个口岸最后都设有一个小节，介绍"现在那里还有什么"，让人顿生今昔之感。

当史学家面对演义

吕思勉 /《三国史话》

成文时间 /2019-04-21

豆瓣浏览量 /922

　　响马读书群围绕《罗马人的故事》曾有很热烈的讨论：读过罗马史的人说此书胡扯，没有读过的人觉得此书很好看。最近读的吕思勉的《三国史话》，其主旨之一就是对标流行数百年的《三国演义》，纠正其中的谬误（书中用语是误谬），延伸讨论三国时期的人和事。我觉得这两件事可有一比：吕思勉所做的事情，仿佛就是一位罗马史学者面对《罗马人的故事》讲罗马的历史。

　　讨论中大家的切实感受（共识）是：内行研究者不做科普，是各种外行作品横行大赚眼球（和稿费）的主要原因；再进一步说，这些内行研究者虽然会写诘屈聱牙的论文著作，还真不一定能够面向大众写出通俗易懂、朗朗上口的好文字来。看完吕思勉的《三国史话》，我觉得超越了上述认识——这位老先生既有史学家的深厚素养，又有简洁、平实、精到的优美文笔，只可惜此书不是一部从头到尾的完整的三国"故事"。

不是完整的三国故事，那作者到底讲了什么？第一是纠正《三国演义》里的谬误，第二是延伸开来讲三国期间的政治军事格局，第三是对一些人和事做历史钩沉和评价。如果你已经熟读《三国演义》再读此书，我觉得会有非常好的效果——说来惭愧，好几十岁的我，曾经几次拿起这部流行大书，但到今天也没有看完过。

《三国演义》不是真实的历史。为说明这一点，作者专门有一节讲"历史与文学"，其中不仅区别文学与历史，同时还区别了史学和真实的历史。他说，历史是真实发生过的，历史上处理这些事情的人，要应对当时复杂的环境和多样的情态，而这些却是后世的史学家所无法完全知晓的，这就给史学家再现和评述当时的人和事带来难度。这样说来，历史真相是一层，史学家的工作是另一层，演义就是第三层了——这是我说的。

三国纷争来自东汉末年之乱。东汉末年之乱大体归结于三：一曰宦官十常侍挟持皇帝，二曰外戚干政争权，三曰黄巾"贼"起事。此书设三个专题分别讲这些，先延伸出去讲渊源再落到当下做分析判断。例如"宦"早期与"学"并称，然后一步步变成内臣，最后变成宫中怪胎。例如"戚"为什么要加"外"字，延伸下来，父系家人被称为宗室，母亲一方的人成为外戚。例如黄巾与道家什么关系，东汉末年道教各流派想从江湖影响庙堂有几种路径。

作者对曹操尊崇有加。15篇中有5篇以曹操为题，还有一篇以曹操为主角。我这里引其中的一些话："封建时代，是有其黑暗面，也有其光明面的。其光明面安在呢？公忠体国的文臣，舍生忘死的武士，就是其代表。这两种美德，魏武帝和诸葛武侯，都是全备了的。他们都是文武全才。"司马懿则不同，"他一生用尽了深刻的心计，暴虐的手段，全是为一个人的地位起见，丝毫没有魏武帝那种匡扶汉室、平定天下的意思了"。

出版界往事

姚一鸣/《中国旧书局》

成文时间/2019-06-15

豆瓣浏览量/189

图书馆随手借来《中国旧书局》，回来发现基本就是一本流水账：开办时间、经营范围、重要事项、最后归宿，其中夹杂一些逸闻趣事。就在觉得无味的时候，突然想到：能不能据此做一个小小的文本分析，折射当年书籍出版营销这个行当的基本生态？说干就干，于是有了以下的结果。

先做点说明：1）所谓"旧书局"，是指新中国成立之前的书籍出版营销机构。2）此书虽然冠以"中国"二字，但实际上是"上海旧书局"。3）前言中说，当年大大小小前前后后有一二百家"书局"，此书只收入50家。上海肯定不能代表全国，即使是上海，这50家有多高的代表性也说不好。所以，我以下给出来的分析结果，你最好不要较真儿。

按照开办时间区分：清末15家；民国时期，抗战前33家，战后只有2家。抗战前这一段按照时间再分：20世纪10年代8家，20年代15家，30年代10家。其中开办时间最早的是扫叶山房，1860年；最晚的是萃古斋，1944年。大名鼎鼎的商务印书馆和中华书局分别是1897年和1912年开办的，生活书店开办于1932年，与读书、新知合起来成为三联书店则是1948年的事儿（在香港）。说起来，这些时间点还是可以让人产生联想的。

书局各自背景不同。粗略区分一下：有宗教和国外背景者5家，主要是英国早期教会，其中包括里提摩太参与的广学会书店，因为鲁迅而为人所知的内山书店也在其中。官方或有官方介入者4家，正中书局由陈立夫掌管，是典型的国民党官营出版机构；陈铭枢是反蒋的，他参与了黄宾虹的神州国光社。余下的就都是民间资本了，有独资的、合伙的，后来还有以有限责任公司方式经营的；有些是家族式的，有些是朋友搭班子成立的；有些是上海就地成立的，有些是从北京或江浙迁来的，可谓形形色色。

经营范围可分为两大块：一类是线装书刻印和古旧书倒卖；另一类则是新文艺书刊出版。无论哪一类，其中相当大一部分与考试有关，早期是科举后期是学校教科书。但这里面也有一些特殊的，儿童书店专营儿童书籍，亚光舆地学社专营地图，美的书店主要经营情感美育书刊，格致书室主要经营科技书刊，大同译书局专门出译书，艺苑真赏社专门经营文物字画。内山书店的经营与日本有关，一是卖日本书，二是服务日本人。亚东图书馆与早期共产党和陈独秀有深厚渊源，大革命时期与中共机关报有关联，一直经营陈独秀的作品，为此两次遭停业。

存活时间有长有短。50家书店中，有一家去向不明，余下的49家平均存活时间为26.2年，如果把后续一直存在的四家去掉，对45家在此期间以各种原因寿终正寝者进行计算，平均存活时间为25.53年。其中时间较长的是扫叶山房（90年）、广学会（65年）、文瑞楼（57年）、艺苑真赏社（51年）、广益书局（50年），较短的是大同译书局（1年）、美的书店（2年）和天马书店（3年）。一直存在的四家，一家是正中书局，1949年迁中国台湾继续经营；商务印书馆、中华书局、三联出版社在新中国成立后将总部迁到了北京。

余下的45家何时以及怎么终结的？有些是自身原因，例如商业合并、经营不善、主要经营者故去或内讧等，但最主要的影响因素是中国这一时期内的大事件。第一是抗战。一方面是因为抗战开始而受影响，如水沫书店因1932年在淞沪会战中被炮火所毁而停业；另一方面是因为抗战结束作为敌产/逆产而被没收，如有日本背景的内山书店。更多的书店则是因为抗战而暂停业务，要么搬迁西南，要么直到抗战胜利才恢复。第二是新中国成立和1956年的工商改造。其中在新中国成立之初即停业、没收或改造者9家，待到1956年公私合营，更有17家因合并到国营出版单位而消失了。此外，还有一些系特殊原因所致：大同译书局之所以只存在一年，是因为梁启超在戊戌变法后期遭追捕；美的书店之所以只存在两年，是因为张竞生搞性学教育被上海书商控告卖淫秽读物；天马书店之所以只存在三年，是因为楼适夷被捕。还有前面提到的亚东图书馆，因为陈独秀而两次遭禁，一次是20世纪30年代，另一次是1953年，陈独秀本人以及托派作品全部被没收销毁。

想象出来的还是被意识到的

［美］本尼迪克特·安德森/《想象的共同体》

成文时间/2019-06-29

豆瓣浏览量/1395

　　《想象的共同体》不是一本容易读的书。作者知识渊博，行走过很多地方，引用的材料让人眼花缭乱，各种新命题和新认知层出不穷，对于我这个年过花甲的读者既带来新鲜又意味着挑战。我不敢说全看懂了，但毫无疑问激发我产生了一些想法。

　　民族主义在当下是一个很敏感的词汇，国际国内的政治纷争大多与此有关。但民族主义不是古已有之的概念，在此旗帜下形成的共同体也没有很长的历史。按照此书的论证，第一波民族主义的大动作发生在美洲，独立于其母国形成了若干独立的国家；第二波动作是在欧洲，很多群体从原来的王权之下赢得了独立；第三波就是在亚洲和非洲了，扛着民族自治大旗让欧美殖民者放弃了权利（书中不完全是按照这样的地理概念归纳，所以也不只是"三波"）。但民族主义也不都是国与国之间的专属概念，当下很多国家都要面对本国国内的民族纷争甚至民族独立诉求，这就像一个俄罗斯套娃，你打开了一层，另一层问题随之出现。

民族主义大旗下的"共同体"是什么样子？按照此书的描述，不一定是种族（尽管种族常常是起点），不一定是宗教团体（尽管宗教可能是一种凝聚力），也不一定是王权（尽管在王权统治下可能会转化为民族成为官方民族主义），它是另一种被想象（创造）出来的共同体。之所以能够超越原来的种族、宗教、王权统治，形成一个新的共同体，一个可能与地理因素有关，大家生活在一个相对可见的有形空间中，彼此意识到对方是自己存在的一部分；另一个可能与语言和文字有关，大家要共用大体一致的语言和文字（或者语言有别但文字相同），这样才能交流并形成文化共识；还有一个应该是已经结成比较稳定的经济、文化网络，构成了一个相对完整的政治治理对象。

民族主义下的共同体是"想象"出来的吗？"想象的"确实是imagined这个词的中译，但我觉得民族不是想象的产物，它原本就已经存在着，之所以能够作为一个共同体被认可，民族主义能够作为潮流而发生，是在特定的历史背景下"被意识到"了。我觉得，"被意识到"比"想象"更确切。

为何能被意识到？一个是地理大发现和国际移民，只有发现世界，发现有那么多不同，自我族群之间的"同"才能被显现出来。另一个是信息传播方式的改变，印刷机使传播变得容易且覆盖范围更广，得到开发的本土语言逐渐取代拉丁语等得到认可，促成了民族自我的形成。还有一个是原来的从属关系破裂，例如殖民地（先是美洲后是亚非）官员意识到，殖民地以及他们自己，在母国并不能获得同等的尊重，在经济上是被利用的，在文化上是被边缘化的，王权下的属国也是如此，一旦条件成熟就可能借助于某些事件而发生断裂性变化。

横坐标与纵坐标

唐晓峰 /《新订人文地理随笔》

成文时间 /2019-07-28

豆瓣浏览量 /1808

历史是纵坐标看前后，地理是横坐标看左右，把历史与地理结合起来，如果具备足够功力，就可以讲出好故事。这是我最近读《新订人文地理随笔》生出的感受。70多篇随笔有长有短，覆盖了与地理有关的很多方面，也不是篇篇都好，我比较喜欢的还是与历史交汇的部分。以下先萃取一些小精华，然后重点介绍我喜欢的几篇——内容主要是抄啊。

1）"发生"这个词英文是take place，就是"找一处地方"。文明发生时，非得有一处地方才成，所以对历史文明的研究必须有"断地"研究，说明其到底发生在哪里，以及如何扩展地盘。2）在以中原为本位的中国历史中，可以没有南洋，但南洋诸国历史中却不能没有中国，早期中国移民、华人村落、近代华侨商业等，都是那些国家历史的主要部分。3）"分野"，就是将天上的星座与地上的区域相对应——天文与地理的一种特有的对接。用"天"来形容国土，是中国这个大地域国家的特点，在古人眼中，中国幅员辽阔与天之轮廓近似，所以当皇帝叫"坐天下"。4）将自然环境中的隐蔽景观解释为仙人洞府，是道教地理的重要特色。可以说道教对中国传统自然美学的发展有巨大贡献。但是，道教给人一种尊重自然环境的印象，那是因为它先将自然界神化一番，然后才敬之礼之，不能脱离其宗教文化背景视其为单纯的自然崇拜。5）今人所用"形势"一词与古义相差甚远。形可以看见，势可能看不见但却着实存在。要依"形"造"势"，势头没有，状态全变。中国高山千百，只有修筑了长城或关塞的高山，才获得兵家地理的形势。

"古代的数字地理"。古人谈地理总有一套套的数字。中国古人的地理认识总围绕着四、五、九三个数字，如四方、四野、四望、四垂，五方、五土、五服、五湖，九州、九川、九原、九域。"四"比较容易理解，根据天象就是四个方向，然后归类出很多四分法的地理事物。"五"是在"四"的基础上加一个"中"，形成东西南北中五个方位。然后再加上东北、东南、西南、西北，便得到"九"的格局——到九就到头了，九个方位的格局后来有一个专名：九宫。实际上，四分法的根据是自然征象，而五、九分法的基础是社会结构，其关键是"中央"概念的建立。"事在四方，要在中央"，"中"的作用是将"四方""八面"统率起来，这显然是大地域集权政治的反映；将集权社会结构扩展到"莫非王土"的"普天之下"，便推出了五、九分的天下概念。五、九地理模式看起来是"分"，但灵魂是"统"，"统"的概念用数字表达就是"一"，在"一"的整体内才允许有五或九的框架。

"中国古代王朝正统性的地理认同"。"五岳"在地理上是确切可指的，但它还有一层"观念"上的意义，是"地德"的神圣象征，其大跨度的东西南北中的布局，被升华为华夏世界整体性的擎天巨柱，成为九州、华夏地域的另一表达。为此各朝各代王权都要认真对待其与五岳的关系，尤其是都城的设置方位，要与五岳分布形成一个协调关系，给出一套说辞。如果出现抵触，就要设法予以调和，其中常见做法是对一些"岳"甚至更广范围的山川做出调整。例如清朝都城北京，完全在岳域之外，为求正统，特将"积二千余年"的北岳恒山（原在河北曲阳）改在山西浑源祭祀，使原来的岳域北扩（话说河北曲阳是俺老家，至今有北岳恒山庙）。

"边地的主体性与多元性"。1）盯住自己国家的历史来认识世界，这是中国古人的习惯；相比之下，欧洲史不具备中国人以一国看世界的客观条件，用一国国别史看不明白欧洲的历史问题。反过来，中国的传统则导致中国学者缺乏综合看待亚洲整体历史的眼光。我们在汉文文献中看到的匈奴史，只是匈奴族与汉地交接地带表现出来的东西，而不是真正的匈奴史。称匈奴为"边疆民族"是不准确的，应该视其为相邻民族。边疆与邻地不同，前者的焦点是疆界、边界，是一个狭窄的条形地带，后者则可以是一片广阔的区域。中国古代士大夫的地理观，几乎很难越过边境带去认真认识、思考边外的社会。2）对边疆地带的历史意义要做双方解读。北京从边地成为中心，其历史地理过程是一个双方互动的例子，从王朝边地变为王朝首善，其必然性必须从北向南才能看出来。侯仁之说：北京处于华北平原门户的地位。中原王朝强盛时，北京会成为经略北方的前哨。当中原王朝衰微、北方民族强盛时，北京则成为他们向南发展的基地。3）不能将边疆简化为边界，不能用现代的线性边界概念想象古代的边疆地理。线性边界，特别是严格确定的国家边界线是近代的产物，其标志性创始事件是1648年《威斯特伐利亚合约》的签订，这是一个边界线谈判的国际法过程，包括勘测、谈判、签署、建立标志等。现代边界概念可以说是一条一点儿宽度也没有的经纬线，但现实当中哪有这样的界限。这种观念对于研究边疆史而言非常糟糕，只有将边疆看作一个地带、一个独立的地带，才能将其存在方式、发展以及与中国历史和亚洲历史的结合，当作问题来研究。4）康熙时期的《尼布楚条约》谈判，打破了朝贡体系的交往传统，开创了现代国际交往方式的先河，传统的"天下"观念开始松动，成为中国最早出现的类似边界谈判的事件，时间是1689年。

此外，在"人文疆界"一篇中提到一本书——《职方边地：中国勘界报告书》，主题是我国内部的疆界之治，即国内各行政区划之间的边界争议和勘定。我打算找此书看看，限于篇幅这里就此打住，相关内容留待那本书读后啦！

历史地理两个维度看中国

黄义军、唐晓峰/《历史地理学读本》

成文时间/2019-08-06

豆瓣浏览量/756

因为《新订人文地理随笔》，继而找来唐晓峰等编选的《历史地理学读本》，读后很有收获，还有一些感想。

一

这是一部"论文选本"，一套针对大学历史学之论文选本中的一部，出版于2006年。编者总序中有明确说明：各部书的编选者不能选自己的作品入内，所以在这部书中找不到唐晓峰的学术论文（我还挺想看一下的）。入选论文11篇，除了顾颉刚一篇写于1934年之外，其余各篇分布在新中国成立后各年，最晚的一篇刊发于2005年，相信都是各个时期历史地理学研究的代表作品。

说实话，我没能够每一篇都仔细看。其中原因：第一是地理隔膜，脑子里还真不具备足够的空间感，况且还要在历史中还原；第二是古文隔膜，一些论文主要是从古文献中扒拉出相关条目作为论据，佶屈聱牙让人不胜其烦。最后剩下的就是不太拽古文、有宏观思维架构、题目比较对我口味的几篇。惭愧！

二

以下是我仔细读过且感觉有意思的几篇。

《关于古代北京的几个问题》（侯仁之）。此文对北京三千多年历史有很清楚的勾勒，其中有两个阶段特别引人注目。从秦汉到唐朝，蓟城（北京）是"华北平原门户"：每当汉族政权势力强大、足以开疆拓土时，它是经略东北的基地；当汉族政权势力衰微、东北游牧部族内侵时，它就变成了军事防守重镇。如果防守无效，东北方游牧部落一旦侵入，蓟城又成为必争必夺之地，是继续南进的跳板。如果其间出现一些比较安定的局面，蓟城会很快发展起来，成为北方经济中心。唐朝以后北京城的历史地位发生巨变，在此后数百年间代替前期长安城的地位，成为全国行政中心。对，是北京取代了长安，其余如洛阳、金陵（南京）虽然也号称名都，但都不具备全国意义上的重要性。从长安衰落到北京兴起，具有极其复杂的政治、经济以及历史原因，文中对此有概括性讨论。

《何以黄河在东汉以后会出现一个长期安流的局面》（谭其骧）。以黄河中下游决口成灾数据，说明东汉之后至唐这一时期不同于前期的秦西汉和自唐开始的后期，河患较少，黄河利多害少。为什么是这样？一般都归功于王景高超的治黄技术，此文则认为，单凭中下游治黄不足以给出充分解释，根本性原因是黄河中游土地利用方式的变化：相比农耕对土地的开垦，畜牧业依赖的草场更利于植被保持，从而减少水土流失，结果就是减少了黄河中的泥沙，由此减轻了黄河下游因泥沙淤积而发生决堤的压力。为什么会有这一地区的由农转牧？这与东汉之后汉族政权与北方游牧部族之间的力量对比有关。我对这一节有兴趣，是因为此文观点与此前读过的《中国环境史》可以对接，相当于提供了一个具体案例——与一般都是以农耕替代游牧不同，这是一个由农耕转畜牧的反例。

《历史上的中国和中国历代疆域》（谭其骧）。谭其骧以画《中国历史地图集》闻名于世。画图的前提是如何确定疆域，尤其是画历史地图，这可是一个关乎政治的大问题。一种处理方法是按照历史各朝的疆域来画，这就要陷入中原王朝的套路里；另一种处理方法就是按照当前的疆域来画，这相当于承认了帝国主义近代侵略中国割让领土的合法性。谭其骧团队最后认定的是"应以清朝完成统一之后、帝国主义侵入中国之前（1940年）的清朝版图"作为中国的范围。这个差不多算是中国最大的版图了。为了论证这个说法的合理性，文中给出来很多理由，同时也要面对各种问题的处理。例如这样确定版图，如何看待清朝开疆拓土的性质，如何看待历史上中原王朝与北方部族的关系，还有民族英雄吗，如何看待与朝鲜、越南等边境国家之间的关系等。同意不同意他的观点放在一边，读此文确实可以有很大收获：原来是这样啊，原来还可以这样看啊！

竺可桢的《中国古代气候变迁研究》也很吸引人。此外还有：《辽金元明时期北京地区人口地理研究》（韩光辉），《巨鹿之战地理新解》（辛德勇），《宋都杭州的城市生态》（斯波义信）。

三

前面说过，这些被选文形成于不同时期，自然而然会有各个时期的烙印。豆瓣上搜索，此书下面留言第一条就是吐槽竺可桢在论文开头对毛泽东论述的引用，话说得很难听。我觉得这样说不太厚道，但也引发我对书中各文如何受当时政治因素影响的关注。看下来似乎可以大体分为三种情况。

第一种情况如侯仁之在论述古代北京重要性中的处理。论及南北强弱时，他要将农民起义放在其中，视其为汉族政权强弱的一个标志——这是当时流行的阶级分析法的表现。说实话，去掉那一句，基本不影响行文。

第二种情况以竺可桢的古代气象变迁文为代表，论文前面和后面各引了一大段毛主席语录，作为论文的指导思想。我仔细琢磨，感觉这两段话与此文的讨论还真有一定关系，尤其是论文最后一句：以马列主义、毛泽东思想为理论指导，贯彻"古为今用"方针，充分利用我国丰富的古代物候考古资料……是可以得出结果的。这相当于是拿着这些语录、口号，为自己所研究的问题、所采用的研究方法背书。

第三种情况我以为有些可悲，流行政治话语不仅进入正文，而且影响到分析问题的过程和结论。例如《三门峡与古代漕运》。其中讲到三门峡是粮食等物资从关东进入长安的唯一通道，代价高昂且无可替代（文中大量文字讨论其他途径以及其不可行）。然后探讨为什么长安对关东漕粮的需求会越来越大。尽管有各种原因，最后的结论是：不是关中地区没有能力生产，不是伴随长安城都城建设聚集了越来越多的人口，不是因为对西北用兵而需要增加更多的给养，而是要"从统治阶级本身去寻找线索"，是因为他们在农民起义压力减小时的"得意忘形、奢侈浪费"，是"唐朝统治阶级的极端腐化"——这个可就有点那个了啊！

一个人与一部传世大书

[英] K.M.伊丽莎白·默里 /《坠入字网》

成文时间 /2019-09-08

豆瓣浏览量 /849

《坠入字网》这本书的副标题是"詹姆斯·A.H.默里和《牛津英语大辞典》",转换一下就是"一个人与一部传世大书"。

说《牛津英语大辞典》是一部传世大书,有好几个理由。1)时间很长。自1878年3月与牛津大学出版社签订合同,直到1928年初最后一个分册终于问世,一不小心50年过去了。2)篇幅巨大。最初计划7000页,但一次次地扩容,最后出版达到316000页(我再三核对,就是这么多个"0")。这还不包括后续1933年出版的《补编》,以及1972年出版的4卷本《补编》。3)空前绝后。说起来,直到两百多年前,英语实际上仍然还是"方言"(对,是方言)。英语仍然处于"百家争鸣"阶段,多地有不同发音有不同拼写,没有人对词汇及其源头有系统研究。依赖这部大辞典,

"旁征博引，纵览古今，全面探索了19世纪之前英语词汇的漫长历史，在未来几代人手里似乎还不能被其他词典取而代之"。

编这么一部大书不可能是一人所为，但又必须有一人主编。这个人就是詹姆斯·A.H.默里。他之所以能够最终获得这份信任，理由也有好几个。1）出身英格兰和苏格兰的边界区域，从小就具有语言天赋，辗转接受很多学科的教育训练，有很强的自学能力，知识渊博。2）从小地方辗转走出，始终对语言语音文字研究保持热爱，参与了相关学术团体，有不同研究成果问世，最终"在职业阶层中脱颖而出"，赢得在此领域同行的信任。3）体魄强健，对世界充满爱，多子多孙，有一个温馨和睦的家庭。1837年出生，1915年去世，享年78岁（在那个时代这可是长寿了），这些保证他能够长期承担大负荷的案头工作，完成这部大书的主要部分。

编书过程一波三折。篇幅、时间和资金之间的矛盾和博弈贯穿始终。释义，例证，历史源流，是一个词条的三个基本要素。具体工作很是复杂：先是广泛搜集，然后要进行案头整理研究，最后是撰写词条。需要社会动员，需要招募帮手，第三阶段的工作则主要依赖于专业人员。在很长一段时间里，最后这一关是默里亲力亲为，不容别人插手。用现代的说法：这可是一项系统工程！

此书作者是默里的孙女。这就决定了书的整体风格是赞美，不仅赞美这部大书的恩德，对默里、默里一家也不吝赞美之词。但读起来我感觉还是不错的。两百多年前英伦三岛上的风景和风情、学术圈里的生态、学界与出版界的关系，都值得感受一下。不过，即使有这么多的理由，我估计也没有多少人能够有耐心去读这本书。

法医人类学家是一个奇特的行当

［美］威廉姆·R.美普斯、麦克·C.布朗宁/《死者在说话》

成文时间/2019-09-29

豆瓣浏览量/765

　　《死者在说话》后来又以《与骸骨对话》的书名出了两个版本，我在学校图书馆都看到了，最后选了这个最早版本，主要是最新版本是精装，我想让捧书的手省点儿劲。

　　书很好看。我说的好看是指写得好、译得好。作者经历丰富很有故事，第二作者是一个优秀的写手，所以原书的可读性应该很强。中译本应该给高分，语言流畅，除了地名人名之外，几乎没有阅读障碍。但我写下这个"好看"时还有一点犹豫，主要是此书所涉及的内容——作为一位法医人类学家，一直与各种骸骨打交道，背后常常就是大大小小残忍、病态的故事，感觉不一定适合所有读者。看看各章标题可能就会让人反胃：每天都是万圣节，健谈的头骨，破碎的残骸，阳光照不到的地方，当你病入灵魂……。我一直喜欢看一些刑侦的读物，读此书时还时不时会起一点心理波澜，在一些篇幅上甚至有些排斥，需要停下来喘口气才能继续。

但此书并非简单的刑侦故事，涉及的内容我归纳为三条线，三条线糅合在一起。

第一条线是作者自己的故事。第一章讲他怎么进了人类学这个"坑"，这与他此前成长过程有些关系（例如在殡仪馆打工、保险公司调查员的职业）；在后续章节里间接地涉及自己事业的发展，直到最后在这个领域成为执牛耳者。

第二条线是法医人类学的故事。法医人类学不是医学、病理学，也不是文化人类学、考古学，其主攻方向是人类的骨骼系统，叫作体质人类学或生物人类学，"研究骨骼在人的一生中的变化，跨越多个年代的变化，以及在世界不同地区的变化"。在很多章节，作者都在耐心地介绍这方面的知识，不仅是骨骼本身的知识，还有骨骼在不同场景下变化的知识，例如人在火化炉中会经历怎样的过程，以及如何进行骨骼研究的相关知识，例如他建立的骨骼实验室都有什么、要做什么工作等。

第三条线就是作者所经历的骨骼鉴定故事以及背景故事。这个肯定是占有最大篇幅的。凭借在骨骼方面的丰富知识，作者做了很多事情。第一是为当下的刑侦案件提供专业咨询，那些被毁坏的尸体有多个理由需要鉴定，当皮肉不存的时候就需要对着遗骨甚至骨灰做检验、下结论。其中不仅有犯罪故事，还有如何在自杀和他杀之间做出鉴别，一些天生有疾患者的骨骼会有怎样的变化（如麻风病）。第二是为国家在历史事件中的死难者提供身份鉴定，其中有关越战死难士兵的身份鉴定在其中占了很大篇幅，涉及的精细程序、发生的故事还真让人开了眼界。第三是为各种历史人物做骨骼鉴定，有三章分别献给三个人：一个是15世纪征服秘鲁的弗朗西斯科·皮扎罗，最后证实被展览多年的木乃伊尸骨不是他本人；一个是美国19世纪50年代在总统任上去世的查卡瑞·泰勒，最后证实他不是死于砷中毒；还有一个是俄国罗曼诺夫王朝最后的沙皇尼古拉斯二世一家的尸骨鉴定，从一大堆历史谜团中辨别出真相。

作者在最后一章讲这一行当的悲惨未来。法医人类学家需要受很多训练，但却找不到相关职业。我感觉，最大的冲击可能还是来自DNA技术的发展，在很大程度上替代了这门体质人类学。DNA数据库里的比对，让这些法医人类学家积累多年的经验瞬间失去了价值，就像过去警察办案经验被当下的"天网"监控所替代一样。

后起之秀北京城

侯仁之 /《北平历史地理》

成文时间 /2019-11-30

豆瓣浏览量 /493

余生年已过六十，自1984年起长居北京，虽称自己是"河北人"，但在北京的时间已经超过在河北老家成长、读书、磨炼加起来的时间合计。一向忙忙碌碌，对北京地形地貌的了解基本上限于自己居住和工作的区域周边，其历史变迁也仅限于各种只言片语和道听途说。前一阵子看《历史地理学读本》，里面有一篇是侯仁之写北京城，一下子吸引了我，故而见到先生这部《北平历史地理》，毫不犹豫带回家来翻看。

关于北京城。北京以"蓟"为名直到唐朝，此后有过"幽州""范阳""燕京"等别称；从辽代起放弃这个"蓟"字（后来出现的蓟县与此不是一回事），先后被称为燕京、燕山、中都、大都（汗八里）；明朝起才被称为北平、北京。称谓之变与北京的政治地位有着直接关系。前期大部分作为地方封国的都城或者郡治，辽代起有了不同：是辽的"南京"（对，是南京，相对于它自己原来在更加北边的都城而言）、金和元的"中都"，元统一中国之后，就变成了"大都"。明朝之所以称其为北平、北京，那是因为原本的都城在南京，这种情况在民国到共和国阶段又反转了一次——侯仁之写此书时还是"北平"呢！

　　古代北京是典型的边疆城市，历代中原王朝都将北京视为防范北方异族的前沿；后来伴随北方势力强大，被占领的北京转而成为北方政权向南统一全国的起点。当年安禄山同时兼任平卢、范阳、河东节度使，统辖整个北部边疆地带，权力达于顶峰时正是坐镇幽州。也正是在幽州，他举起反叛大旗，反向西南而下，攻陷洛阳和长安，结束了大唐时代。石敬瑭割让"燕云十六州"给契丹（燕是幽州，云是现在的大同），此举之所以被视为中国边疆历史上致命的错误，就是因为契丹由此获得了这个进一步入侵中原的最佳立足点。北宋末年金人入侵中原，在华北站稳，随即把都城移至燕山府，将之命名为中都，北平第一次成为真正的王朝首都。随后蒙古人入场建立了统一全中国的元朝，接手金中都，同时在中都东北建立一座新城"汗八里"即大都，北平自此成为全国的政治中心。此后虽然仍然有明朝建都南京的一段时间，但总体而言，不争的事实是：全国政治中心从原来的长安、洛阳、开封、南京，转移到了北京，和前面的都城相比，北京属于名副其实的"后起之秀"，而这一"秀"就延续到了今天。

之所以负载了这么多的历史"故事"，肯定与北京所处地理位置有关。地理的东西我不懂，只知道北京背靠燕山，面向华北平原，有几条重要隘口通往北方，对接满洲、蒙古等区域。还有就是作为首都，一定要解决北京与主要经济区的联系问题，为此牵涉到当地的水利建设（曾经有人想就地解决经济问题，发现不行），有了京杭大运河（联通长江中下游地区）。书中对此有详细分析，关于北平湾有详细解说，还有多幅手绘地图，各位看书就是，我不再唠叨。

关于这本书也有故事。作者于民国二十年为读书初次负笈北上，火车上就感受到北京的地理魅力，随即被北京历史文化"诉诸力"所征服，种下了北京历史地理研究的种子。1941年作者以抗日"罪名"被捕，狱中以"北京都市地理"为题构思专著，转年"缓刑期间将腹稿移记纸端，以为后日续作之章本"（这些宣纸稿本直到2010年家人清理旧物才被发现）。1946~1949年作者留学英国，最后完成的博士论文就是这一部《北平历史地理》。直到2013年，此篇博士论文才被翻译成汉语由外语教学与研究出版社出版——补一句，汉译文字不错，有温度，带着一点那个年代的味道。

上海曾经是一片"歹土"

［美］魏斐德/《上海歹土》

成文时间/2020-02-14

豆瓣浏览量/1100

歹土是 badlands 的对译，好像不是一个常用词，顾名思义就是一块状况很坏的地方。现在我们总说上海作为国际化大都市城市管理水平很高，但当年却曾经有过一段被概括为"歹土"的混乱时光。《上海歹土》讲的就是这一段。

为什么会有这么一段？此书所述主要限于 1937~1941 年这一时期，起点是日本占领上海、国民党政府从上海撤离，终点是 1941 年太平洋战争爆发、英美列强从上海撤出。当时的上海，人口数仅次于柏林、伦敦、莫斯科、纽约、巴黎和东京，按管理所辖分为法租界、公共租界、中国市政管理区三个部分。日本人入侵、国民政权撤退，上海成为"孤岛"，在原本的格局基础上，进一步增加了日本占领军以及所扶植的伪政权这些变数，这一块地盘上关系的复杂性可谓无以复加。按照书中的说法，其间有以下六种关系纠缠：1）西方列强与日本关于其在中国未来利益的争夺；2）列强与中国政权（先是国民党政府后是伪政府）关于治外法权的争议；3）日本与公共租界内英美居民围绕工部局权力的斗争；4）日本军队与国民党游击队组织对于上海郊区的争夺；5）上海黑社会与新来的台湾、高丽帮会为控制本市流氓而起的争斗；6）国民党特工与伪政府特工对银行、报纸、法庭等控制区的角逐。

其中第六种争夺最为混乱也最为血腥。暗杀成风，而且是有组织地暗杀。一边是戴笠的军统，组织忠义救国军，针对汪伪政权以及亲日者进行暗杀；另一边是汪伪政权在极司菲尔路76号特工总部主持下，针对具有国民党色彩的机构和人员的各种极端行动。尽管各方都呼吁结束这种极端的政治行为，但情况一直在恶化，并在1941年夏秋达到顶峰，直到太平洋战争爆发。此后日本及其傀儡政权全面接管上海，西方列强撤离，然后再到抗战胜利后国民党政权回来全面接管，上海至少在政治层面结束了西方列强和日本的控制，以及国民党与汪伪政权的对抗，复杂性才由此降低。

作者魏斐德是美国研究中国历史的名家，有多部著作问世，其中就包括针对上海警察的三部曲：《上海警察》《上海歹土》《红星照耀上海城》。之所以能够就这一段混乱岁月写成此书，除了一些外围文献资料之外，主要借助于公共租界工部局对当时捕获的各类恐怖人员进行侦讯时留下的记录（这套记录的缘起和后来周转也有故事）。全书分为三大部分：概述，不同主题下的暗杀故事，几个方面的专题分析，可谓有个案故事、有整体分析，可读性极强。

写书出书一定要有"序言"啊

梁思成/《中国建筑史》

成文时间/2020-03-20

豆瓣浏览量/994

20世纪30年代的中国营造学社以及梁思成等学者对中国古建筑进行田野考察，有关故事已经成为经典。最近一期《三联生活周刊》又一次将此作为主题，记者重走当年考察路，接续当年与现在重讲这个故事。我看了这一期，然后再次拿起2011年购得的《中国建筑史》翻阅。大部分涉及建筑技术方面的具体内容我只能看热闹，但围绕此书的四篇序言却让我生出来不少感慨。

第一篇写于1944年，坐标云南，梁思成撰写"为什么研究中国建筑（代序）"。全书用文言写成，但此篇序言却是白话文。序中大概表达了三层意思。第一，当下建筑受西风影响甚大，中国传统建筑随随便便地就拆掉了，建筑丧失了艺术标准，此项研究属于"逆时代的力量"，"是珍护我国可贵文物的一种神圣义务"。第二，古建筑也属艺术范畴，理应像金石书画一样被珍视，作为古代文化遗产被保护。"一个东方老国的城市，在建筑上，如果完全失掉自己的艺术特性……代表着我们文化衰落、致于消灭的现象。"必须像西方此前所认识到的那样，将新与旧结合起来，"能发挥新创都是受过传统熏陶的"。第三，伴随建筑材料、工程的演变，仍然有必要"进一步重新检讨过去建筑结构上的逻辑……创造适合于自己的建筑"，体现在城市的设计中。为此，通过研究，"知己知彼，温故知新，已有科学技术的建筑师增加了本国的学识及趣味，他们的创造力量自然会在不自觉中雄厚起来。这便是研究中国建筑的最大意义"。

　　第二篇写于1954年，坐标北京，梁思成为油印本《中国建筑史》撰写前言。先说明出版油印本（50册）的原委：建筑系学生（包括本科和研究生）学习研究急需参考书而不可得。然后很大一段话反思此书问题："因为错误的立场和历史观点，对于祖国建筑发展的前因后果理解得不正确。"具体而言，以帝王朝代为中心，把人民的劳动智慧作为封建主和贵族的成就；各时期建筑物及特征罗列多，没有发展的观点；元明清三代限于时期，省略过甚；为节省篇幅全书用文言文，引经据典时不加解释，由此给读者带来了不便；经后来考古或其他发现所证实，有些建筑的鉴定有误。此次油印，也仅"作为一种搜集在一起的原始资料……供批判参考之用"。同时不忘提及：这"是一部集体劳动的成果"，林徽因曾经搜集资料并执笔辽宋部分，还对全稿做校阅补充；"精美插图都出自莫宗江同志妙笔"，尽管油印本没有印这些图。

第三篇写于2009年5月，坐标北京，梁思成第二任妻子林洙撰写"增补版前言"。该文追述从1944年成书到20世纪50年代油印，以及60年代重编《中国古代建筑史》的努力。简述梁思成作为建筑史学家、建筑学家、建筑教育家，对建筑史研究的不凡视角，以及他自己对当年这部《中国建筑史》的看法。种种原因，此书列入《梁思成文集》得以第一次出版，但删掉了很多图片。此次再版，考虑"先生在编写此书时的初衷，对插图做了较多补充"，同时说明当年因考察时间所限，主要限于主流建筑（大木作），未及园林、民居等。

第四篇写于2009年7月，楼庆西为梁思成作品集一套五册写"总序"——除了这一本，还有《中国雕塑史》《图像中国建筑史》《中国古建筑调查报告》《营造法式注释》。那自然是历数梁思成的贡献，这些就无须赘言了。

看这些序让人心情复杂。一部书，也像人一样，数十年间兜兜转转起起伏伏，经历了不同阶段的政治动荡、意识形态转向和反转，即使是今天，可能也很难说有恰如其分的评价。

最后欣赏书中的一段文字，第四章"魏晋南北朝"开篇第一段，体会一下文言文之美以及作者的文采。

"自魏受汉禅，三国鼎立，晋室南迁，五代迭起，南北分立，以迄隋之统一中国，三百六十余年间，朝代迭兴，干戈不绝，民不聊生，土木之功，难与两汉比拟。然值丧乱易朝之际，民生虽艰苦，而乱臣权贵先而僭侈，继而篡夺，府邸宫室，不时营建，穷极巧丽。且以政潮汹涌，干戈无定；佛教因之兴盛，以应精神需求。中国艺术与建筑遂又得宗教上之一大动力，佛教艺术乃其自然之产品，终唐、宋之世，为中国艺术之主流，其遗迹如摩崖石窟造像刻画等，因材质坚久之故，得以大体保存至今，更为研究艺术史稀有实物资料之大部。"

怎么样？先以寥寥数语高度概括魏晋南北朝的历史更迭作为建筑考察的背景，进而说明佛教对中国建筑及其他艺术的深远影响，兼及对当前中国艺术史研究的关系。扬文言文简略、典雅之功，一段话里包含了多重转折、多层信息，读起来朗朗上口满口余香。试想，今人以白话表达，会是怎样的效果？

幸运一生

［加］叶礼庭/《伯林传》

成文时间/2020-05-04

豆瓣浏览量/1172

经差不多两星期时间，断断续续仔细看完这部《伯林
传》，一本非常吸引我读下去的书。几年前曾经读过《苏联
的心灵》，对此公印象深刻。此次读毕也有一些想法，家人
还转给我一篇专门讨论伯林在中国的长文，但我不是思想
家、哲学家，无法做更多、更深刻的评论，这里依然就是
一些观感而已。

一、幸运的一生

伯林出生于拉脱维亚的里加，在俄国度过童年，移民
英国后通过读书进入牛津通道，然后步入上层社会。"二
战"期间被派出纽约、华盛顿做情报工作，专门在各类社
交圈中察言观色，由此建立起在美国的社交网络。曾作为
英国外交官到达战争中的苏联，接触处于受压制状态的若
干顶级文人，成为后续学术思想从政治哲学转向观念史学

的触媒。战后在英国牛津大学和美国各大学之间自由出入，同时跨界国际政治圈与不少大人物有过交往，曾经是丘吉尔战后回忆录写作顾问，在古巴危机那一刻是肯尼迪宴会的座上宾，英国多任首相都不会忽略他的存在。作为犹太人，一直周旋于欧美犹太组织与犹太复国主义头面人物之间，如总统魏茨曼、总理古里安，几度受邀在以色列政府任职而不就。

这些经历和标签已经显示此公之非同一般。最为奇特的是，他一直作为学界人物出入，作为政治哲学思想家曝得大名，但除了早期的一部《卡尔·马克思》之外，一生没有一部阐述其思想的学术著作，所有的名声都是建立在演讲、散文式写作基础上的。后期市面上看到的著作，都是后来由一位编辑四处挖掘散在各杂志、录音以及家里书桌中的东西编辑而成的。这部传记也是作者与传主多年一起聊天的结果。

伯林在中国也很幸运。老早就有人将其作为自由主义思想家而对其崇尚有加，其著作的中文版出版超过十种。2014年在北京曾经召开"以赛亚·伯林与当代中国"国际研讨会，在中国有所谓"伯林学"，被国内学人多方阐释。

二、狐狸与刺猬、消极自由与积极自由

"狐狸知道很多事情，但是刺猬知道一件大事"，这是希腊诗人阿吉洛克斯的一行诗，被伯林用来将以前的那些伟大人物分为两类：歌德和普希金是狐狸，陀思妥耶夫斯

基和托尔斯泰则是刺猬，后来还专门出版了《刺猬与狐狸》这本书。

这是一种戏剧化的区分方式，但后来流传甚广。也有人将这对概念用在伯林本人身上：大多数人把他看作是一只狡黠的狐狸——灵巧、狡猾、机智，从一个话题飞快地扑向另一个话题，避开别人的追逐；但他同时又是一只渴望成为刺猬的狐狸——在一件事情上比对其他任何东西都能有更真切的了解和感觉。

消极自由和积极自由这一对概念是伯林思想的理论基础。通过这对概念，伯林将自由主义信条与比它更为激进的社会主义以及共产主义区分开来。其中，消极自由是严格意义上的自由主义政治信条的核心，只要个体行为不妨碍他人自由，那就不应该受到干涉；积极自由则是一切解放性政治理论的核心，意图运用政治权力来解放人类。两者的区别在于，自由主义者希望对权力本身加以约束，其对立面则相反，是想要把权力掌握在自己手中。这种区分为后续政治思想界提供了讨论话题，中国伯林学中相当大一部分就是围绕这对概念做阐发的。

三、和托尼·朱特做对比

读伯林传记，我不由自主地会将他与托尼·朱特做对比。后者是我喜欢的历史学家，不仅读过他的历史大部头《战后欧洲史》，还读过好几部其他著作，包括其成为渐冻人之后与人对谈最后形成的思想传记《思虑20世纪》。朱特晚生差不多四十年，经历的时代与伯林有很大差别，但仍然可以在两者之间找到比较的理由：朱特也是犹太人，从中欧移民英国，曾经与犹太复国主义擦肩而过，苏东巨变后的中东欧是其研究对象。然而，两人之间确实存在很鲜明的差异：朱特在英国所受教育属于剑桥传统，后在法国游历，在法国高师完成后续教育，更侧重于历史学，尽管参与各种当代政治领域的重大话题，但最终认为自己是一位恪守社会民主思想的学人。

比较之下，更显出伯林一生的幸运：就像一个网红公知，出入上流阶层社交场所，在各种讲坛上过嘴瘾，活了长长的差不多一个世纪，看到柏林墙倒塌和苏联解体，似乎验证了他的"理论"。朱特却样样比不上：天天在书桌边吭哧写那些大部头不说，最后经历成为一个渐冻人的严酷折磨，不到六十岁就走到人生终点。

《四库全书总目》是一部目录但又不止于目录

永瑢/《〈四库全书总目〉：前世与今生》

成文时间/2020-05-17

豆瓣浏览量/566

《四库全书》老早就知其名，却不知道在《四库全书》之外还有这样一部《四库全书总目》，更不知道围绕此书编撰和版本流传尚有这么多的"故事"。如果不是家中治史者推荐，我不可能翻这部《〈四库全书总目〉：前世与今生》去了解这些"故事"（不懂专业奥秘，我只能当"故事"来读），但读完之后，还挺有感触。请注意这里有三部书套在一起：《四库全书》《四库全书总目》《〈四库全书总目〉：前世与今生》。我以下主要说前两层的嵌套，但这些"材料"则来自这部第三层嵌套书。

一、这是一部什么书

如果用一句话概括，《四库全书总目》（以下简称《总目》）就是配合《四库全书》的一套目录。《四库全书》所收浩繁，必须有一套目录索引。所谓"目"，是指篇名、书名，所谓"录"，是对"目"的说明，合起来就是目录。所以，《总目》是依附于《四库全书》的，两者密不可分。但反过来说，后人要进入《四库全书》，乃至进入中国传统学术领域，必须借助于这套《总目》作为路径指引，从这个意义上来说，《四库全书》要依赖于这套《总目》才能发挥作用。就像我们看一部书，首先要从其目录了解内容概要，然后才能决定其是否符合自己的阅读志趣、对哪一部分最感兴趣一样。于是，如何编这套目录成为一件非同小可的事情，其中既体现了文献分类学的方法，更是对中国古代典籍从内容到形式的一种认识，相当于是以《四库全书》为对象构建了一套知识体系。

不仅如此，《总目》的全称应该是《四库全书书目提要》，因为，它不仅是一部目录，而且在分类基础上分级撰写了"提要"——对，不仅就《四库全书》所收的某部书写提要，还要对相应的子目、类写"提要"，讲内容、讲渊流，相当于借《四库全书》为中国传统典籍以及所蕴含的文化传承做了系统总结。所以，书中说，"《四库全书》重在整理，《总目》则重在总结"。如果说编一套书、编一套全书不易，那只是"编校"；在文献广泛占有基础上融会贯通，撰写"提要"，则更是一项难以想象的"创作"过程。

二、如何编以及如何写

从编书角度来看，你可以将《总目》视为解读《四库全书》的一个二维结构图。维度之一是书目分类。沿袭隋唐传统，先按照经、史、子、集四部分类。"经部"主要收录儒家经典，"史部"收录各种体裁的历史著作，"子部"收录诸子百家之书，"集部"收录历代诗文集。"部"下面再按照"类"区分，共有四十四类，有些"类"下面再分"子目"。维度之二是在每一类别之下的书目编撰排序，先要区分应刻、应抄、应存三类书目，刻本是要广为传布的，应抄则是有限传播，应存就是仅作保留，除此之外的书原则上被视为没有存世价值，甚至要被销毁——对于大清而言，那些影响本朝道统正当性的书，肯定在销毁之列。

不仅要"编"，还要对一部书的不同版本进行校勘，然后要写出书前"提要"，进而按照子目、类等写出总提要。这个提要最考验编者功力："一般要以简洁文字介绍作者生平，叙述文献中心内容，评价著作得失、版本优劣，有时还指出阅读方法。"《总目》的主体部分就是这些提要。共有多少篇提要呢？根据浙本统计，四库馆臣共为10254部书籍撰写了提要，这个数目"基本囊括了清乾隆以前的主要典籍文献，尤其是元代以前的书籍"。

三、谁来编以及谁执笔

说起来，《四库全书》的总策划应该是乾隆帝。是他最先"突发奇想"要做这件事，启动了这项巨大的文化"工程"；然后持续督导工程进展，并提供人员、经费等基础保障；在此过程中不断"御览"工程中期成果，对其中涉及的重大问题导向做出裁决，例如，绝不会允许明末清初各种诋毁大清道统的内容出现，甚至发现一个错别字也会带来后续惩罚和大量返工工作（一次看到书中有一个"桃"错成"梅"没有校改，于是大发雷霆）。为此，《总目》的第一部分就是"圣谕"，将编书过程中的各种谕旨合起来置于卷首，作为全书之总"序"——也确实起到了序言的作用，因为"有关此书的缘起、体例、范围等，在圣谕中无不有所体现"。

为编此书，成立了四库全书馆。历时数十年，先后有360位（另一说是476人）馆臣在其中做事，88位分纂官（主编）具体经理各书编纂，3位总纂官（总编）作为总办负责全书事宜，其中最为世人熟知的、对《总目》贡献最大的，就是纪昀纪晓岚。

纪晓岚这几年借助于影视剧而广为人知，但历史中他的最大功绩不是与和珅斗嘴斗法，而是编这部《四库全书》。

纪晓岚对《四库全书》以及《总目》编成厥功至伟。从1773年入馆到1792年的复校和修订，奉献精力达二十年，可谓呕心沥血。他不仅撰写了呈送皇帝的"表文"（作为第二部分），"辞藻华丽，用典丰富，以骈文形式对全书做了概要说明"（据说乾隆帝看后认定"必出纪昀手"），而且对分纂提要、书前提要与总目提要做了大量修改，经过修改之后，"考据益臻详瞻，文体亦复畅达"，被认为最好、最成熟。

反过来看，正是《四库全书》成就了纪晓岚。从入馆时的翰林（七品小官），编书期间一路升迁，历经仕读学士、侍讲学士、詹事府詹事，再到内阁学士、礼部侍郎、左都御史、礼部尚书，变成了一品大员。尽管他一生著述不多，但被认为"一生精力，具见于《四库全书提要》，又何必更著书"。

甲骨文+想象+掉书袋

唐诺/《文字的故事》

成文时间/2020-05-25

豆瓣浏览量/435

　　唐诺是一个文化人，码字是其职业，我看过他一部《尽头》。此次因为再读他的书，百度，得知此公与我是同龄人，《文字的故事》是他第一部书。"唐诺不是最能写的，却一直是看书最多、最会讲故事的"——有这样的评价。

　　文字的故事肯定要从甲骨文讲起。一个个的象形字，如何在漫长的时光里兜兜转转，变成了当下我们见到的样子，其间确实有很多故事。但是，这些故事未必是"有证为凭"的，尤其是其起承转合之间常常没有一条清晰的历史印迹。为了连缀起这些故事，除了学者围绕"文字考古"下功夫得到的成果之外，更需要文学家一般的"想象"。唐诺真是一个适合写这些故事的人选——对那一个个有模有样的"小图"非常敏感，能够在解析、连缀过程中想象出一个又一个故事。除此之外，还会将思绪大大延伸出去，伸向历史、文学，而且不限于中国，托尔斯泰、马尔克斯、卡尔维诺、本雅明、莱布尼茨等会时时客串其中，各种作品、作者信手拈来。当然，在这些故事之中是有他自己想法的，尤其是在书的后半部分，这些看法因为他自己的台湾背景、他自己的读书背景，对大陆的读者而言可能还是蛮不一样的。

我以为，此书所讲故事大体可以分为三个部分。

第一部分是字的"创造"过程。汉字与世界其他文字最大的不同，是没有按照声音形成那些抽象的字母，而是循着形体，以甲骨文为起点，通过一系列特殊方式，衍生出庞大的方块字家族，这些方式包括指事、会意、转注、假借，以及对造就汉字"生产线"功德最大的形声。

第二部分是从人类的一些基本问题出发，一组一组讲文字故事。例如时间，围绕一天的时间点、一年的四季，看当初的甲骨文到今天的汉字是怎样传递的。类似的主题还有：屎尿等与人的生理有关但一般难以启齿的低贱的字，有关性爱的字，杀伐疾死等可怕的字。

第三部分则更有延伸。讲到字的简化，影像对文字的影响，等等。

最后我要说抱歉：甲骨文形象很美，唐诺的文字非常灵动，这些都是经不起归纳的，在我的笔下都变得索然无味了。所以，欲知其中妙处，各位还是买本书去看看吧。

利用档案和编制档案的故事

马伯庸/《显微镜下的大明》

成文时间/2020-06-26

豆瓣浏览量/447

马亲王大名鼎鼎，第一次看他的书，感觉还真不错。我自己不甚喜欢太"滑溜"的文字，所以，我说此书不错，主要还不是因为他的文笔而是因为这些故事本身。

此书包含六个故事，但最后两个可以忽略。前面四个故事如果要分一下类：前面三个是一组，都与徽州有关，第四个则是针对大明黄册的故事。

徽州是个有故事的地方。三个故事主题各异，其一围绕一笔丝绢税，牵出地方税收负担分配问题；其二以龙脉为引，展现科场文脉保护与资源开发之间的矛盾；其三则是由寺庙与祖坟之间竞争所生发出来的一出律政大戏。每一个故事都牵涉甚广，经济、行政、家族、宗教、当地的政商绅，以及从县到府到南直隶再到京城，诸般关系交织成复杂的网络。情节复杂，跌宕起伏，来回翻转，煞是好看，都说徽州人健讼，还真是名不虚传。

黄册故事的落脚点在南京的玄武湖，但其内容却覆盖天下，关系到大明国家治理。话说国家治理离不开税赋徭役；税赋徭役的征收摊派离不开对土地、人口的掌控，不是一般的掌控，而是要落实到一家一户。如何掌控，前提是先进行一次普查，逐户登记，然后还要及时更新；得到的资料怎样处理？一方面是汇总变成大数，同时还要保存原始记录；这些记录如何保存？按照里甲分别装订成册，然后集中保管还要严格管理；放在哪里管理？朱元璋选定在玄武湖畔。这就是黄册，这就是保存黄册的大明第一档案库。

故事从朱元璋坐定大明天下后的人口登记开始，然后到土地登记，以及第一档案馆的建立和管理，一步一步，这是一个上升的故事。接下来就是一个下滑的故事了：先是这一套管理中出现的问题，一方面是档案管理过程中的技术问题和人事、经费问题；另一方面则是各地有关人口、土地管理过程中出现的问题；然后伴随大明国家治理松弛，档案馆日渐衰败直至被大清忽略；最后是清明民初几番清仓、辗转保留下来的部分，一些变成中央研究院史语所的四十册明清资料，另一些被新中国国家档案馆整理出来，收藏于中国第一历史档案馆至今。这是一个起点让人钦佩、终点让人唏嘘的故事。

作者是从各种档案中发现这些故事的。这得益于这些"故事"当年尘埃落定之后，有人将相关材料编辑成册保留下来（有些还有续编），形成了后人眼中的"档案"史料。如果沿着档案这个"梗"再加考量，还可以把故事分成两类：其中第二、第三两个故事，是故事发生之后编撰成册，成为后人眼中的档案；而第一个和第四个故事，其故事的由头就是档案本身。得亏这些历代保留下来的档案，我们才能还原历史过程中发生过的那些故事，活生生的故事，就像我们现在身边存在的一个个活生生的人物和事件一样。

好书但题目好像有点大了

何炳棣/《明清社会史论》

成文时间/2020-07-29

豆瓣浏览量/690

一

社会是否存在等级？这个问题在中国古代社会已有共识。无论是儒是法，抑或具有平民色彩的墨子、道家鼻祖老庄，都认可社会有等级之分。"劳心者治人，劳力者治于人"更是公然成为后世朝野两界共同遵循的基本规则，"将相宁有种乎"这一愤慨之言中就包含着社会阶层流动的内核。士、农、工、商不仅是把人分为四类，而且是明确地分为四等。士居于首，就是前面所说的"劳心者"，农是国家的根本，工不甚发达，商人阶层的经济状况未必很差但社会地位却排在最后，盖因其并不创造价值，在重农思想厚重的中国古代，这一点儿也不奇怪。

这些都是柯炳棣先生在此书开头告诉我们的。

二

社会等级是固定的还是流动的？在一代之间有无可能改变身份？代际之间身份是否可以传承？这是此书的重点内容，着重于从明清两代回答这个问题。

前三章作者集中论证：第一，社会等级是流动的，在士与其他等级之间存在着改变身份的通道。第二，既有可能从下向上流动，也有可能从上向下流动。向上流动的通道主要有两个，一个是科举考试，还有一个是纳捐买官，前者渊源甚早，后者则是从明中期才肇始的一种方式并延续到清代。为什么会有向下流动？一个原因是当时的政治制度，对袭荫有严格规定，不允许无条件地继承父辈的官僚士子地位，如果后辈不能用功读书而是一味地纨绔，家道中落就不是小概率事件。另一个原因与传统社会规则有关，分家要析产，即使原本堪称富家，但几个兄弟一分就变成了中等，于是没有财力纳捐，甚至不能支撑长期读书所必需的花销。

三

追究发生这一切背后的原因以及延伸效应，可以讲很多故事。

最大的影响因素是科举制度以及背后的教育制度。科举制度本身也是分等级的。我们不能光盯着处于顶端的状元和及甲进士，那是很小的一群，下面还有大量初级、中级功名，例如各色生员，同样可以取得官家身份。反过来，为了达于科举金字塔的顶端，必须构筑起庞大的基础，所以围绕读书形成了教育体系。一方面是针对已有初级功名者，帮助他继续进阶，这些事主要由官学来做；另一方面还有基础教育，社学、私立书院则承担了这些功能。所以，教育也是一个有等级分工的体系。

围绕科举制度，还有其他匹配性因素。读书成就功名，这不仅是个人的事情，而且是家族、地方共同的事情，所以，围绕应试有各种社区援助机制，有宗族制度的保障支持。因为读书和应试，在一定程度上带动了印书业，尤其是应试材料的刊印，相当于出现了"产业链"效应。朝廷会对各个地区分配进士名额，由此引发区域间的公平问题以及考生质量的可比性，同时导致出现了跨籍考试现象，也就是现在所说的考试移民。

最后，从宏观来看还有一些因素不可小觑。一个是战争与灾祸，一个是人口的增长以及背后的经济繁荣程度。明清更替、太平天国，都是出现社会大变革的重要时期。自宋以来经济与人口逐步南迁，是决定明清时期江浙等省一直居于全国科举前列的基本背景。清朝前期对台关系和海禁，导致对外贸易中心从福建转移到广州，福建原本在科场上的优异表现因此受到直接影响。

四

此书甚好。家里的历史专业人士说，何炳棣一辈子终生搞研究做了三件事：一个是搞清楚中国历史上有多少人（《明初已降人口及其相关问题》），一个是搞清楚中国历史上有多少地（《中国历代土地数字考实》），还有一个就是搞清楚中国历史上科举考试制度效率怎么样（就是本书），三件大事哪个都可以吹一辈子。

但是，此书内容与书名似乎有些不匹配。说是《明清社会史论》，但实际上核心就是科举考试。尽管社会分层是士农工商，但此书焦点对象就是与科举有关的"士"，所涉社会流动也仅限于士这个阶层的进与出。所以我说应该改名为《科举制度与明清社会史论》更加合适。家里的专业人士提醒我，此书英文题名为 *Ladder of Success in Imperial China: Aspects of Social Mobility*，此前曾经有人私下译为《成功者的梯子》或者《晋身之阶》，但作者自己这样命名，他人无从置喙。

此书可读性很强，语言简练、典雅但不晦涩，也不装腔作势。我觉得其中功劳除了作者本人之外，一小半应归功于中文译者徐泓这位台湾学者。此书写于20世纪60年代，台湾繁体字版是2013年出版，大陆简体版则更晚，2019年。我看的这一本是繁体字版，尽管是数十年前的作品，读起来却非常享受，一点儿没有时代隔膜。

还有，此书对史料有很多讨论，从各路史料中扒出来的东西，形成了很多数字。这对于我这个研究政府统计数字的人来说，可谓多了一些吸引力。

当年大学生态一瞥

贺逸文 /《北京学人访问记》（上 / 下）

成文时间 /2021-01-19

豆瓣浏览量 /242

自从国民政府迁都南京，20世纪30年代的北平失去了活力，仅作为文化古都，全凭一堆大学、大学教授、大学学生烘托起来的文化撑着。我本人在大学这个平台上谋生数十年，故而专门买了这套《北平学人访问记》（上 / 下）来读，就是想看看民国时期的大学生态是什么模样。

确实没有白读。上册33篇，下册38篇，合起来就是71位大学教授访谈。可以看到当时大学学科的样子，大学教授的样子，还可以映射出当时社会生活的模样。

学科覆盖。文学艺术（10位），历史学（9位），语言文字（6位），生物（6位），教育（5位），经济学（5位），法律（5位），物理学（4位），化学（3位），哲学（3位），工学（3位），社会学（2位），后面还有考古、农学、地理、数学、医学、心理、政治、图书馆等，还真是覆盖面很广啊！

教授背景。绝大部分都是留过洋的，早期的大部分是留学日本，后来则是英美，还有一些是法德，只有很少几位属于本土教授。其中一位地理学教授，旧学出身，用读经的方法去背那些地形地貌地名，硬是也创出来一片天地。其中很多人都是留洋回来二十几岁就当教授，甚至直接就是系主任，说好听点是不拘一格降人才，如果稍微阴暗点儿看难免就会怀疑当时大学的教学质量哈！

我"认识"的。70多位教授中，最熟悉的是梁实秋、周作人、冯友兰、顾颉刚、许地山、徐悲鸿、朱光潜、沈从文，听说过的还有李达、钱玄同、陶希圣、沈兼士、曾昭抡、潘光旦、陈垣、张东荪。或许他们当初确实都是开某学科之先河的大佬，但隔行如隔山，后辈如我，现在知道的主要限于文学与社会学科的一些前辈。

访谈背景。全部访谈可分成两段。第一篇社会学教授李达访谈刊发于1935年1月28日，一直连续到1936年1月的历史学教授陈垣；从哲学教授冯友兰开始出现"脱期"，一直到法学专家江之泳，截至在1937年7月4日这一天，一共完成56位教授访谈。抗战胜利后，1945年11月再次延续，到1947年1月8日结束，完成15位教授访谈。

写作风格。访谈文字刊行在《世界日报》。前一段主笔贺逸文，记者与被访者呈对等状态，多数篇幅较长，讲家世、求学、成长，然后谈学科、与社会和生活的关系、对教育以及时事的看法。通过访谈，一方面激励后进，一方面普及知识，读来感觉很好。后一段主笔王景瑞，采仰视态度做访谈，篇幅较短，文辞套话较多，生动不足，读来有些味同嚼蜡。

此次结集出版，原汁原味，再现那个时期的氛围和文风，让人不禁生出许多遐想。例如周作人，1936年侃侃而谈，再过三十年不知道他会怎么说以及怎么看当年所说？

五谷的今昔

万国鼎 /《五谷史话》

成文时间 / 2021-01-25

豆瓣浏览量 / 241

《五谷史话》是大家小书系列的一种，汇集了万国鼎前辈有关农业史的研究成果。全书可分为两个部分，最后两篇各自介绍了一部农书和一套丰产技术，前面的篇目则都可以归入"五谷史话"这个主题。第一篇"五谷史话"是当年曾经出版过的，后头几篇分别各个主题（麦、稻、谷子、甘薯、玉米以及花生）介绍其在中国的种植历史，以手稿入书，可以视为对第一篇的注解。

从更早的"百谷"到后来的"五谷"，都是泛指。一种说法是稻、黍、稷、麦、菽（大豆），另一种说法是麻、黍、稷、麦、菽，兜兜转转流传下来，大体对应现在的粮食 + 大豆。以现在回头看，谷子（稷）、稻、麦自古产自中国，玉米、甘薯则是境外传入的，此外还有高粱、马铃薯、燕麦、荞麦、豌豆、蚕豆、绿豆等。

不同作物在中国的种植和分布各有一部兴衰史。后世比较兴旺的自然是稻和麦。水稻之所以能够排到前面，背景是中国历史上经济中心从黄河流域向长江流域的推进，北方种植技术被传入南方，并与南方的自然环境相结合。小麦种植则同时向南北两个方向延伸，其中在向南推进过程中，利用生长周期的交替而与水稻结合，形成了一年两季种植的优势。玉米自南美传入中国，在多地均有种植且发展迅速，排名第三。甘薯不属于禾本植物，但也属于粮食作物，自中美洲传入，因为其产量高、适应性强而被广泛传播，在全国各地均有种植，形成很多品种。

　　玉米到底何时传入中国，以及沿着什么路径向全国扩散，历史上有不同说法。其中一种说法是由阿拉伯人带到麦加，然后经中亚细亚到中国西北部，进而向东传播；另一种说法是从麦加经印度而入中国西南，进而通过西北继续传播。此书采用一种比较独特的方法来予以验证：把各省最早出现玉米的文献记载时间排列起来，发现较早的是广西（1531年）和河南（1544年）以及江苏（1559年）、甘肃（1560年），据此作者认为，很难想象玉米是先由陆路传到中国西南或西北而后向东传播的。

　　至于甘薯传入中国，据说是广东东莞人陈益于1580年前后从安南（越南）带回来的，还有一种说法是福建长乐人陈振龙从吕宋（菲律宾）于1590年前后带回来的。当时这些地方还有限制，不准带种薯出境。

　　记得我小时候，甘薯是最重要的口粮，冬天是窖藏白薯，其余季节里白薯粉的各种制品是当家饭，故而对甘薯有很深的感情。当年曾经问过父亲：什么时候不再吃糠的（我父母一辈小时候真的要吃谷糠）？他说就是大面积种植白薯之后——可见，甘薯进入太行山区，不是在17世纪的明代，而是20世纪的民国啊！

文学艺术相关

文学是有魔力的

［美］舍伍德·安德森/《俄亥俄，温斯堡》

成文时间/2013-08-17

豆瓣浏览量/2171

一组短篇小说，却有着一致的时空，可以看作是一部结构散漫的长篇。

很奇怪，尽管时空距我们都很远，但还是能够为这个小镇上的人、事、情绪、氛围所感动。作者信手拈来的一些话，有着异乎寻常的魔力。

"他以奇怪的姿势站在生活的阴影中。"

"由于理解不了，所以他决定忘记。"

"他到老年时差不多变成一个诗人了。"

"间或沉默一阵后说出一句话或给出一个暗示，奇异地照亮了说话人的生活。"

"爱情就像拂过树下青草的风，你千万别想方设法把爱情界定得清清楚楚。爱情是生命中神圣的偶然。"

"女孩子高挑漂亮，走路婀娜多姿，永远把她的手伸向黑暗，努力想要握住另一个人的手。"

"我需要的不是汤姆，而是婚姻。"

"她把死亡人格化了。"

"他们无法解释自己已从这个共同度过的沉静的黄昏得到了需要的东西，他们在一瞬间抓住了那使男人和女人在现代世界可能过上成熟生活的东西。"

"温斯堡小城已经看不见了，他在那里的生活已成为描绘自己成年梦想的背景。"

德国哲学家说：人诗意地栖息在大地上。我说，因为有作家、哲学家，在他们的笔下，人才能诗意地栖息在大地上。

与该书相似的书好像还有。最有名的是《都柏林人》。我最近从图书馆借来的《从集市上来》，乌克兰犹太人作家的自传体小说，似乎内在地有其相似性。最近一期《三联生活周刊》提到的《简单的故事》，也是以一组（29篇）短篇小说组成的长篇小说，在形式上也很像。

折子戏=短篇小说

黄裳/《纸上蹁跹》

成文时间/2013-09-02

豆瓣浏览量/442

黄裳的作品，围绕中国京剧讲故事，但这个故事不是随便讲的。写出来的东西形式上像一篇篇短篇小说，骨子里还保留着京剧的写意、简化留白和细节刻画等特征。

严格来说，这是围绕中国京剧的折子戏讲故事。只有这样的折子戏才与文学的短篇小说相对应，如果是根据京剧的连本戏写故事，那可能就是长篇小说了。

正因为是其中"一折"，而且是经长年舞台实践锤炼而成的那"一折"，虽然未必是完整的故事，但必定是其中最出彩的那个"瞬间"、那个"侧面"，是从一锅里舀出来的一勺。以这一"锅"做背景，用这一"勺"做文章，想想都令人兴奋。再加上黄裳那一杆妙笔，摊到你面前，不好看才怪！

作家的旅行：为什么，关注什么，干什么

［英］格雷厄姆·格林/《寻找一个角色》

成文时间/2014-03-08
豆瓣浏览量/456

很薄的一本小书，不是小说，而是两次非洲旅行的日记。拉拉杂杂，没有情节设计，没有理论的堆砌，但还是可以吸引人读下去。

20世纪40、50年代的非洲是一片蛮荒之地，对一个欧洲人而言，自然景观和风土人情都具有异域色彩。但作者笔端所触的重点并不在此，作品的吸引力也不在此。让人（至少是我）感兴趣之处在于：

第一，后一次旅行是作者《一个自行发完病毒的病例》的酝酿之旅，而这部作品正是作者归入"严肃小说"中的一部。从书名即可看到，此次旅行确实在为这个"角色"寻找灵感和素材，尤其是书中的下注，会谈到情节的设计、取舍以及一些写作问题。看这其间的关系，是一个很有意思的过程。我也是一个码字的人，虽然不会像文学写作那样，但同样需要在写作之外寻找灵感。学术论文的一些观点、一些论据、一些关键的论证语言，常常产生于远离办

公桌、电脑的时间地点。

　　第二，一个作家，一次长途旅行，会带些什么书，会做些什么，这也是一个很有意思的问题。此公不负众望，旅程开始就有一个书单，他会将读书感受随手记下。尤其令人佩服的是，在一艘船上，既有海浪、天气带来的生理反应，又有战争带来的天上飞机轰、水下潜艇炸的种种风险，此公居然还能保持平均每日500字的写作速度。

人性，被利用的人性

［英］格雷厄姆·格林 /《人性的因素》

成文时间 / 2014-03-15

豆瓣浏览量 / 1935

因为唐诺的《尽头》，我知道了格林，借了一堆他的书，重点看的就是这本《人性的因素》。唐诺将《人性的因素》排在 007 系列、《锅匠裁缝士兵与间谍》之上，认为其处于间谍小说以及叛国者三个层次的最高层。

《人性的因素》里，人性体现在何处？答案肯定要着落在卡瑟尔这个双面间谍身上。因为要拯救所爱的人而和另一方搭上关系，变成了一个叛国者；又因为对同事的名誉负责任以及对非洲族人的同情而将自己暴露给这一方，不得不在并不认可另一方"主义"前提下走向另一方，成为一个叛逃者。吊诡的是，卡瑟尔做这一切都是为了与所爱的人在一起，但最终他并没有实现这一目标，他们终于还是被"铁幕"分割，天各一方。这是一个很纠结的人物、情节设计。

仔细想来，事情也还不是这样简单。

个人可以考虑人性因素，但对于一个国家机器而言，人性可能只是控制生活在这个"箱子"或者"更大的箱子"里的人的手段，而不会成为决策的目的，甚至不会成为影响决策的因素。在那一方是如此，在这一方也是如此。卡瑟尔就是没有想明白这一点，或者说他也许明白这一点，但为了与所爱的人在一起而不得不接受这一点。

反过来看，在国家机器之下是否还有真正的人性，也很令人怀疑。卡恩不是一个具有鲜明共产主义色彩的人，后来的鲍里斯也是一个很和蔼的人，但最终这些人也是这个国家机器的组成部分，只不过是"易于打交道"的人而已，或者说只不过是披着一条价值中性的面纱来执行国家机器的职能而已。

还有一个与人性有关的问题：到底应该怎样"感恩"，有没有一个"度"。卡瑟尔因为感恩就应该接受卡恩的请求、走上这条"双面间谍"的不归路么？卡瑟尔爱萨拉，然后延及她的族人——这也是他最后要传递一次情报的理由，这也有一个"度"的问题：你所爱的那个人真的可以代表自己的整个世界吗？爱一个人就可以不计代价吗？

所以，我的看法是，或许，在小范围内，人性是存在的；但扩大范围，人性是令人纠结的，是无法言说的。

一个读书计划的产生与破灭

《巴黎评论》编辑部 /《巴黎评论·作家访谈 2》

成文时间 / 2017-01-28

豆瓣浏览量 / 3247

上年曾经从学校图书馆借阅《巴黎评论 1》，读了半本后还回去，原因是想买一本留下来。后来果然买了，而且一下子买了 1 和 2 两册（勒口上预告还有 3 和 4）。这不，1 月份开始读这两部作家访谈，第一册读了大半，第二册去柬埔寨时带在身边也读了大半，回来几天继续，最终看完。

一

之所以想买一部留存，并仔细阅读，原因是初读之下对作家写作方式很感兴趣。文学作家是一个特殊的群体，无中生有，李代桃僵，编出一个个故事，将"三观"藏在其中，让读者产生感应。这一切是怎样实现的？通过访谈，在对方的引导下，一个个大腕作家以不同姿态显示自己的人生经验和人生态度，讲述自己的写作姿态和写作技巧，暴露自己的大小习惯和怪癖，或真或假，还是蛮有意思的。

除以上外，引我关注（并购买/细读）的另一个原因是我隐约发现，在作家写作与我自己的专业写作之间，似乎有着某种联系。或者相似，或者可以对比，或者可以相互启发。一部作品的主题、情节、人物、开头结尾是否有清楚的预设和规划？有没有一个写作大纲？一旦开始写作如何把控写作的节奏？写出来的初稿如何修改？等等。就我个人经验而言，社会科学领域的专业写作似乎也会遭遇这些问题：我有一个题目，但可能不敢清楚预设其最后走向和结论；我自己常常无法确切列出一个大纲，而是要靠感觉在写作中一段（层）一段（层）推着走，直至将道理讲清楚；一旦完成一个小标题，似乎大脑空空，无法继续保持写作状态，还要等待"灵感"来临；初稿要"冷却"一段时间再拿出来修改，以营造一种"离间"氛围，帮助自己客观看待此前写出来的内容……

等看完书之后，我的想法又有变化：不同作家有不同的写作方式，就像专业领域研究者的写作各有模式一样，我们可能无法从对方那里真的借鉴到什么——尤其到我这个年龄，已经形成的习惯很难改变。看这些，最终只是满足了我们的"窥视"愿望而已。

二

这两本书还有没有其他功效？

每一部包含16位作家的访谈，两部共32位。盘点一番，发现其中多数作家的作品我没有看过，甚至没有听说过。

1）受老公影响，看得最多的是海明威。我家这位当年的文学青年是海明威的铁杆"粉丝"。

2）其次是米兰·昆德拉，不仅读了《生命中不可承受之轻》等好几部小说，记得2004年去欧洲路上还特意带了他的《被背叛的遗嘱》，一部文论，比较耐读。

3）接下来是斯蒂芬·金，《肖申克的救赎》里的四篇故事非常棒，还有其他一些惊悚小说。

4）赫胥黎的《美丽新世界》很好看，果然不愧是乌托邦三部曲；凯鲁亚克的《在路上》看过，但没有很深印象；两年前看过马尔克斯的《霍乱时期的爱情》，感觉尚可；村上春树的作品看过那部著名的《挪威的森林》，其余的看不下去。

5）卡波蒂的《蒂凡尼的早餐》、格拉斯的《铁皮鼓》、萨冈的《你好忧愁》、冯内古特的《五号屠场》，都是老早听说却没有看过的。学生去年送我埃科的《玫瑰的名字》，太厚了我一直不敢翻开。苏珊·桑塔格那么有名，其作品我却一部也没有看过——感觉书名都比较变态。

于是脑子里产生了一个读书计划：2017年，以这32位作家为限，至少要读一部代表作。于是开始搜罗相关信息并行动起来。

三

第一步是网上搜集数据，记录每一位作家的代表作及其中译版本。第二步是从家里藏书中翻找有什么。老公是文学爱好者，当年曾买了很多外国文学作品，可惜这十年买得少了也读得少了。也就是说，大部分20世纪30~70年代当红作家的书家里或多或少都有所收藏，而此后的新人新书大部分都付之阙如。当然，没有的书也不是问题，咱还有人大图书馆做坚强后盾呢！

但是，面对长长的书名列表，以及找出来摆在我面前的书，我开始想打退堂鼓了。我真有时间、精力、耐心把这些书读一遍吗？真有必要将这些数十年前的当红作品读一遍吗？很多人推崇说要"读经典"，但什么是经典，什么是值得读的经典，可能就是一个问题。老公质疑我的计划，我自己也没有太大信心了——要知道这几年的读书偏好主要是历史以及与经济社会文化跨界的作品，文学作品基本不在所选之列。

怎么办？难道真的放弃了不成？最后我想了一个折中的办法：找这些作家的短篇作品，蜻蜓点水，也算对自己有个交代。于是乎，家里好几部各种版本的"短篇小说选"被置于案头——试试！

这个虎头蛇尾的故事发生在大年三十之前。今天，也就是大年初一一早，我写下这篇文字，立字为证。

终于读了这本书

［德］君特·格拉斯/《铁皮鼓》

成文时间/2017-03-04

豆瓣浏览量/1620

从图书馆借阅，长篇，太厚的一大本，但我从头到尾看完（后面几十页看得粗一些）。非常好看，全力推荐大家看看。

由这本书我感觉到，一部长篇，要想成功，需要有一些要素，我试着罗列如下。

先看背景。1）时间，贯穿从"一战"前到"二战"后的数十年；2）地点，当年的但泽（现在的格但斯克）处在德国和波兰的争夺之下；3）人群，在这样的时间、地点处在战争夹缝中的普通人，对国家的认同，对战争的态度，都值得玩味。

再看作者的设计。1）一个奇异的人——侏儒，将自己与现实拉开，形成讲故事的独特视角；2）一个不同寻常的道具——铁皮鼓，敲鼓，不仅是表达存在，也代表成长，还用来表示情绪，推进故事进展；3）荒诞＋幽默的叙述方式，各种意象层出不穷，让人（像我这样上了年纪的读者）简直跟不上他的想象。

其中有三个段落特别让人惊心动魄。1）1939年9月1日，德国进攻波兰的日子。一边是攻防的枪炮，一边是三个人濒死打牌，主人公不经意间将自己的波兰父亲交出去最后死于德国人之手。2）1945年苏联人攻进但泽的日子。在主人公家里，剑拔弩张之间，他以一个举动使自己的德国父亲丧命于苏联大兵的乱枪之下。3）结尾处。面对战后的困顿日子，三十岁生日是一层（静态的时间点），从逃跑到被抓是另一层（动态的过程），两厢叠加起来，在黑厨娘"在呀在呀"的魔咒之中，主人公回顾一生，对书中所有人物的结局做出交代，大段的叙说成为时代的回响……

我翻了一遍《北回归线》

[美]亨利·米勒/《北回归线》

成文时间/2017-05-28

豆瓣浏览量/275

一

《北回归线》在我2017年的读书单上，但此书的名声让我对它有些忌惮。不是因为它曾经一度是禁书，不是因为它所写的内容"不洁"（在读书这个问题上我已经克服了"洁癖"），而是担心读不懂，无法从作者的痴迷呓语中看清楚他到底要表达什么。

所以，我家里这部红色封面的老版本（敦煌文艺出版社1993年版，不知道是否有更高质量的中文版本）从2月份就摆在我床头的一"摞"书中，直到昨天清晨，一直没有被翻动。

我翻阅了这部书。昨天一早晨＋上下午的地铁＋今天一早晨，翻完了这部书。确实是"翻"而不是"读"。我觉得对我这样的"读者"而言，这部书，一字一句地读实际上是没有意义的。

翻完后的感觉，似乎还不是"一头雾水"。以下是我的一些"发现"。

二

作品整体不是靠故事推进的，但不等于时间轴完全缺失。我感觉，从A到I，基本上是原地不动的，但从J开始，时间在缓慢地、未必直线地但确实在向前挪动。

整部书的内容，首先可以用中国那句古话"食色性也"来概括。其中主要篇幅所言，基本上就是两件事：如何解决肚子问题，与各种女人厮混以各种方式厮混或看别人如何厮混（原谅我用这个词儿替代那些赤裸裸的性游戏）。

进一步看，应该还不仅仅是这两者。在H一篇里有一句借其中一个人物说的话，我觉得大体可以代表此书的主题："我对生活的全部要求，不外乎几本书、几场梦和几个女人。"

这是一部有关文人、艺术圈里的书。对文人而言，书的重要性无论如何强调都不会过分，可能是生活的目标，也可能是混圈子摆谱的道具，还可能是解决生计的手段。尽管着墨不多，但书确实在其中是一个重要的存在。

"梦"是文人生活的另一个必备要素。要凭借自己的天马行空，编造故事，营造氛围，让读者从庸常的生活中脱身进入另一个"世界"，写书的人怎么能够没有梦呢！

还有女人，我不知道怎么形容他对文人的"必须"。中国有句老话"文人无行"，或许能够说明，无论中外古今，似乎概莫能外？

我觉得，或许，通过"女人"，此书要探究生命的真谛；通过"书"，则是要揭示生活的意义。但是，作者（或者说书中的"我"）找到了吗？

在J一篇里，有几大段话借人物之口，讲对性、对女人性器官的看法：在褪去神秘之后，这实在"没有什么"。在与一个女人一番缠斗之后，"我拿起一本书看。你可以从书中学到点什么，即使是一本坏书……可是女人，那纯粹是浪费时间。"

关于书呢？在M一篇里，"我"在一个星期六的下午，喝下一杯味美思和黑茶桔子酒，手中拿着一本"失败"之书。"一切便在神圣的痰液里游泳了"（我不知道译者翻得对不对），然后就是几大段话，挪揄讽刺书中对人的描写、对人组成的这个世界的描写以及对未来的憧憬。可以说，"书"在这里既代表过去作家写给读者的书，同时也代表既往人们/人类所经历的生活。

所以，我将这部书看作是一部颓废的作品，一部失望之书。

三

说起来，我原来对此书所知很是了了，一度还曾经将此书混同于《旧地重游》（一部英国小说，我只记得情节，老公帮我想起了这个书名）。

翻阅之前，我特意回避前面的序和译者序，以防被他

164

们带进一个坑里。翻完以后，返回去看，似乎我的感觉大体对路。然后我从《巴黎评论1》中找到米勒访谈部分，听他自己讲自己，讲自己的写作，再次印证自己的感觉。

转述一件趣事。在访谈中，当被问到写一本书需要花多少时间时，米勒提到了乔治·西默农，"他会告诉你明确的答案"。今天我从知乎日报的"戛纳70年"中看到，1960年金棕榈获奖影片《甜蜜的生活》产生过程中，"评委会主席、作家乔治·西默农坚决支持本片，评委会讨论时离夺冠还差一票，评委会成员亨利·米勒给该片投了决定性的一票，理由是：我喜欢西默农，我崇拜他，如果他说要投，就投吧"。顺便说一下，乔治·西默农，写了一大堆探案小说的比利时作家。梅格雷探长，湿淋淋、雾蒙蒙的巴黎，是我的最爱。

短评后的意犹未尽

[罗马尼亚]诺曼·马内阿/《索尔·贝娄访谈录》

成文时间/2017-08-09

豆瓣浏览量/514

　　作为一本书整体感觉平平，本书包含了通常老年人访谈中总会有的东西：个人成长（一个犹太家庭里的古怪少年），见到的名人（里面有一系列对各国总统的评价），同行八卦（对一些作家和作品的评价）。没有太多有关自己写作的内容，也不太有思想深度，或许和年龄有关，八十几岁的老人，已经与世界和解。

　　但其中有一些"点"挺有意思。

　　比如，不能一说到犹太人就是大屠杀。马内阿说，"大屠杀这一概念在最近三十年中的演进方式十分有趣。一方面它被平凡化，另一方面它又成为写作主题。我理解你的状况——你觉得不自在，你不想触碰它"，贝娄回答"是"。感觉贝娄并不注重从犹太人角度出发去思考问题，尽管他的背景、家庭、家庭背后的社会，给他打上了显著的犹太人烙印，书中有关这方面的对话似乎都是马内阿主动推进的。

比如犹太人在美国的感觉。贝娄回忆："我必须为美国说句好话的一件事是，尽管你是一个性情古怪的人，但你拥有（可以保证的）权利，可以当一个并无大害的人。"书中提到马克斯·韦伯对犹太人的定义：贵族贱民。"他们希望树立一种思想的贵族，书籍的贵族，这是他们的方式，他们一开始就与书籍有染，而从社会视角看，他们通常是贱民。"这也是马内阿说的。

在评说各位总统时，贝娄感觉敏锐，一句话就可以说中事情的本来面目。比如密特朗与法国荣誉军团勋章，"把它交出去，就像他把食品券交到穷人手里一样"。接受里根授予的勋章，"持的是同样的态度"，但令人印象深刻，"当总统的时候是他作为一名演员的最伟大的时刻"。肯尼迪"可以与知识分子保持良好关系，是因为，感谢上帝，他自己不必成为知识分子"。关于克林顿的评价有点与众不同。"克林顿有种天才的想法：别人全都和我一样，而我也与他们所有人一样，那就是他们原谅我的原因，因为他们觉得自己并不会更好，而我也不比他们更差劲。"贝娄说，"有关这一点，让我生出了种相当温情的感觉"。

关于死亡。"唯一的解决之道似乎是快乐地死去，或是在快乐的时刻死去，这样你就能够逃避这种人人都会毁灭的残酷性。""我认为上帝给予动物的最大礼物是不去想象死亡"。

关于宗教。"我觉得，世界不是随机地、无目的地发展或演化的，认为所有发展应当是随机的而不是被某种崇高的智慧所引导的，这种看法对我来说似乎是不可思议的。""是到了我不再假装我不信教的时候了。我利用我八十五年的知识，应用于这些问题，怎么可能每件事都是数十亿偶然事件的结果？不可能。"

二十年前（好像还要早一些）我读过此公的《洪堡的礼物》，当时没有太看懂，现在已经完全没有印象，但肯定是从头读到尾，《赫索格》则没有看完。所以，事实上我是没有资格评价贝娄的。

从跳跃式阅读到"节选本"

［英］威廉·萨默塞特·毛姆/《毛姆读书随笔》

成文时间/2017-09-10

豆瓣浏览量/1222

几个月之前，我曾经说，在读《玫瑰的名字》时，我是跳着读的——这可是诺贝尔文学奖获得者的作品（后经豆友提醒，此公没得诺奖，虽然有获奖的实力——我错了），为此自己非常不好意思，感觉对不起这位博学的作者，也为自己的"不上档次"有一点点羞愧。

此次借了《毛姆读书随笔》作为出差读物，居然看到大名鼎鼎的毛姆公然提倡跳跃式阅读，甚至还赞成对一些书干脆出个"节选本"。我一方面为有大腕给自己的行为背书而高兴，另一方面也有点好奇，为什么会有这个选择。以下转述毛姆的观点。

毛姆说，读小说是为了消遣，使他感兴趣的是小说中的人物、环境、前途、境况、对生活的看法和态度。他知道自己的兴趣所在，但作者有时候却会犯错，导致读者迷失方向。这时他会到处漫游，直到发现自己感兴趣的东西为止。这就是跳跃式阅读。

（有很多原因）几乎没有一部小说，能让读者一直兴致勃勃地从头读到尾。所以，跳跃式阅读不可少。

要跳跃式阅读，同时又没有损失，达此目标并非易事，需要积累大量阅读经验才能获得这种能力。

在大多数人没有掌握这种跳跃式阅读技能的情况下，若有一个老练而有识别力的人先为他们做出删节，那对他们肯定是有益的。这就是为什么要出节选本的理由。

这样说肯定要招来反对。毛姆说，如果面对的是如《傲慢与偏见》之引人入胜、或者《包法利夫人》之结构严谨的作品，确实不应做删节。但是，很多作品不是这样的。

有时候，作者会挖空心思在自己讲述的故事中添加许多材料，有时插入的部分长得就像一部中篇小说，却和整部小说的主题毫无关系。例如《堂吉诃德》，如果将那些无关文字去掉，不仅不会影响作品的完整性，还会增强故事的魅力。为什么作者会这样干？因为当时的时尚是小说要写得长，或者在月刊上连载会得到更多的稿酬，或者难以按照刊物要求的时间交稿而不得不东拉西扯……

还有一些其他原因。以《追忆似水年华》为例，毛姆在读过三遍之后，承认：作者因受当时思潮影响而表述的那些冗长而繁复、现在已部分被人抛弃部分很显陈腐的见解，将来也不会有人感兴趣。普鲁斯特为什么写这样长？原本打算按照三卷本出版，每卷四百页左右。但因为"一战"爆发，出版推迟，普鲁斯特因健康原因无须服兵役。于是他就利用这些空余时间给第三卷增加了大量内容，大体相当于心理学和哲学论文的内容，有人将其称为蒙田式随笔，或许其中确实包含真知灼见，但却不一定能够提高小说本身的价值。

我自己也可以举一个例子，就是《悲惨世界》。冉阿让要进下水道救人，于是作者就从巴黎下水道的建设说起，洋洋洒洒好几页就过去了。《玫瑰的名字》也大量存在这种情况，将很多中世纪的冷门知识，跟着这两个业余侦探的脚步，一股脑地展现给读者，相当于借小说给大家普及了一把中世纪宗教、政治、文化知识。这大概就是学者类作家的品性——总是忘不了掉书袋。我们作为后来者，读这些作品，不像是读小说，而像是在读一部通俗的专业领域著作。如果你感兴趣那当然好，如果不感兴趣，或者前面有点兴趣但随着作者掉书袋而逐渐被侵蚀，跳跃式阅读就不可避免——能够跳着读还是好的，说不准还会导致把书丢到一边的悲催结果。

《毛姆读书随笔》这部书的一个好处，就是先讲作家后讲作品，使读者可以通过时间隧道回到过去，更深切地了解那些古典名著背后的故事。这里我还想奉劝各位家长一句：不要硬性地向孩子们推荐那些外国古典文学名著，时间、空间隔得那样久远，小小年纪实在是难以从中获得阅读的乐趣。我的体会是：读这些作品，是需要阅历的。

人性的光芒

宗璞 /《三生石》

成文时间 /2018-03-03

豆瓣浏览量 /723

前一阵读书群里偶然提到伤痕文学，让我想起了宗璞的《三生石》，我说这是当初读那么多以控诉"文革"为题材的小说中印象最深刻的一部。春节后想起来，豆瓣上查一下版本，然后从图书馆借来，想重新验证一下它是否真值得我惦记这么多年。

在作品中，"文革"不仅是背景，而且是直接描写的对象，正面写出主人公（梅菩提）经历的"文革"早期的残酷。在这一段艰难之上，叠加了主人公个人的悲喜遭遇：一方面是身患癌症，一次手术、二次疑似复发，徘徊于生死边缘的哀伤痛苦；另一方面是幸遇爱情，身心交融，仿佛三生三世命中注定。把这一切串起来的一个"工具"，就是她早期写过的一部小说《三生石》。

现在看来，作者写作手法属于比较传统的一类，语言收敛平实。有很多带有人为痕迹的桥段设计，太多的巧合，把故事限定在一个选定的人物圈子里，对其中不同人物的刻画也多多少少有一点脸谱化。但是，即使是这样老套的写作手法，却仍然能让我这个有了很多读书阅世经验之后的老读者泪流满面——为什么？

我仔细想来，觉得还是弥漫全篇的一种内在的东西在起作用，我将之称为"人性的光芒"。这里所说的人性，不仅是善良（善良肯定不可缺少），还有借助于先贤所留下的很多思想（里面也包含了宗教的成分），其光芒不仅在作品中照亮了主人公的生活，成为她能够勇敢地面对外在境遇、保持内心平静和平衡的凭依，也穿透作品，在读者处赢得共鸣（这就是我当初读了那么多控诉"文革"的小说却独独记住这一部的原因），并进一步超越时光，让数十年后的读者仍然能够从中获益（这就是我今天读此书仍然泪流满面的原因）。

我这里试着引几段。

因为乳腺癌手术要住院，病房休息室四壁贴满了毛主席语录，其中最醒目的一条是"人总是要死的，但死的意义有不同……"。菩提"思想紧接着闪了过去：要是我布置这个房间，我就写：活下去，你会看见真理。旁边再挂些恬静的风景画"。

在菩提家里，"迎面墙上贴着一张毛主席语录，写的是：既来之即安之"。

菩提和慧韵将一些"在灵魂上套着个硬壳"的人定性为心硬化、灵魂硬化症患者。"我当初也是心硬化初期患者，现在才知道，只有不硬化的血肉的心，是世间最真实的。"

在得知爱人跳楼之后，菩提写给他的是《庄子》里的几句以及勃朗宁夫人十四行诗中的句子："从今我徘徊在我生命的门前，再不能一人私自驱使我的灵魂""我为自身祈祷着上帝的慈悲，他听见的名字却是你的，他在我眼眶中看出两个人的眼泪"。

宗璞是大家，出身书香门第，引经据典自是信手拈来的游戏，写作中免不了会掉书袋。比如，菩提不得已烧掉的自己的作品，第一是那部给她招来横祸的长篇小说《三生石》手稿，第二是一部未曾发表的中篇小说，第三是一部十八万字的苏轼传，第四是评论奥地利作家卡夫卡的论文——你看，中西合璧，文学、传记、文论都齐了。回想当年，对一个小县城里的懵懂青年来说，这些都是不可想象的啊！所以，当初之所以有深刻印象，与这些自己没见过但心向往之的东西肯定有着莫大关系。

我看了三本李娟的书

李娟/《九篇雪》

成文时间/2018-03-17

豆瓣浏览量/6382

友人一下子寄给我三本李娟的书：《九篇雪》《阿勒泰的角落》《遥远的向日葵地》，大体相当于作者不同时期的代表作：处女作、中期作品、最新作品。第一本我仔细从头看到尾，第二本看了一半，第三本粗翻了一遍还没有来得及仔细看。以下简要记下我对这三本书的印象。之所以要一起写，是因为三本书放在一起，才更有话说；为什么这么急着写（不等全部读完），是因为好不容易产生的印象要赶紧写下来以免回头"找不到"了。

首先要申明，写这些文字之前，我没有在网上找任何对李娟及其作品的评论作参考，生怕一旦看到别人写的，自己会跟着走，或者失去表达自己感觉的勇气。我自己比较倾向于论述性文字，李娟这些以抒情见长的文字，我很难驾驭尤其是做出评论。所以，以下写出来的东西可能不上道（外行，以偏概全），但如果出现雷同／相似，那也纯属巧合哈!

友人极力推荐,认为"遇见李娟的书是2017年的一个惊喜"。我读了以后有同感。想一想,这样一个二十出头的小姑娘,和家人在广袤、荒凉的边疆经历了艰辛困顿的生活,却以流畅清新的文笔将这些艰辛困顿以及孤独寂寞转化为美好和欢乐传达给读者,真是让人既感且佩。想来她应该没有受过什么专门的训练,读过的书也应该比较有限,却能够发出天籁"之声",这真的是一件奇妙的事情。

将苦难艰辛留在背后将美好奉献给读者,这在她而言,或许是一种直觉,一种简单的对生活的看法。但进一步想,从写作而言,这应该属于一种写作手法。或许李娟当时不知道有这样一种写作方式,但事实上正是因为这种写作方式,她的文字才有了温度、有了力量、有了吸引力。真实的生活,写作呈现出来的生活,其间一定要有距离,这样才能得到读者的接受和欣赏。

我这里拉大旗作虎皮引用福柯《词与物》第一章所作论述:一幅画,场景是宫廷一个房间,画家持笔凝视前方,右手边是他正在作画的画框(左手边画面中央是小王子和仆从);我们看不见他正在画的画,也不知道他在看什么,但后面有一面镜子模糊显示出有两个正装男女。这一切表明,这位宫廷画家在为国王夫妇作画(这个是那个画框里的画),前面坐着充当模特但没有出现在画作(我们看到的表达这一场景的画)中的正是国王夫妇本人。这里面有好几层表达,包含好几层关系,此画画家、画中的画家、画中画家面对的模特、模特的镜像，甚至作为陪衬的王子和仆从也会加入这些层次的关系中。你视觉看到的可能并不是作者正在经历的，而只是作者呈现出来让你看到的，然后你要根据自己看到的，去想象作品后面的东西，两者合起来才引起你的共鸣。作者的表达与背后现实之间的反差越大，读者的反应可能才会越强烈。

对李娟我们也可以这样解析：草场上牧民的生活，李娟眼中的牧民生活，李娟自己的生活，李娟笔下的牧民生活和自己的生活，各层次之间构成复杂的关系。所以，创作是有技巧的，不是生活的简单复制或记录，不同层次的关系构成一个一个的小陷阱，成为对读者的诱惑。她把生活的艰辛隐藏起来作诗意的表达，却在字里行间诱导你透过她的文字去想象背后的真实艰辛（比如《阿勒泰的角落》里"巴拉尔茨的一些夜晚"中所描述的"我"与猫、床、屋子、屋外天空之间在黑夜笼罩之下的互动关系以及她的想象）；她将上述好几层关系通过灵动的文字天衣无缝地编排起来，才使得写出来的东西丰富、多彩、饱满（例如，她作为汉民、一个与外界有联系的"裁缝或杂货铺店主"，看当地牧民的眼光以及与其之间的交往，多多少少是有一点优越感的）。试想，如果她直接描述生活的艰辛以及相伴的丑恶，你还会喜欢她的文字吗（当然现实主义的作品也具有力量，但至少不会以这样的方式让人喜欢）？实际上，在《九篇雪》里是有反例的，一篇是"富蕴县的树"，一篇是"孩子的手"，你可以试试。

李娟的作品是否有变化，未来会怎样？一个是写作内容（一直写这些吗，文思会不会枯竭），一个是写作姿态（一直保持这样的纯真吗，如何保持），然后还会牵涉到写作方式（一直用这样抒情的文字吗）。她自己在第二本书前言中对这些有所回应，但我觉得从她这三本作品中已经可以看到变化。

第一本写作内容都是"我"所见所历，但是更多是诗意表达，是虚着写，人物、故事都被淡化，被这种诗意所笼罩。第二本写作内容也是自己亲历，有些可能与第一本重复，但篇幅长了，故事性强了，人物凸显出来了，文字有了更多的延伸，显示出作者在走向成熟，但原来的诗意、纯真则毫无疑问地在消减。第三本写作内容与"我"有了疏离，间或在场间或离开，常常是"我"在远处看"我妈"所做的事情，同时写作方式发生很大变化，段落变短，叙述变为一两句话的片段（我手贱，随机检查，每页平均段落数，第一本和第二本在5~6段之间，第三本则陡然上升到11段）。

少年成才者，到成年之后，必然要经历蜕变。个人在成长，从写作内容到写作方式都不可能一直重复原来。如何转型，这是最大的风险。但愿这不是作者脱离生活、失去纯真、创作枯竭的征兆。祝福她。

书确实挺好看。尽管我已经写过这篇书评，我仍然会将余下的一本半书读完。

写作即人生

［美］斯蒂芬·金/《写作这回事》

成文时间/2018-05-04

豆瓣浏览量/778

如果你看过《肖申克的救赎》这部电影，如果看过这部同名小说，如果看过他写的"等身"那么高的各种惊悚小说中的一部或几部，就肯定知道斯蒂芬·金。但你不一定知道他还写过一部论写作的《写作这回事》，而且写得相当不错。

斯蒂芬·金是写得最辛苦量产最多的作家之一。到50多岁时就已经有超过35部作品出版，大多是长篇（我看过《尸骨袋》，挺厚的一本），不要说必须讲出一个个吸引读者的故事，光是码出这些字儿也够不容易的。但我看完《写作这回事》之后，一个感觉是，写作对于他来说，可能并不意味着是件苦差事，因为写作已经与他的人生合一了。

何以见得？有此书为证。此书包含两部分，前半部分是"简历"，后半部分是"工具箱"和"论写作"。我觉得，前半部分是将写作融入人生，后半部分则是将人生融入写作。

在前半部分里，一方面是人的成长，另一方面也是写作成长的过程，直到"成为"作家。非常困顿的生活，退稿信夹起来在墙上已经挂不住了，但还咬牙坚持写作。直到有一天电话打来：小说单行本出版，预付款40万美元他可以拿到20万美元，他哭了，他老婆也哭了。这个过程在金的笔下非常生动地展现，其中一个清晰的线条就是他在写作中逐渐获得的经验。比如第一次将读过的故事改编成自己的故事，第一次将自己写的四个故事卖了一块钱（每个25美分），第一次得到的手写留言："不要装订，散页加曲别针"，他那只不安分的笔在学校惹的各种事端，兼职记者被主编第一次削改的稿子……

后半部分专门讲写作，但不是正襟危坐讲文学理论和写作方法，完全是自己的经验所得。为了将这些经验讲清楚，其中穿插了很多他自己的故事，以及他经历的别人的故事、他对别人及其作品的看法。他已经将写作作为生活的"主旋律"，反过来他又将生活当作最重要的写作源泉。

关于写作，包含两部分，一部分是"工具箱"，另一部分是写作过程。工具箱里包括词汇、语法、段落、风格等创作要素。写作过程则从写作的地点、氛围讲起，然后依次展现以下种种：故事构思，故事梗概，第一稿，第二稿，投稿等，还有如何与经纪人打交道。

他认为词汇未必越多越好，语法也不用按照教科书来用，段落是自然形成的。如何将这些工具灵活运用起来，他给出的途径就是多读多写，作者脑子里的节奏感"部分出自天然本能"，同时"也是作者花费几千个小时写作之后才得来的经验，还有花费几千个小时阅读别人作品所得"。即使是为了读故事而不是做研究，"不知不觉中还是在学习"。"通过阅读烂文章，人最是能清楚学会不该怎么写。"

　　他不认为一开始非要有一个清楚的结构，这个结构是在写作中形成的，而且常常会写到最后才发现前面应该怎样写。但是，一定要有一个好故事，这个故事开始可能就是点子，然后将人物、情景加上去，会一步步丰富起来。他说第一稿是写给自己的，保持一种激情将一个故事讲完整；第二稿则是写给读者的，要从读者角度想如何才能吸引人。第二稿字数一定要少于第一稿（减掉10%，这是铁律），最大限度地去掉那些副词、形容词，用所营造的氛围替代这些赘语。其中有很多示例，包括不同风格的作品示例，修改前和修改后的文稿示例等。

　　读此书，我很有感应，感觉这些写小说的经验完全可以用于写学术论文。经多年积累我形成的专业写作习惯：一方面是语言，不堆砌辞藻，不故弄玄虚，句子长度保持适中，以自然逻辑分段，避免只能以大一二三、小一二三连缀段落；另一方面是结构，一篇论文在开始写作时有一个大体思路，但无法给出多层次的完整提纲，最后的结构是在写作过程中根据研究成果和叙述节奏不断调整才逐步形成并得以完善的。

　　此书具有很高的可读性。金是畅销书作家，语言丰富幽默诙谐，俏皮话俯拾皆是。另外，还要将相当大一部分功劳分给译者——能够将这些"金句"变成中文，保证读起来流畅，并有很好的阅读体验，没有"两把刷子"肯定不成，一把刷子是英语，另一把刷子是汉语文字。

我这一本是从图书馆借的，但我已经下单要买一本，我还会再看看，在书中画上一些道道。我推荐大家看看此书，同时更推荐大家看看包括《肖申克的救赎》在内的那本小说集，里面有四个故事，《肖申克的救赎》确实好看，其他三个故事中至少有两个也是我非常喜欢的。

"文革"文学作品的解构

许子东/《重读"文革"》
成文时间/2018-07-08
豆瓣浏览量/1402

许子东是凤凰卫视金牌栏目"锵锵三人行"的一角，看到有书评介绍他的新书《现代文学课》，图书馆查阅还没有此书，顺便看了一下有关许子东的书，发现这本《重读"文革"》，借回来翻翻。一翻发现其中所用方法来自俄罗斯学者普罗普的《故事形态学》，故而再次去图书馆，先翻看了后者，然后才返回来看这部《重读"文革"》。

80年前（1928年）出版的《故事形态学》，以俄国100部民间故事为对象，对各篇内容予以拆解，形成31个"功能项"——实际上就是组成产品整体的基本单元，或者干脆称之为"零部件"，然后根据各部作品的不同组合，对故事加以分类，目的是"从一组拥有近似造型的故事中，努力抽取一个原始故事的结构"。

《重读"文革"的主旨》就是按照普罗普的方法来分析20世纪后二十年发表的这些以"文革"为题材的文学作品。

被纳入分析范围的是50部得到各方认可的小说，其中相当一部分我当年看过，有些仍然印象深刻，如《晚霞消逝的时候》，有些还记得其中的一些情节，如《伤痕》，有些则只记得书名，如《今夜有暴风雪》。

书中将这些小说按照事件发生的顺序（不是叙事顺序，因为叙事可能会有倒叙插叙等）一一拆解，所有的"部件"被归纳为先后四个部分（分别四章）：1）灾难的前因与征兆；2）灾难降临方式；3）考验与拯救；4）反思与忏悔。每一部分之下再做具体细分。然后在分析基础上归纳出重读"文革"的不同方法（作为最后一章），将这50部作品划分为四个类别：1）契合大众审美趣味与宣泄需求的"灾难故事"；2）体现知识分子—干部忧国情怀的"历史反省"；3）先锋派小说对"文革"的"荒诞叙述"；4）红卫兵—知青视角的"文革记忆"。经他这么一分析，还真是在脑子里形成了一些类型"道道"！

说起来，结构主义主要关注的是形式，但许子东这部书不止在解析作品的结构，而是在结构之下花较大篇幅来讨论内容——如果与《故事形态学》相比，其形式解析可能远不如后者，但内容阐述则明显多于后者。是啊，对想了解"文革"却不是专门探讨文学理论的人（如我）而言，如果只是结构可能还不能满足需要。但通过这样的结构解析，我感觉确实不止是可以显示不同作家在文学手法上的差异，而且还进一步深化了对这些作品表现能力的认识——原来，大部分作家依然是用很老的套路来写"文革"，"要么被描述成一场少数坏人迫害好人的灾难故事，或者被总结为一个最终坏事变成好事的历史教训，或者被解析为一个很多好人合作而成的荒谬故事，或者被记录为一段充满错误却绝不忏悔的青春记忆"，真正有深度的思考还非常有限。最后，生活又回到原点。

读完此书，我有以下两点引申：

第一，这套结构主义方法，是否可以用于非文学的专业教学培养？我想让学生试着归纳一下本研究领域里学术论文的写作模式、计量方法的应用模式，不知是否可行。

第二，如果没有读过足够数量的"文革"小说，或者更延伸一点，如果没有经历"文革"，此书可能无法引起人的阅读兴趣。就像我读《故事形态学》的感觉一样：或许对其结构主义方法很感兴趣，却无法将那100部俄罗斯民间故事作为欣赏对象。

不止在谈电影剪辑

[加]迈克尔·翁达杰/《剪辑之道——对话沃尔特·默奇》

成文时间/2019-02-06

豆瓣浏览量/3125

从豆瓣书店购得此书，读完感觉真没有白花钱。

此书讲电影剪辑，但绝不仅仅是剪辑，而是主讲者对电影的广泛理解；也不仅仅讲电影，而是将电影与其他艺术形式对比起来看。我自己肯定不懂电影剪辑，对电影的理解也达不到业内人士那样的境界，但也居然产生了共鸣：社会科学写作同样需要对某些主题的感觉，同样需要从搜集和积累到创造、阐释的过程，同样需要在写作中把握节奏、形成结构、填充材料令其丰满起来，最后形成一个作品。

这是一本对话集，对谈者是一位作家，不仅对文学而且对电影有深入了解，正是他提出的那些问题和不断引导，才有主讲者的滔滔不绝，讲出那些深藏心底但此前未必清晰意识到的想法和看法。

一、可以追溯到少年时代

沃尔特·默奇是电影业者，后来做过导演、当过编剧，但一生主要从事的是剪辑和录音，主要作品包括《教父》，此外还有《纸牌屋》《人鬼情未了》《现代启示录》《布拉格之恋》等，三次获得奥斯卡奖。

多数人对剪辑师和录音师的工作不甚了解。书中说，电影的生命发展有五个阶段：剧本、前期制作（选角和选景）、拍摄、剪辑、音乐和混音。显然本书作者的工作就处于最后的两个阶段。

电影的基本形状可以说是在剪辑师手中完成的。尽管有剧本，但面对一大堆拍摄出来的东西，要（和导演一起吧，尽管此公话中不这样说）决定故事怎么延伸、怎么讲述，确定其节奏，不仅是大节奏还有每一个场景的小节奏——一个镜头拍下来，最后到底应该截止在哪一格（一秒24格）在最后作品中呈现，文中有很详细、生动的讲述，让我这个外行看得津津有味。

电影最后的模样是在混音之后完成的，这就是录音师的功劳了。其中包含两个部分，一个是音乐，另一个是音效，要把所有声音最后与影像合成为一体。如何找到合适的音乐，为镜头中的一切找到合适的声音，书中也讲了很多有趣的故事。

对于默奇来说，无论是剪辑还是录音，这一切好像都是从一个十一岁男孩在家里鼓捣那台磁带录音机开始的。

一方面是录，不仅录电台里播的音乐，还录外面发出的声音，甚至利用麦克风与一堆金属摩擦较劲。另一方面是剪，把磁带正播、倒播，剪断后排个序、粘回去再播，就是要制造不同的效果。

二、关于电影的诞生

关于电影，书中有很多讨论，我读来都挺新鲜的。以下我只拣其中一段转述——我没有读过电影理论，不知道正史上如何总结的，如果已经是常识，那只能说我自己孤陋寡闻哈。

"电影之父"有三个：爱迪生、贝多芬、福楼拜。要放在一个合适的社会背景下，三者缺一不可。

"我用爱迪生代表电影之初的所有技术天才"，他们在物质层面发明了电影，赋予其机械特性和化学特性。

"在这之前差不多五十年的时候，福楼拜代表的一类作家已经发明了现实主义。"他会用整页整页的篇幅去描写一间空屋子里的尘埃颗粒和它们细微的声响，因为他在说：平凡现实存在着某种意义。这就是电影的故事，电影要展示的内容。

"福楼拜之前三十年，以贝多芬为代表的作曲家开始探索音乐中的力度概念"，发现通过强力扩展、对比、变形的手法改变音乐的节奏和配器的结构，可以激发起强烈的情感共鸣与力量。"你听贝多芬的音乐，可以发现调性、节奏和音乐焦点的突然转换，那就像是电影语汇被翻译成了音乐表达：剪切、叠画、淡入淡出、叠映、长镜头、特写镜头。"这个就是电影的表达手段了。

"十九世纪文化中这两条伟大的河流，文学和绘画中的现实主义与浪漫主义音乐中的力度概念，终于汇聚在电影这种物质形态下。"此外，还有十九世纪像银幕一样巨大的画作，当时急剧变化的人口分布为电影准备好了观众。

三、各种艺术（学术）形式之间是相通的

书中很多地方自觉不自觉地涉及不同艺术形式之间的比照。

电影制作有两种方法。一种是希区柯克式的，一部电影已经在创造者脑子里完成了，只需要将它拍出来；另一种是科波拉式的，电影在制作中过程不断成长壮大，在摄制过程中舞蹈，不停地发明。这代表了两种极端，很像湿壁画和油画，前者的颜料一旦接触石膏就无法更改，后者可以在画布上不断涂抹覆盖。

如何处理电影中的多重视点问题，有两种方式。一种是发散式方法，一开始所有角色都在同一个时空中，接下来你就可以一个个跟随他们往前走了。与此相反的是汇聚法，两三个故事各自独立发展，最后交汇在一起。有时候会打破这些规则，效果要取决于各自的能耐。这个与文学作品的手法也很相似。

剪一场戏的时候，你会不断面临三个基本问题：用哪一条镜头，入点在哪里，出点在哪里。三个问题中对节奏

来说最重要的是最后一个：在哪里结束一个镜头，要完整但不要过度。镜头决定在哪里剪切，就跟写诗歌时决定在哪里断行一样。在剪辑切换的瞬间，把一个画面与另一个画面并置，这就相当于产生了一个韵脚。

　　默奇的父亲是一个静物画家，"有一回他和我说，我画的不是物体，而是我的眼睛与所画物体之间的空间""那恰恰是我对声音录制的看法。如果我去录关门的声音，我不会认为我记录的是一声关门，而是记录了关门这一事件所发生的那个空间"。

把杂文塞进小说壳里

李敖 /《北京法源寺》

成文时间 /2019-02-23

豆瓣浏览量 /939

一

大年初五去了一趟法源寺，回来在网上搜索偶然发现李敖这本《北京法源寺》。

李敖大名鼎鼎，一直是个文化现象，直至去年去世。我好像没有读过他的书（只对《李敖有话说》有一点印象），但也知道此公的自傲。于是从图书馆找到这本书，带回家。

拿起来果然让人放不下。虽然不是一口气读完的，但还是超过了通常的读书速度。

二

故事核心就是戊戌变法。酝酿，发动，余响。但重心在人不在故事，主要是对几个人物在此过程中的刻画。

中心人物就是康有为和谭嗣同，以及梁启超。以康始

（第一章）再以康终（第十五章），谭之死在中间以浓墨重彩之笔达于高潮，第九~第十二章完全以谭为对象，然后还延及第十三章和第十四章。

义士是另一条线。从袁崇焕（楔子）开始，到李十力（尾声）结束，期间穿插很多人。大刀王五是现实存在的，实际上谭嗣同在某种程度上也是被当作义士来写的，故而围绕他本人以及他的死，李敖拿出许多历史的和异域的义士以及设计出来的人物线条做陪衬。其中包括中国历史上的专诸和荆轲，希腊的苏格拉底，参与营救的日本浪人，日本历史上的月照和西乡，还有与王五一同出现的、关联到太平军的佘和尚，以及后续从戊戌到辛亥再到共产党革命间转折的李十力（李敖说，这个人物是董必武、熊十力、李大钊合在一起的结果）。

还有一条线就是改良与革命之争，尤其是后半部分。戊戌变法无疑是改良，谭嗣同认为他留下来选择死的意义，不仅在于唤醒民众，更在于证明改良这条路走不通，需要革命。梁启超后续在思想上与康有为分道扬镳，在于后者一直执着于改良，一直想依托于皇室搞君主立宪，不惜与张勋一起复辟，而前者则不断变化，最后替代康有为成为"先知"。最后通过李十力之口，清算康有为，论证从改良到革命的时代转变。

三

从全书架构来看，是小说。以戊戌变法为故事，从开头到结尾的呼应，实与虚的设计，有人物有对话。小说该有的这里都有。

但骨子里却是杂文。

第一是掉书袋，李敖博闻强记，以博学著名，他自己也号称全书的史事人物"都以历史考证做底子"。其中确实涉及中国当时和过去甚至延及境外的相关评价、人物、掌故。大部分内容都构成作品的必要组成部分，或阐释背景，或营造氛围，或强化情绪、增加情趣，但有的时候也会让人感到作者在炫耀。

第二是大段说理，仿佛是设计了两个人的对话，一唱一和，表达了李敖对人和事的看法。这样的场景一再出现。先有康有为与佘和尚对话，借此说明自己对大清的看法以及自己的志向；中间有谭嗣同和梁启超对话，阐明自己为什么要留下来主动赴死，以及为何而死；最后还有李十力和康有为对话，以便论证从戊戌改良到革命、从辛亥革命到共产党革命之间转换的合理性。

把这些塞进小说的壳里，如果用读小说的眼光去看，可能会觉得可笑。比如第一章里，康有为与佘和尚第一次见面，站在法源寺的庭院里，就将自己对大清的看法以及自己的志向全盘托出，这怎么可能！但如果摆脱了一般读小说的心态，就会发现借助于这样的两人对话、以生动的语言去阐释，确实代入感比简单的杂文要强很多。而且，借助于李敖的这支笔（是不是他自己吹嘘的中国第一不敢说，但确实笔下功夫了得），也没有多大不可克服的违和感。

四

最后要说说法源寺和作为书名的法源寺。

年初五去法源寺有很异样的感觉，觉得似乎与其他寺院有些不同。一个是人少，无论外面还是里面。另一个是气氛，不是庄严而是肃杀，是悲怆。我当时以为这可能是因为初五这天天气特别冷的缘故。待读了这部《北京法源寺》之后，好像还有点佩服自己的直觉呢。

法源寺确实不太一样。

前身悯忠寺是唐太宗为祭祀北征将士所建，后经雍正改名为法源寺，但其性质仍然是忠烈祠，与隆福寺、普渡寺、贤良寺、广化寺、万寿寺等比一比，光听名字就知道不一样。

法源寺地处皇城西南，周围有很多会馆（相当于现下的驻京办事处）。现在去那里走走，还有很多当初会馆的遗址，其中就包括湖南浏阳会馆（这个与谭嗣同有关）、广东南海会馆（这个与康有为有关）。

所以，李敖不是平白无故将此作为书名的。

在书中，开篇写袁崇焕被凌迟处死之后在这里停灵超度；法源寺的主持佘和尚，其祖先是袁崇焕的看坟人；佘和尚在书中不时出现，直到最后显示他是做太平军回来隐身至此，最后和大刀王五一起因为接受谭嗣同之托而死在法源寺。在书中，青年康有为从法源寺出场，与佘和尚有一番宏论；到最后，康有为最后一次来法源寺，与李十力对话，总结自己的一生，以及被李十力总结其一生得失。在书中，李十力开场时是一个被佘和尚收留的流浪儿，到最后，则成为一个以大学教授身份活动的共产党员，一个被处绞刑的革命者——他说他会不时回来在这里静修几小时，然后再被吸引到外面去。

不是小说胜似小说

[奥] 斯蒂芬·茨威格/《玛丽·斯图亚特传》

成文时间 /2019-04-29

豆瓣浏览量 /500

　　书友赠我《玛丽·斯图亚特传》，我有点轻视了：500多年前大不列颠岛上的宫廷剧，翻这样的旧账有什么意义？直到此次腰病卧床才拿起，不料拿起就放不下了！

　　"故事"本身肯定是很精彩。里面包含着：苏格兰和英格兰之间的关系，新教与天主教之间的争斗，玛丽女王与伊丽莎白女王之间的较劲；然后扩展到女王与国王、王室与大臣、英国与法兰西等其他王国等多边关系，其中有谎言有眼泪有爱情有亲情有婚姻有奸情，有政治有阴谋有背叛有对垒有监禁有审判有鲜血。对比当下的英国，让人不禁感慨：他们的先世居然是这个样子啊。

　　整部书看下来，我觉得，在这一系列令人眼花缭乱的场景转换中，有两个要素是贯穿始终的。

　　一个是王冠。两个女王较劲，伊丽莎白将玛丽囚禁十余年，归根结底是王位及其继承权问题。前前后后围绕玛丽发生那么多不可思议的求亲、结婚、奸情——实际发生的和原本想发生的种种狗血故事，这些男人的目标就是那顶王冠。是对王冠的觊觎推进了故事的进程，直到最后她儿子詹姆斯六世同时成为英国的詹姆斯一世国王。

另一个是女王与女人两种身份之间的矛盾。无论是玛丽还是伊丽莎白，都存在这个问题，只不过在玛丽那里，这个矛盾将她引向毁灭，伊丽莎白则借此达到荣耀顶峰。作为女人，玛丽跌入不可思议的婚姻，将自己置于万劫不复的境地；因为至死不放弃王位，她不仅触怒伊丽莎白女王，也得罪了自己的儿子。

在当年，王权是独立于法律等世俗约束之外的。故而如何处置玛丽女王是一道大难题。原则上说，没有谁有权利审判她，更没有权利让她上断头台。所以她才会在英格兰土地上被软禁十余年，才会为了做实她的"罪名"引出种种阳谋阴谋。书中说，正因为有了玛丽的先例，才有查理一世、路易十六夫妇上断头台的后续。

茨威格真是讲故事的好手。这是一个复杂的故事，麻烦的不是历史记载太少而是太多，真相早已淹没在各方的口水中。首先要对资料进行甄别，进而要放在500多年前的背景下揣摩这些材料和各个角色的心理，连缀成完整的故事，并以适当的文笔讲述出来。茨威格做到了。我说不是小说胜似小说，这支笔功不可没。

林纾的翻译与钱钟书的书袋

郑振铎、钱钟书、阿英、马泰来/《林纾的翻译》

成文时间/2019-06-05

豆瓣浏览量/916

豆瓣上有人标注这本《林纾的翻译》，特到学校图书馆的密排库里借出来一观。1981年版，薄薄的一小册（小三十二开/103页），还真是挺有意思的。

一、两篇书评各有不同

由名字可知，主题就是林纾清末民初的外国小说翻译，主要是两篇评论。一看到这两位评论者的名字，我就很有期待：一篇肯定比较周正，另一篇肯定会比较刻薄。果然！

第一篇来自郑振铎，写于1924年林纾去世之时，相当于是盖棺论定。旧时文人，文诗书画样样具备，但林纾最终让人记得的却是这些听书翻译之作。郑认为，这些译书中确实存在很多问题，比如，选择的作家和书目未必都是经典，分不清小说与剧本的区别，任意删节原文，存在很多文字BUG，以上都有展开论述。但是，文章最后特别肯定了林纾翻译所带来的三大影响：1）拓宽了中国人对于世界的常识，通过这些小说告诉国人，"他们"原与"我们"是同样的人，"中"与"西"原不是两个绝然相异的名词；2）校正了时人对"西学"的片面看法，不只是科学技术、政治制度，"欧美亦有所谓文学，亦有可与我国的太史公比肩的作家"；3）提高了国人对小说这类作品的认知，不是"小道"，小说的旧体裁也随之被打破，开了外国文学在中国的先河。

另一篇来自钱钟书，写于1963年。文中也肯定了林纾翻译的意义，不仅说自己当年如何为这些小说着迷，引导了自己对于外国文学的向往，而且说"最近"再读，仍然没有丧失吸引力，重温大部分作品，"发现许多值得重读"。但是，这些都是放在一个文学评论框架中顺手提及的，主调是要以严苛的标准对这些作品做分析做评价，回答林译距离"化"境有多远，"讹"发生在哪里——这些都要通过钱钟书那支旁征博引、骂人不着脏字的"笔"展示出来，最后的结果你可以想象。此外，钱文将林纾接近三十年的翻译生涯以民国二年为界分成前后两段，我觉得很有意义。在此之前，作品"十之七八都很醒目"；在此之后，"译笔逐渐退步，色彩枯暗，劲头松懈，使读者厌倦"。原因无他，就是老了，失去了早期的热情。

一个好玩儿的例子：面对西文的Mr.××，我们知道中文对译要么是"××先生"，要么是"密斯脱××"，但林纾翻译中却出现了"××密斯脱"和"先生××"，现在读来让人有些忍俊不禁。

二、钱钟书的书袋

钱钟书以博学著称于世，所有的文字（不仅文论还包括小说）都是掉书袋的结果，此文也不例外。此书中涉及两个大"书袋"和文坛八卦，在此之外就是遍及古今中外的大大小小引文故事，统统放在下注里——说实话，读这些下注还真不轻松呢，（我个人）甚至还因此对钱钟书起了厌恶之感！

开篇讲《说文解字》对翻译的训诂，"译、诱、媒、讹、化，这些一脉相连、彼此呼应的意义，把翻译能起的作用、难以避免的毛病、所向往的最高境界，仿佛都一一透示出来了"。文学翻译的最高境界是"化"，把作品从一国文字转换为另一国文字，既能不因语文习惯的差异而露出生硬牵强的痕迹，又能完全保存原有的风味，那就算得入于"化境"。但是，一国文字与另一国文字之间必然有距离，译者的理解和文风跟原作品的内容和形式之间也不会没有距离，而且译者的体会和他自己的表达能力之间还时常有距离，因此译文总有失真和走样的地方，在意义或口吻上违背或不尽贴合原文，那就是"讹"。"媒"和"诱"说明了翻译在文化交流里所起的作用：它是个居间者或联络员，介绍大家去认识外国作品，引诱大家去爱好外国作品，仿佛"做媒"，使国与国之间缔结了"文学姻缘"。反过来也可以说，正是因为"讹"的存在，才挑动了人的好奇心，诱导一些人去学外文、读原作。应该说，好译本的作用是消灭自己，把我们向原作过渡，而我们读了原作，马上掷开了译本；坏翻译很可能会产生消灭原作的效果，不是居间而是离间，扫尽读者的兴趣，同时也破坏原作的名誉（以上基本上是文中原话，我这里只是做了一些删减）。

三、林纾译书知多少

此书有详细书目列示，有关书名、作者的译法，还是有很多看头。限于篇幅，这里仅给一个数据：林译作品凡184种，单行本137种，未刊23种，8种存稿本。

人生苦难与救赎

［美］卡勒德·胡赛尼/《追风筝的人》

成文时间/2019-10-19

豆瓣浏览量/314

看过《追风筝的人》电影的片段，阿富汗这个原本只出现在国际新闻中的国度，进入了我的视野。此次凑巧看到这部小说，借回来一阅。一阅就放不下了。

当下各类媒体谈到人生、谈到日常生活，主题词频率以"快乐"为首。但人生常常有苦难伴随，至少有些人的生活基调就是这样的灰色。为什么？什么造成了人的苦难？读此书，我感触很深。

人生苦难来自家国破碎，族群崩塌。阿富汗自20世纪70年代后期起似乎就没有消停过，经历了王权被推翻、苏联入侵、塔利班获胜、美军报复……几经反转，翻饼烙饼。其间不仅有对抗入侵，还经历了大规模的种族清洗，国际性的恐怖活动。百姓在其中生命得不到保障，正常的生活自然无从谈起。此书从1974年写起，其中贯穿了国家分裂破碎所带来的苦难。

人生苦难来自一个社会因族群对立、等级森严所造成的隔阂。种族清洗是族群对抗的最高表现，但即使没有种族清洗，族群对立也会给社会带来很大损害。某些族群只能从事某些职业，不同族群不能通婚，特殊情况下出生的孩子不能获得应有的身份，由此给当事者带来终身的痛苦。此书中的一对孩子以及他们的父亲就是如此，隔阂由此而生，并一步步延伸，变成错误甚至衍生出罪恶之果。

人生苦难似乎还来自内心深处之恶魔和良知的较量。如果是一个纯粹的恶人，不会为自己有心无心犯下的错误（以及衍生出来的罪恶）而羞愧而不安。但一个有良知有信仰的人则不同，他会为自己的行为而羞愧，有负罪感，要遭受内心的痛苦折磨，为是否应该冒风险改变事情进展、挽救悲惨后果而踌躇。此书以"我"为主角，提供了一个完整的例子。

如何摆脱苦难？对一个普通人而言，家国、种族都是大概念，自己能够掌控的就是让良知战胜恶魔，放下心中的执念，勇敢承担自己所犯错误，尽全力挽救由此带来的后果。这就是"救赎"。应该说，全书的一个主题词就是"救赎"。

作家的 "模样"

《巴黎评论》编辑部 / 《巴黎评论——作家访谈 3》

成文时间 / 2019-11-19

豆瓣浏览量 / 234

　　《巴黎评论——作家访谈》是对世界著名作家的深度访谈记录,自20世纪50年代开始一直延续到现在。国内编辑出版了四册,几年前看过1和2,今年买到3和4,断断续续看完了3,趁着热乎写几句感想。

　　先要说明,这四册不是按照年代分割的,而是将各个时代的作家在每一册做均匀分配,故而虽然是第三册,15位被访作家所处年代仍然跨越了50多年,第一篇是1954年,最后一位则是2008年。15位作家当时肯定都是响当当的、具有国际影响的大家,但在如此长的时间跨度考验之下,现在看就分出高下来了。有些成为超越时代的经典,有些就无声无息地消失了,或许在文学史上会有一笔,但肯定会淡出大众阅读的视野。

　　我说不上是外国文学的资深爱好者,但也读过一些,有些人的书虽然没有读过但听说过。当然,还有一些作家我从来没有听说过。印象深的主要是：艾略特（他的长篇诗作是经典但我一直不敢拜读）、索尔·贝娄（他的小说看过不止一部，两年前还看过他的传记）、金斯堡（因为《嚎叫》而名噪天下，但现在知道他的人似乎也不多了）、奈保尔（久仰大名但似乎没有读过他的书）、石墨一雄（刚得诺贝尔文学奖没有几年）。好在我现在读此书不是为了欣赏他们的作品，原来的知名度也就不太重要了。

　　不是为了欣赏他们的作品，那是要看什么？我感兴趣的是这些作家的写作状态以及写作与自身生活的关系。例如，他的创作灵感从哪里来，写的东西与自己有关吗，如何搭建一部作品的结构，愉快的写作（一气呵成）还是痛苦的写作（像挤牙膏），写作有套路吗，写作时有没有什么习惯（怪癖）等。我看这些，当然不排除好奇作家这个群体创作的神秘性（偷窥癖），同时也想拿这些文学作家和我们这种非文学码字者比较一下，看其中是否有共通之处（自不量力）。通篇读下来，还真有一些发现。

　　欧洲作家和美国作家有不小区别。索尔·贝娄说，欧洲文学更具有思想的力量，小说中的智性人物很可能是个搞哲学的知识分子。美国则不同，作家并不指望思想能够开花结果，他自己的小说就是要"表现私人关切和知识分子的兴趣经美国式混合之后所产生的屈辱感"，所以《赫索格》里的思想绝对不是萨特或者加缪的思想。富恩特斯说，拉美和中欧作家相似，认为"我们具有言说的权力"，为此要"拖着沉重的身体四处走动，这个身体属于他的人民，他的过去，他国家的历史"，要为集体承担许多职责，服务于社会。"在美国，一切都顺利，但没什么是重要的，但在捷克斯洛伐克，没什么是顺利的但一切都是重要的。"阿摩司·奥兹更加勇猛，这个从以色列基布兹走出来的犹太人，"用两支不同的笔作为一种象征性的姿态，一支笔用来讲故事，一支笔用来告诉政府如何处理自己的事务"，对以色列与巴勒斯坦、犹太人和阿拉伯人有着很犀利的见解。

诗人可能更需要激情。金斯堡是一个最好的例子，即使是访谈，那也是巨浪滔天的感觉。回顾当年的状态，仍然是一波一波，给人很大的冲击，直到最后我才看明白，那么嗨的情感，那么多骇人的意象，敢情很大程度上是药物的作用。真是不疯魔不成活！

写作的过程可能就是寻找的过程、等待的过程。约瑟夫·海勒说，"作家是无意识地朝自以为能写出来的目标迈进的""我觉得写作是一项私人事业，很多东西得从沉思中产生"。罗斯说，"在你开始的时候，你找的是那些会抗拒你的东西。你是在找麻烦。流畅有可能是一种什么事情都没发生的标志，可能会是让我停下来的标志，反而是身处黑暗，只能从一个句子挪向下一个句子的状态，才让我知道可以继续"。

画作欣赏·扫盲感言

止庵/《画见》

成文时间/2020-01-11

豆瓣浏览量/167

我觉得，世间有两件事只可意会不可言传，一是画作，一是音乐，很难诉诸文字或者语言来描述。但确实又存在着讲述的需求，因为很多人在此方面摸不着门道故而无法欣赏，我就是其中一位。

2018年读了半截福柯的《词与物》，开篇"宫中侍女"对我形成了巨大冲击：原来，画与画家以及观众之间是这样的关系啊！此后我还套着这套"理论"写我对李娟作品的解读，效果好像很是不错。最近这一期《三联生活周刊》主打文章是"看懂卢浮宫"，其中也提到福柯以及他这一篇，可见其对于画作解读的重要性。但是，如何将"理论"还原到实际作品，其间还隔着长长的历史流变、宽宽的地域差异、绘画艺术从技术到流派的嬗变，以及画家的个性带来的不同风格。凡此种种，都对我们如何欣赏一幅画作构成巨大障碍。我感觉，止庵的这部《画见》恰好可以在这方面为我们提供一些帮助。他以通俗的语言，结合画作和画家讲故事，带我们一路走马观花，慢慢地我似乎有了一点感觉，而且还引起我的联想，结合自己的经验有了一点点共鸣。

此书分为四个单元：女人，大自然，梦，时代。这肯定不是对西方美术作品的全面介绍，这样归类也不一定有什么依据，比如除了"女人"还有"男人"，宗教不在其列，战争、宫廷等题材也没有涉及。仅就这四个主题而言，我不太喜欢"女人"，一直没有弄明白把一位裸体女人与数位西装革履的男人放在一起到底要表达什么。我比较喜欢"大自然"，辽阔的画面，丰富的色彩，尽管有画家的处理但仍然可触摸可感知。"梦"是要显示画家内心深处对这个世界的理解，"时代"则大多在暴露现实的荒谬和丑恶，如果想赏心悦目，这两类肯定不成。书中有一些彩色画作呈现，有些还真是让人喜欢。看了这本书之后，我把自己的微信背景换成了高更的《山脚下》。

以下是从此书中摘编出来的两段——主要文字来自此书，但我有一些处理。

莫奈以风景画著名。在此之前经历了"三步"。在《日出，印象》之前，有几幅置身事外的人物的半身像，风景只是背景，他的风景画起步于此，可以说是第一步。第二步，例如《花园里的女人》等，人物在缩小，背景的风景在扩大。到了第三步，人物越来越小，只是隐约存在，乃至完全看不见，但还是在与前两步差不多的环境中，也就是说，其实人物还在那里——这乃是他们所看到的景色，很多作品都属于此类，包括《日出，印象》。这与其说是人物从自然中退隐的过程，不如说是人物更深入自然的过程。然而不管如何深入，画的都是步履所及之处。这也是莫奈画中始终有"人气"的缘故。我们在莫奈画里看到的风景，其实是一个人面对风景所感受到的风景氛围——我想说的是：画家也是不断成长的，风格一直演变，但应该有迹可循。

修拉最著名的画是《大碗岛的星期日下午》。这并不是一幅风景画，自然只是背景，数量繁多的人物才是画中的主体。但在这幅画之前有一幅《大碗岛》，同样位置同样角度，是一幅纯粹的风景画，只有草地、树木、河流、船只，看上去就像后来那些人物登台前的空布景一样。在两者之间，还有《库布瓦的塞纳河》，只画了一个女人，牵着小狗缓缓而行；《安涅尔浴场》中画了不少人，但一概静止不动。最终完成的《大碗岛的星期日下午》，则将所有这一切囊括在内，不仅有许多静止的人物，还有许多动态的人物，他们有不同位置，其运动处于不同方向，可能还有不同速度，不同色彩也做了精心安排。画家就是要将同时存在的各种状况、各种形式的静止的与动态的对象，一并纳入他的秩序之中——我想说的是：画家会反复处理一个场景、一个题材，但因为技术或阅历，结果会使作品发生变化，画面和内容会越来越丰富，当然也可能会越来越简单。

文学课的姿态

许子东/《许子东现代文学课》

成文时间/2020-01-27

豆瓣浏览量/363

　　《许子东现代文学课》是几周前买的，起因是他在《经济观察报》上有一期访谈，题目叫"五四文学的最大价值在于人道主义"（后来到网上搜索，访谈还在但已经不是这个题目了），其核心内容就来自这部课堂实录。学校图书馆查目录居然没有，故而干脆买了一本——现在我的原则是除非特别好尽量只借阅不买，主要是书太多家里没有地方放。春节得闲加上闹疫情，三十、初一窝在家里看了一遍，有一些想法录在此处。

一、何为现代文学

　　中国现代文学一般被认为始于"五四"终于1949年（之后被称为当代文学），但起点"五四"未必是"五四"学运这个特指（这是一解），另外还有两解：1917年胡适等开创的新文字运动，或者干脆泛指20世纪二三十年代的新文学。从起点看，百年过去了哇！

中国现代文学不等于西方所谓现代主义文学（更罔论时间上更靠后的现代派、后现代主义），两者虽然大体处于同一时期。中国现代文学的主流是现实主义加浪漫主义，对应的是19世纪中后期欧洲、俄国占主流的文学传统，托尔斯泰、狄更斯、巴尔扎克、雨果等，相当于晚了半个世纪。

之所以称之为现代文学，必然要与中国古代文学区分开来。区分的标志在于，古代文人是为"天下"写作，到现代文学，中国不是天下了，"民族—国家"概念出现并成为核心，不是为皇权写作，而是要启蒙，为大众启蒙。

以上是许子东开篇讲到的，我归纳了一下。

二、文学课讲什么

文学课怎么讲，其中肯定要有作家、有作品，但应该不是简单地带领我们阅读某一部文学作品或者某一位作家的作品，尽管这确实是一门"手艺"，就是文学评论。把文学当作一门课程，把一段时期的文学现象当作一门课程来讲，这显然已经超越了文学批评的范畴。这部《现代文学课》是地地道道的课堂实录，读完此书在一定程度上解了我此前的"惑"，噢，原来文学课要这样讲！冠以"一定程度"，是因为我不知道别人是不是也这样讲。以下是我读完书后自己做的总结。

第一要讲背景。首先是时代背景，这个决定了中国现代文学的基调。李泽厚提炼出启蒙与救亡这样两个主题，可以说现代作家都是在这两个主题上做文章，尤其是百年之后再看，启蒙主题更显重要。其次要讲文学渊源，一方面是中国文学的内外互动，例如对外国的借鉴、对古代文学的传承；另一方面则是当时文坛的格局，不同"门派"以及相互关系，例如文学领域革命与改良之别，英美留学与日本留学的不同色系，创造社与文学研究会的不同志趣等。最后还要讲代表性作家的成长过程和生存状态，这个毫无疑问会在其作品上打下烙印。说实话，一百年之后，在有限的课堂时间内，讲清楚这些，还是很不容易的。

第二要讲思想性。文以载道，这在文学史上有悠久的传统。纯粹的娱乐作品，充其量只能算作通俗文学，例如鸳鸯蝴蝶派的言情小说，是不属于现代文学范畴的——时至今日仍然有此分野。这时候就要区分作家和作品了。主要沿着时间这条轴线（辅助空间维度），分析代表性作家及其作品，看其到底表现了什么，怎样超越了以往，将其放在启蒙这个大目标下，凸显其思想性，显示其在文学史上的地位。说白了，就是百年后对这些作家和作品重新排一个"座次"。

第三要讲写作技巧，做解读。文学是"曲笔"写现实，直白者不在其列。不同作家有不同表现方式，作品里可能包含着不止一层的意味。尤其是百年之后再看，是否能够理解故事背后的"趣味"，是否符合现代审美，其间隔膜可能还真是一个问题。于是需要解读。大到一部作品有几重

"意思"，标题有几种起法，小到在"××说道"之前要不要加"狠狠地"或者"流着泪"这样的形容词，都在谈论之列。

三、摘编一二

大部分中国现代作家的父亲在这些作家尚未成年时就去世了，母亲在其成长中具有重要作用。其间是怎样一种逻辑？原来是小康之家，否则无法读书到一定程度；然后家道中落，故而需要个人奋斗，见识人间疾苦百态；为什么家道中落，因为父亲去世，母亲含辛茹苦在背后支撑。鲁迅、胡适、郁达夫等，莫不如此。

"五四"有四个意义：白话文取代文言，引进了德先生赛先生反对礼教，启蒙救国唤醒大众，以进化论强调今天比昨天好明天比今天好我们要前进。直到今天，进化论远比科学、民主更加深入人心。

在文学手段里，单纯的象征容易，单纯的写实也容易，最难的就是把象征与写实结合起来，浑然天成，这是最高的文学手法。

夏志清有个观点：中国现代文学作家中，凡英美留学回来的就比较保守，凡日本留学回来的就比较激进。尽管都是20世纪初，英美和日本处在不同发展阶段上，社会氛围大不同，对传统的理解也就不同。

五四小说的男女恋爱关系中，男人通常是老师角色，女人通常是学生角色，前者充当知识分子，后者代表被启蒙的民众。但在不同作品中有不同情况：《伤逝》中，男人把女人唤醒了但走不远；《春风沉醉的晚上》中，男人想把女人唤醒但没有能力；《创造》中，男人唤醒了女人可后来女人超过了他抛弃了他。

《日出》讲的是阶级论，《家》讲的是进化论，两部作品合起来，就是20世纪30年代"左"倾文学的主流。直到张爱玲，才对这种两分法产生怀疑。

从沈从文开始，地域文化才在中国现代文学中受到重视。没有哪一个作家能够像沈从文那样，由于一个人的创作，改变了一个地方（湘西）整体的文化形象。

张爱玲是"五四"主流文学史无法安放的作家，不在"鲁、郭、茅、巴、老、曹"以及沈从文、钱钟书这个序列里。用中国传统小说手法写出现代主义精神，以俗文学方式写纯文学，其作品属于批判女人的女性主义。"生命是一袭华美的袍，长满了虱子"，或许你可以写出前半句，但不会想到后半句。

中国现代文学研究领域里，张爱玲和鲁迅是最受关注的两位。不是说张爱玲像鲁迅那样伟大，而是说：鲁迅是一座山，后面有很多作家都是山，被这座最好的山的影子遮盖了，但张爱玲是一条河。

……

四、语言变文字的效果怎么样

许子东口若悬河的能耐，很多人在"锵锵三人行"中已经领教过了，我们可以想象其在课堂上侃侃而谈的样子。现在将这些讲出来的"话"转换成文字，读起来依然朗朗上口，仿佛在现场一般。

为了吸引学生注意力，为了将学生领进门，课堂上肯定会有很多小故事，还要想办法与当下联系起来。这就导致会有很多"闲话"。怎么处理这些当年的八卦和当下的口水？此书在页面编排上做了一些处理：三分之二是正文，此外三分之一以小一号字体专门展示这些"题外话"。似乎效果还不错。

老实说，此书读起来确实很舒服，但深刻性可能有限，毕竟只是"大一"课堂记录。许子东在最后推荐大家继续选修他的"中国现代文学选读"，会涉及更多内容、更多作家，以及他的"当代文学课"，会涉及1949年以后的文坛风云。

眼下读此书正当时

〔美〕马克·吐温/《百万英镑》

成文时间/2020-02-06

豆瓣浏览量/1268

　　疫情将人困在家里，几番搜寻从家里书架上选中这部马克·吐温的书——久闻大名却一直没有仔细看过，这些书属于先生当年的阅读范围。

　　对马克·吐温的戏谑文字早有耳闻，但预设：隔着百余年+半个地球，我作为中国21世纪的读者，读他的故事一定会有隔膜吧？没想到读完此书发现代入感是如此之强，以至于（原谅我用了这个初级英语的常用句式）我忍不住一定要发表一下读后感言！

　　好书首先一定是得益于有个好的"内核"，如立意、主题、谜底、意象。这是一部短篇小说集，但其内核设定具有一致性，都是现实主义的，每一篇故事都会对应现实中的某一种荒诞，政治的或者人性的。我这里择要列示一些："田纳西的新闻界"——新闻怎样由小到大炮制出来；"火车上人吃人纪闻"——在一个匪夷所思的场景下再现议会议事过程;"有关大宗牛肉合同事件"——夸张表现官僚机构的推诿和人浮于事;"竞选州长"——民主选举过程的荒唐和不择手段;"我给参议员当秘书的经历"——参议员的政客嘴脸;"爱德华密尔士和乔治本顿的故事"——坏孩子总是有奶吃;"法国人大决斗"——上流社会的虚荣和浮夸;"与移风易俗者同行"——招摇撞骗者的手段;"他是否还在人间"——人死了作品才会出名;"百万英镑"——信用体系的荒诞;"三万元的遗产"——金钱对人性的腐蚀;"败坏了赫德莱堡的人"——金钱激励下人性的扭曲。

要将这个内核转化为一部优秀的文学作品,另外两个要素不可缺少。一个是讲故事的能力,一个是语言文字的铺陈和色彩。或者,应该反过来说:好作品一定不是"主题先行",一定不是只有一个意象。为此可以说,上面我给每一篇对应一个主题,马克·吐温地下有知肯定要骂我曲解了他的本意、毁了他的名声。他就是在讲故事,用一种特有的语言表达形式讲故事,希望这个故事能够得到大家认可,然后转化为他自己的生计——那个内核或许只是一个逻辑、一个底线。

马克·吐温的想象力实在惊人,这些干巴巴的主题被他一一装入有趣、荒诞的故事里,让人一边忍俊不禁地想笑,一边又不禁为其中的自私、愚昧、无奈、残酷而扼腕叹息。很多故事都有一个出人意料的结尾,让人想起欧·亨利来,只是在马克·吐温这里更多了一些现实主义的讽刺色彩。还有口语化的文字,篇篇真的都是在"讲故事", 生活味十足, 现场感很强, 如果有耐心一字一句去读, 就应该是朗朗上口的效果。

我很庆幸在这段新冠肺炎肆虐的日子里看了这本书。看看当下各路大神的表演和一出出悲喜剧, 不免感叹人类道德水平百年之后似乎没有任何进步。我还天真地想, 假如哪一天突然传来消息, 这场疫情从头到尾都是假的, 只是某个人设计的恶作剧, 那就和这本书的套路更加切合了!

这一次认真读了一遍还真被折服了

［意］翁贝托·埃科 /《玫瑰的名字》

成文时间 /2020-03-06

豆瓣浏览量 /613

几年前受赠此书，当时是"跳"着读的，还不讲道理地在豆瓣上打了一个三星。此次因疫情圈在家，决心读一点大部头的书，于是从书架上再次拿下来，没想到这次还真读出来味道，所以评价也从三星提升到五星。

为什么当初要"跳"着读？这不是一部简单的书。先是其结构有点复杂，这次我从中读出来至少三层，是三层镶嵌起来的结果。

第一层是一个连环命案，在此意义上说它是一部推理小说。"我"和导师威廉类似于华生和福尔摩斯，一个负责推理讲解，一个负责提问推进。修道院地处偏僻，自成体系，为案件推理提供了一个封闭的空间。以一部书为线索串联，命案接连发生，谜底一直保持到最后，黑手最终落到一个此前不会想到的人身上，所有涉案者都无一幸免，最后连这座修道院也一起被焚毁了。你看，推理小说的要素可以说是应有尽有。

第二层是中世纪教廷与皇帝之间的角力，以及方济各教会与罗马教廷之间的明争暗斗，在此意义上仿佛是一部政治小说。事件背景是两个代表团要在此会面，这位导师是其中的调解人。前面是铺垫，一直讲其间矛盾的渊源，后面则直接展现两个代表团之间的较量。不仅有会谈中的唇枪舌剑，其间教皇一方还直接下场介入了案件的侦破，从自己的利益出发搅局，成为案件发展过程中的重要扰动因素。

第三层是神学与哲学的对立，在此意义上仿佛给你开设了一门认识论高深课程。你知道作为案件线索的是一本什么书？亚里士多德《诗学》第二卷（是否真的存在一直成谜），一部哲学著作。在一个修道院里出现一部哲学著作，意味着对于神学的直接挑战。所以，一方面是卫道士将此作为禁书，置于藏书楼的深处；另一方面则不断有修士对这部书充满好奇，千方百计想占有此书探究其中内容，由此为案件发生提供了强烈的动机。贯穿全书，一直有各种问题的探讨，例如有关"笑"的争议，教会应不应该过贫穷的生活，能不能拥有财富，对知识的看法，藏书楼的功能是保存知识还是传播知识，等等。

还可以说有第四层：在修道院这样一个空间里，一群僧侣，都是男性，有一定的学识，处于不同年龄，有吃喝拉撒各种生理需求，也有对于等级、权力的欲望。结果就是普通人群里可能发生的事情这里都有：人与人之间内讧不断，并夹杂着各种龌龊之事。案件原来显现出来的线索就是所谓鸡奸，而且这种不正常的关系确实发挥了作用。

在上述复杂结构之外，压倒读者的最后一根稻草，是作者的"掉书袋"。埃科可真能扯啊！对12世纪社会、人文、宗教、历史的详细介绍，大段大段的思辨式论说，还要在没有科学基础的情况下说明如何用科学手段进行推理，你要是没有点耐心和内力，还真是读不下去啊！但是，一旦你沉浸其中，它就像一个谜团，让你深陷其中难以自拔。

译者"尴尬"有不同

郭凤岭 编 /《译者的尴尬》

成文时间 /2020-04-15

豆瓣浏览量 /209

《译者的尴尬》是一本讨论翻译（主要是文学翻译）生态的书，同时又是其中一位作者写的专题讨论文的标题。我借着这个由头，想在两个层面上简介此书内容。

此书成书的缘由好像是一次邀文，编者邀请各位在翻译方面已经小有（或大有）文名的译者（译家）对翻译这件事（工作/事业）发表感想，然后又从古人堆儿里扒出来一些专讲翻译的旧文，一共49篇，编在一起，结果就是这本书。我很庆幸码这段文字的时候想到了"生态"这个词儿，因为此书真的是一个"杂"字了得，涉及了翻译这个行当的方方面面。

一个是时间跨度很大。第一篇作者鲁迅已经是百多年前的人物，最后几篇作者则是20世纪70年代生人，四十多岁正当年——貌似此书就是按照出生年月排序的，除了最后一位没有出生年份。这么长的时间轴线上，翻译的本意，翻译的内容，翻译的方法，翻译者的自我感受，肯定有了很大变化，所以读着这些文字，不禁有穿越之感。比如，鲁迅讲翻译文字就是要有一些"隔"的感觉，要通过这个载体，扩展中文原有的狭窄。而村上春树的译者，则讲到日本对他翻译的一种指责，认为是帝国主义。

另一个是话题非常多元。从美学上、传播学上讨论原作与译作之间的关系，自然是其中的应有之义。从翻译的态度、方法技巧等方面讨论如何用功，当然也是很自然的话题。除此之外还有两类篇目：一些篇目将翻译与人生交织起来，讲自己一生与某国文学（如俄国文学）、某位作家（如普希金或托尔斯泰）甚至某部作品（如《叶甫盖尼·奥涅金》）结缘，成就了自己，甚至拯救了自己；另有一些篇目以戏谑口吻抱怨翻译如何被轻视（读者只认作家忽略译者）、被冤枉（书好看是作家的功劳，不好看是译者的问题），以及在实际利益上被剥削（译作不属于科研成果，稿酬低到地板价）等。你可以看到，有些译者是因为对作家和书充满热爱才翻译的，为此特别投入；有些则纯粹就是职业行为，需要什么就翻译什么，但也并不意味着不负责任。

我自己读过不少译本书，看到这些此前熟悉的译者大名出现，蛮高兴的。一些书虽然没有读过，但也听说过，看到对译者的介绍，"原来此书是他翻译的啊"，感觉也很亲切。看到这些人写那些柴米油盐，还挺有趣，但也会有点失落，原以为他们不食人间烟火呢！看到另外一些篇目中显示的翻译与人生之间的各种纠葛，也忍不住扼腕叹息一番，个人这一份才华放在国家的跌宕起伏之中，真是无法掌控的脆弱啊！

说到翻译的本论问题，无外乎如何处理原作者与读者之间的关系，在直译到意译之间寻求解决办法。相比之下倒是那一篇专论《译者的尴尬》中说了一些与其他人不同的话。作者把翻译分为技术、文学、思想三类，分别对应不同的原理：以技术为主导的翻译与语言学原理有关，例如语际转换的规律；以文学为主导的翻译与文艺学原理有关，例如风格、神韵等；以思想为主导的翻译与解释学原理有关，包含着诠释的因素，与思维和语言的关系有关。他还说，翻译意味着思想的转渡要依赖语言的转换而实现，真正的翻译首先要将思想从陌生的语词剥离开，然后用本己的语词重新装扮起来。所以，翻译之难在于，一方面是思想是否可以转渡，另一方面则是语言是否有能力支持思想的转渡。译者在翻译过程中先要对思想有深刻的理解，为此可能要对思想做再构，对思想再做思考，甚至会比原作者更好地理解该思想，更好地表达该思想。在此意义上看翻译，所谓信达雅应该被重新给予定义：信，是思想的再构，要再思考一次，尽可能如实把握；达，是语言的重述，用自己的语言尽可能如实地，甚至更通达地表述原作的意义；雅，是风格的复制，尽可能如实地再现原有的风格，无论原作是雅是俗，是晦是明。

将戏曲作为法理讨论的入口

苏力/《法律与文学》

成文时间/2020-07-19

豆瓣浏览量/477

法律与文学似乎并不相干，但硬生生被苏力写成了一本书，而且还很有分量，大部分曾作为论文发表。在此书之前有一本美国人写的同名书（对，确实同名，苏力还为那本书的中译本写了序），不知道两者讨论的问题是否具有关联，但毫无疑问的是，此书所说的"文学"是中国文学（波斯纳肯定不会拿着中国文学说事儿）。

说是"文学"，其实主要集中在中国戏剧，历史流传下来、传播甚广的几部戏剧。前面几章分别各用一部戏剧对应一类法学或法律问题：以《赵氏孤儿》讨论复仇这个主题在法理上的对应和变迁；以《梁祝》引出婚姻等行政法问题，牵涉到民间惯例和社会制度对法律的影响；借助《窦娥冤》展示古代办案在搜集证据等技术方面的欠缺从而造成的对司法判案实践的制约，并进一步结合以包公为主角的公案戏，讲述因为行政与司法角色不分而给审判带来的问题。

这样简单对应读者难免会产生疑虑：为什么是戏剧？戏剧真的能够代表中国司法实践，作为中国古代法律以及司法状况的载体进行法理学讨论吗？这个是作者非常自省要回答的问题。作者认为，与其他文学形式相比，世代流传下来的传统戏剧是面向大众的（与诗文面向知识精英不同），包含了中国传统意识形态要素，一方面具有稳定性但另一方面又会伴随时代变迁而不断变化。作者借此针对中国传统法律文化做讨论，然后从方法论上专论文学与历史的关系。老实说，这一部分读起来有点费劲。

读此书还可以从其叙述中得到一些小收获，挺有意思的小收获。例如，赵氏孤儿的故事在某种程度上是司马迁再创造的结果。复仇这种方式是逐渐消亡的，即使在传统社会，也并不倡导个人复仇，司法活动在某种程度上就是对复仇的替代。像荆轲、程婴这样的"侠客""义士"在秦汉之后的文学中已经消失不见了。中国传统戏剧形式单一，在艺术表现力上非常有限，比照《哈姆雷特》，《窦娥冤》完全可以改写成另外一种样子。一些传统戏剧在现代改编下呈现出了不同模样，例如《梁祝》作为反封建的面貌出现，《白毛女》《红色娘子军》仍然是一个复仇的架构，但后者比前者要多一层内容，将复仇与革命者成长合在一起。

我觉得此书很好。我看的这一本是从图书馆借的，已经破破烂烂（说明借阅者不少），后半部只是大体翻了一下。我打算自己买一本。

如此 "替人读书"

吕大年/《替人读书》

成文时间/2020-08-22

豆瓣浏览量/345

　　溢价买了一本小书《替人读书》（原价22元，售价45元），系若干篇读书所得的结集。作者吕大年，据说是吕叔湘的后人，读的书不一般，不受时空、语言之限，广征博引，通过"书"对不同时期尤其是18世纪的英伦世风人情有细致的体味，然后以清晰、隽永的文字娓娓道来，让人既感且佩，十分享受。

　　什么叫"替人读书"？书中借着对黄梅《推敲自我：小说在十八世纪的英国》一书的评价给出以下解释："既然大多数读者不能直接接触这些作品，介绍它们的工作就格外重要。即便是有志直接阅读这些作品的人，也需要一个向导，解说它们跟十八世纪生活的关系以及历来学者对它们的研究。"他认为"黄梅所做的工作，实际上是替人读书"，而且"做得非常好"。他将这一篇的篇名提升为书名，由此可知，作者自我定位也是"替人读书"。全书看下来，可以感到，他"读"得更广，"读"得更好，"替"读者做了更多的事情。

以文字对译"替人读书"。全书随处可见对英文字词之中文对译的提点（一个最简单的例子：不能见到family就是"家庭"），还专门有一篇针对《罗马帝国衰亡史》第十五章的译文做推敲。吉本此书是名著，被编入"汉译世界名著"。文中罗列十四小节，每一小节都包含一个四段论：原来的译文，英文，分析，替代的译文，真是不比不知道、一比吓一跳啊！原文的语意理解，写作背景分析，最后是中文表述，好坏译文其间差距实在不可以道里计——不知此书的中文读者当初读此书是什么感受！

围绕作品深度分析"替人读书"。18世纪的英国社会正处于剧烈变化之中，这些变化在处于早期的小说作品中有很多反映。作者对其中几部作品做了细致考证和详细分析：这部小说讲了什么，这部小说到底在讲什么，小说作者为什么这么写，这部小说在读者中引起了什么反应，对其他作家产生了什么影响。通过文字铺陈，一幅幅英国当时的世风人情画卷在读者面前徐徐展现。说起来，当下可能已经很少有人能够捧起一本18世纪的英国小说从头读到尾，即使去读，即使你是一位高水平的读者，恐怕也无法得到这样多、这样丰富的体会。在一定程度上说，吕大年是以这些作品为媒，不仅"替"读者"读书"，而且是进行了一次再创造，提升了原来作品对于当代读者的意义。

纸上"看电影"

戴锦华 /《给孩子的电影》

成文时间 /2020-09-12

豆瓣浏览量 /451

之所以买此书，是因为戴锦华这块影评"招牌"。《给孩子的电影》这本书我觉得实际上不是给孩子的，至少读者不止孩子，因为这是就整个全球电影发展史选电影、讲电影，有些作品介绍后面还专门写一定要高中以上再看云云。前面一个"极简电影史"，每十年一段介绍主要发展历程；后面是50部作品介绍，每一部都会有以下小栏目：导演档案、影片背景、欣赏导引（占主要篇幅）、深入思考（提一两个问题，体现对"孩子"的引导）、拓展观读（书或者电影，由此知道围绕电影及其周边居然有这么多的书）、冷知识（一些逸闻趣事），有些作品后面还有一些儿童不宜等提醒。书后还提供了另外50部的作品单，供进一步参考。

50部作品，由1925年的《战舰波将金号》打头，2019年的《流浪地球》收尾，按时间排列选择各个时期的各类代表作，相当于在"纸上"看了50部电影。

　　读此书我感觉有一些收获。第一是检验了一把自己的观影记录。说实话还真不怎么样，年纪一大把，但几十年下来，这50部中满打满算只看过13部，有些还是很多年前看过的，例如《夏伯阳》《偷自行车的人》《一江春水向东流》《这里的黎明静悄悄》。第二是发现很多电影并没有真正看出门道来，主要关注故事情节，对于电影的艺术处理却不甚了了。例如《东京物语》，确实觉得很好，但看介绍才知道导演的独具匠心之处在哪里，固定机位，机位比人要低以适应日本人坐榻榻米的习惯。还有作品与特定时空的关系，通过介绍才知道为什么有这部作品，其社会性以及与艺术思潮的契合体现在何处。第三是引起我的兴趣，想找其中一些看看，例如《心灵捕手》《情书》《柏林苍穹下》等。此外，一些逸闻趣事也挺有意思，例如在《简·爱》一篇里说，"几乎每隔十年，英国BBC公司都会将本国的文学名著进行重拍，这就是我们在银幕上屡屡看到莎士比亚、狄更斯、简·奥斯丁、勃朗特姐妹的原因，经典重温已经成为英国国家文化的一张名片"。《简·爱》有很多版本，我看过两个，此书介绍的2011版本还真没看过。

　　电影是综合艺术，是艺术创造与工业制造的结合。一部好电影，真正看懂可能需要不止一遍。但多数情况下，除了专业人员之外，谁能够为一部电影反复进电影院，或者在电脑上花时间反复琢磨呢。

作家的平凡与不凡

《巴黎评论》编辑部/《巴黎评论·作家访谈5》

成文时间/2020-10-22

豆瓣浏览量/203

　　《巴黎评论——作家访谈5》共收纳16位作家的访谈录。在这16名作家中，我一看名字就知道读过他作品的只有2位，福克纳和他的《喧嚣与骚动》，伊夫林·沃和他的《旧地重游》。仔细看访谈，还有两位作家的作品也看过，而且印象很好，只是没有记住作家的名字。一是马拉默德，年轻时读他的《魔桶》感觉很有趣；二是凯恩，《邮差总按两次铃》几年前看过，非常棒的小说。还有一位田纳西·威廉斯，《欲望号街车》非常有名但我一直没有读过（书）看过（电影）。

　　进入这个访谈名单的，肯定都是大腕儿，无论是否读过他的作品。反过来说，无论是否读过他的作品，这些访谈都值得看看，你可以从中了解、揣摩那些未曾谋面的作品是什么模样。例如，一位从奥斯维辛走出来的作家，其作品基调是什么样子，是不是可能有其他样子？在阿尔巴尼亚这个弹丸小国走出的作家，是凭借什么样的作品才享有国际声誉的？

　　进一步地，不妨将这16位作家作为从作家总体中抽取的一组样本——每一集《巴黎评论》都在作家所处的年代、作品类型等方面具有多样性。可以看到，一方面，他们在媒体面前的不同样貌会让人感叹：作为访谈对象，作家呈现出来的样子和效果似乎与名气没有什么直接关系，就像我们身边的普通人一样，让人喜欢或者乏味，轻松自然或者做作。另一方面，这个样本也确有与普通人不同之处，因为作家的样貌，归根结底与其载体有关，就是文学与写作。所以访谈内容是围绕作家的日常展开的：作家的成长，如何写作，不同作品之间的关联，对其他作家的看法，受谁的影响，等等，这些东西会超越普通人的日常，在很大程度上可以满足文学（以及写作）爱好者的好奇心，例如我。

　　马拉默德的访谈中规中矩。其中有两个话题让我感兴趣。一个是他一直在大学教书，教授散文体虚构写作课程，沿着这个场景就可以引出一些话头：写作是可以教的吗？年轻的写作者是什么样子？"一开始，年轻的写作者只是倾倒出自己的才华，但不太清楚那才华的本质"，会有各种表现，此后会有各种实验，最后能够坚持并走出来的肯定是少数。另一个是作家如何选择作品的主题题材，"这一直都是个问题"，有些人写第一部作品不会有题材问题，"可能是从童年经历中取材，或者是从某个执念、某种幻想或者什么故事中取材——这些都是他们记在心上或保存在想象中的，一直存续到写作这个节点"。但在处女作出品之后，却常常会在接下来几本书的选题上遇上麻烦，"尤其是假如第一本书还碰巧很畅销，反倒是坏事"。

詹姆斯·凯恩的访谈很有趣，用轻松、诙谐的语调娓娓道来。我这里选几个小场景复述一下。到《纽约世界报》面试，东拉西扯不着边际居然被录用，面试他的是大名鼎鼎的李普曼，理由是"我当时听你讲话，慢慢意识到，你的语句中没有分裂的不定式，也没有悬垂的分词，所有代词都准确无误""我尝试写伟大美国小说，写了三部，没有一部好的，我只能溜回去上班，承认伟大美国小说没有写出来。其实说来奇怪，小说不是由年轻人写的，你得等到心智能够够得着想要讨论的主题，然后才能写小说""我不敢读小说……你要是自己写小说，看别人的书简直是种折磨——你会不停地为他改写，你无法用读者的身份看小说，而是以专业角度来看，最好是根本别看"。说实话，我读他说的这些话，是很有代入感的啊！

最后讲一个故事。某天清晨我在床头读这本书中田纳西·威廉斯的一篇，晚上顺手翻翻最新一期的《三联生活周刊》，发现"生活圆桌"下的一篇"作家与酒"，头一段提到的作家就是这位威廉斯，引用的材料非常熟悉，就是我早上读的这一篇；第二段提到的作家鲍德温和材料同样来自本书。我由此推断，此文接下来的五段和五位作家，搞不好都是来自《巴黎评论》此前各集——真是天下文章一大抄，就看你会抄不会抄啊！

戏剧视角下的《三国演义》解读

董每戡/《〈三国演义〉试论》
成文时间/2020-11-14
豆瓣浏览量/530

说来惭愧，中国古典四大名著中，唯独这部《三国演义》我曾几度拿起却从来没有看完过——尽管其中的大部分故事都耳熟能详。此次翻阅这部解读《三国演义》的书，既有新鲜感也有隔膜，也算是一种体验。

解读《三国演义》的书肯定不在少数。此书主要涉及两个主题：一个是如何看待《三国演义》这部历史小说，另一个是有关其中的人物塑造。作者是搞戏剧史的，后一个主题肯定比较拿手，但对前一个主题的处理，受20世纪50年代政治背景和倾向的影响，读起来让人感觉有些强拉硬扯，不尽如人意。

《三国演义》成书于元末，与《三国志》颇有渊源，但一部史书转化为一部历史小说，其间有很多转化和酝酿，不仅立意有大不同，一些史实也有新的编排，最突出的一点就是拥刘反曹，视蜀汉为正统。20世纪50年代有人为曹操翻案，《三国演义》于是被推到前台，被认为其从封建正统论立场出发扭曲了曹操的形象。本书作者是不同意这一观点的，但如何论证这些，在当时的一套话语系统里确实不容易。看着这位搞戏剧史的专家在那里费劲地引用马克思恩格斯列宁斯大林等著作中的话，企图说明一个按照常识就可以理解的道理，着实替作者着急并让人叹息。说实话，读这两章差点让我放弃此书，怀疑为什么将此书视为"大家小书"系列的一种推出。

第三章是长长的一章，"通过主要人物形象看三国"，不禁让人眼前一亮——说起来头头是道，读起来顺顺当当。从《三国志》到《三国志平话》到《三国演义》，再加上舞台上的三国戏剧，分析文学手法运用，解读史实变情节的妙处，一个个人物随之鲜活起来，尽管其中大部分故事都不陌生，读起来仍然趣味盎然。作者一口气列出八个人物，我这里想先考考大家：到底哪八位？除了这八位，你觉得还有谁可以进入这个名单？

很多人选不出大家所料：曹操和刘备，周瑜和诸葛亮，关羽和张飞。接下来的两位，一位是孙权，感觉作为三国一方代表，自然不能缺席，但作为小说中的人物塑造，似乎还是软了一些；另一位是赵云，似乎也有点无法与关张相比，尽管有不少故事。想一想，如果再往下数，还真没有谁能够在量级上与上述各位匹配。我脑子中的备选，一个是鲁肃，一个是司马懿，还可以说说姜维，但似乎都不是贯通全书的人物。

几句题外话。书中说，"凡编写巨著者在青壮年时代自然有那雄伟的才气和魄力，到老年不能不衰退"，可以作为推断作品年代的依据，我觉得很有道理。书中提到，20世纪50年代于否定《三国演义》同时，也有人认为《水浒传》里受招安将"聚义厅"改为"忠义堂"是宋江投降主义的罪状，始知20世纪70年代我们所经历的批判宋江投降主义也是其来有自的啊！

有的人就是能俯视众生

钱锺书 /《宋诗选注》

成文时间 /2020-12-20

豆瓣浏览量 /247

自拿到这一本《宋诗选注》，我已经翻了不止一遍。第一遍是觉得里面讲的东西新鲜好玩，第二遍是佩服作者上下左右信手拈来的学问，后面再看居然发现了人生大学问，感觉有的人真的可以超越时代而俯视众生（我可能走火入魔了）。

我现在读书养成的习惯是：先看目录再看内容，但尽量不看前面的序。无论是他人写的介绍还是作者自己的导语，就想着要自己体验书的内容，然后再与他人的总结做比对，看看与自己的感觉、感受、感悟是不是一样。刚才说的前面两遍的感觉就是我读书得到的，后面的感觉则是在看了钱先生写的"序"之后再次生发出来的。

大家都认为读此书重点就是"传"和"注"。"关于宋代诗歌的主要变化和流派，所选各个诗人的简评里讲了一些；关于诗歌反映的历史情况，在所选作品的注释里也讲了一些。"把这两个"一些"摊开来，就是一堂诗歌赏析大课。再到这一大篇"序"，提携起来讲的东西，尽管是用举例（举后面所选的诗）形式，却大大超出了宋诗，甚至超过了诗歌，其体察之微，思虑之深，带着读者一下子将对艺术的认识提升到了另一个高度。

诗歌要不要反映历史真实？结合北宋南宋的历史环境，他讲了三种反映的方式。第一种是对历史真实的表述，但这种反映如果没有艺术特性，"也只是押韵的文件"，所以他认为"'史诗'的看法是个偏见"。第二种反映是，作品里"所写的事情在当时并没有发生而且也许不会发生"，但"文学创作可以深挖事物的隐藏的本质，曲传人物的未吐露的心理"，所以文学作品"在这个意义上"可能"比史书来得高明"。第三种反映则是桃花源方式，不"直接感慨时事"，但作品在思想感情上会"印上作者身世的标记"，可以"诗中有人，因而帮助读者知人论世"。

如何看待艺术的传承？"前代诗歌的造诣不但是传给后人的产业，而在某种意义上也可以说向后人挑衅"，挑战你后来能否有发展有创新。"如果你一眼望出去都是六七百年前陶潜所歌咏的场景，那未必证明陶潜的意境包罗得很广阔，而也许只表示自己的心眼给陶潜限制得很偏狭。"

这个选本产生于20世纪50年代（1958年出版）。如何处理特定时代氛围要求与艺术自身一般性规律之间的关系，是对当时文人的大考验。但对于钱先生而言，这个似乎都不是问题，他既可以回到唐宋时代以降各处现场引经据典，又可以引述当代政治家（如毛泽东）的大段论述，并能够挖掘其中包含的精华，用于自己的立论之中。

还有行文的语言。书中处处有令人忍俊不禁的比喻，精到、幽默甚至有些刻薄，这些确实让人感觉作者在"抖机灵"，但将那些抽象的艺术表现方式用一种准确明白晓畅的文字表述出来，读起来还能感觉到那份美感，不由你不佩服作者的功力所在。

读完此书，一个总体感觉就是：他站在高高的山巅，俯视从古到今艺术发展的河流主脉以及各个分叉，以他的解说带你欣赏水上以及沿岸的美景，同时也会警告可能发生的大小事故甚至翻船灾害。未必是全面的，但一定是独到的。

社科相关

一本趣味盎然的书

理查德·梅比/《杂草的故事》

成文时间/2016-01-11

豆瓣浏览量/2781

此书在形式上有些不一般：各章的主标题以一种杂草的名字命名，然后有一个副标题象征性地提示本章内容，以致我看了半本书也没有弄清楚全书的逻辑。作者学识渊博，围绕杂草这个主题，钩沉发生在各个领域、各类文献中的记述和经验，放在不同的主题下，以活泼的文笔展示出来，不乏真知灼见，而且还隐隐约约地与我从事的研究领域产生了关联。

以下记录几个小片段。

什么是杂草。杂草是"出现在错误地点的植物"，是"优点还未发现的植物"。但这些定义都是从人类角度定义的。在"农耕文明"之下，自然界被区分为两个部分，"一个是为了人类利益而被驯化、掌控和繁殖的生物，一个"是依旧住在自己的领地、随心所欲存在的野生生物"。后者在不断变化，对前者以及整个人类生活带来冲击。这些定义以及认识，正是当下的生态经济学、循环经济等文献里频繁出现的。

杂草种子可以休眠。20世纪30年代的英国，为了采石而收集起来放在仓库里的表层土壤——原本打算在采石结束后复原农耕，到80年代才被发现，但此时土地使用策略已变，无须恢复农耕，而是要建立一个自然保护区。一位生物学家意识到，这可能是个"活化石"，里面藏着上一个农耕时期横行田野的各种杂草种子。于是他将土壤撒在一片地上，第二年爆炸式地长出来已经几十年没在本地出现过的杂草。看这个故事，让我非常感动——为了恢复生态，做了这样细致的工作啊！

杂草被认为有药效。杂草可以治病，是基于两种认识。第一是药效形象说，从形状入手，将植物及其叶片、根部等的形状与人的器官形状联系起来，对症下药；第二是顺势疗法，认为凡有一种给人类造成疾病的植物旁边，必然会有另一种植物可以带来福音，克制前者带来的结果。显然，不只中国将植物视为药物的重要来源，看来"中药"这个名字并不合适哈。

杂草的渗入、迁移有复杂的路径和原因。有些是自然途径，有些与人的迁移有关；有些是有意的有些则是无意间发生的；很多是沿着"进入花园、被喜爱、被培育，从一个园丁到另一个"，然后达到一定数量，最后因为不同原因而"从花园里逃出来"，成为"杂草"。在美国扎根的葛藤来自日本，因为后来导致的麻烦，形成了一个"阴谋论"

的说法：日本人用信封寄来种子，意欲让其成为可以与轰炸珍珠港相匹敌的占领美国的手段。

杂草的力量是柔韧的但不可忽视。书中有一个例子，在英国埃塞克斯郡的一个居民点，遗弃30年之后，基本被杂草所占领，完全不是原来的模样。作者预言，百年之后"将会变得与一片普通的混合林地很相似"。

外来杂草"入侵"的后果。关于外来杂草带来的影响以及程度，是有不同观点的。已经出现各种带来负面影响的案例，但应如何对待却有争议。"围剿"是劳民伤财的方式，还会带来新的问题；"适应"是另一种方式。实际上，只有少数外来植物能够在当地最终立足并产生影响。

政治可不是好玩的

［美］理查德·霍夫施塔特 / 《美国政治传统及其缔造者》
成文时间 / 2016-07-06
豆瓣浏览量 / 2781

  周三看完《美国政治传统及其缔造者》。有一些感触，但断断续续看的，许多感触也就如过眼云烟散掉了。这里谨记一二。

  这不是一部系统的著作，既不是史学著作也不是政治学著作，而是选择美国政治延续过程中的若干人物，以此为经，以松散的笔法写美国政治制度和传统的变迁。作者的动机是破除此前被高度美化的美国政治，力图还原一个真实的历史过程。对国人来说，如果过去看过林达所写的那一套书，看看此书殊为必要——可以医治以往美国神话带来的后患。

  确实，美国政治一直就被神化了。先贤们确实了不起，但美国政治传统并不是这些先贤们拍脑袋一下子成型的，而是经历了很长时间的建设过程。建国、制定《宪法》自然是一个节点，而南北战争是另一个重要节点，还有工业开发资本横行的镀金时代，以及后来反其道的进步时代，都有不同的政治观并对政治治理产生了重要影响，那一大堆宪法修正案可不是凭空产生的。

作为国家治理的核心，政治历来就是妥协的结果。要面对形形色色的人群，即使是良制良治，也需要天时地利人和诸般条件，需要政治家的政治手腕。看看林肯，一开始是千般努力为竞选，后期为了防止国家分裂，不得不在废奴问题上小心翼翼"走钢丝"。威尔逊怀揣理想主义，但在现实面前不得不后退，放下大学教授的派头，与不同政治势力对接。说起妥协高手，大概非富兰克林·罗斯福莫属，他可以将两套在经济学意义上完全不配套的东西融入一套话语系统，一旦现实需要，他可以转身推行此前自己扬言反对的方案。

在政治转型过程中，宣传鼓动肯定不可缺少，但落到实处则需要步步为营。以解放奴隶为例，黑奴的存在是美国脸上的一道明显疤痕。从政治上揭露黑奴制度的不合理，这是当年南北关系中北方手中的利器，很多人为此鼓与呼，但问题是如何解放黑奴，解放了的黑奴如何生存、如何真正在经济上站住脚在社会上找到自己的位置，鼓动家可以不管，但执政者必须考虑。

最后我要说，这是作者27岁时的作品，自然有一股青年人的锐气。就连作者也奇怪，为何此书能够长期位列大学相关课程的参考书目，一版再版，中国居然将其作为"汉译名著"由老牌商务出版社出版。我自己觉得，此书确实不错，但似乎还当不起这份荣誉。

自然笔记，好像不尽是自然

［美］戴维·乔治·哈斯凯尔/《看不见的森林》

成文时间/2016-10-22

豆瓣浏览量/1917

这是一部博物学著作。以森林作为起点，描述森林万物，展示人类对于自然形成的认识，文笔流畅，让人有非常好的阅读体验。

如何才能写出这样一部趣味盎然同时又能传递知识和理念的好作品呢？我将此书写作归结为以下几个要素。

第一是空间。作者笔下的"坛城"只是一块直径一米的林地。不得不说，对应自然观察而言，这块地盘未免太小了。但这样选择的结果，可以使观察的对象微观化，带领我们去看那些通常不会关注的对象。此外作者充分利用这一小块空间并将观察范围加以扩展：不仅是生存于此的成员，还包括从此路过的成员，以及从空中飞过的成员，实际上是作者立足这一小块地盘所观察到的所有对象。

第二是时间。作者设计了一个模式：以时间为轴，持续一年的连续观察。一方面可以丰富观察对象和内容，另一方面将季节变换引入写作之中，平添了很多的情趣。

第三是对象。森林生态中的成员包括动物、植物、微生物三大类，这些构成此书的主角。在作者笔下，它们要么独自出镜，要么因对比或竞争而"出双入对"，要么通过生物链条连接起来形成一幅众生相。限于有限的空间，行文中出现的角色鲜有我们以往熟悉的大型动植物，更多是通常难以关注的小生灵以及常常被忽略的微生物。比如苔藓、真菌，蚊子、飞蛾、萤火虫，山雀、杜鹃、林莺，獐耳细辛等"春生短命植物"。

最后是写作层次。第一层是观察，对现象做细致观察，并记录下来。第二层是论述，用已有知识解释现象、发掘现象背后的关系，并做延伸讨论。第三层是将人引入其中，或者是做拟人化想象，或者是思考人与自然的关系。第四层要说的是立场：尊重自然，尊重万物生命，将人视为万物之一而非万物的主宰。

说了什么多。以下引几段文字。

"对于一只蜗牛来说，什么叫作'看见'？蜗牛会像我们一样观看，将方格卡片的影像呈现在它们那腹足动物的心灵中吗？它们的内心也会产生对光明和黑暗的体验，并经由错综复杂的神经加工成意愿、偏好，以及意义吗？人体和蜗牛的身体都同样由一片片湿润的碳和泥土构成，既然意识能从这种神经土壤中产生出来，我们有什么理由否认蜗牛内心的影像呢？"

"有一位蚊子女士降落在我的手背上，我听任它刺探我的皮肤。它身上是老鼠毛般的褐色，有些细微的绒毛，腹部往下呈现出扇贝形花纹。它弯曲着纤细的腿，身子平贴在我的皮肤上。从它的头部伸出一根螯针，然后在我皮肤上缓缓移动这根长矛，似乎在探寻最佳穿刺点。它停下来，牢牢站定了。随后，当它把头落在两条前腿间并将长矛刺入时，我体会到一阵灼烧感。"

"水蛭静静地等待了一两分钟，突然从出神状态中惊醒，五步跨过砾岩，随后停下来，再次陷入凝滞状态。……它交替进行着安静的守望和突然的袭击行动，悄悄包抄过去，然后一跃而出，抓住猎物。这是一种常见的狩猎技巧。观察一下草坪上的知更鸟，或是寻找宠物猫的人类，你就会发现这些行动都如出一辙。"

"林中最初的舞者——狼，如今已经消失，然而它们的替身郊狼，却让我们瞥见森林从前优雅而复杂的舞姿。鹿群也是乘虚而入的新一代舞者。它们不仅扮演着自己的角色，还要代替麋鹿、貘类、林地野牛，以及其他灭绝的食草动物。郊狼和鹿在美国东部的成功，既是我们的文化对森林产生深刻影响的一大症候，也依稀再现了美洲移民、枪炮和电锯到来之前这块大陆上的演员与剧情。"

蒋介石"手令"的背后

张瑞德 /《山河动》

成文时间 /2016-10-29

豆瓣浏览量 /3564

过去看电影，不止一次见过这样的镜头：在战事某个节骨眼上，突然一声"总统手令"（或者总裁手令、委员长手令），然后大家肃立，宣读。每当此时，多数时候会引来一片哂笑（尤其是大陆早年拍的片子），我估计多数观众与我一样，认为这就是编剧在那里胡编乱造。这几天我读了一本书，方才明白这是有事实依据的。这本书书名为《山河动——抗战时期国民政府的军队战力》，作者张瑞德，台湾背景。

此书系作者论文集改编而成，文体、文笔都算不得漂亮，但"从分析抗战时期国民政府陆军各阶层人员的组成与素质，以及任免升迁调补、奖励惩戒、待遇福利等人事制度入手，并对其成效加以评估，进而梳理出其体制与战力之间的关系"，同时还涉及民国时期各军政领袖对于沟通性幕僚的运用、参谋制度的实施及面对的困难、陆军大学的师资和课程、陆军教育和训练、中央军与地方军的关系等内容，读完感觉长了不少见识。尤其是专设一章"军队中的蒋介石手令"，更是让人大开眼界。这里以此为话题介绍一二。

首先是"多"。书中提到一个数字：自1936年1月到1948年4月，委员长侍从室积累收藏的蒋的手令，有120余箱。以"箱"作为计量单位，而且还达到三位数，12年平均每年足足10箱。尽管不知多大的"箱"，但直觉上会给人很大冲击，其数量之多实在出人意料。

什么事情值得委员长直接发手令？有大事，比如关键战事的方略指挥、人事调动、鼓舞士气、嘉奖惩戒。但也有很多具体琐碎的日常事务，比如军公教人员及学生的服饰及行为——要求拟定公务员制服制帽并分三六九等的可行性，要求研究女学生的标准发型，大中学生不守纪律如何惩戒。比如关于宣传问题，可以细致到下令扩充无线电传真机及各县乡镇公所收音机、加强编制墙报，还曾因为《中央日报》社评、小评水平不高而要求调换编辑。

如何看待委员长直接发手令？就大事而言，一种看法认为蒋以手令越级指挥，是破坏体制的表现。另一种看法更多从中国实际出发（以黄仁宇为代表），认为蒋以手令越级指挥，乃是其"人身政治"的延长，企图以士气、人心取代制度。但无论持何立场，都将手令与越级指挥联系在一起，认为蒋实行人治、未能尊重制度。面对越级指挥的手令，嫡系下属如陈诚、薛岳无奈但不敢非议；地方系如李宗仁、徐永昌则常常反弹；遇到美国人史迪威，结果就可能是直接对抗导致不欢而散。

为什么蒋要发这么多手令？老蒋自己认为，之所以发手令越级指挥，主要是军中将领无能，他是以家长身份操心一切。说他是破坏制度、不尊重体制，这肯定不假，但看完全书我倒是有一个体会：那个时期，制度实在并不那么健全，体制似乎也没有真正形成，执行制度的人要么是因为能力、要么是因为意识，并不能认真按照制度行事。以下从书中摘取若干材料作为佐证。

1）军官素质。史迪威的评价：低级军官对于命令，每能迅速执行；营团长素质不一，但不乏优秀之士。军长和师长则问题颇大，没有效率，没有受过系统训练，很少亲临前线，极少监督命令是否执行，对前线报告不予查证，多数人缺乏道德勇气。

2）人事制度。直到北伐成功，政府才逐步推行人事管理。1934年军事委员会成立铨叙厅，专办全国海陆空军人事。但认真办理起来，仍多有迁就，不能全照规定，尤其在抗战期间，一切升迁调任、奖励处罚都会受战事影响。

3）士兵素质与军事训练。智识水平低，文盲占97%以上；身体素质差，一次受训选拔，体检不合格者达68%。军事训练水平差，抗战前注重操场制式教育，缺少实战操练；教程混乱，俄式、德式、日式，最后是美式，轮番上场，影响训练效果。

4）宗派林立。不仅有地缘，还有"学"缘，旧属班底，均可成为军中非正式团体的潜在基础。以学缘论，大的区分有黄埔系、保定系（早期势力强大），以及后来的陆大系（陆军大学在后期占据优势），其他还有"速成"（四川陆军速成学堂）等。

在日本入侵的背景下，要强军，要治国，要笼络各方势力，打一场全民战争。说起来，老蒋当这个家也真是不易。

如何看待中国环境史

［美］马立博/《中国环境史》

成文时间/2016-12-18

豆瓣浏览量/1388

拖拖拉拉好几个星期，看完这部《中国环境史》。我没有读过有关中国环境史的其他著作，因此难以评价此书的得与失，也无从判断这位外国学者研究中国历史，在哪些地方超越了国人的单一视角、哪些方面则属于"隔靴搔痒"甚至纯粹是"想当然"。

以下第一部分是我对此书基本脉络的归纳，第二部分内容主要摘自该书最后一章。

一、定居农业——理解中国环境史的关键词

定居农业，是此书概述中国环境史的一个最关键词语。农业，主要指种植业，是中国历史进程中不断拓殖、表现人类利用自然（以及征服自然）的主要方式；定居，意味着一定数量的人口聚集，在一个特定区域组成了一个社会结构，代表了人与自然关系中的社会特征。中国环境史在

很大程度上可以被视为以采伐森林扩大农业种植的历史，也是超越刀耕火种、游耕游牧狩猎等从而实施有组织的经济生产的历史。在此过程中，农业、定居，这两个词缺一不可。

将森林变为耕地，以农业种植维持一定的人口；伴随农业生产力提高，可以养活更多的人口；而更多的人口需要进一步扩大农业种植，于是进一步采伐森林开拓耕地。这是作者为我们勾勒的中国环境史演进过程的基本逻辑。

当一定区域的资源被开发殆尽，或者受到外来力量的重大影响（入侵或者自然灾害），就会向外扩张／移殖，于是"定居＋农业"模式逐渐从原来存在的区域扩展到更大范围。

该书讲述的关于人类与环境之间的故事就是据此思路结构的。

从空间上说：1）从中国西北的渭河流域开始，扩展到华北平原的黄河流域，其中也包括横亘东北和遥远西部之间的欧亚大草原（第二章和第三章）；2）向江南推进，包括位于中国中部和东部的长江流域、西部的四川盆地、南部的南岭和珠江流域，以及东南沿海地区（第四章）；3）进一步推进到西南的高原和雨林，还有西部偏远地带的草原和沙漠（第五章）；4）最后是青藏高原（第七章）。

上述空间推进与在时间上的朝代更替是重叠的，由此显示"定居＋农业"这种"文明模式"逐步向荒蛮之地传播的历史进程。1）对应第二章的是夏商以及远古时代，第三章覆盖一千三百年（从公元前1000年到公元300年），从周征服商开始，在整个北方建立政权并开始向东方和南方扩张领土，经过春秋战国的战乱兼并到秦汉统一，形成中国的"早期帝国"。2）第四章讲述的故事也跨越了一千年（从公元300年到公元1300年），其间最重要的变化就是伴随来自北方游牧民族的军事压力和生态方面的灾难，汉人开始大规模南迁，中国政治、经济、人口中心开始南移，都城从长安到洛阳，再到开封最后到杭州。3）第五章所涉时段是公元1300年到公元1800年，讲述中国版图面积达于顶点的过程，在此期间，帝国之内的边疆、岛屿和边缘区的环境都得到开发和改造，环境危机也由此酝酿而生。4）第七章集中讲述中华人民共和国成立后以工业化为先导、以高度集中体制为保障的环境变迁。

二、关于中国环境史以及当前状况

中国的环境在过去一万年里发生了广泛的变化，其中大部分变化都是人类行为造成的。而且，直到最近，这些行为大多数都是为了扩大耕地以用于耕作。可以说，土地利用的变化引起了土地覆盖的显著变化，也把中国的自然山水生态转变成农业生态系统。

中国环境史中的很多内容都涉及汉人与新的陌生的环境、地理和族群之间的邂逅。相遇的总体结果很清楚：以家庭为单位的小面积谷物种植在中国政府行政和军事支持下，遍布全国各地。中国的疆域面积在18世纪达于顶点时，不仅幅员辽阔，而且极富生物多样性。这种多样性赋予帝国以力量和适应能力，统治者可以最大限度地汲取和利用这些资源。但不断拓殖也造成了另一个后果：并没有保护和维持这些丰富的生态系统，而是把它们变得越来越单一化。

中国历史中的一个悖论在于，虽然环境的退化是长期的、明显的，但中国的农作制度又确实具有非凡的可持续性。两千年前清理出来的耕地到现在仍然可以耕种，一千多年前排干的沼泽、湿地和农田今天还在生产稻谷。直到最近几十年，化肥的加入延长了中国农田的生命，使能量平衡状态得以维持。

中华人民共和国的成立，标志着中国近代史的一次重要变革和一个新时代的到来，主导整个新时代的政府拥有足够强大的力量来贯彻自己的政策，追求以最快的速度实现工业化。所以，1949年不仅在中国历史上至关重要，在世界历史上也具有非凡的意义。

粗粗话 "省"

华林甫等 / 《中国省制的演进与未来》

成文时间 / 2017-04-04

豆瓣浏览量 / 793

拖拖拉拉看完《中国省制的演进与未来》。对中国的省有了一些初步认识，写下来与大家分享。

一、"省"的来历

"省者，古来宫禁之别名，宰相常议事于其中，故后来宰相治事之地谓之省"。也就是说，"省"原为宫禁要地，后逐渐演化为机构名称。隋唐时代"三省六院"中的三省，即所谓尚书省、中书省和门下省。

作为指代地方的"省"，萌芽于金朝并在元朝得到推广，沿用至今。此处，"省"是"行省"的简称，"行"，代行之意，行省二字合起来是指中枢机构派出以代行权力。元代忽必烈在中央设立中书省总领全国政务，故而在元代，行省是"行中书省"的简称，背后的原因就是疆域广大、统治中心遥远，必须派出官员在地方长期镇守。你看，"省"这个词儿的出现，就是与中央集权统治联系在一起的。

有明一代，太祖朱元璋将行中书省改为承宣布政使司——名有改（更加繁复，你试试，广东承宣布政使司，拗口不拗口）但意未变，顾名思义，乃上承皇命、布宣军民。到明朝终期，布政使司与按察使司、都指挥使司并列，分别对应地方民政、监察、军事，由此完成了对地方最高一级行政机构的建制。

清承明制。清朝时中国版图最大，出于各种原因，在省之外，还有其他省级政区。一是将军辖区，主要针对东北，然后就是西藏、青海、内蒙古和外蒙古等"地方"。到民国，城市型行政区出现，有了所谓院辖市、特别市、直辖市。到中华人民共和国，与省、直辖市同级的行政区还有民族自治区、特别行政区。

二、有多少省，自古以来有哪些省

自元代引入省制之后，全国分为多少个省，省与省之间如何划分，在各代都是既有继承又有繁复改变。对此做详细说明不是一件容易的事儿（此书很大篇幅就是用在这个上面），这里提供材料帮助你了解个大概就成啦！

元代设省的目的是治理汉地，并且要随着军事扩展而不断变化。到灭南宋实现大一统之后，在地方设置六大行省：陕西四川、湖广、江淮、福建、江西、云南；此后进一步演变为十大行省：岭北、辽阳、河南江北、陕西、四川、甘肃、云南、江浙、江西、湖广。有兴趣者可以对号入座，看看自己的家乡是不是在元代就设省了。

明代先有"两京十三司"之说。两京即南京和北京，两京周围中心地区直接隶属于中央"六部"，故称"直隶"（南直隶和北直隶），余下有十三司：浙江、江西、福建、湖广、广东、广西、山东、河南、山西、陕西、四川、云南、贵州。

清代先是接续明代两京十三司遗产（但回归用省称呼），此后则多有变化。如取消北直隶的"北"（因为不再是双中心了），南直隶则改为江南省；对一些省做了拆分，如将江南省分为江苏和安徽、湖广分为湖南和湖北、陕西分为陕西和甘肃；在东北这个朝廷龙兴之地设置将军，后改为奉天、吉林、黑龙江等；伴随版图增大而增加了新的省级单位，如台湾省，内外蒙古、西藏、青海、新疆等地区的设置。到清末共有23个省、1个将军辖区，以及西藏、青海、内蒙古3个地区，共27个省级政区。

民国时期经历了政体变革，中央集权不振，再加上日本入侵带来的影响，所以省级区域变化更为剧烈。早期23个省不变。北洋政府时期增加了热河、绥远、察哈尔、西康等特别行政区，以及阿尔泰地方等。南京政府时期可分为不同阶段：抗战前全国共有28个省、6个院辖市（南京、上海、北平、天津、青岛、西京）、2个行政区以及外蒙古、西藏地方，还有一个被日本占领的台湾省；抗战期间敌伪区域（主要是东北）有新的拆分，到抗战结束的1945年做重新调整，此外还有外蒙古独立，这样，截至1947年公布的全国行政区划，共有48个省级区域，包括35个省、12个院辖市、1个西藏地方。

中华人民共和国时期也经历了诸多演变，但其中的变化大多为我们所熟知，这里不再赘言。到2013年底，全国共设4个直辖市、23个省、5个自治区、2个特别行政区，共34个省级行政区。我一开始有点奇怪，掰着手指头算半天总是少一个，最后才明白，23个省中包括台湾省在内——这可是大问题啊！

三、各省如何取"名"

元代以来的行省专名，多以方位词命名，次为合成地名。所谓方位词，大多以山川为参照物。此后各朝各代对前朝多有延续，新省命名也常常会参照上述两种模式。

就目前中国34个省级行政区而言，有以下特点。

第一是较多地继承了地名文化遗产，除新建省区外，所有专名都可以在清代文献中找到，有的甚至可以上溯先秦。

第二是以方位词命名仍是主流，如广东广西、河北河南、山东山西、湖南湖北，以及北京、西藏、海南、内蒙古等；其次是合成词命名，比较典型的是安徽（安庆与徽州）、江苏（江宁与苏州）、甘肃（甘州与肃州）、福建（福州和建州）、四川（益州、利州、梓州、夔州合称四川）。

此外还有与天子有关的天津、重庆，以美愿命名的辽宁、宁夏，以水体取名的黑龙江、浙江、青海等。

四、各省之间如何划界

如何划分不同省份，或者说相邻省份之间如何划界？这是历朝历代维系中央对地方集权的大问题。

第一个原则是"山川形便"，即以天然的地理山川作为行政区划边界，使行政区划与自然地理区划基本相一致。这是最自然最直观的原则，因为，高山大川对地理的影响非常显著，往往是不同气候、地貌、土壤、植被的分界线，并因为自然阻隔文化交流，由此成为不同民风民俗的分界线。以此为原则形成的政区，往往是一个完整的自然地理区域，有着相同的气候、均质的土壤、完整的地形，有利于组织农业生产，便于相关地域的管理和长期稳定。

但是，山川形便有一个很大的弊端，那就是由此造就的政区是一个"行胜之区、四塞之国"。如果这个区域面积足够大，很容易形成地方割据，影响中央集权，极端情况下还会导致国家分裂。为此从秦朝统一开始，便引入了确定行政边界的第二条原则：犬牙相入。

犬牙相入又称犬牙相制，即在划定政区边界时，刻意不完全遵守山川、河流走向，以此打破政区的地形完整，防止地方势力利用自然形势割据自立，起到相互牵制作用。最典型的表现是一省辖区会同时覆盖山脉和大江大河的两侧，例如河南省会覆盖黄河以北的土地。陕西省跨越秦岭而有汉中盆地，目的就是打破四川的行胜，不让其在北面拥有秦岭这道天然屏障。

第二原则的应用以元朝最为极端，因为属于少数民族入主中原，需特别注意强化中央对地方的防范。数百年延续下来，尽管有多重变化，但仍然可见历史留下的痕迹。比如中国现有34个省级政区、68条边界，除了海南和台湾自成一体、以海为界以外，省界与自然地理区域界线一致者，只有河北与山西（以太行山为界）、江西与福建（以武夷山为界）、甘肃和青海（以祁连山为界）、四川和西藏（以金沙江为界），按里程算还不到10%。

伴随经济社会政治军事发展，相比当年应用这些原则的"好处"，犬牙相入在当代的弊端更加显著。一是容易造成边界争议，酿起冲突；二是不利于地域经济专业化和分工协作。最近二十余年，国家下大力气组织省县勘界，到2002年基本完成省级界线划定，但围绕省界产生的争端仍然很多，不仅涉及土地，更延伸到草场、矿藏、森林等。

五、未来的变化趋势

当前省制的最大问题，一是省域面积过大，二是省域空间相差悬殊，三是边界犬牙交错。

未来省制改革的主要方向。第一是适当划小省域，与此相伴随的就是增加省级行政区个数，减少政区内的层级；第二是增设直辖市，或者放弃直辖市的称呼改为"城市省"，以减少当前"市"多层混用带来的混乱，与此类似，还可以考虑将"自治区"的称呼改为"自治省"。除此之外，还应逐渐打破当前形成的"行政经济区"，以便实现真正的经济区域一体化。

六、多说两句

以上内容均来自这本书。读此书确实长了不少见识，但说实话，或许是与内容繁复有关，或者是因为多人参编而水平参差不齐，此书内容体例和文字质量均不敢恭维。私以为，如果把材料和文字处理好，完全可以写成畅销书。

入宝山如何取宝物

王志明 /《清代职官人事研究》

成文时间 /2017-04-15

豆瓣浏览量 /836

因为内容与家人所做事情有关，我关注了这本书。因为其所用方法与我从事的专业有关，我从头到尾翻阅了这本书。原本这篇杂感写了三部分，后来听从友人建议，将第一部分截下来专门成一小篇"书的厚度"，这里就剩两个部分了。

一、当年的政府官员

此书研究对象是清代各朝"引见官员"。之所以有"引见官员"这样一个总体，是因为"清代中下层文武官员任职前，一般需经皇帝引见"，这一制度"具有考察官员、监督人事、宣示皇恩、加强皇权等多重用意"。说起来，所有"中下级官员"（文官大体在七品以上）都要在皇帝面前走一遍，这皇帝也真够累的。

由此就引出一个问题，有清一代，全国有多少官员？根据此书所言，"实际数量未见精确统计且有多种说法"，笼统而言，文武官员2万~3万人，其中文员总数从清初1万人增加到清末2万人，武官总量变化不大，绿营武官由7千左右增加到1万人，八旗系统武官接近8千人。《广阳杂记》提供了一组更详细的数据：康熙年间，不包括八旗武职，文武官员定额15600人，其中文官11951人，武官2651人；文官中，京官2546人，各省地方官6404人，学官3001人。这里的文官，不仅包括七品及以上引见官员，也包括八品、九品以及未入流的低级官员，是一个最宽的范围。对比一下，当下政府官员有多少？如果你觉得不可比，还可以用人口数去除一下哈！

官员的构成肯定也是我们比较关心的，其中包含民族、籍贯、出身、年龄等观察点。此书以《清代官员履历档案全编》为依据，包括引见文官35597人，以下数据均出自这个总体。

毫无疑问，清代官员首选满人，满人和旗人具有特殊选官优势。旗人中有满洲、汉军、蒙古族别，旗人之外皆以行政区划划分籍贯。所有引见文官中，八旗占14.2%，其余各省，以江苏（9.7%）、浙江（9%）占比最高，接下来是山东（6.1%）和江西（5.8%）、直隶（5.7%），占比最低者为甘肃（0.8%）和奉天（0.5%）。人口总数在此肯定起作用，但地区差异还是比较明显的。书中以雍正朝为例，将地区分布概括为两个政治人才区：一是顺天府和直隶省（核心在大兴和宛平两县），二是江南地区（核心是扬州、苏州、常州、杭州、绍兴等府）。官员的层级分布进一步强化了上述族群和地区差异：旗人文官中有35.9%属于中高层级，江苏和浙江的这一比例分别为19.9%、17.5%，山东和江西就下降到14.0%和13.2%了。

官员出身有几种情况：一是科甲，考出来的，包括进士和举人；二是贡生和监生，前者为地方官学学生进国子监深造者，后者是在国子监读书者，其中贡生有正贡和捐贡之分，显然"捐"来的质量不如正途选拔的。可以想象，与八旗官员相比，各省出身的官员会更多地依赖科甲，所占比例为22.9%，各省则普遍在40%以上，而且，越是偏远地区此比例越高，贵州、广西、云南该比例甚至超过了80%。用现在的话说就是：越是发展水平较低的地区，社会分层之间的流动渠道越是单一；教育，应试式教育可能是最重要的向上流动渠道。

年龄结构很重要，不但对衡量官员总体状况很重要，对官员个人也很重要，于是就会出现年龄申报上的造假问题。此书说道，中国古代一般认为文官的理想年龄在40岁以上，因为需要一定的时间学习培养，以便"行备业全、事理绩茂"，然后才能任职。所以，有关年龄造假，既有虚报动机（想变得老成一些），也有瞒报动机（回避年龄过大带来的影响）。根据雍正、乾隆、嘉庆、光绪四朝引见文官总体（30739人）可知，整体平均年龄44.8岁（虚岁），主要分布在30~39岁、40~49岁、50~59岁三个年龄段，是一个比较典型的正态分布。中高层任职官员（4078人）的平均年龄为48.3岁，主要集中在40~49岁、50~59岁两组，与全体文官相比，这个分布符合一般判断。四朝相比，雍正朝平均年龄为44.1岁，乾隆朝44.7岁，嘉庆朝46.3岁，光绪朝43.5岁。可以看到，前面是诸朝递增的，显示出官员年龄老化的趋势，但光绪朝则有变化，主要表现在下层官员年龄较轻，与当时办洋务者较为年轻很有关系。

官员愿意在哪里做官？主要涉及京官和地方官之间的选择问题。京官，就是在六部任职，地方官，就是在各省任职。在两者之间进行调配，是强化皇权和中央集权的常用手段。一般而言，京官条规性强、事简、责任轻，地方官灵活性强、事繁、责任重；京官熟悉政策，地方官了解民情。如果能够在两者之间交叉使用，肯定有助于行政。但具体落实起来，可能会在很大程度上受到官员取向的影响。唐宋年间，官员首选京官不愿外任，政治上失意者才被外放地方官（如苏轼、韩愈，例子多多）；但有清一代官员则相反，有重外任轻内任的倾向。尤其是雍正朝实行养廉银制度后，外任官员所得养廉银高于京官，受利益驱使导致此倾向愈甚。作者取样的1028名官员中，从地方官到京官者171人，而从京官到地方官者则达780人，双向流动者只有59人，大体验证了这种取向。

二、统计学方法有什么用

此书自我定位于定量史学分析，声称处理了大量数据，使用了统计方法。翻阅全书，确实可见样本、总体、取样等统计学的词汇，在很多地方使用了平均值、方差、皮尔逊相关系数等测量考察对象的特征和关系。但是，总体看下来，感觉还是存在很大问题，导致没有用好已有数据。就是我此文标题所说：入宝山没有得到宝物，至少是没有将宝物打磨好。

其中肯定有统计学使用不当或使用不够的地方，但我关注的还不完全是这些问题。因为，对非统计专业的人而言，这些方面出问题情有可原，就像统计学专业背景的人做实际问题研究，会因为不熟悉该领域而出问题一样。我要说的恰恰是：如何在历史学研究框架下引入统计学方法，而不是将历史学研究方法扔掉，简单地套用统计学方法，否则那不就成"邯郸学步"了吗？

例如，此书各章分析似乎没有一个明确的目标，以及一个清晰的理论框架。上编是全书核心，其中雍正朝一章最重要（其他章就是按照这个模子套出来的），但看看目录：籍贯分析、任职地域分析、出身分析、旗籍分析，第一页上来就是一个数据上并不显著的"改籍"问题。我想，如果用历史学方法研究此类问题，肯定不是这样的路数。

说起来，历史学原本有自己处理数据（史料）的方法，如今引入统计学方法，可有助于定量化。但是，数据（史料）处理必须服从于研究目标。或许你确实是先处理数据，再发现问题，但进行写作时，我觉得必须倒过来：先提出你已经发现的问题，然后通过数据逐步展开、论证，最后得到结论。

我这是外行说胡话，不对的地方敬请原谅。

抗日烽火中经济学家的"书桌"

阎书钦/《国家与经济：抗战时期知识界关于中国经济发展道路的论争》

成文时间/2017-10-27

豆瓣浏览量/530

上周在图书馆还书箱里拣出此书带回家。书名很长：《国家与经济：抗战时期知识界关于中国经济发展道路的论争——以〈新经济〉半月刊为中心》，背景、主题、内容、时间、人物、材料统统都放在书名里了，作者还真是能耐啊！

回来大体翻了一下，具体内容这里搁置不议，仅拣三个题外话胡乱说说。

一

中国经济发展走什么道路，改革开放以来非常受人关注，知识界争论不断，不知费了多少口舌和笔墨，最近林毅夫和张维迎关于产业政策之争就是一例。但如果读一点历史，就会发现，这个题目并非这一轮改革开放才涉及的，而是自清末就开始讨论的百年老题。

即使有此认识，但据此书所记，在烽火连天、国将不存的抗战时期，知识界仍然对这样一个原本属于建设时期的论题展开讨论，我还是有点吃惊。

更让我有点感触的，是论争中所涉及的基本命题。以下是此书各章标题：

1）引言

2）战争趋势下对现代化、国力、经济、建国的反思

3）工业化：中国发展的必由之路

4）统制经济，计划经济，还是自由经济

5）国营，还是民营：一个难题

6）利用外资与对外贸易：战后建设的讨论

看到没有？如果将第二章的"战争趋势下"和第六章的"战后建设"这两个词去掉，你能看出这是以抗战时期为背景的讨论吗？

40年之后，这一轮改革开放之初，围绕中国经济发展，你看上述命题中哪一个是可以缺位而无须讨论的？

又一个40年过去了，我们经历了深刻的改革开放和发展历程，中国的经济发展水平已经今非昔比，但你看上述这些命题中哪一个已经过时（解决）而无须再讨论？

二

我对此书依据的材料产生了一点兴趣。

由副标题可知，此书材料应主要来自《新经济》这本半月刊杂志。有关此杂志：1）承接《独立评论》。2）创办人为蒋廷黻、翁文灏、吴景超等，都是民国时期知识界顶级大腕。3）自1938年11月16日发刊第1期，到1945年10月1日停刊，历时6年11个月，与抗战八年几乎完全重叠，一共出版138期。

但此书真的是对此刊内容的发掘吗？或者说，是以此刊为主要材料吗？好像不是。论述中引用较多的材料，除了《新经济》之外，还有：1）《独立评论》（以下简称《独立》），出现在《新经济》之前；2）《经济建设季刊》（以下简称《建设》），创办于1942年；3）《从"西化"到现代化——五四以来有关中国的文化趋向和发展道路论争文选》，罗荣渠主编，今人主编，当年材料（以下简称《西化》）；4）《传记文学》（以下简称《传记》），台湾出版物，属于回忆类文字；5）大公报等。

好事如我，以下将各章下注中出现的材料做一个小小计数，以解此惑。

第1章：《传记》32次，其他65次，《新经济》16次；

第2章：《独立》43次，《西化》29次，其他109次，《新经济》15次；

第3章：《独立》12次，《西化》56次，《建设》22次，其他102次，《新经济》29次；

第4章：《建设》33次，其他96次，《新经济》61次；

第5章：《建设》31次，其他65次，《新经济》54次；

第6章:《建设》56次,其他87次,《新经济》47次。

可以看到,除了其他各类材料之外,第1章主要依据《传记文学》材料,第2章的主要材料是《独立评论》,第3章主要依靠罗荣渠后来主编的《从"西化"到现代化》。《经济建设季刊》值得特别提及,在所有四个主要章(后四章)中都有显著作用,几可与《新经济》并列。

说这些要干嘛?

我的想法是:如果所用材料是这样一种分布,行文中也没有将《新经济》的贡献与其他来源的贡献加以比较或突出表达,书名中还要不要概以"以《新经济》为中心"?

三

此书出自历史学者之手。我在想,如果由经济学者来写会怎样?或者,对于这样一类经济学讨论(不是经济事件发生)主题,谁更适合做研究?

或许他们各擅胜场,但因为各有优势,写出来的东西可能会大不一样。从一个经济学家视角观此书,可能会有如下感觉:时间跨度有限,内容平铺直叙,基本方法似乎就是分门别类往里填,总之就是缺乏深度。

我这里推荐另一部书:《战前中国经济的增长》,作者托马斯·罗斯基,时间定位于抗战发生之前的那段时期。那真是值得一读啊!

《经济史的趣味》读后

赖建诚/《经济史的趣味》

成文时间/2017-07-08

豆瓣浏览量/1225

忘了在哪里看到推荐《经济思想史的趣味》，随即到学校图书馆查询。有，而且，同一作者，还有一本《经济史的趣味》。于是两部一起借来，放在箱子里拖到成都，但一周时间里在成都只看了后一部。

一

随笔型的，讲故事，而且是面对听众讲故事。

主题喜闻乐见。从现实捡起或从历史钩沉，但大都在你我理解范围之内。

有新知。要么是提出一种认识该问题的新角度，要么是提供了论证问题的新材料新数据，要么是颠覆此前形成的固有认知。

有根据。所有故事的材料都来自各方学者的研究成果（文后附参考文献），尽管有些成果未必得到普遍认可，甚至此书作者也不甚同意。

前后内容可分成两部分。前面的属于"西洋经济史"，后面的是中国经济史；前面多（页码接近2/3）后面少；前面的文章篇目五花八门、内容短小精悍，更像随笔，后面的文章篇目不多、有些刻板，更像论文；前面的是作者转述他人的成果，后面的主要是作者自己的作品或者与人合作的作品。从可读性而言，自然要更推荐前一部分，但后面篇目中有一些却让我从学术上获得了一些启发。

二

挑几篇我自己比较喜欢的。

"为什么国际标准轨宽是143.5厘米"。后面还附有一篇网络版"美国铁轨的故事"，让人忍俊不禁，我手痒抄下来先放在了豆瓣上，题名"话说马屁股的宽度"。

"战争时期经济学家有用吗"。讲"二战"时期经济学家在计划安排、情景推演和预测方面如何大显身手，其中有许多数据对比，说明这些坐在办公桌前的推演分析，结果有时候会比情报部门在外面跑得到的结果更加可靠。

"《绿野仙踪》不是童话故事"以及"《绿野仙踪》在中国"。将这部流传甚广脍炙人口的童话与当年美国银本位制联系起来，读后方知有这么多隐喻在里边。延伸看去，因为中国落后无法从银本位转换为金本位（日本是另一个类型），反倒逃过1929年大萧条这一劫——波及的程度、波及的时间都要小得多、晚得多。

"为什么《共产党宣言》对英国影响不大"。里面讲马克思研究过程中的材料问题：主要是过分依赖恩格斯的转述，恩格斯提供的材料主要来自曼彻斯特（自己家的工厂在这里），而曼彻斯特的情况与伯明翰大不相同，观察的时间正处于"饥饿的（19世纪）40年代"初期，即经济周期的不景气阶段。

"扩大内需是日本经济增长的关键"。文中通过材料论证，日本经济增长的主要拉动并非来自国际贸易，而是国内消费需求，无论在数量上还是在发生时间上都可演证这一点。

"马铃薯是吉芬商品吗"。对概念做重新解释，给出来出现吉芬商品的前提条件，顺带讨论爱尔兰饥荒问题。

饥荒年代，重男轻女这个性别问题会特别突出。"杀女婴"和"李明珠论华北饥荒"都涉及这个问题，其中给出的数据都是血淋淋的。

从专业角度来讲，"《外资与中国经济发展》读介"我最感兴趣——其实，我是对他介绍的这部书感兴趣。

三

作者赖建诚，任职于台湾"清华大学"，长期教授经济史、经济思想史课程，这两部书都是其教学的副产品。

赖教授不容易。经济史到底有什么用，对一般的大学学生而言不是一个问题。所谓"不是一个问题"，是指大家都认为它没有用，而正因为这一点，在大学如何讲授经济史就"成了一个问题"。

赖教授很努力。于是后来有了起色，课堂有时会爆满，毕业的学生还记得他这门课，甚至他离开出去进修还会有人惦记。如何努力的，这两部书就是一个见证——基本做法就是要将问题趣味化，吸引学生的兴趣，引导他们入门。

但我还是有些疑问：作为一门课程，经济史应该是有体系的吧？赖教授在"序"中对这些材料如何应用于课堂有很多说明，但窃以为，这些边边角角、拉拉杂杂的东西可以作为点缀，却似乎还不能替代课程体系本身。

最吸引眼球的是这个全球碳交易市场

[美]格瑞希拉·齐切尔尼斯基、克里斯坦·希尔瑞恩/
《拯救京都议定书》
成文时间/2017-09-27
豆瓣浏览量/602

气候变化是全球性政治议题，但我此前还真没有仔细看过这方面的文献。资源、环境、生态，这些我都曾有所涉猎，气候变化议题还真与这些不完全一样。

此书讲《京都议定书》的前世今生，包括其形成过程以及面临的困境——因为它应在2012年失效，必须有后续协商文本替代。最后简略交代其后续的"拯救"行动，包括哥本哈根会议（2009）的受挫，然后是坎昆会议（2010）的酝酿，德班会议（2011）的拯救，多哈会议（2012）正式启动了《京都议定书》的第二承诺期。

有关后一段，还需要找其他文献来补足，不仅仅因为没有涉及最近几年达成的《巴黎协定》，即使是哥本哈根会议也不见其详——作者说，"哥本哈根会议上的主要气候谈判都是秘密进行的，具体过程不为公众所知"。

读完全书不难意识到,《京都议定书》之所以能够问世并延续下来,与全球碳交易市场的设计和运行有直接关系,后者从技术层面为这个全球协议提供了前提和支撑。国际政治我不懂,这里就重点简述一下这个全球碳交易市场的独到和有用之处。

一、碳排放、气候变化是需要全球协商的大问题

在这个世界上,大部分事情都是零和游戏,各国都是以邻为壑争取自己的最大利益。唯独气候变化这件事情,将所有国家所有人绑在一起。如果你接受二氧化碳排放加强了温室气体效应,由此造成全球变暖这种基本判断的话,大家就必须坐下来一起协商如何避免这件事情。因为,单独一个国家无法将气温隔绝起来保护自己,同时,一个国家单方面采取预防行动也没有用。气候就是一个全球共享的公共产品,进而为避免气候变暖的二氧化碳排放也变成一项公共产权。

面对这个公共产品,各国如何承担减排责任,必须解决其分配的问题。这可是一项重要的利益关系,于是变成吵架的源头。在此问题上有立场鲜明的两个集团:"北方"代表发达国家,在此前的工业化过程中已经大量排放二氧化碳,是当前气候变化的主要责任承担者;"南方"代表发展中国家,面临着后续发展,因此有很大的二氧化碳排放前景。

两大集团架吵得很凶,但在必须合作前提下最终达成

的共识，就是明确写在《联合国气候变化框架公约》中的
"共同但有区别的责任"。具体而言，工业国家应率先采取
措施减少温室气体排放，发展中国家则不承担强制减排的
义务，除非其得到补偿，否则不但可以继续排放，而且还
可以提高排放水平。

问题是工业国家如何实现减排？这个减排过程中有没
有具体的行为选择？是否有必要做成本效益分析？如果鼓
励发展中国家减排，如何能够使其得到补偿？归纳起来，
在二氧化碳减排这个议题上，效率与公平两者同时存在。
对于如何设计具体的操作工具，能够同时满足这两方面的
需要，《京都议定书》必须给出答案。

于是有了全球碳交易市场这个创意。本书作者就是这
个创意的始作俑者，并由此而享誉全球（当然也有很多反
对者）。

二、碳交易市场的思路与实施步骤

碳交易市场是依赖行政力量创建出来的。具体实施包
含两个基本步骤：第一，要在全球各国间分配二氧化碳排
放份额（简称配额）；第二，持有者可以在此市场上交换其
配额。这样，每一个参与者都可以根据自己的成本效益分
析结果，决定是保有配额（自己排放）还是出售配额（获
取收益）；交易各方合起来的结果，就可以在供求之间架起
桥梁，一方面使排放总额得以控制，另一方面使减排成本
达于最小。总之，可以保证减排的效率。

保证效率是市场的基本要义，这似乎并不稀奇。全球碳交易市场的稀奇之处在于它同时还兼顾了公平，发达国家与发展中国家之间的公平。之所以能够达成上述效果，第一是因为碳排放份额（相比于实际排放水平，就可以确定减排数额）的分配，减排责任主要在工业国家（工业国家之间也有差别），发展中国家不承担减排责任，而且还给予更多的排放权；第二是因为该市场在全球有效，一个国家可以到另一个国家以不同方式实现减排。通过这样的交易，对一方（北方国家）而言，是以较低的成本实现了减排，同时惠及了另一方（南方国家），支持其以适度的碳排水平实现经济增长和生活改善。

与碳税相比，可以显示碳交易市场的优势。第一，碳税是以强制性征税来提高碳排放经济行为的成本，以此达到减少碳排放的目标；第二，碳税从头到尾都带有行政色彩，需要设置专门的全球机构征税，还要考虑后续税金的分配使用问题，其间的执行成本难以估测。相比之下，碳交易市场前期也需要有行政干预，但后期则会按照市场规则发挥作用。在此过程中，大大降低了履约成本，还解决了对发展中国家的资金和技术援助问题（即所谓在补偿前提下的减排），使其具有了财富转移效应。

三、全球碳交易市场的辅助工具

要实现全球碳排放权交易，有两个辅助工具。一个是有强制性排放限制的工业国之间的"联合履约机制"（简称

JI），允许一个国家在另一个国家直接投资减排项目。另一个是所谓"清洁发展机制"（简称CDM）。

CDM被誉为"京都惊喜"，值得特别关注。原本南方国家因为没有减排限制，可以不参与全球碳交易市场，这个CDM的作用在于：鼓励北方国家向南方国家实施投资和技术转移，使双方发生联系，从而将南方国家也纳入了统一的全球碳交易市场。

具体做法是：工业化国家可以在发展中国家投资减排项目，将减排量计入自己的减排额度。对北方国家而言，此举可以大幅度节约资金；作为回报，发展中国家则可以从直接投资和技术转移中受益。反过来也可以这样运作：南方国家自己投资减排项目，然后通过CDM出售所产生的减排额度，之后获取收益；或者由第三方（营利机构或非营利机构）来做然后在全球碳交易市场出售。

此后伴随情况变化，CDM还有进一步改进。例如，得益于从碳封存到碳捕捉的技术开发，发电过程中可以直接从大气中捕捉额外的碳，促进减排向减碳演化。如果能够将这些"负碳"技术纳入CDM，发展中国家就可以在碳交易市场上出售大量的碳信用，一方面获取商业利益，另一方面降低了地球大气中的碳浓度。也就是说，碳交易开始具有了金融交易的性质。

四、大国博弈

这是一个全球协商的过程，其间肯定争吵不断。有背叛，有反水，有强词夺理，有言而无信，还有一些具有戏剧化的场面，正应了作家萧乾当年说的话：人与人之间会有利它，国与国之间却只有利益（大意）。其中值得专门讲出来的，就是美国和中国。

《京都议定书》在正式生效、成为国际法之前，必须得到大多数国家的批准，其中一个数量标准是：所包括的工业国的排放量至少占到全部工业国排放总量的55%。这个标准意味着，个别国家没有否决《京都议定书》的权利，但它却赋予了美国和俄罗斯整体否决权：两个国家某一个单独否决，不影响其生效，但如果两国同时否决，《京都议定书》就无法生效。

《京都议定书》缔结后一直没有生效，就是因为俄罗斯和美国的拖延。直到2004年末俄罗斯批准，《京都议定书》才在2005年2月16日正式生效，这距离当初1997年的缔结时间，已经过去了8年。此后《京都议定书》也都是在美国缺席的情况下运行的。我们可能都知道最近特朗普对《巴黎协定》很不感冒的事情，但美国说了不算已经不是第一次，上次是小布什。

为什么美国拒绝批准《京都议定书》？所瞄准的目标就是中国，提出如果中国不接受排放限制，它就不加入碳交易市场。其中缘由：

中国属于发展中国家，照理无须承担减排责任。但近30年的经济崛起，确实给碳排放带来了一定的影响。比如当时有一种说法，全球每周建造的两座火电站中就有一座在中国。再加上巴西、印度等国家，如何承担减排责任成为美国要挟的理由。这是一。

CDM 实际运作中，超过 60%（一些年份超过 80%）的项目投资流入中国，留给非洲的项目投资则微乎其微。由此使人们担心：这一机制是否能够达到当初设定的目的。这是二。

从根本上来说，这些都是中国和美国大国竞争博弈的一部分，地缘政治的组成部分。

五、其他点滴和阅读感受

关于气候系统，还有很多问题科学家不能给予明确答案。比如，如何预测全球气候变化，全球气候系统的临界点在哪里，改变全球气候变化的速度和程度的反馈效应有多大，等等。

面对南北两大集团的严重对立，必须找到对双方都有利的解决办法。作者认为，只有双方都反对的方法才是最可行的。她所提出的全球碳交易市场，就是这样一个双方都反对的设想。甚至环境学家也不喜欢：市场是环境的敌人，我们怎么能用市场来解决当代最大的环境问题呢？

美国和欧洲同属北方集团，但在减碳基本机制选择上却有不同。欧盟比较喜欢碳税，但美国更偏爱碳交易市场。

《坎昆协议》认可了以下两个原则：所有国家必须承认它们的历史排放（主要指工业国家），所有国家应该为它们的未来排放负责（主要指新兴经济体）。这应该是南北集团相互妥协的结果，是一个进步。正是在坎昆会议上，中国、印度、巴西等新兴经济体国家和欧盟、美国一样，签署了2020年以前的"自愿减排目标"。

在这样一篇短文中，肯定无法全面复述作者提供的全部信息。所以，我这里要说的是:欲知详情，去看书吧!

最后说一句：此书文字多少有些啰嗦，很多话在其中说了N多遍。当然，作为全球碳交易市场的设计者，不免会有些自我欣赏，生怕别人不明白、不重视，这种心态还是可以理解的。

全球化必须面对的伦理

[澳大利亚] 彼得·辛格 /《如何看待全球化》

成文时间 /2018-01-21
豆瓣浏览量 /1193

一般讲全球化很容易直接杀向经济主题，而且会陷入具体的过程和结果。《如何看待全球化》则打破常规，把全球化主题扩展到环境、经济、法律，最后归结到全球"共同体"，在伦理层面加以讨论，讲全球化背后的依据和当前推进所面临的困境。

一、同一个大气环境

气候变化让整个人类无所遁逃，需要联合面对，这已经在世界各国达成共识。然而，如何承担避免气候变暖的责任却仍然是一个难题，从《京都议定书》到《巴黎协定》，核心都在于此。在全球碳交易机制之下，这一难题集中体现在如何公平分配各国应得的碳排放配额以及制定后续的减碳目标。在这一点上，"北方"发达国家与"南方"发展中国家阵线分明。书中介绍，分配的原则可以追溯到政治哲学所确立的两大原则：历史原则和即时原则。所谓历史原则是指，判断某财产分配是否公平时，不能只看当前状况，还要追溯其历史，看最初分配的理论依据以及后续转让过程的合法性；即时原则正好相反，主要考虑当前时刻的已有分配状态，追问其是否满足公平原则，不咎既往。落实到环境和碳排放上来，就是把环境容量看作是一类财产，"污染者付费"大体体现了历史原则，是要追溯历史，累加已经发生的排放，以此为据建立当前的分配机制；如果取即时原则，那就要面向未来，每个人应该承担平等的份额。南方国家与北方国家之间就此吵架，这个不难理解，因为北方国家不愿意过多追溯历史责任，南方国家更希望为自己未来发展保留较大的排放空间。但即使采用即时原则，北方国家也应承担较大的减碳责任（只比历史原则下少一些），因为它们当前的排放水平仍然大大高于南方国家。所以，谈判桌上还不能仅仅拿这两个原则说事儿，尤其是对于北方国家而言。

于是，除了上述两个基本原则之外，又出现了另外两个原则。一个是如何帮助最弱势群体，另一个是如何使所有当事者整体获取的"幸福"最大化。这同样与政治哲学有关，其基本思路是：简单的平均主义可能导致将富人拉低到穷人的水平，既无助于帮扶最弱势群体，也不符合福利最大化目标。基于此，需要对北方国家"宽容以待"，南方国家也应积极承担责任。

四种原则搅和在一起，最终出现的肯定就是妥协的结果，和稀泥的结果。

二、同一个经济体系

经济全球化推进的一个重要标志是世界贸易组织（WTO）的成立。反过来讲，最近若干年经济全球化的推进受挫，WTO因而出现被边缘化的征兆。

WTO的出现以及经济全球化的推进，源于这样一种观念：从平均和长远角度来看，自由贸易会让人们生活得更好。问题是什么叫"生活得更好"，"谁"生活得更好。以1999年西雅图街头抗议示威为标志，反对经济全球化的声音凸显，归结起来就是以下四个方面的质疑：将经济置于其他关怀（环境、人权等）之前是否合适，是否会侵蚀国家主权，少数人主导下的贸易谈判能否惠及所有人，是否助长了全球范围内的不平等。

对这些质疑，书中一一讨论。这里我只引其中有关产品（product）和过程（process）的争议，说明WTO以及经济全球化当前所面临的困境。话说美国针对保护海豚设定了法律标准，墨西哥对美出口金枪鱼（这是产品）遭遇美国禁令，因为其生产过程中涉嫌有溺死海豚的行为。WTO的运作基础是，一国不能因为产品生产的过程而对该产品实施禁令，它必须表明被禁产品在属性上与其他产品存在不同。WTO之所以这样规定，是防止各国借此为贸易保护主义沉渣泛起打开大门。类似的事件还可以推广到环境、知识产权、卫生和社会政策，如使用童工、超低工资，如仿造药品以挽救生命，以及基本人权保障等。这等于说，防止贸易保护主义沉渣泛起这一价值要高于环境保护价值和关心动物以求内心安宁的价值，为此WTO受到指责。但反过来看，WTO有权要求各国以什么样的生产过程进行生产吗？其贸易争端的裁决一旦涉及社会价值和基本人权，就会涉嫌对国家主权的干预。WTO在其功能解释和实际裁决中常常出现矛盾，其根源就是这些内在伦理之间的冲突。

三、同一套法律规则

对国家主权的理解在过去50年间发生了很大变化，为此需要了解其背后伦理基础。

国家的出现使得暴力死亡的风险大为降低了；进一步地，能否建立一些机制来推进国家之间的和平，减少战争的风险？为此有了国际刑法，有了可以超越国家、通过国际刑法裁决的罪行的认定。这些罪行至少包括：破坏和平罪（发动侵略战争）、战争罪（谋杀、虐待或放逐平民或战俘）、反人类罪（谋杀、歼灭、放逐平民，基于政治或宗教理由迫害他们），一旦发生，即可越过当地法律法规而受到国际法庭惩处。从法律上说这就是所谓"普遍管辖权"的范畴，一旦罪行发生，任何国家都有权利对其进行审判。如果再进一步，不但要承认我们有权对正在实施的暴行进行干涉，还要赋予那些有能力阻止此类罪行的人以积极的责任，这就为国际干涉（包括武装干涉）提供了伦理依据。

想法很好，问题是如何实施。谁来鉴别对方是否犯下了这些罪行，应该由谁来执行干涉？联合国的作用就凸显出来了。过去几十年间，联合国确实发挥了作用，但也有可以评说的地方。书中结合各种实例说明：各任联合国秘书长对联合国可以发挥作用的限度有不同理解，有些比较消极（潘基文），有些则更加积极（安南）；安理会的国家组成总能保证其正常发挥作用吗；国家专制真的就是对国际和平的威胁吗，能否以此为理由实施制裁；如果联合国不能直接发挥作用，其他国家或者共同体有责任这样做吗，如何保证其确实不是出于一己之私；军事干预是最好的选择吗，即使有能力推翻专制政权，是否同样有能力重建一个能够维持国家运作的新政权，以保证这个国家人民的福祉。

就在这几十年间，就在当下，可以举出很多案例：卢旺达、科索沃、伊拉克、利比亚、阿富汗、叙利亚……

四、一个共同体

你认为你应该对多大半径范围内发生的事情具有责任呢？这关系到对各种慈善事业以及以上种种全球化问题的伦理基础。许多人的关怀圈止步于本国边界，"慈善始于国内"。由此就出现一个问题：应不应该仅仅偏爱我们的同类，如何圈定"我们的同类"。

书中就此做出的推演很有意思。首先是自己；然后是子女，然后是父母（注意父母在子女后面）；然后是邻居，然后是亲戚（注意亲戚在邻居后面）。而后，我们可以沿着两个方向外推：由邻居外推到社区、小区域、逐渐变大的区域，直至国家；由亲戚外推到家族、族群、民族、种族。

　　然后，我们不仅会看到范围的变化，还会看到国家这样一种范围与种族这样一种范围之间的矛盾，当下很多争端就是因此矛盾而起。

听青木昌彦讲"制度"

［日］青木昌彦/《制度经济学入门》

成文时间/2018-02-01

豆瓣浏览量/1478

对青木昌彦的深刻印象，来自几年前他在《比较》上的刊文（"对中国经济新常态的比较经济学观察"）。对发展经济学的研究，对制度的研究，对中国的研究，都是"看点"。此次看到他的书，买下来在旅游路上断断续续看完，有一些感受。

这些年制度经济学大行其道，在面向国家层面的管理中成为很重要的关键词。当年看联合国开发的可持续发展指标体系，除了经济、社会、环境三大支柱之外，制度也是一个维度，还曾经不甚理解，现在看来就是制度重要性的一个直接体现——要想使三大要素综合起来实现可持续发展，制度，尤其是国家层面的制度建设，不可或缺。

但什么是制度？这还真是个问题，是各种法律条文吗？各种政府政策吗？各种机构吗？应该说这些都是其中的内容，但似乎又不是全部。例如，不能仅仅以"以上管下"的思维方式看待制度，各种角色之间的关系，包括人与人之间、机构与机构之间的关系都应该纳入其中，最后还需要用概括、精练的语言给出定义才是。

此书集中回答的问题就是：制度的定义、制度的现场、制度的变化以及制度所发挥的作用。虽然主要从经济学视角出发，但也延伸到了社会学、政治学。我感觉，或许是受篇幅（一册小书）、问题（很复杂）、表达方式（多数篇幅是访谈或演讲）、作者自身知识背景（主要是经济学）等方面的影响，此书对相关问题的论述还是初步的，并没有说清楚，或者说还缺乏深度。

以下是来自此书的一些观点和说法。

从博弈论角度定义制度，制度就是一种博弈均衡，即所有当事者都接受、同时体现自我约束的一种约定。

一旦均衡出现，就会存在一段时间，在此时段内稳定。但经过一段时间之后，可能就会有打破均衡的事件或力量出现，于是就需要有制度的变革。制度变迁就是共有信念的不断瓦解。

制度变革需要一个过程，在此过程中可能会出现混乱。"通过革命而彻底改变制度体系的年代已经一去不复返"。熊彼特倡导的创新就是这样一股力量，而且具有"创造性破坏"的作用。

不同制度的变化需要的时间是不一样的，具体取决于该制度涉及的对象。例如，日本经历很长时间最终形成了终身雇佣制，无论是企业还是雇员都接受这种制度，在这一代人头脑里已经根深蒂固。随后终身雇佣制的弊端逐渐显现出来，但是，这种制度的转变需要历经一代人也就是30年方能完成。在此意义上说，所谓日本"失去的十年"实际上就是处在前途尚不明确的"变迁的三十年"的中段。

经济博弈与社会博弈以及政治博弈之间是有关联的。所以所谓均衡就不能仅在一个领域内解释。面对"公地悲剧"，经济学家的观点是确立草地的私有产权，而从社会博弈角度来看，则可以放在共同体规则及其制裁机制中解决。

在过去，由于各地区的条件不尽相同，会形成不同的制度。以企业经营为例，过去经常争论究竟是日本模式好还是美国模式好。但在全球化进程中，全球的条件变得越发相似，因此人们或多或少会认为，能否出现一种最好的制度。但事实上问题不是这样简单。纵然全球化不断发展，但如果所有国家的制度结构雷同，一旦某处出现崩盘，就会引起极大的问题。实际上各国的制度和能力可以发挥互补性。所以，全世界还没有出现一个理想的体系，也不可能出现。

网络治理权的争夺

［美］弥尔顿·L.穆勒/《网络与国家》

成文时间/2018-04-28

豆瓣浏览量/710

此书主要讲两个问题，一个是互联网要不要治理，另一个是互联网治理应该由谁主导。第一个问题似乎已经不是问题，犯罪、国家安全、内容分层筛选，当下身边有很多事情发生，都在提醒我们，这个虚拟世界与现实世界一样，必须有规则、有约束、能控制、能处罚。但对于第二个问题的回答则不那么简单。

作者在讨论中引入两个维度：一个是要不要政府参与，政府出面治理还是通过网络自治；另一个是要不要国家，以国家为单位各管各家，还是全球合起来统一管理。两个维度组合起来，就是四种选择：政府—国家，网络—国家，政府—全球，网络—全球。 各国政府肯定不会放弃网络治理权力。网络的全球化本质上就是对国家治理的挑战，确实给各国政府进行治理带来前所未有的困难和道德质疑。但是，网络治理却无法绕过国家机器来惩戒网络犯罪，如果国家完全不参与互联网治理，问责制度将不复存在，私人权利也难以得到保障。

书中讲了很多当前实际运作，以及各种案例。书虽然不薄，但读起来不费劲。我读的这一本是从学校图书馆借的，有人针对重点画了一些道道，不多，画的地方也比较合适，感觉给阅读提供了不少帮助（我不是说在上面画道是对的啊）。

20年后看此书

［美］塞缪尔·亨廷顿/《文明的冲突与世界秩序的重建》

成文时间/2018-06-10

豆瓣浏览量/1042

　　《文明的冲突与世界秩序的重建》中文版序言写于1997年。此书影响甚大，20年后读此书，某种程度上相当于对他当年的很多预言做一次检验——尽管时间还不够长。

　　书中的材料主要截至1995年。想想吧，很多事情都还没有发生哎！但是，此书提出来的基本框架和对未来国际政治走势的判断，总体感觉还不过时，而且还很应景，许多事情还在演进之中。当初他在中文版序言中说，他的文章被批评为是"提出来一个自我实现的预言"，就是说，"文明的冲突由于我预测其可能发生而增加了发生的可能性"。这句话与他提出来的理论架构一样可能会引起巨大争议：你是不是有这么大的能量。我觉得，这确实是一本具有洗脑功能的书，无论你是否同意他的观点，但肯定不会忽略他的观点。而且，对于一般读者而言，不同文明之间的差异是我们很容易感受到的，以文明之间的冲突来解释当今世界的各种纷扰，既是现成的，又是易于接受的——所有的一切冲突都是不同文明所致，这理由给得多省劲儿啊！

此书逻辑不复杂：世界上存在不同的文明，当前各种文明的力量对比在发生变化，文明的版图在形成，同时文明之间的冲突在发生，最后对未来做预判——这一部分最弱，也难怪这一部分最弱，无论是谁，都不能轻易预判世界的未来。

以下罗列一些我读完后还记得的"点"。之所以印象深刻，一方面是因为很多事情正在发生；另一方面是因为，这些原本只能意会不能言传的东西，经过他的总结，居然落到了纸面上，不禁让人眼前一亮。

1）经过长期演变，当今世界可以分为七种或者八种文明。

2）文明的区分方式，可能与地域以及地域基础上的经济合作有关，与种族有关，其内核似乎是宗教以及类似宗教的东西。几种分类标志之间有可能冲突，作者也时不时混用。

3）西方文明在最近一二百年处于主导地位，很多国家都经历了一个先是向西方文明靠拢然后又开始疏离的过程。总体而言，西方文明开始走下坡路，当前可以对其形成挑战的，一是伊斯兰文明，一是儒教文明（或者东亚文明、中华文明）以及日本文明，其余还有东正教文明也会构成一定威胁，印度文明也可以被给予一定期待，拉美文明和非洲文明则几乎可以忽略不计。

4）东亚文明的力量来自经济高速发展以及已经形成的巨大体量，伊斯兰文明的力量来自人口的快速增长和大量移民。

5）有一些孤独国家，在文化上缺乏与其他社会的共同性。一个例子是埃塞俄比亚，还有一个是海地（地处拉丁美洲但不被拉丁美洲接受），最重要的孤独国家是日本，文化特殊，而且不包含一种可以输出的宗教或意识形态。

6）有一些无所适从的国家，其间经历了一次或多次文明认同重建。最典型的例子：一是俄罗斯，是否属于欧洲，是否属于基督教文明的组成部分，其首都放在彼得堡还是莫斯科就是一个标志。二是土耳其，是依据世俗主义追求西方化，还是回到伊斯兰传统做奥斯曼帝国之梦。墨西哥也属于此类无所适从国家，一直在北美和拉丁美洲之间徘徊。还有澳大利亚，也曾经想以亚洲国家面目出现。

7）如果你的国家处在不同文明（尤其是几种强势文明）之间的断层处，那就注定不会有太平日子。书中将此归为断层线战争。

苏联解体给世界文明版图带来根本性影响。原来基于意识形态对抗的两极世界不复存在，世界需要形成新的均势才能构建新的秩序，这注定是一个长期、痛苦的过程。记得当初福山曾经就此断言"历史的终结"，现在看来其视野是多么狭窄、其目光是多么短浅啊！

以中国为中心的国际关系通俗读物

阎学通 /《历史的惯性》

成文时间 /2018-07-04

豆瓣浏览量 /942

老早听说此书，此次在多爪鱼买了一本二手书，看了一遍。

果然是名不虚传，尽管是2013年的书，许多内容仍然引人入胜。我在想这是为什么？

第一是内容切中当下中国正在面对的问题，特别应今年中美交手这个景，以及围绕中国崛起所引起的多边互动，很容易让人起验证之心。

第二是全书逻辑清晰，以中国为中心覆盖了几乎所有的国际关系。第一章涉及中美实力比较，第二章讨论东亚作为世界中心的可能性，第三章讲三个过气的大国（区），第四章议论发展中国家的未来，最后一章为中国外交战略谏言。

第三是明言不是学术著作，由此大大降低了读者的门槛。可以和亨廷顿的《文明的冲突》比一比。后者还拉着一个不同类别的"文明"作为基础，此书则将大国兴衰、世界中心演变都归于"历史的惯性"。

第四是文字风格，干净利索，不拖泥带水。夹叙夹议，将历史渊源和国际政治理论融入其间。尤其是其中大量涉及未来预测，却丝毫不推诿不含糊其辞，果断地就10年后的2023年做出判断。现在时间已经过半，虽然不能说全部言中，但读起来让人觉得很长见识。

有关具体内容，这里不做重复。书后有两个附录。一个是访谈，另一个是有关国际关系预测的全面说明。后者平铺直叙，前者则可有助于了解阎学通本人。

此公出身于大学（河北大学）大院（应该是天津）。黑龙江兵团9年丛林生活，改变了他的性格。在美国伯克利读博士，奠定了他在国际关系领域的研究基础。回国教书做研究，怀揣宏大学术目标——推动中国的外交政策研究。非常推崇科学方法，力主将定量研究方法引入国际关系预测。观点鲜明，敢于承认学术上的错误，同时也坦陈自己的知识缺陷。自己不承认"对中国决策者有什么直接的参谋作用"，但其著作确实引起了国内外的关注，其中包括澳大利亚前总理陆克文。

有一些让人脑洞大开的提法和话语。

"如果忽略两个大洋，美国与日本、英国就是近邻。"

"我认为中国如果恢复当年的师爷制度即建立智囊制度是有利于决策科学化的。"

"我预测的时候喜欢规定时间，我不喜欢那种长期、中期、短期的说法，太模糊。我认为这种预测有巫术性质。"

"当一个国家活着的人的思想开始被外部关注时，这说明这个国家对世界开始有了思想影响力。"

"自古以来外交就得划分敌友。没有一个世界大国能够与所有国家都建立友好关系的。世界上友好关系都是以不友好关系为参照体现出来的。"

今天的世界格局是历史塑造的

[英] E.H.卡尔 /《两次世界大战之间的国际关系》
成文时间 /2018-08-04
豆瓣浏览量 /1900

假期里要和朋友去中欧游览，奥地利—捷克—斯洛伐克—匈牙利，临行琢磨带一本什么书消磨时间，最后选中了这部书：小开本便于携带，内容与此次旅行有所关联，商务印书馆的汉译世界学术名著，估计比较耐看。旅行十天，正好看完，感觉这部书还真是选对了。

从1918年"一战"结束到1939年"二战"全面爆发，此书将这二十余年分为四个时期。1）1920~1924年，是进行强制性战后安排的阶段，目的是从版图上和经济上削弱和惩罚战败国德奥；2）1924~1930年，国际联盟发挥作用，体现了反战和和解；3）1930~1933年，因为经济危机，强权政治回归；4）1933~1939年，以德国重新崛起为特征，终结了"一战"后苦心建立起来的凡尔赛条约体系。

记得二十多年前读过一本讲欧洲历史的书，内容完全忘记，唯有《自杀的欧洲》这个书名一直留在记忆中。此次读完本书，感觉那个书名有道理，欧洲对世界霸权的丧失确实是欧洲国家自作的结果，但同时感觉那个书名概括得还不太全面，忽略了美国在其中所起的作用。以下简单谈几点感触。

第一是版图变化。

感觉整个20世纪欧洲版图经历了三次较大变化："一战"后、"二战"后、苏东剧变。苏东剧变的结果是大变小，主要是拆分；"二战"后尽管有很多边界变化，例如波兰东部与苏联的边界以及西部与德国的边界都有移动，但国家本身似乎没有很多改变。"一战"后的变化则大有不同：为了削弱和惩罚战败国，德国和奥匈帝国的领土被拆分，不仅国家间的边界发生了改变，还出现了不少新的国家（或者说恢复了一些原本已经消亡的国家）。

先看德国：1）德国把阿尔萨斯和洛林还给法国，割让两小块领土给比利时，萨尔煤矿区由国际联盟托管15年，矿产所有权转让给法国；2）南部割让一小条领土给捷克斯洛伐克，北部有一小部分领地通过全民公决给了丹麦；3）东部将默麦尔港口及周边地区转让给了立陶宛，将一大块领土割让给波兰，其中包括有名的但泽，即后来的格但斯克。

再看奥匈帝国。在奥地利方面，波希米亚、莫拉维亚和西里西亚组成了捷克斯洛伐克，斯洛文尼亚联合塞尔维亚和克罗地亚组成了南斯拉夫，还有两个显著的部分归了意大利。匈牙利王国则按种族做了区分，将大片领土分别给了捷克斯洛伐克、南斯拉夫、罗马尼亚。保加利亚也有很大损失，涉及与希腊、罗马尼亚、塞尔维亚、土耳其之间的领土变更。

在这一番安排中，出现了新的国家：波兰、南斯拉夫、捷克斯洛伐克。此次旅行听导游介绍，捷克与斯洛伐克历史上只在8世纪到9世纪有一段不长的联姻，所以，苏东剧变之后捷克与斯洛伐克再次分开，应该不足为奇。这样大规模的领土变更，必然给后来的国家关系带来诸多隐患，这些纠葛穿越百年历史一直延伸到当下，为现实的国际关系制造了多重障碍。

第二是经济与战争的关系。

战争的原因可能是多元的，但战争与经济之间肯定有复杂的联系。经济利益可能是战争的起因（至少是其中之一），反过来，经济状况尤其是经济实力是决定战争的重要因素。读此书最为深刻的认识，一是战后的巨大经济赔款及其安排问题，成为德国人心头除了割让领土之外的最大的痛；二是通货膨胀将战争赔款推向了非常尴尬的地步；三是1930年波及欧美的经济危机，最终将原本脆弱的国际关系进一步推向恶化，促使另一次世界大战的爆发。

第三是列强的嘴脸。

无论是战后的安排，还是后续的博弈，主要发生在英国、法国、德国、美国，某种程度上再加上意大利这些大国之间。读此书过程中有一个感受：印证了当年萧乾所说过的话，国家之间，只有利益没有道义。进一步的感受是：即使是争取利益，似乎也可以做得更加体面一些，但事实却是，列强的吃相还真不太好看，而且其行事风格一直传承到今天。例如，英国阴阳怪气患得患失，尽管拥有广大的英联邦，却始终摆脱不了岛国人的狭隘；法国浮华虚荣锱铢必较，既要以受害者面目出现争取经济上的补偿，又担心自己的大国地位受到影响；美国人的表现感觉与当下很有一比：威尔逊总统倡导建立国际联盟，最终该联盟独独在美国没有得到批准，所以它不是国际联盟的正式成员，而且还退出了诸如裁军委员会等重要机制（看看美国最近从很多国际组织退出），20世纪30年代的经济危机是从美国肇始的，然后波及欧洲，后者成为最大的受害者（想想2007年的金融危机及后续影响，美国早早恢复了经济增长，欧洲却一直陷在泥潭之中）。

此外还有一些感受，涉：1）国际组织有什么用，是个吵架的地方，却无法解决问题；2）欧美是一家，其他地方基本不在其视野范围内，书中有针对远东中日关系的介绍，清楚地体现出这一点。

17%的增值税税率怎么来的

许善达 /《许善达说供给侧改革》

成文时间 /2018-09-03

豆瓣浏览量 /3869

增值税是1994年税改的标志性成果，当时确定的17%增值税税率一直沿用到2018年5月（降低到16%）。百度搜索，没有人回答这个17%是怎么确定的（只有实际纳税如何算的方法），直到这次读了《许善达说供给侧改革》，才明白背后的依据，同时也了解了它如何成为后续金税工程、增值税转型、全面营改增以及此次降税率一系列举措的基本源头。

许善达是亲历者，再加上这是一部演讲稿合集，此公很会讲故事，所以推荐大家看原书，我这里仅按照自己的节奏做转述哈。

一、为什么是17%

1994年税改的基本背景是：当时政府收入占比很低（占GDP12%），中央政府收入在政府收入中占比很低

（20%），纳税人缴税远远没有达到法定税负水平。

确定增值税税率的第一个约束条件，是不能低于原法定税负水平。也就是说，名义上不加税，但要把该征的税收上来（解决第一个问题）；然后通过中央与地方分成比例解决第二个问题（75%：25%）。

然后是测算。其间还有另一个选择：生产型增值税还是消费性增值税，差别在于是否允许机器设备购买等投资性支出做抵扣，如果选择后者，要征得相同的税收收入，税率会相对较高。

当时的测算结果是：1）生产型增值税，测算有两个结果，16.4%和19%；2）允许机器设备支出抵扣（不含建筑物），税率要提高到23%。

最后国务院拍板批准：1）采用生产型增值税，税率17%；2）只对商品生产行业征收，服务行业仍然保留营业税。

二、遗留了什么问题

之所以选择生产型增值税以及17%的税率，一个原因是当时正面临投资过热情况，如果机器设备支出可用于抵扣，无异于鼓励；另一个原因是如果采用消费型增值税，23%的税率说起来太高了，公众层面是无法接受的。

这个税率高不高？因为是生产型的，投资品支出不允许抵扣；因为服务业保留营业税，服务购买无法纳入抵扣范围，所以，与欧洲的增值税税率17%相比，实际要高出很多，按后者口径可达30%左右。

这就为后续改革留下了端口：1）生产型增值税向消费型增值税的转变；2）服务行业"营改增"；3）逐步降低增值税税率。这些，都是可以降低税负的。

三、金税工程的前前后后

之所以确定较高的税率，是因为这是按照原法定税负水平测算的。也就是说，这只是理论上的税率和税负，实际运作受到征管能力限制，达不到这个水平。于是就要解决征管问题。

增值税实施后的很长一段时期，虚开增值税发票以逃税骗税成为最大的问题，很多人一夜暴富。为解决此问题，政府不惜以"入刑"威慑，确实有上百人被判死缓还有十余人被执行死刑，但仍然无法遏制。

为了管住这张"增值税发票"，政府开始想了很多办法，甚至引入印钞公司，但一直未能奏效，直到决定通过计算机系统管理发票。这就是"金税工程"的由来。

金税工程一期并不成功，然后开始二期，重新定位基本思路，重新设计系统。把纳税人假定为都可能虚开发票，把每个税务机关都假定为是不诚实的。然后，请总参三部设计了安全系统，对全部数据加密、不可更改、防止黑客攻击；请航天公司设计了税控系统，保证纳税人所有发票信息都准确无误地进入这个信息系统；引入汉王公司的认证系统，保证凡是抵扣税款的发票信息全部准确无误地进入这个信息系统，识别所有假发票；最后由长城公司的比对系统完成两方面的比对。

通过这个工程，堵住了发票漏洞，2001年试点，到2005年、2006年，征收水平从原来的50%提高到85%。所以，那几年税收增长特别快，不是提高了税率，而是提高了征收率。

当时世界上还没有类似的管理系统，为此这项工程还曾获得国家科技进步二等奖。

四、后续的改革

上面提到的后续改革"端口"，在随后的20年里，逐步推进。

第一是从生产型到消费型的转化。2003年先从东北开始，作为振兴东北的举措之一，随后推进到中部、西北，直到2009年全国实施。

第二是服务行业营业税改增值税，2012年初上海率先开始试点，到2016年5月全国实施。

第三是降低增值税税率。此书截至2016年，书中许善达明确说"至少十三五期间不应考虑"降低税率问题。但形势比人强：2018年5月起，增值税税率普遍下调一个百分点，17%降为16%，11%降为10%，还合并取消了原来13%这一档。

说起来，这些改革都是以降税负、减政府收入为前提的，事实上税收收入并没有减少。包括2018年上半年，税收收入增速再一次超过GDP增速。其中原因，按照许善达的说法，主要是征管能力的提高——是不是这样，尤其是最近这一次，可能还需要做进一步分析才能确认。

最后还有一个问题：中国的宏观税负到底重不重。许善达在书中给出的观点是：主要是社保缴费太高所致，五险一金加起来达到45%（基数大概是工资总额吧），其中大头是养老金缴纳20%。之所以养老金这样高是因为，中国社保制度建立太晚，以至于当前企业缴纳了两份，一份为现在拿退休金的人缴（这些人当年没有缴纳养老金），另一份为现在就业者未来能够获取退休金而缴纳。这固然有不得已的成分，但给企业造成的负担实在是太重了。书中也讲到，根本的解决办法是社保全国统筹（将这一财政支出职能上提到中央），然后将国有资本拨付给社保基金，解决历史原因造成的亏空。这一改革的进程似乎已经在路上：自2019年1月起，社保缴费改由税务局执行——真的变成"税"了，全国统筹应该是大概率事件，企业缴费率下调也已经看见"亮"了。期待尽快变成事实！

莱茵河不止是一条河流

[法] 吕西安·费弗尔 / 《莱茵河》

成文时间 / 2018-09-24

豆瓣浏览量 / 904

作为汉译世界学术名著的书，自然有其独特价值。

此书写于20世纪30年代，两次世界大战之间，初版于1935年，再版于1953年，作者为法国历史学家。这是一部受邀作品，东家是阿尔萨斯兴业银行，一家业务覆盖莱茵河两岸城市的银行。初版是非卖品，有两位作者，一位侧重于地理和历史，一位侧重于当时的经济状况，后来正式对外发售受到关注。此后经历了"二战"，到1953年再次出版时，去掉了其中的经济状况部分——因为这些内容已经过时，同时对历史部分略作调整，最后变成现在看到的样子。

现在看到的中文版也比较奇怪，相当于将这部历史和这部书讲了三遍。一遍是作者本人的作品；一遍是后来的编者皮特·舍特勒于1997年写的"介绍：吕思安·费舍尔与莱茵兰历史的去神话化"（以下简称"介绍"），对此书的来龙去脉做了详细考证和交代；还有一遍则是中文译本的序言。我读下来的感觉：中文译序主要是"抄"，可以忽略不计；原作力图以随笔方式讲述这一部莱茵河历史，其中涉及很多人名、地名，是历史与地理的交织，对欧洲人来说可能是很自然的事情，但对我这个外人而言却感到非常头大，实在读不下去；最值得称道的（也是值得仔细读的）是中间的长篇"介绍"，以几十年后回望的姿态，一方面考证写作背景和成书过程，另一方面重点阐述作品的基本观点，并对其价值和局限性做出评价。

此书为什么值得后世关注？主要在于莱茵河不仅是一条自然河流，也不仅是一条航道，而是承载着法国和德国之间的长期历史恩怨和政治博杀。（按我理解）简单武断地说，如果将阿尔萨斯/洛林地区归入德国，莱茵河（最主要的那一段）就是德国内陆河流；如果归入法国，则莱茵河就是法国和德国之间的界河。伴随"一战"前后的版图变化（按照《凡尔赛条约》，这些地区划归法国），特别需要消解以莱茵河为表征的政治恩怨，这就是此书想达到的目的：努力消解其作为界河的作用，而将其视为文明发展、经济文化交流的一条纽带、一座桥梁。这种姿态确实超出了此前各国知识界为本国而战的立场。但仔细想来，之所以有这种姿态，在一定程度上还是因为"一战"后《凡尔赛条约》将这一地区划归了法国，作者是一位法国历史学家。

此书在当时注定无法成为国际政治的主流认识。就在此书写作过程中，希特勒上台，随后将德国和整个欧洲带入另一场残酷大战之中。庆幸的是，"二战"结束至今的数十年来，法德之间的热战终于结束，两个国家还携手作为核心一起成就了欧盟。

一个城市的塑造

［法］马尔尚 / 《巴黎城市史》

成文时间 / 2018-09-27
豆瓣浏览量 / 803

  巴黎是一个有魅力的城市，有着与其他城市不一样的外貌。即使作为首都，巴黎"独大"的程度远甚于其他国家首都，也就是说，巴黎与法国其他地区的关系具有独特性——除了巴黎，其余地区都是"外省"。即使是在巴黎，内圈的城区与外圈的郊区也具有显著的差别。巴黎是如何被塑造成现在这个模样的？这就是《巴黎城市史》这本书的主题：19~20世纪的巴黎发展史。

  此书篇幅不薄，把这两百年的发展过程区分为几个阶段：1815~1850年 / 迅速壮大的巴黎，1850~1890年 / 一座迈向现代化的城市，1890~1930年 / 曙光初现，1929~1952年 / 拖延与空想中的城市，1953~1974年 / 新奥斯曼主义，1974~2000年 / 世纪末的巴黎。从这些小题目大体可以看到各个阶段发展的主调（或者是后世对这一阶段的基本评价）。仅仅读一本书无法对巴黎城市发展做出评价，何况我还没有完全读懂这本书——它写得比较杂乱，尤其对外国读者不甚友好（不是写给外国人看的），所以，我这里仅就自己看到且感兴趣的内容唠叨几句。

奥斯曼是对巴黎形塑具有奠基性贡献的人。1853年被任命为塞纳省省长，44岁的他"大权在握，挑起了历史重任"，持续12年致力于巴黎的大拆大建，直到法国1870年政治大变前夕离职回乡。奥斯曼"是古典主义者，喜欢笔直的马路、庄重的布局、对称的建筑和林荫大道"。书中说，奥斯曼是个天才，善于将细节的变化和整体的统一性结合起来，在两者微妙的平衡中达到城市景观的和谐。具体来说，房屋的外立面基本沿着同一平面对齐，楼高六层，阳台呈直线状统一修建在五楼，窗户按照固定比例开设，墙面一律拉平，这样一来，整条大街仿佛不是由不同的楼房组成，而是一栋巨大的建筑。同时，窗户、阳台、门框和挑檐的装饰物各不相同，万千变化，这样就保证了丰富性。整个城市就此按照建筑物体积的大小形成一个错落有致的整体，大楼、马路、十字路口和花园，这些体积形状各异的元素结合在一起，便构成了一个街区。此后百年，上述种种有一些变化，例如在六层之上可以加盖一层，建筑有了圆角设计，外观更趋向于巴洛克风格，外墙面和外观装修更具个性化，但总体而言，今天我们看到的巴黎仍然是当年奥斯曼给出的那个样子！

拉德芳斯是巴黎的新区，简单说就是巴黎的中央商务区（CBD）。从凯旋门顶向西望去，一片高楼拔地而起，呈现出与传统完全不一样的风格。这一片新区在建设过程中曾经饱受争议，但最终作为新奥斯曼主义的成功案例获得认可，成为巴黎城市一道新的风景线。拉德芳斯建设起于戴高乐在任时期，目的有二：修建办公楼以满足大都市日益增长的需求；将香榭丽舍大街从巴士底广场延伸至马约门。此后设计和建设几经变化，全部工期的实现和巩固整整耗时30年，结果是改变了巴黎这个大都市的结构，并促进了它的发展。

以上主要说的都是城市的建筑，但实际上城市发展肯定不仅是可视的建筑，而是包含了多种维度。第一是人口，人口的多少及其构成，在很大程度上决定了城市的规模和发展速度。基于人口规模，随之就会出现另外两个要素，一个是住房和公共空间，另一个是道路和交通系统。另外，城市的活力很大程度上有赖于相关产业和其他经济活动，以及在衣食住行物质需求之上的社会、文化活动。在不同时期，上述种种可能有不同的发展方向、不同的发展步调，组合起来使得一个城市的发展呈现出不同的"模样"。此书对这些都有涉及，作者力图展现其种种变化及其后果，但叙述的层次比较乱，影响了可读性。

总体而言，要想了解巴黎，这不是一部合适的书。补充一句，同行者说法国与中国很多方面相似。就城市建设而言，似乎此言不谬。你看，动不动就大拆大建，行政主导，中央制衡，巴黎与北京真有一比呢。

"一战"是中国融入现代世界的契机

《三联生活周刊》（2018年第43期）

成文时间/2018-11-02

豆瓣浏览量/418

　　说到"一战"，与中国的关联似乎就是巴黎和约没有中国的份儿，列强合伙欺侮中国，原来德国在华利益被日本接手，随后引发了"五四"运动。这样说确实没错，但却不全面。除了上述之外，更重要的是："一战"为中国以平等地位融入现代世界提供了一次难得的契机，中国的一群知识精英意识到了这一点，为此多方谋划，推动北洋政府最终基本达到了此一意义深远的目标。

　　这是我读这一期《三联生活周刊》（2018年第43期）得到的收获。

　　在"一战"后的巴黎和会上，中国以战胜国成员身份在列，这是因为中国1917年正式对德奥宣战——改变了1914年大战开始以来的中立国身份。为什么迟至1917年才宣战？主要是受日本的掣肘，它想"利用中国尚未参战的有利时间窗，提前完成从政治和经济上彻底控制中国的布局"。中国是如何参战的？此前也有曲线支援，主要是军火供应，参战后则采取"以工代兵"模式，组织中国劳工旅，前往欧洲，进入英法美军的后勤单位，累计达14万人，从事工程（如挖战壕）、维修（如修坦克）等工作。

有了这个大前提，1920年中国才能因为《凡尔赛合约》对中国的不公正而拒绝签字（唯一的未签字国），才在后续的华盛顿会议上与日本就山东问题达成新协议，彻底恢复对山东的主权，才有1922年由美英法日比意荷葡中九国代表签订的《九国公约》，声明：签字国家应尊重中国的独立和领土、主权完整。"近代中国的国际化进程，自此进入了一个新阶段"。

"一战"及其结果还给中国带来了一些立马可见的实际好处。1）因为对德奥宣战，两国自清末以来与中国政府签署的一切不平等条约，悉数废止，并于20世纪20年代初基于平等原则签署了新的条约，德奥在华的相关资产也被中国政府接收。2）中国近代史上最具耻辱性的庚子赔款，随着中国成为"一战"战胜国，在事实上停止了支付——对德奥是不再赔付，俄国主动放弃了赔付要求，其他协约国成员国则将剩余赔款转而用于中国教育和文化事业以及北洋政府的稳定。后续未支付部分约占1/3。3）"一战"期间，列强在欧洲大动干戈，放松了对中国的控制、蚕食，在经济上一方面减少了洋货的倾销，另一方面还提出了战时物资需求，中国借此机会，经济尤其是民族资本得以发展，工矿业企业建设出现了一个小高峰。

中国之所以能够在国力积贫积弱、国内政治四分五裂的北洋政府时期，能够有此战略性谋略并达成基本目标，一群知识精英的作用值得大书特书。陆徵祥，留下"弱国无外交"的沉痛遗教，在关键时期"要为中国这一弱国谋外交，以外交策略的得分弥补中国军事、经济硬实力上的缺陷"，最大的贡献是"实现了中国外交系统的专业化和独立化"，由此保证了外交群体在民国初年变动频仍的政局中能够得以稳定，持之以恒地推行为中国争取平等地位的外交目标。梁士诒，有梁财神之称，隐身台后长袖善舞，协调政界和外交，在中英高层交往之间充当中介，几次策划推动中国参战进程，为欧战国家提供军火供应，促成"以工代兵"计划的实现。梁启超，游走政学两界，较早认识到"一战"两大集团交战德奥必败，视此为"增进我国际地位之极好机会"，应"借此努力，造成完全国家、完全国民之资格"，看到了"战争可能为构建现代民族国家提供的精神和组织资源"。还有一干国际法研究的人才所完成的前瞻性工作。

美国在其中对中国提供了很大帮助。一个节点是推动中国从中立国转而变成参战国，美国和中国一样，前期也是中立国，但身份转变背后的动机和力量完全不同。另一个节点是战后安排，正是在美国暗中支持下，才在《凡尔赛条约》之后，有华盛顿会议和随后的《九国公约》。

正史背后总是有很多不为人知的事情发生

[日] 野岛刚 /《最后的大队》

成文时间 /2018-12-06

豆瓣浏览量 /1249

仅看《最后的大队》这个书名肯定猜不到这本书的主题，所以那个副标题不可或缺："蒋介石与日本军人"。但是，即使正副标题提供的信息加起来，第一你也不知道它的核心故事是什么，因为有关蒋介石从大陆败退之后，秘密聘任帝国日本军人组成"白团"参与台湾军事重建工作，这个故事从书名上并不是一目了然的；第二也不能全面覆盖作者野岛刚在此书中所讲的各种故事，因为作者"吃饺子从养猪讲起"，延伸出去还讲了很多其他故事。以下我就按照书中的顺序，简单归纳一下这些故事。

蒋介石日记的故事。蒋公日记是这部书写作的起点。该部分讲述了作者读这些日记的感受，这部日记的基本状况（覆盖年份、书写方式等），蒋介石为什么写日记，如何评价这部日记的真实性（顺便讲一般名人日记的情况），日记披露过程中的蒋家故事，最后才落实到这部日记中对

"白团"的记录。

蒋介石一生与日本的渊源。先是概括性讲蒋公与日本长达数十年的"因缘"，然后落实到两度留学日本军校对其一生的影响，认为"在所有外国政治家中，再也找不到第二个像蒋介石这样终其一生与日本有极深牵连的人物了"。其中有当年政坛的各种人际关系，例如清末孙文与陈其美的关系及其对蒋的影响；还有他自己的生活八卦，例如有很大篇幅讲日本境内的"以德报怨"碑，讲蒋当年曾经追到日本向宋美龄母亲求婚的前后场景——摔下300元小费，留下五幅墨宝等，顺便把蒋的家世、老家溪口都用自己的语言交代了一遍。

岗村宁次为何被判无罪。之所以要讲岗村宁次的故事，是因为他是本书所讲"白团"策划的始作俑者和后续主要推进者。但书中将此前延了很多：蒋公为什么要"以德报怨"，如何以安排战后事宜为由把岗村宁次留在中国拖延下去，如何安排其在中国受审并依靠一个手令让法官当庭宣判其无罪。还顺带讲了蒋公从1948年开始就经营向台湾撤退的举措和故事，黄金、文物各自代表什么，发挥了怎样的作用等。

书到第三章才正式讲"白团"的策划和运作。作为幕后推手，台湾一方的代表性人物是曹士澄，日方的代表性人物是小笠原清。先是两个人的生平际遇，然后讲作者如何为追寻二人足迹而奔波，同时讲纪录片《蚂蚁雄兵》所涉及的当初阎锡山留用战后日本军人的前前后后，以及这些军人的后来遭遇。第四章讲"白团"的两个核心人物：富田直亮（中文名白鸿亮，"白团"这个名称的由来）和根本博，由此串联起"白团"在台湾所做的事情。第五章归纳"白团"所留下的成就。一方面是他们做了什么，另一方面是台湾方面发生了什么变化。其中涉及国民党军队的改组，与美国军事顾问团的紧张关系——美国人认为，台湾有了美国的保护，日本旧军人的存在不仅多余而且会给美国带来难堪，但老蒋则认为不能将当初自己最困难时伸出援手的这些人随便就扔掉。第六章通过一位"白团"成员户梶金次郎留下来的记录，说明"白团"内部是怎样一个状态：喝酒打架、内部相互倾轧、偷巧耍滑、赌博嫖娼，一样都不少。第七章专门讲所谓"东洋第一军事图书馆"，通过作者的不懈追寻，终于在国防大学打开这扇门，获知当时在岗村宁次的谋划之下，为"白团"的运作、为保住老蒋台湾政权所提供的各种资料，包括各种军事教科书、军事器材的技术资料，还有各种涉及军事、政治、技术各方面的机密报告。

最后是对"白团"这段历史的评价以及对其成员个人动机的总结。一个说法是为了共同的"反共"目标，另一个说法是报恩，报老蒋战后"以德报怨"讲话之恩。但事实上，这些或许在岗村宁次身上可以成立，但对于参与"白团"的各个成员而言，更多地可能还是出于自身利益最大化的动机。战败后，这些受过较高教育、原居于高级职位的旧军人正值壮年，却要直面战败给自己带来的厄运，不能从事公职，境遇很糟糕；相比之下，台湾提供了很高的酬金，做的事情是自己最擅长的，在台湾受到礼遇可以重拾自己的尊严、体现自己的价值，这些可能都是促成这些人宁愿藏在货轮中偷渡进入台湾、长期与家人分离的原因。个别人甚至一直坚持到1968年，尤其是团长富田直亮最终在台湾故去，遗骨有一半留在台湾。书中最后说，"蒋介石之所以执着于日本军人，是出于自己的心情，而白团成员之所以愿意长留台湾，同样也是出于自己的心情"，"其实，他们并不想回去……"

"中间人"变称/变成"多边平台"

［美］戴维·埃文斯、理查德·施马兰/《连接：多边平台经济学》

成文时间/2018-12-16
豆瓣浏览量/790

　　《连接：多边平台经济学》这本书在我床头柜上置放的时间超过一个月了，到今天才看完。读此书的目的，一来是增广见闻，想对当前红透大半边天的网络经济有点系统了解；二来也与自己从事的研究工作有点干系，只有深入了解网络平台的运作机理，才能搭建数字经济的核算框架。因为拖得时间有点久，故而今天看完后面，不得不再把前面的内容翻一下，以便有个整体印象。

　　此书概况如下：先是一些经济学意义上的提炼（第一部分：经济与技术）；然后是一个由各种案例组成的拼盘（第二部分：创办、发动与运营）；最后再提起来，说明其所带来的影响，放在从过去、现在到未来这个链条上小心翼翼地做一些展望（第三部分：创造、破坏与改造）。总体而言就是一副畅销书的模样，但透过这些勾人的案例和文字，还是能够从中获取一些实际的知识和信息。

多边平台相对于单边平台而得名。超市就是一个单边平台，买入货物再卖给顾客，尽管其最终目的是要实现货物从生产者到消费者的转手，但它要分别对应两个对象，是两笔交易。多边平台则是要同时吸引生产者和消费者的参与，撮合卖家和买家直接发生交易。进一步看，多边平台不仅是针对电子商务而设的，还有大量社交平台，为内容提供者、内容浏览消费者、广告商等多方建立连接。在这个平台上，人们可以以不同身份出现，平台就是在这样的多边连接中寻找自己的盈利点。在此意义上，平台就是典型的"中间人"。尽管中间人古已有之，可以追溯数千年，但在信息技术发展的支持下，平台作为中间人的功能被显著放大，并通过创新不同模式使原有的商业和社交生态发生了根本改变。

一个平台的成功，需要顺序解决以下问题。1）它要解决的"阻力"是什么，为谁/什么搭建连接；2）如何点燃引擎，解决蛋鸡相生问题，形成足够规模的平台参与者；3）如何建立起一套有效的价格结构，以不同的竞价策略平衡各方参与者的利益；4）如何处理好内外关系，搭建起能够创造价值的平台生态；5）如何搞好内部设计，使平台活动和价值最大化；6）如何通过规则的制定和执行，规制平台参与者的不良行为，惩治造假者和欺骗者。这个过程是动态的，要不断修正不断进化，时刻警惕新来者，需要面对残酷的竞争。我们现在看到的独角兽公司似乎风光无限，却是踩着很多死亡创业者的尸骨而成长的，那些死亡的平台说不准就是在上述哪个环节上出了问题从而没有迈过成功这道坎儿。上述种种，在此书中各自都是以一章的篇幅给出案例，如果想了解，就找书去看吧！

革命之后的高等教育/教育引发的社会革命

梁晨等/《无声的革命》

成文时间/2019-05-11

豆瓣浏览量/749

一

革命，从政治角度来看就是改朝换代，从社会角度来看就是打破既成社会结构，社会阶层上下大洗牌。故而革命常常与暴力、硝烟弥漫甚至人头落地相伴而生。此书以"无声的革命"为题，意在强调：对应社会结构的变化，并没有出现剧烈的对抗，而是悄然发生的。什么手段能够"不战而屈人之兵"达此效果？教育即使不是唯一的也肯定是极少数此类手段中的"之一"。如果这个书名有点隐晦，看其副标题"北京大学、苏州大学学生社会来源研究（1949-2002）"即可联想到此。

是的。此书所涉主要内容就是要展示：1）在1949年之后直到21世纪初，如北京大学这样的国家级精英大学、苏州大学（前身是东吴大学）这样的省级精英大学，其生源结构发生了怎样的变化；2）与此相伴，整个国家教育体系作为精英教育的基础，发生了怎样的变化；3）由此你可以推断，这些变化将会给整个社会的分层结构带来怎样的影响。

基础资料是这两所大学学生学籍卡上登录的信息——这是一份独特的资料来源。为了将这些信息充分利用起来，需要将现代信息技术用上去（编制数据库），还要将现代数据处理方法用上去（加工汇总分类），进一步地，还应该将现代数据分析方法用上去（提炼信息，发现关联，进行实证检验）。当前呈现出来的内容好像还没有涉及后一步，主要是就生源的若干社会特征做描述，但已经成就了一本内容丰富的"大书"。全书篇幅不短，我仔细看了导论（不是引言）——非常棒的导论，好到看完这个导论，基本上可以不用看后面的章节了！

二

"革命"意味着前后有很大不同。怎样不同呢？

科举制下，能够取得功名的人很少（有清一代，生员50万人左右，举人4万人左右，进士也就4000人上下，进士录取率仅3%），真正能够通过科考晋身的主要是社会中上阶层子弟，成功者大多来自地主和有势力的商人阶层，有研究称明清以来真正从科举中获益的大约就是三百个家族，而且多出于江南。所以，所谓中国古代科举制度对于社会分层流动的作用，过去可能还是有些夸大了。

从晚清到民国，科举制被现代西式教育所取代，但精英教育被权势阶层所垄断的状况并没有改变。1928~1949年，大学毕业生总共18.5万人（在人口中的比例还低于清朝），出身以地主为主，但实业阶层占比有了明显上升，学界知识阶层（律师、医生、教授等）、军警界开始显现出来。

变化发生在1949年之后，书中用"三场无形革命"形容之。最初17年，以"出身照顾"方式，扭转大学教育社会生源单一状况，实现了多元化和革命化；1962年之后，在"以阶级斗争为纲"影响之下，各级学生的生源结构都出现了剧烈变化，工农子弟和革命干部子弟成了学生的主体，尤其是"文革"之后的推荐入学＋工农兵学员，形成以"出身决定"为特色的第二次革命；1977年恢复高考后，没有了身份限制，以"有教无类"为标志的第三次无声革命在中国社会登场，"让尽量多的青少年接受教育，从最广泛的人群中挑选智力最优秀的栋梁，进而推动国家各方面的建设和发展，成为教育发展的核心思路"。

书中以大量篇幅讨论生源的社会特征。一是地域特征，其中城乡区分特别受到关注；二是父母职业特征；三是性别、民族等社会特征。之后专门对来源中学做分析，讨论重点中学的作用——书后附历年为北京大学输送学生的前300所全国重点中学，为苏州大学输送学生的前300所江苏中学。具体情况这里不再一一列举。

三

这一切是如何发生的？肯定与共产党领导下的中华人民共和国建立有关。当年共产党领导下的革命是工农革命，在建国之后如何实现劳动人民当家作主、如何进行下一代的教育关系重大。

如何在大学精英教育层面显现其效果？前提之一是基础教育发展，要夯实小学、初中、高中阶段这个基础，先是六年义务教育，推行九年义务教育还是二十年前的事情。进而是扩展精英教育规模，增加大学招生数量。有研究表明，即使上溯到晚清，平民识字率并不算太低（与他国比较），但主要是教育层次太低，能够撑到报名参加科举考试者甚少。民国也类似，高校录取率很高（书中有一张表，表明抗战时期平均录取率达36%），就因为达到高中教育的学生很少。相比之下，最近几十年针对高考所说的"千军万马过独木桥"现象，绝对是一个进步啊！

四

我有几点延伸思考。

第一是此项研究截至2002年。很多迹象表明，最近十余年高等教育的生源情况又发生了变化。是否属实仍然有待进一步证实。

第二是北京大学和苏州大学能代表整个大学教育吗？书中提到北京大学生源的区域空间分布变化，我觉得可能与南京大学、复旦大学等的替代有关。

第三是精英教育等于高等教育吗？高等教育越来越有了普及的性质。在此背景下如果再审视这两所大学的生源结构变化，或者重新审视中国大学教育，如何在保持领先科研水平和让更多人有机会接受高等教育两者之间达于平衡，可能还需要做更多思考。

从日本通产省到国家发改委

［美］查默斯·约翰逊/《通产省与日本奇迹》

成文时间/2019-06-19

豆瓣浏览量/3253

通过《通产省与日本奇迹》这个书名，清楚地点出了此书的主题和核心内容。美国人写的，成书于1980年，据说当年美国人关注日本经济奇迹进而有后来对日本经济的打压，与此书有莫大关联（可类比《菊与刀》与战后美国对日政策的关系）。中文本2010年出版，我从学校图书馆借阅，然后想买一本，不料已经没有原价书，无论是京东还是孔夫子，价格都被炒到一百大几。我们不禁要问：此书到底讲了些什么？

战后日本经济增长一直被视为"奇迹"，书中数据显示，从1946年到1976年，经济增长了55倍。产生奇迹的原因众说纷纭，社会经济派给出来四种说法：第一种是从国民性入手做分析，强调价值观的作用；第二种认为没有什么奇迹发生；第三种认为与劳资关系、公司管理、银行制度、福利制度等"独特的经济组织"有关；第四种则强调

"搭便车"的作用，如战后美国的存在、朝鲜战争的出现等。此书研究内容不属于上述四种中的任何一种，而是着眼于产业政策，特别强调通产省作为产业政策的创建者和维护者，在日本经济增长过程中的作用。

最后一章对日本模式做了一些总结，认为日本作为一个国家在经济领域的高效率，首先应归功于50多年间（1925~1975）始终将经济发展作为优先目标，尽管在此期间日本经历了很大的起伏，此优先目标却一直被保持下来。然后作者在此框架下总结，认为日本模式中包含四个要素。第一个要素是存在着一个规模不大、薪金不高，而又具备高级管理才能的精英官僚队伍；第二个要素是具有一种政治制度，使官僚队伍拥有充足空间可以实施创新、有效办事；第三个要素是不断完善顺应市场经济规律的国家干预经济方式；第四个要素是具备一个像通产省这样的导航机构。可以看出，这是一个从政府角度进行的总结，重点在于政治经济制度，在于政府与市场以及企业之间的关系，最后落脚点就是通产省的作用。

此书主题是一个经济学、政治学或者说政治经济学课题，但其研究方法和写作方法更像是一部历史学著作。研究的时间范围是1925~1975年，除了第二章主要讨论官僚政治架构和人际关系之外，后面几章完全沿着通产省及所主导产业政策的历史演进过程展开："产业政策的出现"涉及战前那一段时期（第三章），"经济参谋本部"讲战时的统制经济（第四章），"从军需省到通产省"讲战后经济体制的转变（第五章），"高速增长体制"和"行政指导"是总结通产省在战后经济奇迹发生阶段的作用和手段（第六章和第七章），"国际化"讨论开放状态下日本经济制度的演变（第八章）。在写作上此书还有一大特点：每一章都是一气呵成，一个小标题也没有，完全靠着人和事作为线索连缀，很少带有归纳性的数据。这也是历史学著作的写作方法，对作者是一个很大考验，同时对读者也是一个很大考验，面对这些政坛"八卦"，很可能因抓不住脉络而心生厌烦。我看豆瓣上有人吐槽此书，估计与此有很大关系。

看此书很容易联想到中国，联想到国家发改委。以下是20世纪50年代通产省创立的用于扶植新产业的一套制度：第一是进行调研，起草政策报告；第二是由通产省批准外汇配额、开发银行提供资金；第三是授予引进外国技术的许可证；第四是赋予新兴产业以"战略性"身份，便于批准其投资可以适用于特别折旧和加速折旧（以减免税收）；第五是无偿或以象征性价格提供土地，支持其建造厂房、安装设备；第六是关键性税收的减免，如进口关税和出口退税；第七是通过"行政指导性卡特尔"在该产业内部各企业之间做竞争协调和投资协调，避免过度竞争。熟知中国经济发展者肯定对这些"措施"都不陌生，其中有相当部分至今仍然存在。尽管不能简单地在中国与日本、国家发改委与日本通产省之间划等号，但书中很多问题的讨论都可以让人产生联想。

"火耗归公":用几段话概括全书

曾小萍/《州县官的银两》

成文时间/2019-07-20

豆瓣浏览量/3509

老早就听说这部《州县官的银两》,这一周终于仔细看了一遍。

这是一部讲财税改革的书,一部有关地方财政改革的书,一部以"火耗归公"故事为中心、讲雍正改革的书,一部追述这项贯穿雍正朝取得很大效果、自乾隆朝起虽有争议但仍然保留却最终失败的改革的书。好书!

火耗,自宋代出现的术语,相当于附加税,"包括了几乎所有依一定百分比的、普遍性的、又没有特定名目的加派"。所谓"加派",是指在国家正项"钱粮"(税收)之外、但依托这些正项税收的征收。正项税收归中央政府,火耗则归地方政府支配。作为改革,"火耗归公"的基本含义是,将各种地方官员偷偷摊派的附加征收全部归纳起来,按照一个公开的比例征收,集中起来分配使用。与此相配合的是"以公完公"，其中，第一个"公"是"公项"（对应"正项"），是指在国家与省分开的前提下在省这个层面上的所有征收，相当于省这一级的"公共财政"；第二个"公"着眼支出侧，包含养廉银和公费银两部分，前者用于官员居住办公（包含自己亲属、私人幕宾和衙门人员），是对"内"的开支，后者用于地方公共性建设方面的支出，是对"外"的支出。

此项改革的推行，争议贯穿始终，而且一直延伸到乾隆朝。第一是执政的基本理念：儒家仁政的中心是要薄赋役，政府无为而治；法家思想则大不相同，要更积极地介入公共事务。第二是对当时所面临问题的基本判断：财政危机主要是"民欠"还是"官侵"，前者是征缴问题，后者是官场腐败问题，进一步就涉及对地方官员的整体判断：腐败是道德建设出了问题，还是整个制度存在问题。雍正推进改革，就是以实际行动做出了回答：主要是制度问题，所以才有民欠和腐败，有些"腐败"可能是因为制度没有给官员提供做正事的渠道而不得已而为之；要解决这些问题，必须从制度入手，必须进行制度改革。

作为改革，火耗归公涉及两个重大关系。一个是中央与地方的关系。地方财政的收支与中央财政有着直接关联，雍正绕过中央户部，在各省推行地方财政改革，由此提高了地方财政的自主性。另一个是将地方财政从征收推进到使用。一方面是内外收支分开，同时鼓励地方开展公共性建设，其中所涉及的不仅是财权界定（谁有权力收、收多少），还包含事权的界定（什么事情归你管，支出花在哪里）。

前期改革推进，雍正充分尊重不同地区的具体情况，没有提供统一模式，而是让各地方试点摸索，最后形成了若干种模式。第一类是河南、山西、陕西、直隶，基于土地钱粮的正项规模较大，火耗也就水涨船高，改革推进比较顺利。第二类是西南各省，正项税收数额较小，火耗严重不足，允许以各种杂项征缴补充，包括盐课、矿税、许可收费等。第三类是山东和江南，原来的征税被地方势力把持，尽管税基最大但问题最为复杂，所以改革在这些省份开展最晚、推进最慢，而且到乾隆嘉庆时期此项改革的失败也先发生在这些地区。

归公的最大特点是省内统一实施再分配但省际基本上是隔绝的。省内要统一提缴，然后按照各种标准统一分配到各级官员，各自安排使用。这些都无须报备户部批准"奏销"。同时鼓励省级将盈余转到下期，以便消除不同年份间丰歉造成的波动。省与省之间没有直接划拨，如果哪些省出现问题，酌情由中央的正项予以补充。这一点很重要，后期嘉庆朝就是打破了这一点，才使得火耗实际上变成了正项，导致这项制度的终结。

在雍正一朝，此项改革取得显著成果。到乾隆朝，乾隆的执政理念发生了变化（接续康熙朝，更强调仁政），针对这一套制度公开发起讨论（甚至还被当作当年科举殿试的考题），但最终还是肯定了这一套制度的有效性。但是，伴随后续外部内部情况变化，火耗归公这一套制度还是逐渐被侵蚀了，到嘉靖朝就已经形同虚设。其中原因，一方面与改革的作用范围有关，它可以对官员形成约束，但没有解决最基层一级税收征缴所面对的地方势力问题；另一方面与经济社会发展的外部背景有关，当初设定的这一套制度面对的是一个静止的经济体系，但后续很多情况发生了变化，例如通货膨胀（因为人口增长、白银流入）问题、人与地分属两地、所有权与使用权的分离、土地频繁交易等，无法提供一个准确的底册。此外，最大的背景还是，作为末代帝制，清朝整个政治制度已经走到尽头，这些局部问题自然也就无从谈起了。

以上我费了很大劲，但可能也没有归纳好，更没有讲清楚。所以还是推荐大家自行去读此书（顺便说一句，京东搜索，此书正版已经炒到好几百块钱，建议中国人民大学出版社再印一次）。中国一直是一个中央集权国家，到现在为止，中央与地方的关系，财权与事权的匹配，仍然是财政制度需要面对的基本问题。读此书时，书中的归纳、分析，以及各种鲜活举例（里面会出现电视剧让我们认识的年羹尧、田文镜、尹继善、李卫、孙乾淦等名字），都会让我们浮想联翩。

寸土不让

靳尔刚、苏华/《职方边地》（上下）

成文时间/2019-08-24

豆瓣浏览量/592

　　唐晓峰在《新订人文地理随笔》中提到这本《职方边地》，我很好奇，故而借来一看，还真是很有意思。

　　副标题是"中国勘界报告书"，主要是国内各行政区划的勘界。此书是立足国家层面讲各省之间边界的勘定，当然你可以下推，那就会涉及各市、各县甚至各乡、各村的勘界问题。此前从来没有见哪本书专门讲这件事情，但这真是一件很要命的事情。

　　为什么要勘界？原因就是在各区域之间因为边界不清而出现了大量纠纷，有些纠纷闹出很大事件，械斗，洗劫，人员伤亡，财产损失。为什么会有边界纠纷，为什么边界纠纷愈演愈烈？其背后是人口增长背景下的资源之争。人口少，大自然承载能力富富有余，大家各尽其能相安无事。伴随人口增长、经济开发能力提高，资源稀缺凸显，就会出现纠纷。如果在某块地面上发现了新的资源（如金矿），那就会一下子激发起对地面权属的强力争夺。为什么原来没有划清楚边界？一方面和原来没有明显的勘界意愿有关——资源不稀缺背景下权属就不太重要，同时和数十年间国家治理方式也有一定关系。行政区划发生变化，例如批准设立一个新的县或乡，一些区域原来属于这个省（市）现在划拨给另一个省（市），就要改变原来的边界，最典型的就是重庆市从四川划出来变成直辖市。此外还有土地所有权几经变更带来的影响。这些道理说起来简单，但书中讲到，当年却是经历了一个很长的过程才认识到的——原来以调解纠纷为工作重点，但效果很差，后来才发现只有勘定边界才能从根本上解决问题。

勘定边界不容易。书中讲到，我国的行政区划中，国家明确划过线的是少数，大多数属于国家没有明确划界但已经形成双方共同承认的习惯界线，余下的就是双方有争议的地段。在资源短缺背景下，每一个区域从政府到乡民可能都会抱着"自己的地盘一寸也不能丢"的心态，尤其是政府官员，特别不愿意落下出卖当地利益的形象。但如何证明这是"自己的地盘"却是一件让人头大的事情。每一方都可以找到历史的依据和现实的理由，所以就会在调解纠纷过程中出现长期争吵、议而不决的情况。为了走出这个怪圈，在1988年发布的《行政区域边界争议处理条例》中明确：所有提供的依据以争议地区解放后历史形成的现状为原则，其余均不算数。之所以如此"割断历史"，就是此前过分受制于历史悠久带来的种种掣肘。勘界实施过程中，面对复杂问题，还有一个"高度民主与高度集中相结合"的原则，也是为了在反复协商未果前提下，可以通过上一级"拍板"最终解决问题。

给几组数据。全国31个省区市，共有省级陆地边界线68条（原来是65条，期间因为重庆市直辖又多出来3条），法定线不足5%，习惯线占77%，争议线占18%。因边界不清引起的省界争议800余起，涉及333个县，占全国省界849个接壤县的39%。自中华人民共和国建立以来共发生各类纠纷上千起，20世纪50年代只有30多起，60年代有60多起，70年代上升到130多起，80年代猛增到1000多起。1989年11月开始勘界试点，1995年开始全面勘定工作，截至1999年6月，已经开展勘界的省界线61条，划定界限44000多公里，完成74%；42个三省交会点确定了39个；41万公里县界，已划定33.5万公里，完成81%。但可以想象，剩下的正是难以解决的。

全书分上下册。前面一个序章，涉及两部分内容。一个是国界勘定的内容，尤其是清朝与沙皇俄国的领土争议以及边界勘定过程，有经验但教训更多；另一个是比较完整地介绍了民国时期尤其是20世纪30年代国民党政府为勘界所做的工作，有业绩当然也有遗憾。上册重点讲边界纠纷，以土地覆盖类型＋资源类型方式为线索，依次是草原、矿产、土地、森林、海洋。下册主要讲政府主导下的纠纷调解以及勘界过程，前半段是勘界前的事情，按照周恩来、邓小平、江泽民、李鹏、朱镕基等同志往下排；后半段就是勘界工作过程，按照试点、铺开、进展和未来展望，大量的领导讲话、部门文件、调研结果，总括起来往上堆。

　　总体来看，尽管叫作"勘界报告书"，但此书还真不是工作报告，也不是严格意义上的社会科学研究著作，更像是一部报告文学。尤其是上半部，为了讲因资源发生的纠纷，常常会先通过历史掌故、文学作品对祖国的大好河山赞美一番，例如讲到矿产，先用很大篇幅讲了丁文江和翁文灏对中国地质学和矿产勘探开发的贡献。这样一种写作方式有时会令人喷饭，但与一些作者经过自己"研究"改编之后呈上来的"杂烩"相比，这里对各种事件所做的近乎原生态的描述，反倒让人感觉特别值得肯定。尤其是其中涉及很多大小掌故也很有吸引力。例如中国国土面积到底有多大，960万平方公里怎么来的，为什么不纠正。例如行政区划怎么来的，什么叫"沿"什么叫"革"，浙江省是什么时候创建的，与江苏省之间的界线经历了怎样的变迁。受制于当时的出版条件，这样一个具有空间感、与地图有直接关联的书，却没有相应的地图匹配，应该说是一个很大的遗憾。还有就是：此书截至1999年，转眼20年过去了，不知道此后的进展如何。

　　最后要补充一点："职方边地"是什么意思。职方原是《周礼·夏官·大司马》中的一个人名，据说掌管着天下的地图，主管着四方八面的职贡，所以唐宋至明清皆于兵部设职方司。

论运河的重要性

冀朝鼎 /《中国历史上的基本经济区》

成文时间 /2019-10-15

豆瓣浏览量 /817

《中国历史上的基本经济区》成书于20世纪30年代。字面上的关键词是"基本经济区",背后的关键词是"水利工程建设"。放在中国古代历史的朝代更迭过程中,在基本经济区与中国历史上的统一和分裂之间建立关联,在治水与基本经济区形成之间建立关联。于是,此书以一个独特的视角阐释了中国历史。

一、定义了"基本经济区"这样一个概念

古代长长历史中,农业经济占有绝对主导地位,是任何一个政权建立和存续的经济基础。农业生产的特性是高度依赖土地,位置固定不可移动,农业区的形成很大程度上受地理因素影响。基于此,中国历史上的统一与中央集权问题,必须以控制这样一种经济区来解释:"其农业生产条件和运输设施,具备能够提供贡纳谷物的优越性。"就是

说，只有控制了这样的地区，征服和统一全中国才成为可能，此类地区就是所谓"基本经济区"。可以说，这个基本经济区本质上是一个政治术语，包含着中央集权保持中国统一的"密码"。

基本经济区是怎么建成的？先要有丰裕的物产，还要保证朝廷能够动用这些物产。解决这些问题的关键，就是兴修水利。通过水利工程，第一解决灌溉问题，提高农业生产力；第二解决运输问题，物产可以在更大范围内调动和使用。中国历代重视"治水"，原因即在于此。

受地理条件影响，各地区水利工程要解决的问题各有不同。西北黄土地区主要是通过渠道解决灌溉问题；在长江和珠江流域，主要是解决沼泽和冲积地带的排水问题以及排灌系统的维护；在黄河中下游和淮河流域，实质上是一个防洪问题。这些都属于灌溉问题。实际上，与灌溉相比，漕运是更受朝廷关注的功能，所以，运河的修建、将不同水系连接为水网，并直通京城，是朝廷最最关注的大事。

二、将中国古代朝代更替与基本经济区转移联系起来

前面提到的西北黄土区域、黄河中下游和淮河流域、长江中下游地区，都是在历史上发挥重要作用的基本经济区，除此之外还有"川滇"和"两广"。这些区域的开发时间有先后，作者认为，这个与中国历史政治更迭具有直接的关联。也就是说，在基本经济区转移和朝代更替之间存

在着互动关系。

秦朝立国的大本营是西北黄土区域。后为汉朝取代，基本经济区逐渐从西北向黄河中下游以及淮河流域转移；与此相伴随的是，在仍然保持长安作为中心的同时，开始进行洛阳这个第二政治中心的建设。东汉末年之所以分裂形成三国鼎立，与长江流域开发和川滇区域独立具有很大关联。隋唐仍然保持了汉朝的格局，前提是通过大规模运河建设解决了不同水系的联系以及漕运问题。后期各朝因为北方民族入侵而使情况变得复杂起来，但北京之所以能够成为首辅区域，在很大程度上还是因为通过运河将海河流域与黄河长江流域联系在了一起。

在此转移过程中，基本经济区与政治中心所在之间的关系发生了变化。原来，政治中心要坐镇基本经济区，后来，两者可以相对分离。做到这样远程控制的前提，就是要解决两者之间的物理联通，以便将经济区对中央的支持、中央对经济区的控制落到实处。解决的方案就是水路运输——水利工程建设的重要性进一步加强了。书中将基本经济区转移终止于长江流域（最后一章很长，一直在讨论这个问题），但多数时期中国政治中心并不在南方，其中缘故就在于此。我觉得，此书作者在有些时候有点过分强调自己搭起来的这个架构。平心而论，这个格局的出现，肯定不是一个基本经济区概念能够完全解释的，但这个格局能够存在，水利工程所发挥的作用——将南方北方连为一体——确实不能小觑。

三、中国古代治水成绩斐然以及运河历史

书中对中国历代治水动作及其成就进行了梳理。最早的大禹治水传说，诗经中出现第一次有关灌溉实践的记录，西门豹的故事，李冰的故事等。中国第一条运河是公元前468年吴王夫差所修，连接淮河和长江。最早的以灌溉为目的的水利工程出现在周朝（公元前600年前后），地点是安徽省寿县附近的芍陂。

"传统上都把运河兴建归功于有雄才又骄奢的隋炀帝，但事实上它既不是在一个时期内建造的，也不是出于一个皇帝之手。"正如万里长城是在不同时期分段建成的一样，隋炀帝在运河方面做的事，是把南北流向的各条水道连接成了一个相互沟通的系统，从而形成了一个介于南北间的长扇形水道网。

隋朝大运河既是南北向也是东西向的交通干线，包括五个明显不同的部分。历史最悠久的部分是汴渠，连接黄河与淮河，创建时间在春秋之前，后来被称为通济渠，修建于605年。第二部分隋朝称之为山阳渎，与古运河邗沟有关，连接淮河与长江。第三部分被称为江南河，610年隋炀帝下令开挖，"自京口到余杭"绵亘八百里，保证了在此后数百年可以开发东南沿海的财富。第四部分被称为广通渠，利用渭水，实现从长安到潼关的航运。第五部分是永济渠，从黄河支流沁水出来向北到涿郡（现在的河北涿州），提供了一条连接海河流域（河北省）与黄河流域中部以及长江、

钱塘江流域的纽带，开辟了从杭州直到北平城附近的直接航线。

元朝建都北京，对起于北京的运河修建多有贡献。通惠河，从首都流向通州。白河，从通州到直沽（天津）。御河，从直沽到临清。会通河，从山东须城流向临清。扬州大运河，从会通河向南。镇江运河，从镇江流至常州，再向南就是隋朝运河的河道了。我曾经一直困惑：京杭大运河是从南向北流还是从北向南流，这次算是彻底弄清楚了哈！

四、今天如何理解古代历史上的一些逻辑

上述内容，无论是发展经济，还是实现中央集权统治，都很重要。千年过后，很多事情都变了，农业的经济地位下降了，交通通信实现了多元化，如何看待古代在此方面留下的政治遗产？

终于明白他为什么这么写

［美］熊彼特／《经济发展理论》

成文时间／2019-12-21

豆瓣浏览量／1651

花两周时间断断续续仔细看了一遍熊彼特的《经济发展理论》。说起来，我做的事情总体来讲都可以与发展这个关键词扯上些关系。面向研究生开设的经济统计研究课，主题脉络就是"发展的统计测量与分析"，开场白就引用了熊彼特《发展的定义》（一篇在作者逝世后发现的论文）这篇材料。但是，我一直没有通读过这部让他百年后仍屡屡被人提起的大作——真是不好意思啊！前一阵子下决心买了两本，打算自己看一本，碰上合适的学生送一本。在我读完之后，心下揣摩：估计这本书是送不出去了。为什么？看完我下面要说的之后你大概就会明白。

熊彼特是20世纪前期的人物，据说与凯恩斯曾有"瑜亮"之争。此书初版于1912年，二版于1926年，英译本于1934年出版。你看，说这是百年前的作品，诚不虚哉！今天我们提到熊彼特以及他的《经济发展理论》，出现的关键词，一是创新，二是企业家才能，外加企业利润，然后收敛于经济发展。但是，这些词在这部书里是怎么提出来的，怎么样连缀为一条逻辑线，最后落脚在何处，如果你不读这部书，是无法回答这些问题的。

待俺分章归纳一下书里的逻辑：1）先用很长篇幅讲述处于静态的经济生活，将其视为一个不断循环流转、处于均衡状态的体系；2）以创新为关键词，阐述其发生的形式，视其为打破静态循环的力量，形成新的生产组合，于是经济发展得以实现；3）创新需要新的"购买力"，于是需要讨论资本从哪里来，为此信贷不可缺少；4）创新带来了企业家利润，总收入与总支出之间的差额，但将什么放进这个成本里，与原来的工资、地租有什么关系，决定了企业家利润的定义和内容；5）重新检讨利息理论，重点讨论资本利息与企业家利润是什么关系；6）将创新引入经济周期理论，认为一个经济体环境里创新是以蜂聚式发生的，以此来解释经济发展的周期现象。

这个逻辑是很清楚的，对不？但如果你看"真书"，可就不是这样鲜明和简单的。1）如果用现代经济学的套路，是否需要一个长达60页篇幅讨论那个静态的经济循环？是否必须要最后落实到经济周期？2）为什么讨论中一直将生产要素局限于劳动和土地，资本要到论证创新的时候才出现？看他笨拙地、费力不讨好地只靠前两个要素来阐释原来的经济过程，以及经济发展之后的新变化，真是让人起急啊！3）全部是文字，没有一张图表，一个数字，全部都是演绎式论述，裹挟着大量针对此前其他经济学家的假说以及他们质疑自己的辨析，真是考验现代读者的耐心，尤其是像我这样的对经济思想史不甚了解的读者（估计像我这样的肯定不是少数）。读完全书我有一个感觉：调整一下上述逻辑，将核心思想和观点拿出来，组合成一篇论文（对，一篇论文），可能会成为更加"读者友好型"的读物，更易于传播——中文版最后还真附录了一篇作者的论文"经济变动的分析"，大体相当于此书的一个简化版。

我一直困惑几个问题，感觉没有写清楚。1）经济发展与经济增长的关系。张培刚在中译本前言中将静态循环视为简单再生产，我从字里行间感觉不是。在简单再生产和作者所说的创新引发的经济发展之间，还有原方式下的经济增长，但这个过渡状态的"经济增长"似乎被忽略了。2）创新的尺度。书中给出来创新的定义，还有若干种形式，但这些是在多大尺度上认定的并未交代。到经济周期部分，作者提到的创新都是非常大尺度的，但现实中肯定不能都是这样，这就涉及创新与简单改进之间的区别。3）企业家到底是谁。书中说了一大堆不是谁，但最后似乎也没有说清楚到底是谁。与此有关的问题是：为什么那么强调劳动和土地，资本与借贷是什么关系，创新带来的新组合中资本处于什么地位，然后还会延及企业家利润的定义问题。

直到今天清晨我读到最后，忽然明白了作者为什么要这样写：《经济发展理论》是一部带有历史感的著作，是一部理论演绎性的经济学著作，讨论的是资本主义产生与发展的原因，是一种理论假说的论证，并不考虑从管理上进行实际操作。于是，上述困惑的问题大体就可以得到解释。今天，我们是从管理层面来关注创新，重视企业家才能，将其视为实现经济发展的手段，与百年前熊彼特写作此书的目标关照可以说是大相径庭的啊。

话说银元在中国近代衰退中的存在感

林满红 /《银线》

成文时间 /2020-07-02

豆瓣浏览量 /703

　　本书是台湾学者林满红的著作，中文书名是《银线——19世纪的世界与中国》，英文版书名是 "*Currency, Society, and Ideologies*，*1808~1856*"，我的感觉是，得把这两套书名合起来，才能全面体现此书的内容。英文书名确实覆盖了全书所涉及的经济、社会和知识界的变迁，似乎没有体现出白银这个对本书具有核心意义的货币种类。中文书名中虽然有个"银"字，但"银线"这个词有点过于浓缩，读者拿起书来不大会想到本书要以作为货币的白银为线索讲故事。还有，英文标题对时间有一个限定但没有体现出其讨论的国际视野，中文标题虽然点明了"世界与中国"，但时间的限定又不像英文标题那样明确。把两套标题综合起来，此书主题可以这样概括：以作为货币的白银（简称银元）为线索，以1808~1856年为重点，揭示19世纪中国与世界的联系，并延伸分析中国传统知识界对上述变迁的反应。

全书分为三部分。上篇以白银为线索,讲中国与世界的经济关联,中篇讲中国知识界依据传统思想如何认识上述过程,并与西方先后思想做比较,下篇则进一步延伸到经世思想的复兴,以及不同学说的竞争。我自己比较感兴趣的是上篇,感觉在两个方面增进了此前的认知。

第一,直到清晚期,中央政府一直没有建立起带有主权意识的货币管理机制(书中说,直到1930年中国才有了这样的货币管理体系)。用于支付的货币被分为两层,大宗交易以白银支付,铜钱则用于日常小额支付,显然白银占有主导地位,并通过与铜钱的兑换而将其作用渗透到整个社会体系中。但是,白银(包括银锭和银元)的运转主要掌握在私人钱庄手中,铜钱则由各地方官府负责铸造发行。中国经济运转对白银的依赖度很高,但吊诡的是中国本土白银产量很小,白银供给主要依靠他国输入,先是西南缅甸,后是东边的日本朝鲜,最后是遥远的拉丁美洲,然后通过国际贸易输入中国。可以想象,一旦白银供给出现波动,就会对以需求者身份出现的中国经济产生影响,如银元短缺、与铜钱的兑换比例高企。于是,白银成为中国与世界联系起来的纽带,中国经济以这样特殊的方式参与了19世纪全球化的过程;反过来看,中国19世纪一系列大事件的发生以及所带来的帝国衰落过程中,白银就成为一个发挥作用的因素。看看如今能量强大的各国央行,可以想象当年因为没有中央统一的货币管理,大清政府眼睁睁地看着全国经济状况恶化，那幅景象是多么残酷。

第二，19世纪前半叶中国对外贸易结构中，除了鸦片之外，白银的国际供给也具有重要作用。作者将这一阶段的中国对外贸易做三分法观察：生丝和茶叶，是中国主要出口品；鸦片，是中国主要输入品；银元，可能是净流入也可能是净流出，是中国国际收支差额的体现（相当于现在的国际储备资产变化）。我们过去的认识是，为了平衡其国际贸易逆差，欧洲列强强行将鸦片推向中国，鸦片成为这一时期的关键词（如鸦片战争）。此书指出，除了上述认识之外，还应关注银元的动向及其带来的影响。19世纪前半叶，在鸦片与生丝茶叶之间，还有银元的外流；到后半期，则转而变为银元净流入。如何解释这些流入流出？除了从中国视角看对外贸易的强弱之外，白银的国际供给也是一个重要因素，例如前半叶国际供给趋紧，故而给中国经济恶化增添了压力；后半叶供给则变得宽松，一定程度上助力大清"同治中兴"，延续了好几十年的寿命。我觉得，这个几乎可以作为我们现在讲述国际收支平衡表的案例来用啊！

20年后再读又是一番滋味

[美]安德鲁·内森、罗伯特·罗斯/《长城与空城计》

成文时间/2020-08-26

豆瓣浏览量/332

　　《长城与空城计》是我差不多20年前读过的书，书里提供的有关中国国际关系的信息曾让我大开眼界，一直记忆深刻。这两年中美关系处于对抗之中，让我想起此书，再度拿起来翻看——真是别有一番滋味啊！

　　此书结构清晰。除了一章开头、一章结尾之外，内容以第七章为界大体可分为两个部分。第一部分按照国别区域讲中国的对外关系，以地缘政治为主，包括美国、日本等；第二部分分别以不同要素讲中国对外关系，包括军事、经济、以人权为重点的意识形态、领土完整主题下涉及的对外政策问题。两个维度交叉起来，一幅中国对外关系以及与世界关系的图画得以大体呈现。

　　每一章里的内容都包含两方面，一方面是回顾历史，另一方面对未来做出基本判断。相比而言，前面围绕双边和多边对外关系，各章似乎更侧重于前者，后面对不同要素下的内容讨论则更侧重于后者。历史回顾是已经发生过的，未来展望是推断性的，但这两个时间轴也是有关联的，未来展望在一定程度上要以此前发生的历史为依据，而如何归纳已经发生的过程也会因人而异，于是就会有对未来方向的不同判断。

此书1997年出版，很快就被译为中文出版。长城代表了防御，空城计代表了实力不足背景下的谋略。从书名可知，作者对中国未来的姿态／地位持保守态度，认为无论从历史而言还是当时（以及未来一段时期）的实力而言，中国总体上仍然会保持防守姿态。或许正因如此，在英文出版当年即被新华出版社相中出版了中文本——中文本后记中提到，与此同时还有一本《即将到来的美中冲突》，以"中国威胁论"为核心观点。

20年后看此书，感觉很奇特。历史回顾部分仍然特别值得看，很多事情都是国内相关读物不会呈现的，或者说国内作者不会这样编排材料形成观点。全球范围内的中美俄大三角关系、亚洲范围内的中日美俄关系，以及各种小三角关系，故事／事故多多，过程不断翻转，叠加起来可见中国对外关系的复杂性。未来判断部分则可以作为今日之参照：一方面是看当年的预计是否在今天成为现实，另一方面是立足当下的中国，看当年的判断是否依然适用。两相比较，感慨之处甚多。

再读此书

［美］乔治·F.凯南 /《美国大外交》

成文时间 /2020-09-19

豆瓣浏览量 /238

2013年读完《美国大外交》，写了一段感受放在豆瓣上，同时还在书的扉页上写了几句话：富含真知灼见，前半部积极而冷峻，后半部平和而睿智，并评论"译文欠火候"。最近想起来此书，又看了一遍。

此书相当于是一部美国外交史。

独立战争（1770）解决了美国的国家身份，南北战争（1860）解决了美国的国家统一，然后就开始处理其对外关系，有了美国的外交。

此书第一部分是1950年凯南的系列讲座。先讲美西战争（1898），围绕古巴与西班牙打了一仗，顺便延及菲律宾占领；然后回顾"门户开放"政策的出笼（1900），面对列强瓜分中国态势提出，但其过程有很大的偶然性且显示出对英国的迎合；进而将视野扩展到东亚，谈如何看待日俄在中国的势力较量以及列强之间关系；第四讲是"一战"，对欧洲局势、美国参战及其后果做分析总结；第五讲是"二战"，分析战前战后的国际关系，包括有关苏联的争论，总结美国所发挥的作用，但底气确实不一样了；然后是一个简短总结。

第三部分是20世纪80年代另外两场演讲。在对前面系列讲座进行反思之后，接着分析美国战后卷入的另外两场冲突以及背后的国际关系，一个是朝鲜战争，一个是越南战争，据此分析美国外交的得与失。

把这些连起来，就像是一部美国外交史。从早期的稚嫩、依附于英国，逐渐开始占据上风，直到"二战"之后建立起强势外交。毫无疑问，外交就是国力的表现，美国逐渐强大是美国外交不断扩张的基础，但同时他还在这一过程中讨论了其他方面的影响因素，如民主政体、舆论影响、理想主义与现实主义的冲突等。

一、基于均势思想的"遏制"战略

凯南关于美国外交是有战略思想的，其最大贡献就是战后冷战时期针对苏联提出来"遏制"战略，以及在更宽泛意义上的"均势"思想。

第二部分以美苏关系为对象，剖析俄国的历史文化、苏联秉承的意识形态，为其提出的"遏制"战略提供论证。在遏制的前后还有两种模式，一个是"接触"，意在维持更为温和的关系；另一个是"击退"，就是更加强硬的处理方式，常常意味着热战。"接触"的前提是要承认苏联不是美国的主要威胁，显然这个前提不太成立；"击退"则要承受很大风险，付出更大的代价，朝鲜战争（以及后续的越南战争）就是例子。于是"遏制"成为被上下认可的战略。

何为"遏制"？"在俄国人露出侵害世界和平与稳定迹象的每一个点上，坚定不移地进行反击。""遏制"的最终目标是什么？"对苏联政策运作施加极大的压力，迫使克里姆林宫的行为要比其近年来的作为更加节制和慎重，以这种方式导致苏联政权最终垮台或逐渐软化。""遏制"战略成功了吗？苏联解体尽管有很多原因，但来自美国的遏制肯定不是其中可有可无的原因之一。

"遏制"战略对美国外交影响深远，延绵到今日，因为中美之争进一步成为"热词"，连带地还有人将此前几十年的中美关系视为"接触"，将从"接触"到"遏制"的转换作为中美关系转折的代名词。

二、分析、辩解、批评

凯南自己将此书的风格定位于"分析"和"批评"，在分析基础上的批评。在我看来，还应该加上"辩解"作为关键词。"分析"是贯穿全书的，但第一部分，在分析基础上主要是"辩解"，第三部分则是在分析基础上的"批评"。为什么是这样？盖因后来有很大的声音要美国当局为战后苏联的领土和势力范围扩张以及"丢了中国"负责。凯南是亲历者以及当事者，为此花了很大篇幅回顾整个过程，讨论其中的各种掣肘因素，不免就会有"辩解"的成分；

到20世纪50年代和60年代的朝鲜战争和越南战争时期，凯南已经从政界转入学界，而且这些事件与其"遏制"战略思想是背离的，故而凯南的分析更具批评色彩。

"独生子女"是一个持久/多元的研究对象

[美]冯文/《唯一的希望》

成文时间/2020-11-19

豆瓣浏览量/361

中国实施计划生育政策凡40年（20世纪70年代末到21世纪10年代末），其影响深远。不仅与中国有关，还因为中国庞大的人口基数而影响到世界人口的发展；不仅与当代有关，还会通过代际传递一波一波影响到未来的人口发展趋势；不仅是少生多少人的问题，而且改变了人们的生育观念，并与中国经济高速增长、社会激烈变迁相匹配，彻底改变了中国的样貌。所以我以为，独生子女作为这一阶段的突出特征，会赋予人口学、经济学、社会学，以及体现方法特征的统计学、人类学等不同学科以持续的研究动机，是一个持久且多元的研究对象。

《唯一的希望》是一部以独生子女为对象的研究著作，其身上有很多标签。

第一，海外中国研究。作者是哈佛学者，人类学背景，由此决定了其研究方法是建立在个体观察基础上的，研究视角对接的是国际尤其是美国的一套理论、文化架构。其中最重要的一个架构就是：中国之所以实行独生子女政策，是为了整体从第三世界向第一世界转型；这一模型同时也是中国不同阶层的个人行为依据，对独生子女可以有更多的人力投资，以便从较低的阶层上升到更高的阶层。

第二，作者原本是台湾同胞，通汉语，在一定程度上与中国传统文化对接，但又与大陆这个研究对象保持一定距离。通过英语教学进入相应的学校，可以进行班级的整体观察和调查；通过英语辅导接近不同的学生及其家长，深度了解其所思所想以及相互关系。这些服务都是免费的，其身份也有一个被接受的过程。

第三，研究时间段是20世纪90年代，截至1999年，研究对象是大连市普通初高中、职业中学的学生。这就意味着这个研究样本现在看来还是有一定局限性的。1）属于第一代独生子女，还在读书阶段、没有成年，很多事情还无法观察，重点观测内容仅限于学习以及处于青春期孩子与家长的关系。2）当时中国正处于受亚洲金融危机影响、国企转型大批工人下岗、社会保障还没有建立起来的阶段，大连作为东北的组成部分情况会更加严峻，以打工为通道的大规模人口流动还没有开始。3）大学教育还是稀缺资源，高考是千百人过独木桥的精英筛选模式，普及型高等教育的启动还要等至少十年。

所以，我们只能将此书作为有关独生子女研究者特定时空下的一个案例看待——尽管无疑是一个很珍贵的案例。

这项研究如果能够继续追踪，直到现在，我想可能会有更多发现；或者，如果从不同视角重建类似案例，可能会有不同发现。

多唠叨一句：人类学研究方法确实有其独特之处。此书第一章选择8个孩子描述其状况。这8个孩子是三个特征的组合：性别男女，家庭贫富，学习好坏，把所描述的状况对比起来看，很容易引发感慨和联想。

一百年前的内外双循环格局

［英］约翰・梅纳德・凯恩斯 /《〈凡尔赛和约〉的经济后果》
成文时间 /2020-12-06
豆瓣浏览量 /471

　　老早就听说这本给凯恩斯带来国际声誉的书，这一周断断续续翻了一遍。真是好书。既有经济学的本色，又有畅销书的特征，有数字有实例，有现象有归纳，说理清楚又不枯燥。说起来，那是一个宏观经济学还没有诞生的时代，但很多思想已经在其中闪烁了。

　　简述一下本书结构。作者先从战前欧洲状况讲起，通过人口增长和组织结构变化解释战争爆发的原因。然后描述巴黎和会的乱象。那几位掌握战后和平方向的大佬在其笔下纷纷露出原形：法国的克列孟梭一心想复仇，英国的劳合乔治为大选获胜必须给国内一个交代，美国的威尔逊只有理想却没有足够的政治手腕将理想变为现实。关于合约的分析涉及停战前后的大国博弈、战后谈判过程中双方的心理暗战，并对主要条款做择要讨论。进而将分析重点落在赔款上，一方面是赔款数额的估算以及在战胜国之间的分配；另一方面则是德国的偿付能力估算和偿付在不同年份的分配。最后是对合约之后欧洲的预判，讨论可以采取什么补救措施降低这份糟糕合约带来的负面影响。大家都知道"一战"合约是"二战"的直接原因，也知道是欧洲自相残杀才将世界霸主地位拱手让给美国，此书算是为这一结论提供了详细注脚。

原本可以将赔款的计算和偿付作为本篇书评的重点。应该覆盖哪些国家、哪些损失应该获得赔偿、如何计算赔偿数额，以及勒令德国用来赔付的资源有哪些、如何估算其价值等，列出来都是挺有意思的话题。但我读到最后两章，突然发现，为战后欧洲算账，其过程中充满了不同范围之下各种形式的内部循环和外部循环，故而想以举例方式做简要描述，以此显示"一战"前后欧美各国以及相互之间的格局是什么样子。

第一个例子，有关"协约国内部的债务处理"。作者发现，各国之间债务关系数额巨大，但若将相互之间的债务抵销（内部循环），余下的就是各国独自对美国的债务以及通过英国发生的对美债务（这个是对外循环的范畴）。如果美国将这些债务豁免，原来复杂的债务关系连环套瞬间就可以解开（你可能说，凭什么美国要豁免债务啊，书中也有解释：当初出借并不是为了投资，只是为战争出资的一种说法而已）。接下来要想启动经济，还需要美国提供贷款。话说"二战"后就是吸收了上述认识，不仅豁免了战争期间产生的债务，还启动了马歇尔计划。

另一个例子与德国的赔付有关。书中讲到，德国此后各年支付的赔款，归根结底取决于德国对外出口大于进口的入超——这可以理解为德国国内循环与其外部循环的关系。但是，德国原本（1913年水平）就是一个贸易入超国家（进口大于出口），差额部分靠海外投资收益弥补，但战败后海外资产被全部没收，这一部分来源断供，由此会导致其入超进一步恶化，无法达到以出超所得收入偿还赔款的目标。进一步看，德国被割地之后，相当一部分出口产品即煤炭、钢铁的生产地丧失了，从国内变成了国外，这就打乱了原来的内部循环和外部循环之间的界限。原来相当大部分的出口不再是德国的出口，原来供国内使用的部分如果现在仍然能够得到则变成了德国的进口（但实际上是得不到的），这就进一步削弱其出口的能力。还有，德国外贸结构与英国这样的老牌殖民国家不同，后者的进出口贸易对象主要是海外殖民地，德国的贸易对象则相当大一部分是欧洲本土各国，这就意味着，除非这些国家有相应的鼓励措施，否则德国出口不可能有显著增长。

这些例子尤其是后一个例子所涉关系比较复杂，有限的篇幅可能也没有说清楚。但你可以看到，在这些例子中，循环会涉及不同范围。按照老德国版图考虑是一回事，按照新德国版图考虑又是一回事，按照欧洲大陆考虑、进一步从欧洲扩展到英国或者将欧美加起来作为考察范围，结果形成的内外循环都会不一样。而且，所谓循环一定要借助于相应的"流"才能形成，而这个"流"也并非只有一个，产品、资金、收入交织发生，相互联系、互为表里，形成了复杂的经济利益关系。一旦原有循环被打破，各种"流"之间的平衡关系将不复存在，一国经济以及与之有关的各国经济就会陷入一定程度的混乱。须要各方努力并假以时日，方能达成新的平衡。

这些还都是一百年前的景象。世界演进到今天，伴随着国际分工加深，在国际资本流动支持下，国际贸易链条与国际生产链条延伸到更多的国家，一国所面对的内外经济循环更加复杂。在此背景下，观察一国内外循环的难度已大大超过以往，设计内外循环以此构建一国经济发展新格局的难度更是会成倍加大。

此书的知识"增量"

董筱丹、温铁军/《去依附》

成文时间/2021-01-02

豆瓣浏览量/713

国庆期间有校友送书，好几本是温铁军的作品。最近看了其中一本《去依附》，感觉挺好。

新中国成立之初的1949 ～ 1952年被称为国民经济恢复时期。此书主题就是讲这一阶段发生的故事，并努力发掘故事背后的深意。温铁军团队此前出版的《八次危机》还没有将这一阶段所遭遇的考验作为"危机"处理，但最近出版的《十次危机》已经将其视为"第一次"了，或许就是因为这部《去依附》的问世。

超高的通货膨胀是国民党政权后期丢失大陆败退台湾的两大原因之一（仅次于军事）。新生的政权是否能够站稳脚跟，恢复基本经济秩序，很大程度上取决于能否降住通胀这匹脱缰的野马。面对这次大考验，新政府运筹帷幄，打了一场漂亮仗，一举解决了这个困扰民国甚久的顽疾。

这些都是我们可以在各种教科书和相关历史著作中看到的。那么，为什么还要用一部书来讨论这一主题？其贡献主要体现在哪里？

原来我们知道，解决这一难题的手段，除了利用行政力量取缔一些交易场所外，最为后世津津乐道的，是从全国集中了大批物资在上海等大城市投放，供投机商吃进直到其无法承受不得不回吐，最后实现了基本物价的稳定和逐步回落。此书则要进一步解释，为什么新政府能够在短期内调配这么大规模的"两白"（白米、纱布）"一黑"（煤炭）物资。为此要从共产党长期深耕农村讲起，一个是土地改造，另一个是农村组织；然后将战争年代的"农村包围城市"创造性地应用于建设时期。在此过程中，产生了一石二鸟的效果：物资进入城市增加供应平抑了物价，货币被农村吸收则解决了超发货币（建国初期大量刚性支出导致大额财政赤字，只能靠发货币解决）可能产生的负面后果。

原来我们知道，之所以有超高通胀，与金圆券超发有关。此书则追溯银元时代与全球的关系，讲述民国实际上以美元为"锚"实施的货币改革，同时还存在内战过程中不同货币之间的恶性竞争、城市工商业发展带来的经济失序等诸多原因，致使通胀如脱缰野马而无法控制。进而讨论在新中国被切断与全球经济联系的前提下，退回到小农经济，然后以实物为"锚"重建货币体制并设计具体操作渠道，从而为这一场危机的化解提供了制度上的说明。

此书还试图超越意识形态视角，讨论当时发展中国家摆脱宗主国控制而独立的国际现象，将中国这一时期发生的事件置于发展中国家在独立之后如何实现发展、避免落入发展"陷阱"这一更大背景下认识其意义。为此引入"依附"理论作为分析框架，将新中国的建设作为"去依附"的过程加以考察，此次化解危机就是"去依附"的第一步。此前其他各书肯定不会从这个视角讨论问题。

最后说一下此书的写作风格。不是严格意义上的学术著作，似乎是按照畅销书的模式写出来的，但所依据的分析框架、所使用的大量专业词汇，还是为阅读此书设置了一定的门槛，"去依附"这个书名就是一个证据。读完此书我曾请教所认识的"三农"问题研究专家，他们提到温铁军是搞新闻出身，他本人有意无意之间常常会提到自己"边缘化"的境遇。于是我有点明白，此书确实有着媒体人的做派：学术上未必完全经得起推敲，但在提炼问题、文体运作方面具有独到的功力，语言犀利，能够迅速引起读者关注。

我担心"荷包"里装不下一个家庭的资产

云妍等 /《官绅的荷包》

成文时间 /2021-02-20

豆瓣浏览量 /289

春节期间读了《官绅的荷包——清代精英家庭财产结构研究》，很是不错。书中借清朝被抄家官员的财产清单，经过处理和分析，为读者了解官绅这个精英群体的家庭财产结构提供了丰富的材料。三位作者一位是历史学者，另外两位则具有经济学、金融学背景，其中一位是有一定知名度的陈志武。由此决定了：这部书是多种研究方法应用的结果，最后写出来的东西有案例、有概念架构、有估价方法，还有定量模型下的统计检验，可供不同视角下的阅读。

此书最基本层面的内容是借助"官绅"这个群体，搭建清代家庭资产的测算和分析框架。书中有一章专门对这些基本问题做了讨论：什么是官绅，家庭如何界定，家庭资产包括哪些，如何对资产做出分类，如何解决资产估价的难题。这些内容与我本人的研究领域有一定交集，当前我们要在国民经济核算框架下编制住户部门资产负债表，也要涉及上述这些问题。

在这个基本层面基础上，可以上下延伸到另外两个阅读关注层面。

一是向微观案例延伸。不同家庭的资产具有不同特征，不仅有量的差别，更有类型选择上的偏好。尽管都是抄家亮出来的家底，但抄家原因大有不同，被抄者的背景、官阶有很大差异。书中大部分篇幅讲案例，区分不同类型仔细开列资产明细、估算资产总值、展现资产结构，兼及抄家前后的原因和后续处理，一方面可以作为本书的具体分析，同时也可以满足我们对"抄家"这件事情本身的好奇心。年羹尧被作为第一个案例；电视剧《铁齿铜牙纪晓岚》中讲的王亶望和陈辉祖的故事在这里被证明确有其事；文字狱中被抄者的家底肯定无法与那些大贪官相比；和珅是有清一代最大的贪官，确实资产总额最高，但其中大部分似乎他并没有作为自己的财产；最后还特地引入清末民初盛宣怀的家庭资产作为比较参照。

二是指向更进一步的综合分析。有一章专门分析官绅家庭资产结构的基本特征。可以看到，土地、房产这些不动产不一定是最重要的，金融资产占有的份额要更加显著。这种情况理解起来不难：有了钱第一是买房置地，但如果有了更多的钱，去向就会发生变化。但另外一个特征则有些耐人寻味：金融资产最主要的持有方式是窖藏，埋在地下或者封在夹墙中，真正的经营性资产并不多。这种情况固然与当时的金融不发达有关，但更重要的原因则是出于"隐匿"需要，尤其如果是不法收入的话，就更加不愿意露富——这让人不禁联想到这几年爆出的一些被抓官员家里存有上亿元现金的情景。为了证实这一点，书中专设一章，引入定量分析，检验"财产合法性"对家庭资产结构的影响。

最后说一句：此书文字说不上很精致，但问题抓得好，说理也比较清楚。就是书名似乎有跟风之嫌，我觉得，"荷包"是专门装零用钱的，似乎装不下整个家庭的资产，不知道我理解得对不对。

后记

　　此书文稿来自我在豆瓣驻足十年所留下的读书笔记。前面几年，多数时候只是在标记"读过"时写几句话，无法构成"书评"。所以，这里的文稿，除少数几篇之外，大部分集中在2015年之后。

　　初排出来的页码大大超过我的预期。于是要"选"。首先砍掉了2021年3月5日之后成文的部分，保留的真的就是我在豆瓣"这十年"的文字。其次还砍掉了与我从事的统计学专业有关的篇目，以及一部分与经济学有关的篇目——这些篇目可能过分专业化而不适合一般读者。最后有些篇目可能存在这样那样的问题，比如文字过分随意、主题有些"暧昧"，不适合刊出，还有一些篇目只相当于读书的"周边"，这些也都删掉了。删的时候我没有太多犹豫，毕竟，如果你真对我读书这件事感兴趣，可以直接到豆瓣上关注我哈。

另外一项工作就是"编"。因为是"读杂书",有点随心所欲,书的类别很"杂"。我先粗粗区分了几个大类:人文相关,文学相关,社科相关。在每一大类之内,各篇按照我读书的时间顺序排列,大体可以显示我在不同时间点上的读书偏好。此外,每篇前面还有一个小设计作为引导:书名和作者、书评成文日期,以及在豆瓣上的阅读量。需要说明的是,各篇目阅读浏览量的大小一定程度上与书评的存在时间有关,这些数据一直在变化。比如我在"代序"中专门提到的"十五册《罗马人的故事》谁能从头读到尾",当时浏览数是9411,但到2022年4月,已经上升到11376。还有关注"数数"的豆友,也从当时的876人上升到了1092人。为了更好地显示"影响力",我这里做了点儿"手脚",将阅读浏览数的截止期延后到了本书编辑完成的2022年4月15日。

最后一项工作是各篇目的文字处理。为了保留当时的心境,我没有做大的修改,只是消灭错别字,将过分随意的文字略作调整,删掉一些不适合公开刊出的话语以及少数段落。

感谢经济科学出版社。二十多年来杜鹏编辑一直负责我的专业书籍出版事宜,此次属于专业外出书,他同样给予了最大的支持和帮助。

感谢家人。先生读书偏好与我有别,围绕读书的交流"斗嘴"一直是日常家居最有趣的内容。儿子是历史学专业人士，对我的读书趣味了如指掌，历史人文方面的书很多都是他推荐的，周末的家庭聚会常常就是我向儿子"请教"并与之讨论的美好时刻。希望我还能够坚持再读几年，再写几年，如果可能，再编选出一个续集。

高敏雪

写于2022年4月15日

图书在版编目（CIP）数据

读书笔记：我在豆瓣这十年 / 高敏雪著 . —北京：
经济科学出版社，2022.4
ISBN 978-7-5218-3615-8

Ⅰ . ①读… Ⅱ . ①高… Ⅲ . ①读书笔记 – 中国 – 现代
Ⅳ . ① G792

中国版本图书馆 CIP 数据核字（2022）第 063853 号

责任编辑：杜　鹏　郭　威
责任校对：靳玉环
责任印制：邱　天

读书笔记
——我在豆瓣这十年
高敏雪　著
经济科学出版社出版、发行　新华书店经销
社址：北京市海淀区阜成路甲 28 号　邮编：100142
编辑部电话：010-88191441　发行部电话：010-88191522
网址：www.esp.com.cn
电子邮箱：esp_bj@163.com
天猫网店：经济科学出版社旗舰店
网址：http://jjkxcbs.tmall.com
固安华明印业有限公司印装
850×1168　32 开　12.25 印张　240000 字
2022 年 7 月第 1 版　2022 年 7 月第 1 次印刷
ISBN 978-7-5218-3615-8　定价：69.00 元
（图书出现印装问题，本社负责调换。电话：010-88191510）
（版权所有　侵权必究　打击盗版　举报热线：010-88191661
QQ：2242791300　营销中心电话：010-88191537
电子邮箱：dbts@esp.com.cn）